21世纪高职高专会计类专业课程改革规划教材

金融基础与实务

主　编　胡　丹
副主编　许春野　古　洁　王赛芝

中国人民大学出版社
·北京·

图书在版编目（CIP）数据

金融基础与实务/胡丹主编．—北京：中国人民大学出版社，2011．5
21世纪高职高专会计类专业课程改革规划教材
ISBN 978-7-300-13615-8

Ⅰ．①金… Ⅱ．①胡… Ⅲ．①金融学-高等职业教育-教材 Ⅳ．①F830

中国版本图书馆CIP数据核字（2011）第067446号

21世纪高职高专会计类专业课程改革规划教材

金融基础与实务

主 编 胡 丹

副主编 许春野 古 洁 王赛芝

出版发行	中国人民大学出版社		
社　　址	北京中关村大街31号	**邮政编码**	100080
电　　话	010－62511242（总编室）		010－62511398（质管部）
	010－82501766（邮购部）		010－62514148（门市部）
	010－62515195（发行公司）		010－62515275（盗版举报）
网　　址	http://www.crup.com.cn		
	http://www.ttrnet.com(人大教研网)		
经　　销	新华书店		
印　　刷	北京市鑫霸印务有限公司		
规　　格	185 mm×260 mm　16开本	**版　　次**	2011年5月第1版
印　　张	17.5	**印　　次**	2011年5月第1次印刷
字　　数	440 000	**定　　价**	29.80元

前言

金融已经渗透到社会生活的方方面面，无论在人们的日常生活中，还是在社会经济的各个方面，金融现象与金融问题都无处不在。比如，市场物价的波动、工资收入的多寡、企业效益的好坏、财政收支的盈亏、股价指数的升跌、银行利率的调整、国家经济政策的变化等。应该说，我们所处的时代实际就是金融经济时代。

始于2007年的美国次贷危机，以超乎人们想象的速度迅速漫延成全球性金融海啸，再一次给人们敲响了金融风险的警钟。这也使人们深深地感受到：金融从来没有像今天一样如此深刻地影响着一国的微观经济、宏观经济和国际经济，如此深刻地影响我们传统的生活方式和投资习惯。所以说，金融在现代经济运行中起着举足轻重的作用。

我们编写这本《金融基础与实务》的宗旨是向读者传授与金融学科相关的一些基本知识和基本技能，力求适应现代经济发展对人才的金融知识结构的基本要求。

本书围绕高等职业教育岗位专门人才的培养目标，按照教育部《关于全面提高高等职业教育教学质量的若干意见》中规定的“大力推进工学结合，突出实践能力培养，改革人才培养模式”的要求，以企业金融活动为主线，结合编者多年的教学经验编写而成。本书力求体现工学结合、任务驱动、项目导向教学模式的要求，突出学生职业能力的培养及职业素质的养成。为实现上述目标，本书安排了八个学习情境，包括：认识现代经济中的金融活动、如何理解金融机构体系、如何把握企业资金的结算业务、如何通过银行进行信贷融资、如何认识和利用金融市场、如何操作外汇业务、如何解读国家的货币政策、认识开放经济下的金融运行。

本书力求融“教、学、做”于一体，以形成全新的符合职业教育规律和培养目标的岗位教材，主要体现以下特色：

(1) 以学习情境组织金融基础与实务的课程体系。突破以往的课程设计割裂业务处理的弊端，以企业的实际金融业务活动为主线，突出教材的实践性和实用性。

(2) 每个项目通过情境导入、必备知识、典型业务分析等内容将“教、学、做”有效融于一体，以有效培养学生的职业素养。

(3) 结构简单清晰。本书突破了传统金融教材面面俱到、章节繁多的框架，全书只有八个学习情境，每个情境的开头列出了知识结构模块图，给人以一目了然的感觉。

(4) 资料丰富翔实，信息量大。在本书的编写过程中紧紧抓住金融业务的发展现状，引入了大量翔实的材料，这些材料有的是案例，有的是对热点问题的讨论，有的是对书中内容的补充，有的是官方的公告与报告等。这些资料在保证全书主体内容的科学性、严肃性的同时，又大大增强了读者的学习兴趣。

本教材由胡丹担任主编，负责全书的整体结构设计、大纲编写及修改定稿工作，具体编写分工如下：学习情景一、七由王赛芝（温州职业技术学院）编写；学习情景二由古洁（海南职业技术学院）编写；学习情景三、四由许春野（南通纺织职业技术学院）编写；学习情景五、六、八由胡丹编写。

在本书的编写过程中，得到了中国人民大学出版社的大力支持，参考了金融界和教育界专家与学者的大量研究成果，并从互联网上选用了一定的案例和资料，在此谨向有关单位和作者表示衷心的感谢！

因编者理论水平和实践知识有限，加之金融理论、金融实践和金融政策的复杂性与多变性，书中难免有不足之处，希望各位读者不吝赐教，我们在此表示感谢，并将继续努力探索。

编　者

2011年3月

目 录

学习情境一

认识现代经济中的金融活动

学习目标

通过本情境的学习，要求了解货币的起源、种类，货币形式的发展与未来趋势，掌握货币的职能、本质；理解信用及其本质，了解各种信用的形式及特点；深刻理解利息的本质、利率的种类及影响利息水平的决定和影响因素，重点掌握利率的计算及其作为经济杠杆对经济的调节作用。

知识结构模块图

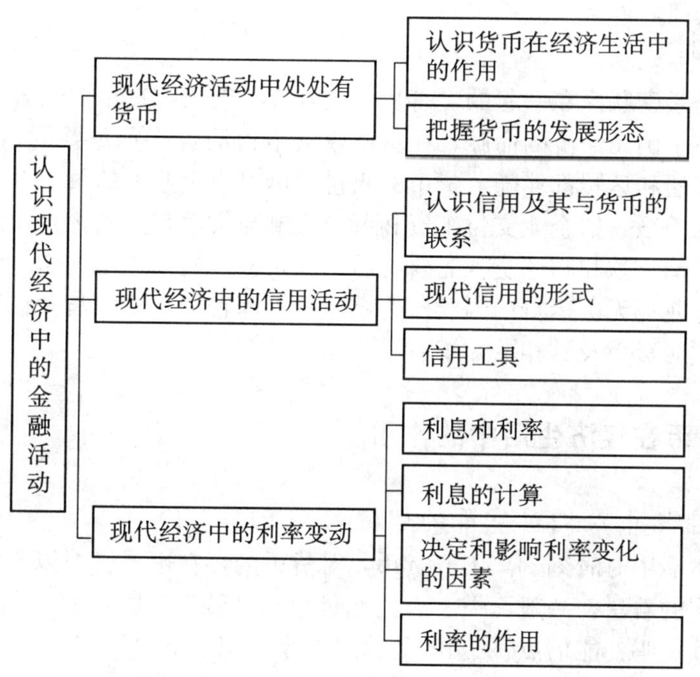

项目一　现代经济活动中处处有货币

【情境导入】

现实经济生活中，一提到货币，人们在脑海里会立即跳出一个字——“钱”。的确，我们处处都会遇到“钱”，天天都在和钱打交道。正所谓“无钱寸步难行”。家庭和个人从各种来源取得货币收入，以维持家庭和个人的衣、食、住、行等；企业的投资、生产、流通和运转都伴随着货币的收付；机关团体和事业单位的职能的发挥都离不开货币；政府履行国家职能和社会公共职能需要以货币收付来实现财政收支；国际间的经济、政治、文化、体育、卫生等交流都需要以货币的收付来实现。没有货币，就无法做到等价交换，整个社会将一片混乱。但钱也带来了很多问题，我们可以看到因钱引发的尔虞我诈、偷盗抢劫、贪污腐败等；我们会时不时发现物价上涨，手中的钱会贬值等。货币以其特有的渗透力，影响着我们生活的方方面面。

【必备知识】

货币收支都是紧密联系在一起的，有货币收入方必定会有货币支出方，在这些货币支付主体中，企业是整个国民经济的命脉，在货币收支中扮演着特别重要的角色。对企业而言，其投资、生产、流通和运转都伴随着货币的收付。可以说企业中的每一个工作岗位都与货币发生着千丝万缕的关系：如企业支付工资和劳动报酬与货币有关系；企业向国家缴纳税收离不开货币；企业申请贷款和归还贷款需要货币；股东分红同样也是一个“钱”的问题等。可以说没有货币，企业将无法运行。因此作为企业的管理者和企业中与“钱”打交道较多的一些工作部门，必须对货币及其相关知识有个全面的了解。

一、认识货币在经济生活中的作用

（一）现实生活中人们对货币的理解

人们在日常生活中时时刻刻离不开货币，对货币的存在也早已习以为常，但是人们对货币的理解却有不同的看法，一般习惯上人们称货币为“钱”。比如我们经常会听到以下这些说法，如“你带钱了吗？能借点钱给我吗?”，“他今年赚了不少钱!”，“他很有钱”等，这些不同说法中的货币分别有着不同的含义，概括起来主要有三种情况。一是将货币等同于通货或现金，即我们通常使用的钞票和硬币，如“你带钱了吗”中的“钱”就属于这种情况。二是把货币等同于收入，如“他今年赚了不少钱!”中的“钱”指的就是这个意思。三是将货币等同于财富，如“他很有钱”的意思就是他有很多财富。事实上，货币在某种程度上代表着现金、收入和财富，但又不完全是现金、收入和财富。因为在实际中，用来支付的货币不仅仅是现金，还有银行信用卡、票据等；人们的收入和财富也不仅仅局限于货币收入，还有一些实物性收入和物质财富等，因此，现实中人们对货币的理解就会存在一定的偏差。

（二）理论研究中人们对货币的理解

不同的经济学流派对货币有不同的理解。如英国经济学家马歇尔认为，货币是在一定时间或地点购买商品或劳务时，或支付开支时能毫不迟疑地为人们所普遍接受的东西。凯恩斯认为货币是具有一般购买力的能被用来结清债务合同的东西。弗里德曼认为，货币是购买力的“暂栖所”，货币具有一般人能接受的交换媒介的职能。马克思的货币本质理论认为，货币是从商品中分离出来的，固定地充当一般等价物的商品，并反映一定的社会经济关系。目前各个国家通常以金融资产的流动性大小为标准，将货币划分为 M_1、M_2、M_3 等多个层次，但不同国家的计量标准却不尽相同。我国划分的 M_0、M_1、M_2、M_3 四个层次分别如下：

M_0＝流通中现金

M_1＝M_0＋企业存款＋机关、团体、部队存款＋农村存款＋信用卡类存款

M_2＝M_1＋城乡居民储蓄存款＋企业存款中具有定期性质的存款＋外币存款＋信托类存款

M_3＝M_2＋金融债券＋商业票据＋大额可转让定期存单等

其中 M_1 就是狭义上所称的货币，M_2 为广义所称的货币，M_2 与 M_1 的差额是准货币，M_3是考虑到金融创新的现状而设立的，暂未测算。

（三）货币的职能

货币的职能也就是货币在人们经济生活中所起的作用。尽管不同学派的经济学家对货币含义的理解不同，但在货币职能的认识上却分歧不大。一般都认为，在发达的商品经济条件下，货币具有这样五种职能：价值尺度、流通手段、贮藏手段、支付手段和世界货币。其中，价值尺度和流通手段是货币的基本职能，其他三种职能是在商品经济发展中陆续出现的。

1. 价值尺度

价值尺度是指货币具有表现商品和劳务的价值，并能衡量其价值量大小的职能。这是货币最基本、最重要的职能。商品价值的大小，乃是由凝结在该商品中的劳动时间来测量的。商品中包含的劳动时间越多，它的价值便越大。因此，劳动时间是商品的内在的价值尺度，而货币不过是商品的外在的价值尺度。商品的价值表现在货币上，就是商品的价格。价格是价值的货币表现。现代经济生活中，作为交易的对象都具有由一定的货币金额表示的价格，如商品、服务等都有价格。货币执行价值尺度的职能，实际上就是把商品的价值表现为一定的价格，商品价值大小不同，用货币表现的价格也不同，为了便于比较，就需要规定一个货币的计量单位，即价格标准。有了价格标准，商品的价格就可以直接用一定数量的货币单位来表示了，例如，一双皮鞋的价格为 100 元，一盒饼的价格为 10 元等。不过，需要说明的是货币在执行价值尺度这一职能时，并不需要现实的货币，只要人们在观念上想一下某商品的价格是多少就可以了。因为货币在执行价值尺度职能时，它所做的只是给商品以价格形态，即表明某一商品值多少钱，而不是真正用商品与货币相交换。

2. 流通手段

流通手段又称购买手段或交易媒介，是指货币在商品交换过程中充当交易媒介的职能，也是货币最基本、最重要的职能之一，它与货币价值尺度职能的统一才成就了货币。物物交换年代，人们拿着自己的商品去寻找持有自己所需商品的所有者谋求交换，这种交换是低效率和高成本的；而现代社会有了货币，人们就用货币作为媒介去交换。商品的所有者先要把商品换成货币，即“卖出”，然后再用货币换取所需要的商品，即“买入”。这种由货币作为媒介的商品交换，叫做商品流通。由物物交换过渡到商品流通，意味着商品经济的内在矛盾

有了进一步的发展。因为，在这种条件下卖与买被分成了两个独立的过程，如果出卖了商品的人不立刻去买，就会使另一些人的商品卖不出去。也就是说，货币作为流通手段的职能，就已经孕育着经济危机的可能性。这种作为流通手段的货币，不能是观念上的货币，而必须是真实的货币。因为任何一个企业和个人都决不会允许有人用空话来拿走他的商品的。

3. 贮藏手段

贮藏手段是指货币退出流通领域被人们当作独立的价值形态和社会财富的一般代表保存起来的职能。作为贮藏手段的货币，既不能像充当价值尺度时那样只是想象的货币，也不能像充当流通手段时那样用货币符号来代替，它必须既是真实的货币，又是足值的货币。在金属货币流通条件下，金银是典型的价值贮藏形式；在现代信用货币流通条件下，人们除了以金银、珠宝等贮藏价值外，更为普遍地利用银行存款或直接贮藏货币来贮藏价值。货币在发挥这一职能时，必须具备以下三个条件：一是货币的价值或购买力稳定；二是流动性强；三是安全可靠。所以只要纸币也能保持价值相对稳定，在一定程度上就能发挥贮藏手段的作用。

4. 支付手段

支付手段是指货币作为价值的独立形态进行单方面转移，以作为清偿债务或付款手段的职能。随着商品交换的发展，现实生活中更多的商品交换采取的不再是“一手交钱，一手交货，钱货两清”的现销方式，而是出现了赊买赊卖行为。这种赊买赊卖最终要以货币支付来结束这个完整的交易过程，这时就产生了货币的支付功能。后来货币作为支付手段的职能又进一步扩展到了支付工资、佣金，缴纳税款、房租、归还银行借贷，提供捐款、赠与等。作为支付手段的货币必须是现实的货币，在商品经济高度发达的现代，往往会由于某个生产者或销售者未能到期偿还债务而导致连锁赊欠的支付链条断裂，进而爆发支付手段的危机。

5. 世界货币

世界货币是指货币超越国界，在国际市场上发挥一般等价物作用所具有的职能。在金属货币制度下，贵金属可以自由地输出入国境，充当世界货币；在纸币制度下，贵金属退出了流通领域，只有那些经济实力相当强大的发达国家的货币（如美元、欧元、英镑等）才会被看成世界货币，但与黄金的世界货币职能相比已存在很大的缺陷。世界货币的作用是：第一，作为一般的支付手段，用来支付国际收支的差额；第二，作为一般的购买手段，用来购买外国的商品；第三，作为社会财富的代表由一国转移到另一国，如支付战争赔款、对外贷款以及转移财产等。

二、把握货币的发展形态

（一）货币的起源

货币不是从来就有的，它是商品生产和商品交换发展到一定程度的产物。关于货币的起源，古今中外有多种学说。中国的货币起源说主要有先王制币说和交换起源说两种，而西方的货币起源说主要有创造发明说、便于交换说、保存财富说等。纵观各种学说，无一能够科学提示货币的起源。马克思的劳动价值论从辩证唯物主义和历史唯物主义的观点出发，阐明了货币产生的客观必然性。从社会发展来看，当生产力极度低下，人们的劳动成果仅能维持生存而无剩余时，是不存在商品交换的。随着生产力的发展尤其是社会分工的出现，出现了剩余产品和私有制，为劳动产品的交换提供了条件。在货币出现之前，商品的交换采取物物交换的形式进行。当商品交换愈发频繁，以物易物的形式在时间和空间上已经不能满足我们的生活需求时，从众多商品中逐渐分离出了一种固定地充当一般等价物的特殊商品，此时的这种商品已经具有了“货币”的属性。因而，货币是随着商品经济的发展而逐步出现的。随着货币的出现，物物交换也就转变成了以货币为媒介的商品流通。

（二）形形色色的货币

货币自产生以来，其材料就在不断地发展变化着。从历史上看，随着社会生产力的发展和社会的进步，货币形式经历着由低级到高级不断演变的过程。

1. 实物货币

实物货币是指以自然界存在的某种物品或人们生产的某种物品来充当货币。它是人类历史上最古老的一种货币形式，中外历史上有许多实物商品充当过货币。古希腊、古罗马曾以牛、羊等作为货币；非洲和印度等地曾以象牙作为货币；埃塞俄比亚曾用盐作货币；美洲土著人和墨西哥人曾以烟草和可可豆作为货币；在我国古代，龟壳、海贝、蚌珠、皮革、布帛、农具等都充当过货币。实物货币在当时既是作为交换媒介的货币商品，又是用于直接消费的普通商品，其主要特征就是作为货币商品用途的价值和作为商品用途的价值相等。但是，随着商品经济的发展，交易规模不断扩大，实物货币的体积大、价值小、不便携带、不易保存、难以分割等缺点越来越突出，已很难满足交易的需要，于是实物货币逐渐退出历史舞台，进而被金属货币所取代。

2. 金属货币

金属货币主要是指以贵金属作为币材的货币。金属因其价值稳定、易于分割、易于保存、便于携带等特点，在交换中逐渐成为主要需求对象，最终成为通行的货币。马克思有一句著名的话来描述这一现象：“金银天然不是货币，但货币天然是金银。”从币材角度讲，金属货币经历了从贱金属到贵金属的发展过程。货币金属最初是金属铜和铁，但随着经济的发展和财富的增长，需要用价值量更大的金属来充当货币，币材便向金和银过渡。金属货币最初是以块状流通的，每笔交易都需要称量重量，鉴定成色，有时还要按交易额的大小把金属块进行分割，这给交易带来了诸多不便。随着商品生产和交换的发展，金属货币由条块形式发展为国家铸币形式。历史上曾出现过青铜铸币、铁铸币和金银铸币。铸币在流通中必定会磨损，所以铸币一旦进入流通，它的实际重量就会低于它的名义重量，成了不足值的铸币，但人们仍按足值货币去使用，从而使铸币有了可用其他材料制成的符号象征来代替的可能性。再加上金属货币的供应受产量的限制，与社会经济发展对金属货币需要的无限性产生了巨大的矛盾，于是逐渐出现了代用货币。

3. 代用货币

代用货币是指由政府或银行发行的代替金属货币流通的纸质货币符号。代用货币作为金属货币的替代物在市场上流通，其自身基本上没有价值，它能够作为交换的媒介是因为有足值的金属货币作为准备，而且可与所代表的金属货币自由兑换，因而被人们所普遍接受。典型的代用货币是可兑换的银行券。代用货币的最大优点是发行成本低，易于携带和运输，节省了金银等稀有金属币材的使用，因而在近代货币史上存在了很长时间。中国是最早使用纸质货币的国家之一，如 10 世纪末北宋年间印制的“交子”等，元代则直接在全国范围内实行纸钞流通的制度；英国在 16 世纪出现了代用货币；美国在 1900—1933 年间使用的代用货币为黄金券。由于代用货币的发行须以足量的金银为保证，故其发行量受到金银准备的限制，不能满足社会经济发展的需要。在第一次世界大战中，各国普遍停止银行券兑换金银，到

20世纪30年代末银行券完全不可兑换，代用货币基本退出了历史舞台，取而代之的是信用货币。

4. 信用货币

信用货币又称不兑现纸币，是指在政府或中央银行的信用基础上发行的，并在流通中发挥货币职能的信用凭证。信用货币是代用货币进一步发展的产物，其自身没有价值，也不代表任何金属货币，它只是一种价值符号或信用凭证，通过国家强制力赋予它名义价值来进行流通，依靠政府信用和银行信用来发挥一般等价物的作用，目前世界上几乎所有国家都采用这种货币形态。信用货币通常有纸币货币、辅币、存款货币等几种形式。

5. 电子货币

电子货币是指通过计算机系统储存和处理电子存款和信用支付的工具。在计算机和互联网广泛应用于银行经营业务后，各种形式的信用卡和银行卡逐渐取代现金，成为家庭和个人广泛使用的支付工具。电子货币是市场经济高度发展和信息技术革命的产物，在性质上仍属于存款货币。随着信用卡和网上银行业务的进一步发展，电子货币将成为信用货币未来的主要形态。

（三）我国的货币

1. 我国内地的货币——人民币

（1）人民币的发行概况。1948年12月1日，中国人民银行在石家庄正式成立，同时发行人民银行券，即人民币，这也是我国第一套人民币。为了改变第一套人民币面额过大等不足，并为提高印制质量，1955年2月21日国务院发布命令，决定由中国人民银行自1955年3月1日起发行第二套人民币，收回第一套人民币，第二套人民币流通了10年左右。为了促进工农业生产发展和商品流通，方便群众使用，中国人民银行于1962年4月20日开始发行第三套人民币。随着经济的发展，为了进一步健全我国的货币制度，方便流通使用和交易核算，中国人民银行自1987年4月27日起，采取“一次公布，分次发行”的办法，陆续发行第四套人民币。现行流通的第五套人民币是1999年10月1日一次公布、陆续发行的，各面额纸币年版号均为“1999年”。2005年8月31日，中国人民银行开始发行2005年版第五套人民币，保持了1999年版第五套人民币的主图案、主色调、规格不变，从构成货币的基本要素来说，不是发行一套新的人民币。但由于在印制生产工艺、防伪措施方面进行了改进和提高，并将年版号改为“2005年”。所以把改进印制生产工艺、技术后的第五套人民币称为2005年版第五套人民币。

（2）现行的人民币制度。①人民币是我国的法定货币，具有无限的法偿能力。这就意味着国内允许流通的只有人民币，不论用人民币主币还是辅币支付，任何人均不得拒收。②人民币是一种不兑现的信用货币。人民币没有含金量，不能自由兑换黄金，也不与任何外币确定正式联系。人民币与外币的兑换价值由中国人民银行根据我国人民币外汇市场供求以及国际市场变化每日公布，由各商业银行以此为依据报出交易价格。③人民币的单位为“元”，货币符号是RMB或CNY，￥。“元”是本位币，即主币。辅币的名称是“角”和“分”，1元＝10角，1角＝10分。现行流通的人民币主要有：1元、5元、10元、20元、50元、100元六种；辅币有1分、2分、5分、1角、2角、5角六种。④人民币的发行和流通。我国人民币的发行权集中于中央，具体通过由中国人民银行代表国家向流通领域投放现金来实现。已发行的人民币，可以以现金和非现金的方式在市场上进行流通。企业向职工支付工资、津贴、个人劳务报酬、出差人员携带的差旅费等都可以使用现金。而企业之间超过人民币 5 000 元的经济往来，则应通过银行办理转账结算。对于人民币的出入境管理，我国实行限额管理，人民币在国际收支经常项目下可自由兑换。⑤人民币的法律保护。为了巩固人民币的法定地位，维护人民币的形象，我国有关法律、法规规定：禁止损害人民币和妨碍人民币流通；禁止非法买卖流通人民币；禁止伪造、变造人民币和持有、使用、运输伪造、变造的人民币；禁止印制、发行人民币代币票券；禁止人民币样币流通等。对于残缺、污损的人民币，由中国人民银行按规定进行兑换，并负责收回、销毁。

2.“一国两制”下的地区货币

（1）香港的货币——港币

在香港特别行政区，其法定货币是港币，港币是唯一流通的货币，具有无限的法偿能力。其缩写是 HKD。港币的发行由汇丰银行、渣打银行和中国银行负责，其发行需要有 100%的外汇储备支持。港币的基本单位是元，每 1 元可兑换 10 角，纸币的面额有六种，分别是：1 000 元、500 元、100 元、50 元、20 元和 10 元；而硬币的面值有七种，分别为 10 元、5 元、2 元、1 元、5 角、2 角和 1 角。

（2）澳门的货币——澳门元

在澳门特别行政区，其法定货币是澳门元，澳门元具有无限法偿能力，其缩写为 MOP。澳门元的发行由大西洋银行和中国银行（澳门分行）负责，其发行需要有 100%的外汇储备支持。在澳门售卖的货品和所提供的服务收费一律以澳门元计算，但也可使用港币或其他流通货币，兑换率按市场浮动汇率确定。澳门元的纸币面额有六种，分别是：1 000 元、500 元、100 元、50 元、20 元、10 元；硬币的面值有七种，分别是：10 元、5 元、2 元、1 元、5 毫、2 毫、1 毫。

（3）台湾地区的货币。

在台湾地区，其法定货币是新台币，新台币有无限法偿能力，其缩写为 TWD，由台湾地区的“中央银行”负责发行。新台币的基本单位是元，1 元＝10 角＝100 分，目前发行的纸币有 100 元、200 元、500 元、1 000 元与 2 000 元；硬币单位有 5 角、1 元、5 元、10 元、20 元及 50 元。5 角硬币的发行量少，实际上也较少使用，所以通常现金交易都是以 1 元作为最小单位。

【典型业务分析】

“一国四币”现象是我国特有货币现象。随着 1997 年、1999 年香港和澳门的相继回归我国出现了人民币、港币、澳元以及新台币“一国四币”的特有历史现象。

分析：

货币作为一般等价物的独占性、排他性规律，在金银复本位制下表现为价值体系的紊乱和“劣币驱逐良币”的格雷欣法则。在纸币本位制下，如果在同一市场上出现两种以上纸币流通，而当这两种纸币的法定比价和实际比价发生背离时，同样会产生货币的排他和独占现象。不过，由于纸币本身只是一种价值符号，其排他和独占现象与金属本位货币恰好相反，不再是实际价值低的货币排斥实际价值高的货币，而会出现实际价值高的货币排斥实际价值低的货币的“良币驱逐劣币”现象。而“一国四币”是特定历史条件下中国人民的智慧创造，它不是四种货币在同一个市场上流通，所以，不会产生“良币驱逐劣币”现象。

根据《中华人民共和国中国人民银行法》第三章第十五条的规定和 2000 年 2 月颁布的

《中华人民共和国人民币管理条例》第三条的规定，中华人民共和国的法定货币是人民币。以人民币支付中华人民共和国境内的一切公共和私人的债务，任何单位和个人不得拒收。香港、澳门虽然已经回归祖国，但是，根据《中华人民共和国香港特别行政区基本法》和《中华人民共和国澳门特别行政区基本法》，港币和澳元分别是香港特别行政区和澳门特别行政区的法定货币。人民币、港币、澳元和新台币的关系，是在一个国家的不同社会经济制度区域内流通的四种货币，它们所隶属的货币管理当局按自己的货币管理方法发行和管理货币。当然，一旦人民币实现了资本项目的完全可兑换，“一国四币”的特殊历史现象就会逐步消失。

资料来源：熊惠平等：《金融概论》，武汉，武汉理工大学出版社，2005。

项目二　现代经济中的信用活动

【情境导入】

夏季是被公认的消费旺季，通信消费市场也不例外。作为拥有最大规模用户的中国移动，全面推出优惠促销活动也是比较频繁的，目前中国移动各品牌均有优惠活动正在进行。从5月20日至7月10日，北京动感地带用户累计充值（且主账户余额达到，下同）100元，可获赠30元话费，所赠话费分6个月，每月返还5元；若用户累计充值300元，可获赠120元话费，所赠话费分12个月，每月返还10元；若用户累计充值500元，可获赠240元话费，所赠话费分12个月，每月返还20元；若用户累计充值800元，可获赠450元话费，所赠话费分18个月，每月返还25元。详见表1—1。

表1—1　　动感地带充值返还话费明细表

累计充值主账户余额	返还	返还分月	每月返还	返还比例
100	30	6月	5元	30%
300	120	12月	10元	48%
500	240	12月	20元	48%
800	450	18月	25元	56%

与此同时，北京移动针对神州行经典版标准卡、升级版标准卡、畅听卡、家园卡用户推出不限量的充值返话费活动，只要用户累计充值满一定额度，即可获赠连续N个月的10元话费返还。

中国移动全球通也有相应的充值送话费活动，在2010年6月23日至8月15日期间，全球通客户可通过门户网站或营业厅参加预存返话费活动。具体活动方案为：全球通用户预存或押金600元话费返还300元充值卡，每月承诺消费50元（承诺期为12个月）；预存或押金1 200元话费返还600元充值卡，每月承诺消费100元（承诺期为12个月）。另外，通过网站参与的客户还可额外获赠30元电子充值卡一张。需要注意的是，向客户所赠送的充值卡不开具发票。单位托收客户，只能采用押金方式办理预存返还话费活动。

中国移动公司通过这种诱人的话费优惠活动，可以令该公司的手机用户得到实实在在的利益，当然更重要的是，还可以为该公司筹集巨额的资金，公司可以利用这笔资金拓展新的业务，扩大经营规模。另外，该通信公司通过话费让利，吸引了一批新的手机用户，稳定了老客户，在与经营对手的竞争中赢得了先机。

资料来源：http://www.sina.com.cn。

【必备知识】

一、认识信用及其与货币的联系

信用最早属于社会伦理学的范畴，主要是指一种价值观念以及建立在这一价值观念基础上的社会关系，是一种基于伦理的信任关系，它是一种处理人际关系的道德准则。但在经济学意义上，它是指以偿还和支付利息为前提条件的特殊的价值运动形式，是借贷行为的总称。信用和货币之间自古以来就存在着紧密的联系。无论是信用还是货币都以私有制为前提，信用也一直都是以实物借贷和货币借贷两种形式存在的。随着商品货币关系的发展，货币越来越成为借贷的主要对象。

信用具有以下两个基本特征：

（1）以偿还本金和支付利息为条件。信用不是一般的借贷行为，而是有条件的借贷行为。贷者之所以愿意贷出，是因为他不仅获得了偿还的承诺，而且还会获得一定的增加额——利息。无利息的一般不是信用关系（如一些互助友爱、互通有无的社会关系的无利息借贷行为），但并不是所有无利息的借贷都不是信用行为，如美国、加拿大等国的银行活期存款一般是不支付利息的。

（2）是价值运动的特殊形式。一般形式的价值运动是通过一系列的商品买卖过程实现的。商品买卖是等价交换，商品的所有权通过交换而发生转移，买卖双方都保留价值，货币执行了流通手段的职能。而在信用活动中，其价值运动是通过一系列借贷、偿还和支付过程实现的。在这一过程中，贷出者只是暂时让渡商品或货币的使用权，所有权并没有发生变化，实际上货币执行了支付手段的职能。

二、现代信用的形式

信用形式是信用活动的具体表现形式。现代信用的形式繁多，可以按照不同的划分标准对信用形式进行分类。如以期限为标准可以分为中长期信用与短期信用；以地域为标准可以分为国内信用和国际信用；以参与信用的主体为标准可以分为商业信用、银行信用、消费信用、国家信用和其他信用形式等。

（一）商业信用

商业信用是企业之间相互提供的与商品交换相联系的信用活动，是现代经济中最基本的信用形式，构成了现代信用制度的基础。商业信用的形式有多种多样，包括企业之间以赊销、分期付款、委托代销等方式提供的信用，以及在商品交易的基础上以预付货款（或定金）等方式提供的信用。

1. 商业信用的特点

（1）商业信用的主体是商品生产经营者。商业信用是企业之间以商品形态提供的信用，其借贷双方或债权人与债务人都是商品的生产者或经营者，只要他们双方同意即可签订延期付款或预付货款的合同协议书，无需信用中介，因此，他们之间所发生的借贷关系是最简单的直接信用形式。

（2）商业信用的客体是商品资本。商业信用的资金来源是处于社会再生产过程的商品资本，而不是社会闲置的货币资本。它虽然是以商品形态提供的信用，但是实际上包含着两个经济行为，即商品买卖行为和货币借贷行为。当一个经营者把商品赊销给另一个经营者时，商品的所有权发生了转移，商品的买卖行为已经完成。但由于商品的货款没有立即支付，商品的卖者成为了债权人，商品的买者成为债务人，商品的买卖关系又演变成了债权债务关系，即借贷关系，买卖行为同借贷行为相结合。

2. 商业信用的局限性

商业信用直接与商品生产和流通过程相联系，为商品买卖融通资金，对于调节企业之间的资金余缺、提高资金使用效益、节约交易费用、加速商品流通等发挥着巨大的作用，但它受本身特点的影响，具有一定的局限性。

（1）信用规模和数量上的局限性。商业信用是企业间买卖商品时发生的信用，一般而言，其信用规模受商品交易量的限制，企业不可能超出自己所拥有或所需要的商品量向对方提供商业信用。

（2）信用方向上的局限性。商业信用是企业之间发生的、与商品交易直接相联系的信用形式，通常是由卖方提供给买方延期付款或分期付款的信用，或由买方提供给卖方预付款的信用，严格受商品流向的限制。比如说，纺织印染厂可向服装厂提供商业信用，而服装厂则不能向纺织印染厂提供商业信用。因而，有些企业很难从这种形式取得必要的信用支持。

（3）信用范围上的局限性。商业信用是直接信用，借贷双方只有在互相了解对方的信誉和偿债能力的基础上才可能确立信用关系，因而在使用范围上受到限制。

（4）信用期限上的局限性。由于商业信用所提供的是在循环过程中的商品资本，如果不能很快地以货币形态收回，就会影响产业资本的正常物质循环和周转，因此，一般来说商业信用只能用于短期生产或流通。

（5）信用链条的不稳定性。商业信用是由工商企业相互提供的，可以说，一个经济社会有多少工商企业就可能有多少个信用关系环节。如果某一环节因债务人经营不善而中断，就有可能导致整个债务链条的中断，引起债务危机的发生，现实中的例子就是当企业的应收账款蜕变为呆坏账时，就有可能引发债务危机。

鉴于上述局限性，商业信用不能从根本上改变社会资金和资源的配置与布局，不能成为现代市场经济信用的中心和主导。

（二）银行信用

银行信用是指银行或其他金融机构通过货币形式，以存放款、贴现等多种业务形式与国民经济各部门所进行的借贷行为。银行信用克服了商业信用的局限性，已成为整个信用制度的核心和主体。银行信用的特点有：

（1）银行信用的规模巨大。银行信用的客体是游离于再生产过程之外的货币资金，它可以不受个别企业资金数量的限制，聚集小额的可贷资金满足大额资金借贷的需求。同时，商业银行具有创造派生存款的能力，能够多倍地扩大货币供应量和信贷供应量，使信用规模大为增加，从而在规模和数量上克服了商业信用的局限性。

(2) 银行信用的期限比较灵活。银行吸收的存款短中长期均有，短期存款可用于向工商企业发放短期贷款，中长期存款可用于向工商企业发放中长期贷款，以满足各自的资金需要。同时，银行还可以把短期的借贷资本转化为长期的借贷资本，满足对较长时期货币资本的需求，而不再受资金期限的限制。

(3) 银行信用克服了资金流转方向的限制。银行信用是一种间接信用，它吸收全社会各方面的暂时闲置的货币资本，然后把这部分集中起来的资金以贷款的方式发放出去。在这个过程中，银行的身份具有两重性，银行可以把集中起来的货币资金贷给任何企业、机构或个人，其投放不受商品流转方向的限制。

银行信用由于克服了商业信用的局限性，大大拓展了信用的范围、数量和期限，因而可以在更大程度上满足经济发展的需要，使它在整个信用体系中处于核心地位，发挥着主导作用。当然银行信用也有一定的局限性，比如银行的贷款业务，特别是中长期贷款，具有很大的信用风险，容易形成银行的不良资产，当不良资产累积到银行承受不了的时候，银行就会倒闭，整个社会的信用链条就会断裂，这会引发信用危机。因此，尽管银行信用是社会信用的主要形式，但商业信用仍是社会信用制度的基础，两者之间应互为补充、相互利用。

（三）国家信用

国家信用，又称政府信用，是指国家及其附属机构作为债务人或债权人，依据信用原则向社会公众和国外政府举债或向债务国放债的一种形式，换言之，就是以国家作为主体形成的借贷行为。

1. 国家信用的基本形式

国家信用是一种古老的信用形式，其产生与政府的财政收支密切相关，是政府运用信用手段进行财政再分配的特殊形式。随着各国政府对经济生活干预的不断加强和预算赤字的不断增加，国家信用得到了更为广泛的发展。国家信用包括国内信用和国外信用两种。国内信用的基本形式有：发行政府公债、发行国库券和向中央银行借款或透支。其中发行政府公债是国内信用最主要的形式，而其他两种一般是为了短期资金融通。国外信用的基本形式有：发行国际债券和政府向外借款。其中发行国际债券是目前比较流行的举债方式。

2. 国家信用的作用

(1) 国家信用可以弥补财政赤字。当政府的财政支出大于财政收入时，就会表现出财政赤字。弥补财政赤字的办法有：动用历年结余、向中央银行借款或透支、增发货币、增加税收、发行国家债券等。其中，发行国家债券是最好的选择。因为通过发行国家债券就会吸收一部分社会资金，这样势必会减少国内投资和消费的数量，缓解总供求的矛盾，进而保持物价稳定。

(2) 国家信用可以调节经济活动。一方面，国家可以利用信用的经济功能，将社会闲置的货币资金集中起来，用于国家的重点项目和基础设施的建设，保证社会经济的可持续发展；另一方面，国家信用可以合理地调节市场货币的流通量，进而通过调节金融市场加强宏观调控。比如当市场货币流通量超过实际需要量时，国家就可以通过发行国家债券，吸收市场过多的货币流通量，反之，则可以通过公开市场业务回购国家债券，向市场注入货币，从而实现对货币市场和经济的调节。

（四）消费信用

消费信用是指企业或金融机构向消费者个人提供的、用以满足其消费需求的一种信用形式。现代市场经济的消费信用是与商品和劳务，特别是与住房和耐用消费品的销售紧密联系在一起的。这种信用形式在西方国家已非常普遍，我国在20世纪50年代也曾经采用过这种信用形式，随后又取消了，1982年9月重新恢复了消费信用，现已扩展到了住房贷款、助学贷款等多个领域。

消费信用的形式主要包括赊销、分期付款和消费信贷。赊销一般用于日常零星的购买，通常是由零售商以延期付款的方式销售商品，提供给消费者的短期消费信用。分期付款主要是用于购买耐用消费品，如汽车、房屋或高档家具等，往往是消费者与卖方签订分期付款合同，先付一部分货款，剩余货款按合同规定分期加息偿付，然后由卖方交付货物。在未付清货款之前，消费品的所有权仍属于卖方，这是一种中期消费信用。消费贷款是银行或金融机构以贷款形式向消费者提供的长期消费信用，一般用于购买汽车或房屋，时间可长达几十年。这种消费贷款分为信用贷款和抵押贷款两种。

消费信用可在一定程度上缓和消费者有限的购买力与不断增长的现代化生活需求之间的矛盾，有助于提高消费水平，改善人民生活和社会消费结构。随着我国短缺经济时代的结束，需求不足的矛盾正日益显现，消费信贷对促进消费有着积极的作用，通过这种作用还可以进一步引起生产规模的扩大，促进经济的增长。此外，消费信用还可以充分发挥银行资本的作用，提高其使用效率。当然若消费信用需求过高，则容易造成市场的虚假繁荣，增加市场货币的供应量，引起通货膨胀。因此，国家对消费信用的规模需要加以适当控制。

（五）其他信用

除了上述几种主要信用形式之外，还有民间信用、国际信用等其他信用形式。所谓民间信用是指民间个人之间的借贷活动，参加对象主要是农村村民、农村集体生产单位和个体经营的乡镇企业。民间信用的种类有股份集资、自由借贷、抬会等。国际信用是指国与国之间的企业、经济组织、金融机构及国际经济组织相互提供的与国际贸易密切联系的信用形式。国际信用主要有出口信贷、国际银行信贷、国际市场信贷、国际租赁、补偿贸易和国际金融机构贷款等。在国际信用中，授信国往往通过借贷资本的输出来带动本国商品的出口，从而实现利润留成；而受信国往往是想利用国际信用，购买所需要的设备、技术和商品，提高本国生产设备的科技含量，从而促进本国经济发展。

三、信用工具

（一）信用工具的概念和特征

信用工具是指资金供求双方进行资金融通时所签发的各种具有法律效力的凭证，通常也被称为金融工具。在商品货币经济条件下，因为存在着各种信用关系和信用形式，所以必然要求有相应的信用工具为之服务，可以说信用工具是信用活动的载体。有了这样的载体，信用行为才会更加规范和顺畅，从而有利于经济稳定和发展。信用工具一般具有偿还性、流动性、风险性和收益性四个特性。

1. 偿还性

偿还性也称期限性，是指信用工具的发行主体或债务人要按期还本付息的特性。偿还期是指从信用关系产生到债务人全部归还本金所经历的时间，一般都有明确的偿还期限，债务人到期必须偿还信用凭证上记载的债务。但也有一种极端的情况是偿还期无限长，如股票或永久性债券，其偿还期就是无限制的。

2. 流动性

流动性是指信用工具在不受或少受经济损失的条件下迅速变现的能力，通常用变现的速度和变现过程中价格的损失程度及所耗费的交易成本的大小来衡量。一般来说，信用工具的流动性与偿还期成反比，即期限越短，其流动性越强；期限越长，其流动性越弱。信用工具的流动性与债务人的资信情况成正比，即债务人的资信等级越高，其流动性越强；反之，则流动性越弱。

3. 风险性

风险性是指信用工具的购买者投入的本金和预期收益遭受损失的可能性，即到期是否能够收回本金和利息。风险主要来自信用风险和市场风险两个方面。信用风险是指债务人违约，不按期归还本金的风险。这种风险主要取决于债务人的信用状况和经营状况。任何一个投资都存在信用风险，只是大小不同而已。市场风险是指由于市场利率的升降和商品价格的涨跌而引起的信用工具市场价格变动的风险。一般来说，信用工具的风险性与偿还期成正比，与流动性成反比。

4. 收益性

收益性是指信用工具定期或不定期给持有者带来收益的能力。如股票可获得股息，债券可获得利息，股息或利息便是其收益。另外，由于金融市场的行情变化，买卖信用工具也可获得差价收益。信用工具收益水平的高低往往通过其收益率来反映。一般来讲，信用工具的收益性与风险性呈正相关关系，与流动性呈负相关关系。

（二）信用工具的分类

随着信用活动的不断发展，信用工具的种类越来越多。按照不同的分类标准，可以划分为不同的类型。

1. 按照信用工具的期限不同，可以分为短期信用工具和长期信用工具

短期信用工具一般是指偿还期限在一年以内的信用工具，也可以称之为货币市场信用工具，如汇票、本票、支票、信用证、信用卡等。长期信用工具一般是指偿还期限在一年以上的信用工具，也可以称之为资本市场信用工具，如股票、债券等。

2. 按照融资形式的不同，可以划分为直接信用工具和间接信用工具

直接信用工具是指没有金融机构作为中介，直接由资金需求方发行的信用工具，如公司股票、债券、商业票据等。间接信用工具是指由金融机构作为中介发行的各类信用工具，如银行票据、存单、保险单等。

3. 按照是否与实际信用活动直接相关，可以划分为原生性信用工具和衍生性信用工具

原生性信用工具是指在实际信用活动中出具的能证明信用关系的合法凭证，如票据、债券和股票等。衍生性信用工具是指在原生性信用工具的基础上派生出来的可交易凭证，如各种信用期货合约、期权合约、互换交易等。

（三）常用的信用工具

1. 汇票

汇票是指出票人依法签发的，委托他人在见票时或在指定的日期无条件支付确定金额给收款人或持票人的票据。根据出票人的不同，汇票有商业汇票和银行汇票之分。商业汇票是指由工商企业或个人签发的汇票，银行汇票是指由银行签发的，委托另外的银行为付款人的汇票。银行汇票均为见票即付，主要用于银行的票汇业务。

2. 本票

本票是指出票人依法签发的，承诺自己在见票时无条件支付确定金额给收款人或持票人的有价证券。我国《票据法》规定的本票只能是银行本票、记名本票和即期本票。

3. 支票

支票是出票人签发的，委托办理支票存款业务的银行或者金融机构在见票时无条件支付确定的金额给收款人或者持票人的票据。支票按支付方式可分为普通支票、现金支票和转账支票。现金支票只能用于提取现金；转账支票只能用于转账；普通支票既可以提取现金，也可以用于转账。支票的出票人所签发的支票金额不得超过其付款时账户的实际存款余额，禁止签发空头支票。

4. 信用卡

信用卡是在消费信用的基础上产生的一种短期的、小额的信用工具，它是银行或专业公司对具有一定信用的顾客所发行的一种赋予信用的证书，具有先消费、后付款的特点和发放循环贷款的作用。信用卡按其性质和功能分为借记卡和贷记卡。借记卡不允许透支，贷记卡可在信用额度内先消费后还款。

5. 信用证

信用证是在商业信用的基础上发展起来的信用流通工具，主要有商业信用证和旅行信用证两种。商业信用证是指开证银行应买方的要求和指示，向卖方开立的保证付款的书面凭证。商业信用证广泛应用于国际贸易中。旅行信用证又称货币信用证，是指银行为方便旅行者在国外支取款项所开出的信用证。旅行者在出国前，将款项交存银行，由银行开出旅行信用证，旅行者应当在信用证上留下自己的印鉴或签字。在旅行途中需要支付时，旅行者可凭信用证向指定的所在地银行取款。取款时所出具的收据上的印鉴或签字必须与信用证上的一致。

6. 股票

股票是指由股份有限公司签发的，用来证明股东权利的一种凭证。股票是资本市场上筹措中长期资金的主要信用工具。股票作为一种有价证券，其价格波动较大，因而风险较大。

7. 债券

债券是指债务人依法定程序签发的，承诺按约定的利率到期还本付息的有价证券。按发行主体不同，债券可分为政府债券、金融债券和公司债券。对比股票来说，债券的风险较小。

（四）衍生的信用工具

金融衍生工具是在传统信用工具的基础上发展起来的投资和风险管理的信用工具，包括金融期货、金融期权和互换交易等。

1. 金融期货

金融期货与金融现货相对，它是指由交易双方签署的，约定在将来某一时间按照事先规定的条件买进或卖出一定数量某种金融工具的合约。1972 年 5 月 16 日，美国芝加哥商品交易所在固定汇率制崩溃、国际外汇市场剧烈波动的形势下，率先推出了英镑、加元、德国马克、日元、瑞士法郎、法国法郎、墨西哥比索 7 种货币的期货合同，标志着金融期货的正式诞生。金融期货合约由期货交易所制定，高度标准化。按照买进或卖出的金融工具的不同，金融期货一般包括利率期货、股票指数期货、外汇期货等。

2. 金融期权

金融期权又被称为选择权，是指持有者在规定的期限内享有按交易双方商定的价格购买或出售一定数量某种金融产品的权利。1973 年 4 月，芝加哥期权交易所成立，正式推出股票期权合约，标志着金融期权的诞生。从不同的角度划分，金融期权有不同的类型。按照相关金融资产的不同，金融期权可以分为外汇期权、利率期权、股票期权等。按照交易的方式不同，金融期权可以分为看涨期权和看跌期权。按照权利行使时间的不同，金融期权可以分为欧式期权和美式期权。

3. 互换交易

互换交易就是双方当事人利用各自筹资机会的相对优势，以商定的条件相互交换不同币种或不同利息的资产或负债，从而避免将来汇率和利率变动的风险，获取以常规筹资方法较难得到的币种和较低的利息，最终实现筹资成本的降低。互换交易主要包括利率互换和货币互换两种类型。

【典型业务分析】

一家位于广州市商业区、开业近两年的理发店，理发师技艺精湛，因而吸引了附近一大批稳定的客户，加上店老板经营有方，每月收入颇丰，利润可观。由于店内生意太过火爆，顾客不得不提前预约，理发师少有休假，顾客和员工都颇有抱怨。但由于经营场所限制，始终无法扩大经营，因此该店老板很想增开一家分店，但受限于资金不足。

分析：

老板发现，有不少顾客要求理发店能对熟客打折、优惠，根据这个发现老板灵机一动，想到了推出 10 次卡和 20 次卡。一次性预收客户 10 次理发的钱，可给予客户 8 折优惠；一次性预收客户 20 次的钱，可给予客户 7 折优惠。对于客户来讲，如果不购理发卡，一次剪发要 40 元，如果购买 10 次卡（一次性支付 320 元，即 10 次×40 元/次×0.8＝320 元），平均每次只要 32 元，10 次剪发可以省下 80 元；如果购买 20 次卡（一次性支付 560 元，即 20 次×40 元/次×0.7＝560 元），平均每次理发只要 28 元，20 次剪发可以省下 240 元。

该店通过这种优惠让利活动，吸引了许多新、老客户购买理发卡，结果大获成功，两个月内该店共收到理发预付款达 7 万元，解决了开办分店的资金缺口，同时稳定了一批固定的客源。

通过这种办法，该理发店先后开办了 5 家理发分店，2 家美容分店，加快了规模扩张的脚步。

项目三　现代经济中的利率变动

【情境导入】

中国人民银行决定，自 2010 年 12 月 26 日起上调金融机构人民币存贷款基准利率。金融机构一年期存贷款基准利率分别上调 0.25 个百分点，其他各档次存贷款基准利率相应调整。而在这之前的同年 10 月 19 日，央行也曾将一年期存贷款基准利率上调 0.25 个百分点。

中国人民银行为什么要对利率进行调整呢？利率调整后会对经济产生什么样的影响呢？

【必备知识】

一、利息和利率

(一) 利息

利息是指在信用关系中借款人支付给贷款人的报酬，在数量关系上表现为超过本金的那部分金额。利息是伴随着信用关系的产生而产生的经济范畴，只要存在信用关系，利息就必然存在。从一定意义上讲，利息是信用关系存在和发展的必要条件。根据马克思对利息本质的论述，可以从以下三个方面来准确、全面地理解和把握利息的本质。

首先，从利息的来源看，利息是剩余价值的转化形式。利息是工人在再生产过程中创造的剩余价值的一部分，是剩余价值的转化形式，是货币资本家和产业资本家共同瓜分剩余价值的结果。

其次，从借贷双方的关系看，利息是财富的分配形式。利息是利润的一部分，是社会总产品的组成部分，表现为社会一定时期财富的增加。

最后，从市场供求关系看，利息是借贷资本的价格。在现代经济社会中，多种融资方式并存使得融资成为市场行为，金融工具成为商品，资金需求者通过出售金融商品而筹措资金；资金供给者通过购买金融商品而投资，资金供求关系转化为金融商品的买卖关系，利息成为金融商品的价格。

(二) 利率及其种类

利率是利息率的简称，是用百分比表示的一定时期内利息额与本金的比率。利率是衡量利息数量大小的尺度，用以反映利息水平的高低。利率是一种重要的经济杠杆，对宏观经济运行和微观经济运行都有极其重要的调节作用。利率可以按照不同的标准进行分类。

1. 根据计息单位时间的长短，利率一般分为年利率、月利率、日利率

最常用的是年利率，即以年为时间单位计息，俗称“分”，一分即为百分之一；月利率是以月为时间单位计息，俗称“厘”，一厘为千分之一；日利率以日为时间单位计息，俗称“毫”，一毫为万分之一。年利率与月利率、日利率的转换关系为：

月利率＝年利率÷12

日利率＝年利率÷360

2. 根据利率的真实水平，利率可以分为名义利率与实际利率

名义利率是没有剔除通货膨胀因素的利率，即借贷契约和有价证券上载明的利率，通常金融机构公布或采用的利率都是名义利率。实际利率是指剔除通货膨胀因素后的利率，以反映真实的资金成本。与名义利率相比，实际利率能更好地反映资金借贷活动的动力，能更准确地说明金融市场银根的松紧，能对经济产生实际性的影响。名义利率、实际利率和通货膨胀率之间的数量关系有两种表示方式：

第一种表述：$r=(i-p)/(1+p)$

第二种表述：$r=i-p$

其中：r 代表实际利率；i 代表名义利率；p 代表通货膨胀率。

第一种计算方法把通货膨胀对利息贬值的影响也已考虑进去，计算结果比较精确，一般用于核算成本的实际收益；第二种计算方法没有考虑通货膨胀对利息贬值的影响，计算结果

比较粗略，但非常直观简便，一般用于估算成本、收益及其理论阐述。

3. 根据借贷期内利率是否浮动，利率可以分为固定利率和浮动利率

固定利率是指在整个借贷期限内，利息按借贷双方事先约定的利率计算，而不随市场上货币资金供求状况的变化而变化，适用于借贷期限较短或市场利率变化不大的情况。我国目前各商业银行的储蓄存款利率就是固定利率。浮动利率又称可变利率，是指在整个借贷期限内，随市场利率的变化情况而定期进行调整的利率，适用于借贷期限较长，市场利率多变的借贷关系，也用于较长期的借贷及国际金融市场。固定利率计算资金成本比较方便，但在严重通货膨胀时，会给债权人带来很大损失。浮动利率利息的计算比较复杂，也不利于借贷双方成本收益的核算。目前在国际债券市场和中长期借贷中，浮动利率被广泛地采用，多数浮动利率是以伦敦银行间同业拆借利率（LIBOR）为参照指标而上下浮动的。

4. 根据商业银行的存贷业务，利率可以分为存款利率和贷款利率

存款利率是指商业银行和非银行金融机构在吸收客户存款时所采用的利率。贷款利率是指商业银行和非银行金融机构在向客户发放贷款时所采用的利率。就相同期限的存贷款而言，一般贷款利率总是高于同期限的存款利率。

5. 根据信用行为的期限长短，利率可以分为短期利率和长期利率

短期利率一般指借贷时间在一年以内的利率，长期利率一般是指借贷期限在一年以上所采用的利率。一般而言，短期利率低于长期利率，因为借贷的时间越长，银行面临的风险就越大。

6. 根据利率的决定方式，利率可以分为官定利率、市场利率和公定利率

官定利率又称为“法定利率”，是一国货币管理部门或中央银行所规定的利率，是国家实现宏观调控目标的一种政策手段。目前我国的存贷利率就是央行制定的利率。

公定利率是指由非政府金融行业自律性组织确定的各会员必须执行的利率。通常由银行公会确定的各会员银行必须执行的利率就是公定利率的主要形式。

市场利率是指按照市场规律自由变动的利率，即由借贷资本的供求关系直接决定，并由借贷双方自由议定的利率。我国目前银行间债券市场和同业拆借市场的利率就是这种。

7. 按照利率的制定和作用，利率可以分为基准利率和差别利率

基准利率是指在整个利率体系中处于关键地位、起主导作用并能制约其他利率的基本利率。差别利率是指有别于基准利率的利率。

二、利息的计算

（一）利息计算的规则

(1) 存、贷款年利率应按一年 360 天折算为日利率，并按实际天数计算利息。

(2) 储蓄定期存款到期日为节假日的，30 日支取 31 日到期的存款或到期日遇储蓄网点例假不对外营业时，储户在假期的前一天支取均不算提前支取，扣除到期日与支取日之间的天数计算储蓄定期存款利息。

(3) 单位定期存款到期日为节假日的，可在节假日前最后一个营业日支取。此时应采取手工计息的方式，仍按合同利率计算，但应扣除到期日与支取日之间的天数，或建议客户在节假日后支取。节假日后支取单位定期存款，按过期支取存款计算利息。

(4) 贷款到期日为节假日的，如节假日后第一个营业日归还贷款，按合同利率加收到期

日与归还日之间天数的利息；若未归还贷款，则从该日起按逾期贷款计算利息。

(5) 如在办理业务过程中客户对日利率折算标准或计息规则存在异议，银行应以中国人民银行《银行会计基本规范指导意见》为依据，做好宣传解释工作。

（二）利息计算的要求

(1) 本金以“元”为起点计息，元以下角、分不计息。

(2) 各种储蓄存款除活期储蓄（按年度结息）、定期储蓄存款到期约定自动转存以外，不计复息。

(3) 利息金额计算至分位，分以下四舍五入。

分段计息时，各段利息应计算至厘位，加总后厘位四舍五入计至分位。计算机内的利率文件以年利率储存，小数点后保留5位。

（三）利息计算的基本方法

利息计算有两种基本方法：单利法和复利法。

1. 单利计算法

单利计算法是指在计算利息时，不论借贷期限的长短，仅把借贷的本金作为计算利息依据的计息方法。其计算的基本公式如下：

利息：$I = P \times r \times n$

本利和：$S = P(1 + r \times n)$

其中：I 为利息，P 为本金，r 为利率，n 为期限，S 为本利和。

单利计算法的特点是对利息不再计算利息，计算比较简便易行，但这种计算方法没有考虑货币的时间价值。

2. 复利计算法

复利计算法是指计算利息时，按一定期限将前一期所产生的利息计入本金一并计算下一期利息的方法，俗称“利滚利”。其计算的基本公式如下：

本利和：$S = P(1 + r)^n$

利息：$I = S - P$

其中：I 为利息，P 为本金，r 为利率，n 为期限，S 为本利和。

复利计算法的特点是考虑货币的时间价值，不仅对本金计算利息，而且对利息也计算利息，但计算比较烦琐。

三、决定和影响利率变化的因素

（一）社会平均利润率

利息来源于利润，反映了借贷资本和职能资本之间剩余价值的分割。在现代经济社会中，借款人借入货币资金投入生产经营的最终目的是为了追求更高的利润，因而他只能将借入的货币投入生产，将所取得的利润的一部分以利息形式支付给贷款人，作为让渡货币资金使用权的报酬。如果支付的利息高于平均利润，借款人就无利可图而不愿意借款，所以利率只能低于平均利润率。同时，贷款人贷款的目的就是为了充分利用暂时闲置的货币资金获取一定的收益，因此利率不可能等于零，否则，货币资金的所有者也不会无偿让渡货币资金的使用权。可见，利率就是在平均利润率和零之间波动。当然，也不排除偶尔出现的特殊情况。

（二）借贷资金的供求情况

在商品经济条件下，借贷资本是一种特殊的商品，同普通商品一样受价值规律的支配，其价格一样受供求关系的影响。当市场上借贷资本供不应求时，利率就会上升，贷者可以得到更多的收益；当市场上借贷资本供过于求时，利率就会下降，借者可以支付较小的利息，从而获得更多的利润。所以，资金供求状况是影响利率变动的一个重要因素，它决定着某一时期利息率的高低。

（三）预期通货膨胀率

市场商品的价格水平不仅和商品的供求有直接的关系，同时和货币的购买力大小也有直接的关系。一般而言，在预期通货膨胀率上升期间利率水平呈很强的上升趋势，在预期通货膨胀率下降时利率也趋于下降。因为在借贷活动中，货币资金的所有者贷出货币时会考虑将来收回贷款时，借贷的本金是否会因为通货膨胀而贬值。在预期通货膨胀率上升的时候，贷款人就会通过提高利率水平来弥补这种损失，名义利率就随之上升。同时通货膨胀率的上升会刺激借款的意愿和投资的增加而使对资金的需求增加，从而进一步造成了利率上升。

（四）国家的经济政策

利率的变动对经济发展有很大的影响，在世界各国普遍推行国家干预经济的政策条件下，利率成为国家对经济活动进行宏观调控的重要工具。各国政府根据本国经济发展状况和货币政策目标，通过中央银行对利率水平、利率结构的确定和设计，调节资金供求，努力实现国家的货币政策目标，促进经济的增长。如当中央银行想要刺激经济时，会增加货币投入量，使可贷货币资金的供给增加，利率下降；反之，如果要抑制经济过度膨胀时，则会减少货币投入量，使可贷资金的供求减少，利率得以上升。

（五）国际市场利率水平

全球经济一体化是当今世界经济发展的潮流，各国之间在商品贸易、技术贸易、服务贸易等方面的联系更加密切，这些都直接带动了资金在国际间的流动。国际利率水平对国内利率水平的影响正是通过国际间的资金流动来实现的。因为当一国国内利率高于国际利率水平时，就会引起外资流入，使国内资金供应量增加，在资金需求量不变的情况下，将促使国内市场利率下降；反之，当国内利率低于国际利率水平时，就会引起资金流出，使国内资金供应减少，在资金需求不变的情况下，将促使国内市场利率上升。

此外，银行的经营成本、利率管理体制、历史传统习惯、国家的法律规定、国际协定等，也都会对一国的利率水平带来影响。总之，影响利率波动的因素很多，而且这些因素往往是交错综合在一起来影响利率变化的，所以我们在分析和研究利率水平时，一定要把这些因素综合起来加以考察。

四、利率的作用

在现代市场经济中，利率作为经济杠杆，在发达的市场经济中具有“牵一发而动全身”的效应，对一国经济的发展发挥着至关重要的作用。

（一）利率可以调节社会资金供给，优化资源配置

利率作为金融市场上借贷资金的价格，不仅能及时反映市场资金的供求情况，而且在某种程度上体现了国家宏观经济调控的意图。由于资金的趋利性，使得资金总是向利润高的部

门流动，从而提高了资源的使用率，实现了资源的合理配置。

（二）利率可以提高资金使用效益，加速资金周转

利息来源于利润，而决定利息额的因素主要是利率水平、借款数额以及借贷期限。在利率水平一定的条件下，要做到减少利息支出，企业必须减少资金占用时间，加速资金周转，进而才能提高企业的经济效益。在资金占用期限一定的程度下，要做到减少利息，企业必须想办法减少资金占用，节约资金使用。

（三）利率可以调节货币流通，影响储蓄和投资

利率对货币流通的调节包括对货币供应量的调节和货币供给结构的调节。当提高利率、银根紧缩时，一方面会促使一部分流通中的货币转化为储蓄，另一方面会使贷款发放规模缩小，从而减少流通中的货币供给总量。反之，当降低利率、放松银根时，一方面会使一部分储蓄存款转化为流通中的货币，另一方面会使贷款发放规模扩大，从而增加流通中的货币供给总量。

【典型业务分析】

中国人民银行25日晚间宣布，自2010年12月26日起，上调金融机构一年期存贷款基准利率0.25个百分点。上调后，一年期存款基准利率将提升至2.75%；一年期贷款基准利率将提升至5.81%。其他各档次存贷款基准利率均相应调整。其中，两年期和三年期存款利率均上调0.3个百分点，五年以上期存款利率上调0.35个百分点。各项贷款利率（调整前、调整后）见表1—2。

表1—2　调整前后贷款利率表

期限	调整前	调整后
六个月	5.1	5.35
一年	5.56	5.81
一至三年	5.6	5.85
三至五年	5.96	6.22
五年以上	6.14	6.40

分析：

专家指出，一个季度内两次加息（上一次是2010年10月19日，一年期存贷款基准利率上调0.25个百分点）所产生的政策累积效果，将对居民理财、还贷、购房等资产配置行为产生相应影响。

1. 加息对还贷的影响

考虑到不排除明年继续加息的可能，一些贷款购房者或将产生提前还贷的想法，对此市场人士认为，购房者应根据自身实际情况作出相应选择。

以贷款总额100万元、期限20年、等额本息还款来计算，两次加息前，5年期以上贷款利率为5.94%，两次加息后利率为6.40%。如果享受七折利率优惠，那么加息后每月还款额比加息前增加172.32元；如果按八五折优惠利率计算，那么加息后每月还款额比加息前增加218.37元。

理财专家告诉记者，并不是所有的借款人都适合提前还贷。凯盛经略（上海）投资管理

有限公司副总经理赵炜认为，对于那些收入稳定但缺乏投资渠道，只是将资金存放在银行的买房人来说，手上有闲钱可选择提前还贷。但在当前“负利率”的情况下，如果有较好的抗通胀理财产品或其他投资渠道，提前还贷并不是最佳选择。另一方面，对于那些还款已近中期的贷款人来说，提前还贷意义也不大。以等额本息还款为例，每月还款总额固定，到了中期，借款人已经偿还了大部分利息，提前还款的话意义不大。

2. 加息对转存的影响

不少人关心，加息后，原来的定期存款要不要提前支取办理转存呢？

上海银行理财师关英告诉记者，如果市民提前支取定期存款办理转存，之前的存款期内就只能按照0.36%的活期利率计算利率。按照“360天×存期年限×（新利率－原利率）÷（新利率－活期利率）＝转存时限”的计算公式，且存款人10月20日加息后并未转存，那么1年期存款、2年期存款、3年期存款、5年期存款的转存临界点分别是66天、154天、214天、376天。如果已超出这些天数，就不用办理转存了。

3. 加息对理财的影响

光大银行理财师季晓羽告诉记者，在“负利率”情况下，短期乃至超短期理财产品受到客户欢迎，如光大银行3个月的理财产品收益率在3%左右，6个月理财产品收益率在3.6%，均高于1年期存款利息，有助于客户跑赢通胀。今年股市表现较好，也使得一些年轻的、风险偏好更强的客户青睐收益率更高的股票型基金以及券商集合理财产品。

摩根大通董事总经理、中国证券和大宗商品主席李晶指出，美联储的量化宽松政策会加剧全球的通胀压力，股市及大宗商品价格上涨的可能性较大，特别是黄金、白银等贵金属。投资者除了可以购买一些实物黄金，也可适当配置一些资源类股票品种。

资料来源：《郑州晚报》，2010-12-27。

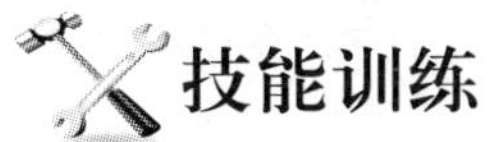

技能训练

1. 资料背景：

2009年3月1日，某人在中国建设银行某营业部存入一年期定期储蓄存款10 000元，假定定期储蓄存款年利率为2.25%。

［训练要求］请利用单利法计算此人存满一年后的实得利息额为多少？

2. 资料背景：

2007年3月5日，十届全国人大五次会议在京召开。由于城市房价狂升，解决工薪阶层买房难成为人大代表关注的重大问题。有人建议，可以通过多发行人民币，大幅度提高工薪阶层的收入来解决这一难题。

［训练要求］

（1）人民币为什么能够买“商品房”及其他商品？

（2）有人建议通过多发行人民币，大幅度提高工薪阶层的收入来解决房价难题。你同意这种观点吗？

3. 资料背景：

按理说，辛苦工作一个月，最开心的当然是到了发薪水的那一天了，不过最近广州一家公交公司的员工，领工资却领出了一肚子的烦恼。

这两天是广州花都公交公司发工资的日子，这家公司的500多名职工领工资的时候发现，他们拿到的竟然是一捆重达6.4公斤的一元硬币，数量多达千枚以上。

据了解，此前公交公司的职工工资都是通过银行卡发放的。出现这种情况主要是由于年后银行拒收硬币引起的。花都公交公司目前共有140多部无人售票车，每天收取的硬币数额在13万元左右。

从过年到现在公司已经积压了约50万元的硬币，由于无法存入银行，目前除了职工工资，就连公司的其他开销也都得用硬币来支付。那为什么银行会拒收硬币呢?

中国银行广东分行有关负责人表示：十来个人的网点，每天用8个人来清点这十几万的钞票，要整整一天，这样肯定会影响对广大客户的服务。

事实上大量硬币不能存入银行的影响还远不止这些。除了工资的发放，像社会保险和税款等通过银行划账的费用都受到了影响。

[训练要求] 请分析银行拒收硬币是否正确?说明原因并探讨如何解决上述问题。

4. 技能实训：

[实训要求] 在学生学习完本情境内容后，能运用近期的报纸、期刊、电视、网络和图书馆资料，分析老师所提出的问题，由学生书面填写课堂实训报告，并由任课教师评价。

[实训方式] 每3～5人一组，展开课堂讨论汇总，每组推举一名同学发言并记录。

[实训讨论]

(1) 有人说，货币、财富、金钱是同一含义，并且是每个人一生中最重要的东西，请评价这种观点。

(2) 现代社会中货币形式多种多样，请根据自己的生活体验，谈谈电子货币的应用。

学习情境二

如何理解金融机构体系

学习目标

通过本情境的学习，了解金融机构体系的一般构成，明确各类金融机构的性质、职能，要求对我国金融体系有准确的认识；掌握商业银行及非银行金融机构的组成情况，并结合实际较好地理解中央银行的特点；能明确各类金融机构的业务范围，具备在金融机构办理基本业务的能力。

知识结构模块图

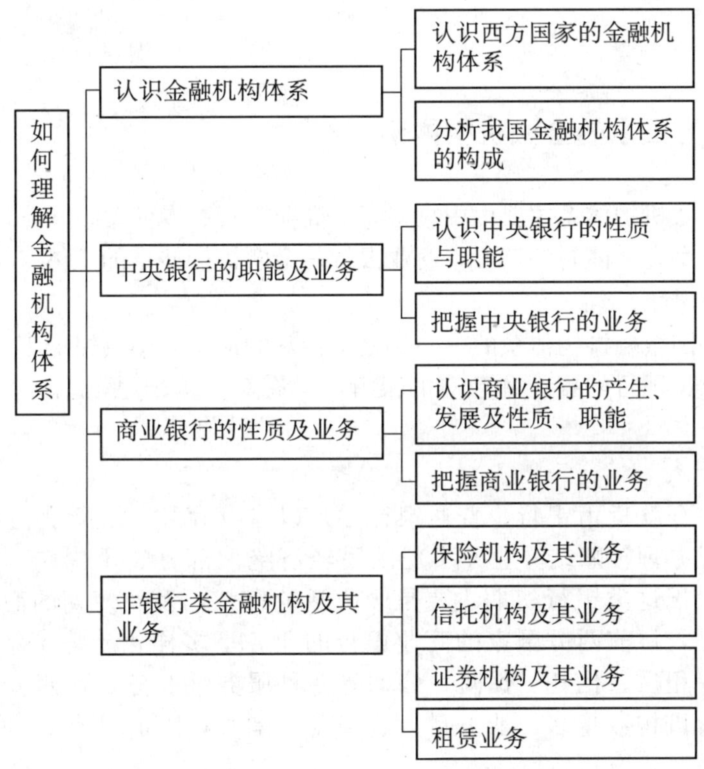

项目一　认识金融机构体系

【情境导入】

现代经济条件下，金融机构种类繁多，形式各异。例如，有专门与资金余缺双方进行金融交易的商业银行；有为筹资者和投资者双方牵线搭桥，提供策划、咨询、承销、经纪服务的投资银行、证券公司；有专门从事保险业务的保险公司；有从事信托、租赁业务的信托投资公司、金融租赁公司等。由这些各种各样的金融机构构成的整体就是一国的金融机构体系。各个国家由于其经济发展水平、经济体制、信用发达程度等存在差异，金融机构体系的组成也不完全相同，但一般都由银行机构（如中央银行、商业银行、各种专业银行）和非银行金融机构（如保险机构、证券机构、信托机构、租赁机构等）组成。那么，金融机构体系是如何组成的呢？它们在融资活动中承担什么角色、有哪些业务、起着什么作用呢？这正是本部分要向大家介绍的。

【必备知识】

一、认识西方国家的金融机构体系

西方国家的金融机构体系主要由中央银行、商业银行、专业银行和非银行的金融机构组成。中央银行是整个金融体系的核心，商业银行是金融机构体系的主体。

（一）中央银行

中央银行是一国金融机构体系的中心，处于特殊的地位。中央银行不同于其他银行，它是货币的发行银行、银行的银行和政府的银行，具有对全国金融活动进行宏观调控的特殊功能。

（二）商业银行

商业银行又称存款货币银行、普通银行，是以自营存款，放款为主要业务的金融机构。商业银行通过办理转账结算业务实现国民经济绝大部分货币周转，同时起着创造派生存款的作用。由于这类银行初期主要是吸收活期存款，发放短期的商业性贷款，故称为商业银行。但是，目前西方国家的商业银行的业务呈多样化趋势，除原有业务外，还开展中长期信贷、租赁、信托、保险、咨询等多种服务性业务。在西方国家的金融机构体系中，商业银行机构数量多、业务量大、经营范围广，因而具有其他任何金融机构不能代替的重要作用。

（三）专业银行

专业银行是指有特定经营范围和提供专门性金融服务的银行。专业银行的出现是社会分工发展在金融领域的体现。随着社会经济的发展，要求银行必须具有某一专业领域的知识和服务技能，从而推动了各式各样专业银行的产生。专业银行按服务对象设立的有农业银行、进出口银行和储蓄银行等；按贷款用途设立的有投资银行、抵押银行和贴现银行等。西方国家的专业银行种类非常多，名称也各异，其中主要的专业银行有：

1. 储蓄银行

储蓄银行是指专门办理居民储蓄，并以储蓄存款为主要资金来源的专业银行。储蓄银行的名称很多，如互助储蓄银行、储蓄放款协会、国民储蓄银行、信托储蓄银行、信贷协会等。在过去，储蓄银行的业务活动受到诸多限制，如不能经营支票存款、不能经营一般工商贷款等。但随着金融管制的放松，储蓄银行的业务不断扩大。

2. 抵押银行

抵押银行是"不动产抵押银行"的简称，是指专门从事以土地、房屋和其他不动产为抵押办理长期贷款业务的银行。不动产银行有不同的名称，如法国的房地产信贷银行、美国的联邦住房放贷银行、德国的私人抵押银行和公营抵押银行。抵押银行有公营、私营和公私合营三种形式。抵押银行的资金来源，主要通过发行不动产抵押证券募集。其长期贷款业务可分为两类：一类是以土地为抵押品的长期贷款，贷款的对象主要是土地所有者或农场主；另一类是以城市不动产为抵押品的贷款，贷款的对象主要是房屋所有者或经营建筑的资本家。由于不动产抵押品处理时不易出售，易造成资金占压，因而专门的抵押银行不多。因此，商业银行正大量涉足不动产抵押贷款业务，而不少抵押银行也开始经营一般信贷业务。这种混业经营呈加强趋势。

3. 农业银行

农业银行是指专门经营农业信贷的专业银行。农业受自然条件影响大，农户分散，对资金需求数额小，期限长，利息负担能力有限，抵押品集中管理困难，大多数贷款者只凭个人信誉，故农业信贷风险大、期限长、收益低。一般商业银行和其他金融机构不愿经营农业信贷。为此，西方许多国家专门设立以支持和促进农业发展为主要职责的农业银行，以满足政策性融资需要。农业银行的资金来源主要有政府拨款、吸收存款、发行各种股票和债券。农业银行的贷款业务范围很广，几乎包括农业生产过程中的一切资金需要。由于农业贷款风险大、期限长、收益低，大多数西方国家都对农业银行贷款给予贴息或税收优待。农业银行在不同国家有不同的名称，如美国的联邦土地银行、法国的农业信贷银行、德国的农业抵押银行、日本的农林渔业金融公库等。

4. 进出口银行

进出口银行是专门经营对外贸易信用的专门银行，一般为政府的金融机构，如日本的输出入银行、美国的进出口银行等。有些国家的进出口银行属半官方性质，如法国的对外贸易银行。由于进出口银行在经营原则、贷款利率等方面都带有浓厚的官方色彩，因而本质上是一种政策性银行。

5. 开发银行

开发银行是专门为经济开发提供投资性贷款的专业银行。开发银行是一种重要的专业银行，可分为国际性、区域性和本国性三种。国际性开发银行由若干国家共同设立，其中最著名的是国际复兴开发银行，简称世界银行。区域性开发银行主要由所在地区的成员国共同出资设立，如泛美开发银行和亚洲开发银行。本国性开发银行由国家在国内设立，为国内经济的开发和发展服务，其资金来源主要是通过在国内发行债券。

（四）非银行金融机构

一般将中央银行、商业银行、专业银行以外的金融中介机构称作非银行金融机构。非银行金融机构是以某种特殊方式吸收和运用资金，并提供特殊金融服务的金融机构。非银行类金融机构主要由保险公司、信用合作社、信托公司、投资银行、基金组织、投资基金、财务公司、租赁公司等构成。因此，它们是整个金融机构体系的重要组成部分，它们的存在和发展可以为社会提供更加全面和多样化的金融工具和金融服务，满足现代经济发展对金融的多样化需要。因此，非银行金融机构的发展程度是一国金融机构体系是否成熟的重要标志。

1. 保险公司

保险公司是指依法成立的、专门经营各种保险业务的经济组织，它是一种最重要的非银行金融机构。保险公司按险种可分为人寿保险公司、财产灾害保险公司、存款保险公司、老年和伤残保险公司、信贷保险公司等，其中最为普遍的是人寿保险公司和财产灾害保险公司。人寿保险公司是为投保人因意外事故或伤亡造成的经济损失提供经济保障的金融机构。财产灾害保险公司是对法人单位和家庭提供财产意外损失保险的金融机构。

保险公司的资金来源主要是保费收入，由于保费收入经常远远超过保费支付，因而形成大量稳定的货币资金。这部分稳定的货币资金是西方国家金融市场长期资本的重要来源。保险公司的资金主要用于长期投资，如投资债券、股票，以及发放不动产抵押贷款等。

2. 信用合作社

信用合作社是具有共同利益的人集资联合组成的互助合作性质的金融机构，其普遍存在于西方国家。信用合作社的经营宗旨是：为社员提供低息信贷，帮助经济力量弱的人解决资金困难。其经营原则是：社员入社、退社自愿；社员缴纳一定数额的股金并承担相应的责任；实行民主管理，每个社员具有平等权利，并只有一个投票权。信用合作社主要有农民信用合作社、城市手工业者信用社、住宅信用合作社、储蓄信用合作社等。此外，还有许多兼营各种金融业务的合作社。

信用合作社的资金来源是社员交纳的股金、吸收的存款及向外借款。信用合作社主要向社员提供小额短期性生产贷款和消费贷款，但近年来也开始提供家庭住房抵押贷款、信用卡贷款，以及一些为解决生产设备更新、技术改造的中长期贷款。

3. 信托公司

信托公司是以受托人身份经营信托业务的金融机构。在西方国家专门经营信托业务的公司并不多，信托业务大部分由大商业银行设立的信托部（公司）来经营。随着社会经济的发展，信托公司的经营业务也不断扩展，范围非常广泛，包括一切不与本国信托法相抵触而有经济效益的项目。在信托业中，侧重中长期资金融通的则称为投资公司或信托投资公司。

信托投资公司主要是通过发行股票和债券来筹集资本，之后投资其他公司的股票和债券，然后再以所持有的证券作为担保增发新的投资信托证券。目前，信托投资公司的投资业务主要有两种：一种是以其他公司的股票、债券为投资对象，通过股利、债息和证券买卖价差来获取收益；另一种是直接参与对企业的投资，这种直接投资又可分为信托投资和委托投资。信托投资是信托投资公司运用自己筹集的资金直接对企业进行投资；委托投资是以受托人身份向委托人指定的企业或项目进行投资，并对项目资金的使用进行监督检查。

4. 投资银行

投资银行是指经营所有资本市场业务的非银行金融中介机构。其具体名称在世界各国相差很大，在英国被称为商人银行，在美国被称为投资银行，在日本、韩国等及我国则是指证券公司。

尽管投资银行也叫“银行”，但它们所从事的业务和传统的商业银行有很大区别，其主要业务包括证券发行承销、证券交易、兼并与收购、项目融资、基金与资产管理、研究与咨询顾问、风险资本运作管理以及金融衍生产品的开发与创新等。投资银行与商业银行的不同还在于其资金来源主要依靠发行自己的股票和债券筹资。

5. 养老或退休基金会

养老或退休基金会是一种向参加养老计划者以年金形式提供退休收入的金融机构，其资金来源为雇主或雇员交纳的退休基金及投资收益。养老或退休年金是一种长期的每年逐月支付的养老金。养老或退休基金的投资主要包括：投资于有价证券，如政府债券、企业债券、金融债券、股票等；进行委托投资；对交通、能源等方面的专项投资。

6. 投资基金

投资基金是一种利益共享，风险共担的金融投资机构或工具。投资基金的运作方式是通过发行基金证券，集中投资者的资金交给专业性投资机构投资于多种有价证券，投资者按投资的比例分享其收益并承担相应的风险。其优势是：投资组合、分散风险、专家理财、规模经济。投资基金所具有的独特优势使其在西方国家发展十分迅速。

投资基金有许多不同的称谓，如美国称为共同基金、互动基金、互惠基金或投资公司，英国称为“单位信托基金”，日本称为“证券投资信托基金”，等等。投资基金有许多种类型，按投资基金是否可赎回，可分为开放型基金和封闭型基金；按组织形态不同，可分为公司型基金和契约型基金；按风险与投资不同，可分为积极成长型基金、成长型基金、成长及收入型基金、平衡型基金、收入型基金；按投资对象不同，可分为股票基金、债券基金、指数基金、期货基金等。

7. 财务公司

国外的财务公司主要是指经营消费贷款、汽车贷款等消费信贷业务的非银行金融机构。国外的财务公司虽然也经营贷款业务，但却不是以存款作为资金来源，而是靠发行长期债券或以短期借款来筹集资金，或以自身拥有的资本进行营运。财务公司的资金运用主要是消费信贷，少数财务公司也向企业发放贷款。以美国为例，财务公司产生于经济大萧条时期，当时通用电气公司为了扩大销售，建立了通用电器财务公司，专门向那些愿意购买本公司产品却资金不足的客户发放贷款。以后，其他生产制造企业也开始成立类似的金融财务公司。20世纪50年代后，银行开始提供较多的分期付款贷款，夺取了财务公司的部分客户，财务公司又开始为本公司的外部客户提供信贷便利，同时还开辟了新的业务领域，如包销证券、不动产抵押贷款、和其他金融机构联合贷款以及提供各种金融服务等。

8. 金融租赁公司

租赁公司分为经营性租赁公司和融资性租赁公司，融资性租赁公司即为金融租赁公司。金融租赁是所有权、使用权相分离的一种新的经济活动方式，具有融资、透支、促销和管理的功能。金融租赁公司的业务有：用于科研、办公、交通运输等动产和不动产的租赁、转租赁、回租租赁业务等。

银行类与非银行类金融机构存在着一些共同点，例如，两者都从事与货币资金运动有关的各项业务活动，都需要一定量的自有资金作为资本，都以某种方式取得资金，又以某种方式运用资金，都向社会提供特定的金融工具和金融服务，都在经济运行中发挥着重要的作用。然而它们之间也存在着明显的区别：首先，从资金来源看，银行类金融机构主要以吸收存款的方式吸收资金，而非银行类金融机构则以其他方式吸收资金；其次，从业务范围看，银行类金融机构的主要业务是存款和贷款，而非银行类金融机构的业务则各有不同，如保险公司主要从事保险业务，信托公司从事信托业务，租赁公司主要从事租赁业务，证券公司则主要从事投资业务等。第三，从具体职能看，它们在经济领域发挥着不同的作用，银行类金融机构主要发挥信用中介职能，而非银行类金融机构则根据其业务不同而发挥不同职能，如保险公司主要发挥社会保障职能，信托公司则主要发挥财产事务管理职能等。

总体上看，现代金融机构体系是以中央银行为核心，以商业银行为主体，以各种专业银行和非银行金融机构为补充，由各类金融机构按照业务分工协作的方式组织而成的具有一定层次结构的一个有机体系。

二、分析我国金融机构体系的构成

经过多年的改革开放，我国现已基本形成了以中国人民银行为领导，国有控股的商业银行为主体，多种金融机构并存，分工协作的金融机构体系格局。

（一）中央银行

中国人民银行是我国的中央银行，是在国务院领导下监督管理金融事业、实施货币政策的国家机关，是我国金融体系的核心。我国中央银行的具体职责有：发布与履行与其职责有关的命令和规章；作为国家的中央银行，从事有关国际金融活动；国务院规定的其他职责；依法制定和执行货币政策；发行人民币，管理人民币流通；监督管理银行间同业拆借市场和银行间债券市场；实施外汇管理，监督管理银行间外汇市场；监督管理黄金市场；持有、管理、经营国家外汇储备、黄金储备；经理国库；维护支付、清算系统的正常运行；负责金融业的统计、调查、分析和预测；指导、部署金融业反洗钱工作，负责反洗钱的资金监测。

中国人民银行的分支机构根据中国人民银行的授权，负责其辖区内的金融监督管理并承办相关业务。1998年底，中国人民银行对其分支机构的组织结构进行了改革，放弃了过去按行政区划来设置分支机构的作法，而重新按经济区划在全国设立上海、广州、济南、武汉、南京、沈阳、西安、天津、成都九个大区分行，以利于经济的发展。

（二）商业银行体系

1. 国有控股商业银行

国有控股商业银行是指我国四大国有商业银行（中国银行、中国工商银行、中国建设银行和中国农业银行）和交通银行。这几家银行都为全国性商业银行，总行均设在北京，各级机构网点遍及城乡。其主要业务范围包括：吸收公众存款；发放短期、中期和长期贷款；办理国内外结算；办理票据贴现；发行金融债券；代理发行、代理兑付、承销政府债券；买卖政府债券；从事同业拆借；代理发行、代理买卖外汇；提供信用证服务及担保；代理收付款项及代理保险业务；提供保管箱服务；经中国人民银行批准的其他业务。

2. 股份制商业银行

目前，我国的股份制商业银行包括12家银行，即中信银行、中国光大银行、华夏银行、广东发展银行、深圳发展银行、招商银行、浦东发展银行、兴业银行、中国民生银行、恒丰银行、浙商银行、渤海银行。

股份制商业银行一方面在一定程度上填补了国有商业银行收缩机构造成的市场空白，较好地满足了中小企业和居民的融资和储蓄业务需求，丰富了对城乡居民的金融服务，方便了百姓生活；另一方面，打破了计划经济体制下国家银行的垄断局面，促进了银行体系竞争机制的形成和竞争水平的提高，带动了整体商业银行服务水平、服务质量和工作效率的提高；

在经营管理方面不断创新，是很多重大措施的“试验田”，大大推动了银行业的改革和发展。

3. 城市商业银行

1995年国务院决定，在城市信用社基础上组建城市合作银行，将众多的城市信用社组建成地方性、股份制银行。2005年底由2 290多家城市信用社、城市内农村信用社及金融服务社合并而成了115家城市商业银行。城市商业银行在相当程度上缓解了集体企业、私营企业、个体工商户“开户难、结算难、借贷难”的矛盾。

4. 农村金融机构

农村金融机构包括农村信用社、农村商业银行、农村合作银行（在合并农村信用社的基础上组建）、村镇银行和农村资金互助社（2007年批准设立的新机构）。

5. 中国邮政储蓄银行

2006年12月31日，银监会批准中国邮政储蓄银行成立。2007年3月20日中国邮政储蓄银行挂牌，其市场定位是充分依托和发挥网络优势，完善城乡金融服务功能，以零售业务和中间业务为主，为城市社区和广大农村地区居民提供基础金融服务，与其他银行形成互补关系，支持社会主义新农村建设。

6. 外资银行

外资银行是指经批准在中华人民共和国境内设立的以下机构：一家外国银行单独出资或与其他外国金融机构共同出资设立的外商独资银行；外国金融机构与中国的公司、企业共同出资设立的中外合资银行；外国银行分行、外国银行代表处。其中，外商独资银行、中外合资银行和外国银行分行统称为外资银行营业性机构。

（三）政策性银行

政策性银行是由政府投资设立，不以盈利为目的，专门经营政策性金融业务的银行。由于专门从事某一特定领域的金融活动，故也称政策性专业银行。根据政策性金融与商业性金融相分离的原则，在1994年我国相继组建了国家开发银行、中国农业发展银行和中国进出口银行三家政策性银行。

1. 国家开发银行

国家开发银行成立于1994年3月17日，是一家以国家重点建设为主要融资对象的政策性投资开发银行，主要办理国家重点建设（包括基本建设和技术改造）的政策性贷款及贴息业务。其设立宗旨是为了有效地集中资金保证国家重点建设，缓解经济发展的“瓶颈”制约，增强国家对固定资产投资的宏观调控能力，进一步深化投融资体制的改革。

2. 中国农业发展银行

中国农业发展银行成立于1994年11月18日，主要承担国家粮棉油储备、农副产品合同收购、农业开发等业务的政策性贷款，并代理财政支农资金的拨付。中国农业发展银行的资金来源主要是财政支农资金、对金融机构发行的金融债券、农业政策性贷款企业的存款等。其成立的宗旨是为了完善农村金融服务体系，更好地贯彻落实国家的产业政策和区域发展政策，促进农业和农村经济的健康发展。

3. 中国进出口银行

中国进出口银行成立于1994年7月1日，是直属国务院领导的政策性金融机构，具有法人资格，实行自主、保本经营，企业化管理，其主要职责是贯彻执行国家产业政策、外经贸政策、金融政策和外交政策，为扩大我国机电产品、成套设备和高新技术产品出口，推动有比较优势的企业开展对外承包工程和境外投资，促进对外关系发展和国际经贸合作，提供政策性金融支持。

（四）非银行金融机构

目前，我国的非银行金融机构很多，主要有以下一些：

1. 保险公司

改革开放以来，保险公司的发展十分迅速。保险公司的业务范围为两大类：一是财产保险业务，具体包括财产损失保险、责任保险、信用保险等；二是人身保险业务，具体包括人寿保险、健康保险、意外伤害保险等。我国保险业基本形成了多种保险形式并存，多家保险公司竞争、共同发展的保险体系。

2. 证券公司

我国证券公司的业务范围一般有：代理证券发行业务；自营、代理证券买卖业务；代理证券还本付息和红利的支付；证券的代保管和签证；接受委托代收证券本息和红利；接受委托办理证券的登记和过户；证券抵押贷款；证券投资咨询业务等。我国规模较大的证券公司主要有申银万国、银河、国泰君安、海通等。

3. 信托投资公司

我国目前的信托投资公司主要有中国国际信托投资公司、中国光大国际信托投资公司、中国信息信托投资公司、中国教育信托投资公司以及许多地方性的信托投资公司。

4. 财务公司

与西方国家不同的是，我国的财务公司均由企业集团内部集资组建，为企业集团内部提供融资服务。其业务主要有存款、贷款、结算、票据贴现、融资性租赁等。

5. 金融资产管理公司

金融资产管理公司是我国主要用于清理银行不良资产的金融中介机构。银行自行清理不良资产会遇到法规限制、专业技术知识不足、管理能力不够和信息来源不充分等困难，而成立由有关方面人员组成的、拥有一定行政权力的金融资产管理公司来清理不良资产，有利于降低清理成本，减少清理损失。我国于 1999 成立了信达、长城、东方和华融资产管理公司。分别处置四家国有商业银行的不良资产，目前已完成政策性不良资产的处置任务，正在探索实行股份制改造及商业化经营。

6. 汽车金融公司

汽车金融公司是指从事汽车消费信贷业务并提供相关汽车金融服务的专业机构。我国于 2003 年 10 月 3 日起施行了《汽车金融公司管理办法》，中国的汽车金融公司是指经银监会批准设立的，为中国境内的汽车购买者及销售者提供贷款的非银行金融企业。它的业务范围仅限于向境内外金融机构提供经纪服务，不得从事任何金融产品的自营业务。

7. 货币经纪公司

按照 2005 年 9 月 1 日起施行的《货币经纪公司试点管理办法》，货币经纪公司是指在中国境内设立的，通过电子技术或其他手段，专门从事促进金融机构间资金融通和外汇交易等经纪服务，并从中收取佣金的非银行金融机构。

8. 金融租赁公司

我国于 2007 年 3 月 1 日施行了《金融租赁公司管理办法》，它是以经营融资租赁业务为主的非银行金融机构。

【典型业务分析】

我国的金融机构体系既包括大陆的金融机构体系，还包括香港、澳门和台湾的金融机构体系。这在经济发展史上是极为罕见的情况。

分析：

1. 香港地区的金融机构体系

香港是以国际金融资本为主体，以银行业为中心，外汇、黄金、证券、期货、共同基金和保险金融市场高度发达的多元化的国际金融中心。其金融机构体系的主要特点是：

(1) 香港金融机构体系分为银行与非银行金融机构两种。香港银行业实行三级管理制度，只有三类金融机构获准向公众吸收存款，这三类是持牌银行、持牌接受存款公司、注册接受存款公司。香港银行业的同业组织是香港银行公会。与一般自愿性同业组织不同，它是由香港政府立法成立的，所有持牌银行必须成为会员纳入银行业监管体系。香港保险业经营的主要业务包括财产保险、人寿保险和出口信用保险。香港政府保险业监理处为主要的监管机构。香港股票交易所是亚洲较早成立的证券交易所之一，成立于1891年。1969—1972年又新建远东、金银和九龙交易所。1986年港英政府将四家交易所合并为香港联合交易所。证券与期货事务检查委员会负责监管香港联合交易所。

(2) 外资银行占金融机构体系的主体地位。

因香港历史的特殊性，外资银行一直在当地经济发展中发挥重要作用，外资拥有或控制的金融机构达90%。目前发行港元的机构是由政府通过法律授权商业银行进行的，只有汇丰银行、渣打银行和中国银行拥有授权，其发钞量占市场流通量的比例分别为80%、15%、5%。

(3) 金融机构的监管主体是香港金融管理局。

香港没有中央银行，中央银行的一些基本职能由香港金融管理局承担。香港金融管理局的主要职责是：负责制定及执行金融政策；监管货币及外汇市场的运作，并在需要时调节货币市场运作，以维持市场稳定；管理外汇基金的资产，发展香港的金融市场；管理公债市场，监督银行业条例下认可的机构。

香港还有众多的非银行金融机构，主要是保险公司、证券公司、期货交易所会员公司、单位信托、养老基金和信用合作社等。长期以来，这些非银行金融机构一直对中小企业和私人发挥着重要作用，为一些特定海外华人集团和低收入阶层提供服务。

2. 澳门地区的金融机构体系

澳门金融机构体系由银行性和非银行性金融机构构成，银行所占市场比重大。1970年8月，澳门颁布银行法，标志着澳门银行制度正式建立，首次形成了澳门银行业“三级制”银行体系：注册银行、注册银号和找换店。从1995年10月16日起，中国银行澳门分行加入发钞行列，与澳门大西洋银行各自的发钞额度均为50%，结束了自1906年以来只有澳门大西洋银行发钞的局面。

3. 台湾地区的金融机构体系

台湾的金融体系包括正式的金融体系与民间借贷两部分。正式的金融体系分为金融中介机构与金融市场机构，由“财政部”及“中央银行”共同管理，其中金融中介机构依据是否创造存款货币又可分为存款货币机构和非货币机构。台湾设有中央存款保险公司。存款货币机构包括当地的商业银行、储蓄银行、专业银行、基层合作金融机构、中央信托局和外国银行在台分行等。非货币机构包括邮政储金汇业局、信托投资公司和保险公司。民间借贷机构包括民间互助会、租赁公司、分期付款公司、投资公司等。

项目二　中央银行的职能及业务

【情境导入】

中央银行是一国金融体系中居核心地位的金融机构。中央银行的业务对象不是一般的工商企业和居民个人，而是政府和商业银行等金融机构，是集发行的银行、银行的银行、政府的银行于一身的特殊金融机构。我国的中央银行是中国人民银行，是国务院领导下的制定和实施货币政策的国家机关。让我们来了解一下它与商业银行等金融机构具有的根本性差别。

【必备知识】

一、认识中央银行的性质与职能

（一）中央银行的性质

中央银行的性质是指中央银行自身所具有的特有属性。从中央银行业务活动的特点和发挥的作用看，中央银行既是为金融机构和政府提供金融服务的特殊金融机构，又是制定和实施货币政策、进行金融监管的管理机构。

1. 为金融机构和政府提供金融服务的特殊金融机构

从业务特性来看，中央银行掌管商业银行的法定准备金存款，对商业银行提供再贴现和再贷款，并提供结算服务，与金融机构有相似之处。但它与其他金融机构具有根本性差别：首先，其经营不以盈利为目的。中央银行是非盈利性机构，它的存贷、结算业务不是为了谋求利润，而是为了维护货币流通和金融制度的稳定。它制定并组织执行货币政策、实施金融监管的出发点是社会公众利益和经济发展。其次，其经营对象主要是商业银行等金融机构。中央银行办理各种特定的金融业务，但其业务对象不是企业和个人。最后，其经营业务不同于一般商业银行的业务。中央银行通过其存贷款业务监测国内货币状况，及时调控货币规模，通过资金转移，引导资金流向，实现宏观经济政策目标。

2. 制定和实施货币政策、进行金融监管的管理机构

中央银行是制定并组织执行货币政策、实施金融监管的专门管理机构，是代表国家管理金融活动的政府管理机关。中央银行虽然经过一国的政府授权，享有各种金融管辖权，但与一般政府行政管理机构存在区别：首先，中央银行在履行各项管理职能时，都是以“银行”的身份出现，而且管理手段也更多地具有银行业务操作的特征。其次，中央银行通常凭借经济和法律的手段分层次来实施监督管理职能，行政手段居于次要地位。最后，中央银行在行使管理职能时，具备较大的独立性。

（二）中央银行的职能

中央银行在社会经济生活中的功能是建立在它的各项业务基础之上的。通过开展业务活动，中央银行在现代经济中发挥着多方面的重要作用。中央银行作为一家银行，与一般政府部门不同，它要发挥银行职能。但在发挥银行职能时，中央银行的业务对象不是一般的工商企业和居民个人，而是政府和商业银行等金融机构。中央银行主要是通过对政府和商业银行的银行业务活动来履行其银行职能的。中央银行的银行职能具体表现在以下几个方面：

1. 发行的银行

中央银行是发行的银行，这一职能是指中央银行服务于社会和经济发展，供应货币、调节货币量、管理货币流通的职能。中央银行发行货币，是通过再贴现、贷款、购买证券、收购金银和外汇等渠道，将纸币注入流通，并通过反向操作，组织货币回笼。首先，中央银行必须根据经济发展和商品流通扩大的需要，保证及时供应货币。由中央银行垄断发行货币有利于货币流通的集中统一，有利于节约货币成本，符合商品货币经济发展的要求。其次，中央银行必须根据经济运行状况，适时适量发行货币，保持货币供给与流通中货币需求的基本一致：一方面为经济发展创造良好的货币环境，促进经济和社会稳定；另一方面，处理好货币稳定与经济增长的关系，有效调节货币供给量，推动经济持续协调增长。最后，中央银行要加强货币流通管理，作好货币印制、清点、保管、运输、收兑等方面的工作，保证货币流通的正常秩序，为此，中央银行要依法管理货币发行基金，严格控制货币投放，加强现金管理。

2. 银行的银行

中央银行作为“银行的银行”的职能，具体表现在以下三个主要方面：

（1）集中存款准备金。在中央银行产生之前，各商业银行为了满足存款客户提现和支付的需要，都保留一部分准备金，但为了获得尽可能多的贷款利息，准备金保留的并不十分充足，这在银行贷款无法按时收回的情况下，容易造成银行支付困难，甚至引起挤提和银行倒闭。于是，在中央银行产生之后，为了保证商业银行和其他存款机构的支付和清偿能力，防止商业银行大批倒闭，保护存款人的资金安全及合法权益，各国政府纷纷通过立法，规定商业银行在吸收客户存款以后必须按中央银行确定的比率向中央银行缴存法定存款准备金，这些准备金商业银行不得随意动用，只有在出现支付困难并得到中央银行的同意的情况下才可以动用。使中央银行成为法定存款准备金的唯一保管者。

（2）充当商业银行等金融机构的“最后贷款人”。当商业银行或其他金融机构发生资金周转困难、出现支付危机，而其他同业又无力或不愿提供帮助时，中央银行将扮演“最后贷款人”角色，向处于困境中的商业银行或其他金融机构提供资金支持和援助，以阻止银行挤提风潮的扩大，防止金融恐慌甚至整个银行业的崩溃。“最后贷款人”的作用，也是中央银行调节货币供应量的重要工具之一。中央银行可以通过对商业银行等金融机构提供票据再贴现、抵押贷款和信用贷款等，为商业银行办理短期资金融通；也可以根据社会经济运行状况和客观需要自主决定调高或降低再贴现利率或贷款利率，以影响商业银行的资金成本，影响商业银行的信用扩张能力，进而影响商业银行的信贷规模和全社会的货币供给量。

（3）组织、参与和管理全国的清算。如前所述，在中央银行和存款准备金制度建立之后，各商业银行都在中央银行设立了存款账户，由中央银行集中保管各商业银行的存款准备金。这为中央银行组织、参与和管理全国的清算创造了条件。各金融机构之间债权债务的清算结算，可以通过其在中央银行的存款账户，由中央银行直接进行资金的转账、轧差、增减其存款账户的金额来完成。中央银行通过进行金融机构之间债权债务的清算和结算，一方面可以加速金融机构的资金周转，减少资金在结算中的占用时间和清算费用，提高清算效率，解决非集中清算带来的困难；另一方面，也可以增加对金融机构体系的业务经营状况的了解和把握，为中央银行加强金融监管和分析金融流量提供了条件。

3. 政府的银行

所谓政府的银行，是指中央银行代表政府管理国内外货币金融事务，制定和实施货币政策，对金融业实施监督管理等。中央银行的货币政策和金融管理必须符合政府管理经济的总体要求和意图，并与国家的其他经济政策相协调。这从总体上反映出中央银行作为政府的银行的特征。除此之外，中央银行作为“政府的银行”的职能还表现在以下几个方面：首先是代理国库，即经办政府的财政预算收支，充当政府的出纳。政府的收入和支出都通过财政部在中央银行开设的各种账户进行。其次是充当政府的金融代理人，代办各种金融事务。例如，代理国债的发行和还本付息，代理政府保管黄金及外汇储备或代理政府黄金外汇的买卖业务，代表政府参加国际金融组织，出席国际会议，从事国际金融活动。再者是为政府提供资金融通，即直接向国家财政部提供贷款或透支，以及在证券市场上购买国债。通常，前者在期限和数额上都受法律的严格限制，而后者即是所谓的公开市场业务，它是中央银行调控货币供给的重要方式。最后是对金融业进行监督和管理。

二、把握中央银行的业务

中央银行的性质决定着它的职能，中央银行的职能则是通过它的各项业务活动来履行和实现的，因此中央银行的业务活动必须服从于履行职能的需要，围绕各项职能展开。而中央银行的业务活动和主要职能则可以从它的资产负债表中得到比较全面地反映和体现。

（一）中央银行的业务

1. 中央银行的资产业务

中央银行的资产业务是其履行各项职能的重要途径和手段，主要包括对商业银行的贴现窗口贷款业务、对政府的贷款业务、证券买卖业务及黄金外汇储备业务等。

（1）对商业银行的贴现窗口贷款业务。贴现窗口贷款泛指中央银行对商业银行的各种贷款，其主要目的是解决商业银行临时性短期资金的需要，以及保证商业银行在紧急情况下的最后清偿能力，防止出现金融恐慌。如果商业银行资金周转不灵，而其他同业资金也较紧张，无法提供帮助，那么这时商业银行便要求助于中央银行，以其持有的各种合格票据要求中央银行予以再贴现，或向中央银行申请抵押贷款，必要时还可申请信用贷款，以便获得所需资金。由于再贴现是商业银行从中央银行借款最常见的方式，因此通常把中央银行对商业银行的各种贷款统称为贴现窗口贷款。当中央银行增加对商业银行的贴现窗口贷款时，一方面，商业银行出具的借款借据进入中央银行，成为它的信贷资产；另一方面，中央银行对商业银行的贷款又会通过商业银行对企业和社会公众的贷款进入流通领域。可见，中央银行的贴现窗口贷款，意味着货币的投放，反之则意味着货币的回笼。

（2）对政府的贷款业务。中央银行对政府的贷款是弥补政府财政赤字的应急措施。一般采取两种形式，一是采取透支方式，二是采取直接贷款方式。但如果对这种透支和贷款不加限制，规模过大就会引起通货膨胀。因此，各国中央银行法对此都作出了明确的规定，限制中央银行对政府的贷款。例如，《中华人民共和国中国人民银行法》规定，中国人民银行不得对政府财政透支，不得直接认购、包销国债和其他政府债券，不得向地方政府、各级政府部门提供贷款。

(3) 证券买卖业务。各国中央银行一般都经营证券买卖业务，主要是在公开市场上买卖政府发行的长期或短期债券，因此这种业务也称为中央银行的公开市场业务。中央银行握有证券和买卖证券的目的，不在于盈利，而是为了调节和控制货币供应量，进而影响整个国民经济。当中央银行买入政府债券时，一方面，所购买的政府债券进入中央银行，成为它的资产，另一方面，支付政府债券的价款则通过一定的途径进入流通领域。可见，中央银行购买政府债券，意味着货币的投放，反之则意味着货币的回笼。由于中央银行在公开市场上买卖政府债券时处于主动地位，何时买卖及买卖多少都可以自主决定，因此这项业务被许多国家的中央银行视为最有效和最常用的货币政策工具。

(4) 黄金外汇储备业务。目前各国政府都赋予中央银行掌管全国国际储备的职责。而中央银行接受授权，集中国家的黄金外汇储备，则必然要占用中央银行的款项，使其成为中央银行重要的资金运用业务。当中央银行为了保持汇率稳定、促进国际收支平衡等，购买黄金外汇时，一方面，所收购的黄金外汇进入中央银行，成为它的资产，另一方面，支付黄金外汇的价款则通过一定的途径进入流通领域。可见，黄金外汇储备增加，意味着货币的投放，反之则意味着货币的回笼。

2. 中央银行的负债业务

中央银行的负债业务主要包括货币发行业务、存款业务及其他负债业务。

(1) 货币发行业务。在中央银行体制及当代信用货币制度下，整个社会的货币共有三种形态，一是现金货币，二是商业银行在中央保存的存款准备金，包括中央银行要求的法定准备金和商业银行自行决定保留的超额准备金，三是存款货币。它们是由中央银行和商业银行组成的银行体系创造、发行和供给的。其中，现金和商业银行存款准备金（合称基础货币）从初始来源上看，是由中央银行通过对商业银行提供贴现窗口贷款，以及在公开市场上购买政府证券、收购金银外汇等资产业务创造和发行的，它是信用货币创造的源头。而流通领域的现金货币和存款货币则是在商业银行获得中央银行发行的基础货币以后，经过整个商业银行系统反复运用和贷放形成的最终货币。

(2) 存款业务。中央银行的存款主要来自两个方面，一是金融机构存款，二是政府存款。金融机构存款主要是指商业银行存款。商业银行在中央银行的存款包括法定准备金存款和超额准备金存款。通常，中央银行对商业银行缴存的准备金并不支付利息，所以商业银行一般会尽可能降低超额准备水平，而将其中的大部分用于贷款和购买债券等。政府和公共部门存款包括两部分，一是财政金库存款，二是政府和公共部门的经费存款。通常，财政部作为国库的管理者，需要在中央银行开设专门账户，当政府征缴税款等各项收入时，存入该账户，而当财政部向行政事业单位拨付各项经费和资金时，就从该账户直接汇兑到有关单位的存款账户，在其支出之前存在中央银行，属于公共部门的经费存款。也就是说，中央银行承担着代理国库的职能。中央银行代理国库业务，可以沟通财政与金融之间的联系，使国家的财源与金融机构的资金来源相连接，充分发挥货币资金的作用，并为政府资金的融通提供一个有力的调节机制。

(3) 其他负债业务。除上述主要负债业务外，中央银行还有一些其他负债业务，如对国际金融机构负债、国内其他金融机构往来、外国中央银行或外国政府存款、邮政储蓄存款以及一些应付未付款项等。

3. 中央银行的中间业务

中央银行的中间业务是指中央银行为商业银行和其他金融机构办理资金划拨清算和转移

的业务。由于各商业银行都在中央银行设有存款准备金账户，并有超额准备金存款，因此金融机构之间的债权债务和应收应付款项就可以通过中央银行的存款账户划拨来清算，从而使中央银行成为全国的清算中心。中央银行的清算业务大体可分为三项：

（1）集中票据交换。这项业务是通过票据交换所进行的。票据交换所是同一城市内银行间清算各自应收应付票据款项的场所。

（2）办理交换差额的集中清算，通过各行在中央银行开设的账户划拨。所有银行间的应收应付款项，都可在相互轧抵后收付其差额。各行交换后的应收应付差额，即可通过其在中央银行开设的往来存款账户，进行转账收付，不必收付现金。

（3）办理异地资金转移，提供全国性的资金清算服务。各城市、各地区间的资金往来，通过银行汇票传递，汇进汇出，最后形成异地间的资金划拨问题。这种异地间的资金划拨，必须通过中央银行统一办理。办理异地资金转移，各国的清算办法有很大不同，一般有两种类型，一是先由各金融机构内部自成联行系统，最后各金融机构的总管理处通过中央银行总行办理转账结算。二是将异地票据统一集中传送到中央银行总行办理轧差转账。

（二）中央银行业务活动的原则

中央银行在开展业务时与商业银行有着截然不同的经营原则，这是由中央银行的特殊性质所决定的。具体说来，中央银行的业务活动原则是：

1. 不以盈利为目的

盈利是商业银行从事业务活动的主要目标。但是，中央银行的特殊性质和特殊地位决定其必须以稳定宏观经济、稳定全国金融和稳定币值为己任，一切业务活动都要为这一基本任务服务。所以，中央银行是非盈利性机构，不能以盈利为目的。

2. 不经营商业银行业务

中央银行在金融活动中拥有各种特权，享有其他一般金融机构不能享有的待遇。因此，中央银行不能经营商业银行业务，也不与商业银行争利。如果允许中央银行从事商业银行的业务，势必与商业银行发生竞争，在竞争中中央银行处于绝对优势的地位，这不仅极为不合理，而且中央银行也就丧失了自己的威信，从而就不可能完成宏观金融调控的任务。

3. 保证资产的流动性和安全性

中央银行的资产主要是再贷款、再贴现和政府债券。中央银行开展资产业务的目的，一是向商业银行提供短期周转资金，弥补其流动性不足；二是调节货币供应量，稳定和促进经济发展。这就决定了中央银行不能将其资金占用在投资期限长、风险大的资产上，而必须保持资产的流动性和安全性。

4. 管理权相对独立

中央银行从事业务活动时，独立行使法律赋予自己的权力，不受各方面的干扰。但管理权的相对独立，并不是说中央银行可以完全摆脱政府，背离国家的货币政策，而是避免政府在财政上过多地依赖中央银行，使中央银行处于比较超然的地位，以利于中央银行和政府以及社会各界相互配合、相互制约，共同促进国家经济的顺利发展。

【典型业务分析】

中央银行资产负债表是中央银行全部业务活动的综合会计记录。中央银行正是通过自身的业务操作来调节商业银行的资产负债和社会货币总量的。通过以下中央银行的资产负债表

(见表 2—1)，认识中央银行的职能和业务。

表 2—1 **我国中央银行的资产负债表** 单位：亿元

报表项目	2006.12	2007.12	2008.12	2009.12
国外资产	85 772.64	124 825.18	162 543.52	185 333.00
外汇	84 360.81	115 168.71	149 624.26	175 154.59
货币黄金	337.24	337.24	337.24	669.84
其他国外资产	1 074.59	9 319.23	12 582.02	9 508.57
对政府债权	2 856.41	16 317.71	16 195.99	15 661.97
其中：中央政府	2 856.41	16 317.71	16 195.99	15 661.97
对其他存款性公司债权	6 516.71	7 862.80	8 432.50	7 161.92
对其他金融性公司债权	21 949.75	12 972.34	11 852.66	11 530.15
对非金融性公司债权	66.34	63.59	44.12	43.96
其他资产	11 412.84	7 098.18	8 027.20	7 799.46
总资产	128 574.69	169 139.80	207 095.99	227 530.45
储备货币	77 757.83	101 545.40	129 222.33	143 985.00
货币发行	29 138.70	32 971.58	37 115.76	41 555.80
金融性公司存款	48 459.26	68 415.86	92 106.57	102 429.20
其他存款性公司	48 223.90	68 094.84	91 894.72	102 280.67
其他金融性公司	235.36	321.02	211.85	148.52
非金融性公司存款	159.87	157.96		
活期存款	159.87	157.96		
不计入储备货币的金融性公司存款（08 年）			591.20	624.77
发行债券	29 740.58	34 469.13	45 779.83	42 064.21
国外负债	926.33	947.28	732.59	761.72
政府存款	10 210.65	17 121.10	16 963.84	21 226.35
自有资金	219.75	219.75	219.75	219.75
其他负债	9 719.55	14 837.14	13 586.45	18 648.64
总负债	128 574.69	169 139.80	207 095.99	227 530.45

资料来源：http://www.pinggu.org/bbs。

分析：

我国中央银行的资产负债业务与国际上多数国家的中央银行的资产负债业务基本相同。

1. 我国中央银行的资产业务主要有：

(1) 国外资产业务：主要是外汇资产业务。我国中央银行的资产业务绝大部分以外汇资产形式持有。

(2) 对政府债权：是指中央银行持有的政府债券。

(3) 对金融性和非金融性公司的债权：主要是中央银行通过再贷款和再贴现发放的各项贷款。

2. 我国中央银行有以下一些负债业务：

(1) 货币发行：国家发行的流通中的货币，也是我国历年来发行的人民币现金之和。

(2) 金融性公司存款：商业银行和其他金融机构在中央银行的存款。除了金融机构上缴给中央银行的法定存款准备金外，各金融机构还在中央银行账户上存有清算资金。中央银行是全国的结算中心，为各商业银行及其他金融机构办理相互清算业务，这样就形成了商业银行和其他金融机构在中央银行的活期存款账户。各商业银行及其他金融机构的资金清算，均通过该账户办理。因之各商业银行及其他金融机构须经常在账户上保留一定数额的资金，形成了一项中央银行比较稳定的负债。这是我国中央银行负债业务中的主要部分。

（3）非金融性公司存款：主要是企事业单位财政拨款的剩余部分。

（4）发行债券：中央银行发行的各类债券，短期债券又称为中央银行票据。这是我国中央银行主动负债。

（5）国外负债：主要是国际金融机构负债。我国是国际货币基金组织和世界银行的会员国。按规定，要上缴一定数量的外币和本国货币，作为会员国的基本份额。上缴的本国货币，一般又转存在我国银行的账户上，构成中央银行对国际金融机构的负债，形成其一项资金来源。

（6）政府存款：我国财政盈余存款部分。

项目三　商业银行的性质及业务

【情境导入】

商业银行的业务触及现代生活的许多领域，成为对经济活动影响最大的金融中介机构。例如，家庭、个人、企业、事业单位的闲置资金可以找到一个安全、生息的场所；企业投资和日常周转所需的长、短期资金可以取得商业银行的融资支持；各经济主体间的债权债务结算需借助银行的结算和转账服务；商业银行接受委托可以为客户办理各种代收、代付及理财等业务；人们购置住房、汽车等商品可以向商业银行贷款。可以说，商业银行为社会提供了全方位的金融服务，其业务种类繁多是其他金融机构所不能比拟的。

【必备知识】

一、认识商业银行的产生、发展及性质、职能

（一）商业银行的产生、发展

商业银行是以追求利润最大化为经营目标，以多种金融资产和金融负债为经营对象，为客户提供多功能、综合性服务的金融企业。

如果从历史发展的顺序来看，银行业最早的发源地应该是意大利，早在 1272 年，意大利的佛罗伦萨就出现了一个巴尔迪银行，1310 年又设立了佩鲁齐银行。1397 年，意大利设立了麦迪西银行，10 年后又成立了热那亚圣乔治银行。当年的这些银行都是为方便经商而设立的私人银行，比较具有近代意义的银行则是 1587 年设立的威尼斯银行。

14—15 世纪的欧洲，由于优越的地理环境和社会生产力的较大发展，各国与各地之间的商业往来也渐渐扩大起来。然而，由于当时的封建割据，不同国家和地区之间所使用的货币在名称、成色等方面存在着很大差异，要实现商品的顺利交换，必须把各自携带的各种货

币进行兑换，于是就出现了专门的货币兑换商，从事货币兑换业务。随着商品经济的迅速发展，货币兑换和收付的规模也不断扩大，各地商人为了避免长途携带大量金属货币带来的不便和风险，货币兑换商在经营兑换业务的同时，又出现了货币保管业务，后来又发展到委托货币兑换商办理支付和汇兑。由于货币兑换和货币保管业务的不断发展，货币兑换商借此集中了大量货币资金，当货币兑换商的这些长期大量积存的货币余额相当稳定，可以用来发放贷款，获取高额利息收入时，货币兑换商便开始了授信业务。货币兑换商由原来被动接受客户委托保管货币转而变为积极主动揽取货币保管业务，并且通过降低保管费或不收保管费，甚至还给委托保管货币的客户一定的好处，使保管货币业务便逐步演变成了存款业务。由此，货币兑换商逐渐开始从事信用活动，商业银行的萌芽开始出现。

17 世纪以后，随着资本主义经济的发展和国际贸易规模的进一步扩大，近代商业银行的雏形开始形成。随着资产阶级工业革命的兴起，工业发展对资金的巨大需求，客观上要求有商业银行发挥中介作用。在这种形势下，西方现代商业银行开始建立。1694 年，英国政府为了同高利贷作斗争，以维护新生的资产阶级发展工商业的需要，决定成立一家股份制银行——英格兰银行，并规定英格兰银行向工商企业发放低利贷款，大约在 5%～6%，英格兰银行的成立，标志着现代商业银行的诞生。

（二）商业银行的性质

1. 商业银行具有一般企业的特征

商业银行与一般企业一样，依法经营，照章纳税，自负盈亏，具有独立的法人资格，拥有独立的财产、名称、组织机构和场所。商业银行也是由两个以上股东共同出资经营并必须按公司法中的规定程序设立的经济组织。其经营目标是追求利润最大化，获取最大利润既是商业银行经营与发展的基本前提，也是商业银行发展的内在动力。

2. 商业银行是一种特殊的企业

商业银行具有一般企业的特征，但又不是一般的企业，而是一种特殊的金融企业。一般企业经营的是具有一定使用价值的商品，而商业银行的经营对象是一种特殊商品——货币。商业银行是经营货币资金的金融企业，是一种特殊的企业。这种特殊性表现在以下四个方面：

（1）商业银行经营的内容特殊。一般企业从事的是一般商品的生产和流通，而商业银行以金融资产和金融负债为经营对象，从事包括货币收付、借贷以及各种与货币有关的或与之相联系的金融服务。

（2）商业银行与一般工商企业的关系特殊。一方面一般工商企业要依靠银行办理存、贷款和日常结算，而商业银行也要依靠一般企业经营过程中暂时闲置的资金，增加资金来源，并以一般工商企业为主要贷款对象，取得利润。另一方面，一般工商企业是商业银行业务经营的基础，企业的发展和企业素质的高低影响到商业银行的生存。

（3）商业银行对社会的影响特殊。一般工商企业经营的好坏只影响到一个企业的股东和这一企业相关的当事人，而商业银行的经营好坏则可能影响到整个社会的稳定。

（4）国家对商业银行的管理特殊。由于商业银行对社会的特殊影响，国家对商业银行的管理要比对一般工商企业的管理严格得多，管理范围也要广泛得多。

3. 商业银行是一种特殊的金融企业

商业银行不仅不同于一般工商企业，与其他金融机构相比，也存在很大差异。

（1）与中央银行比较，商业银行面向工商企业、公众、政府以及其他金融机构，商业银行所从事的金融业务主要以盈利为主要目的。而中央银行是只向政府和金融机构提供服务的具有银行特征的政府机关。中央银行具有创造基础货币的功能，不从事金融零售业务，所从事的金融业务也不是以盈利为目的的。

(2) 与其他金融机构相比，商业银行提供的金融服务更全面、范围更广。其他金融机构，如政策性银行、保险公司、证券公司、信托公司等都属于特种金融机构，只能提供一个方面或几个方面的金融服务，而商业银行则是“万能银行”或者“金融百货公司”，业务范围比其他金融机构要广泛得多。

(三) 商业银行的职能

1. 信用中介

信用中介是商业银行最基本的、也最能反映其经营活动特征的功能。它是指商业银行通过负债业务将社会上闲置的货币资金动员和集中起来，又通过资产业务将所集中的资金运用到国民经济各部门中去。商业银行充当货币资本的贷出者和借入者，实现货币资本的融通。商业银行作为信用中介，克服了直接借贷的种种局限性，满足了融资双方的不同需要。

2. 支付中介

支付中介职能由货币兑换演变发展而来。支付中介是指商业银行利用活期存款账户，为企业和客户办理各种同货币收支有关的业务，包括货币兑换、货币结算、货币收付、货币及金融资产保管等。在这里，商业银行是以企业和客户的货币保管者、出纳或支付代理人的身份出现的。商业银行支付中介职能的发挥，一方面有利于商业银行获得稳定而又廉价的资金来源；另一方面又为客户提供良好的支付服务，可以节约流通费用，加速资本周转。

3. 信用创造

信用创造是商业银行的特殊功能，它是在信用中介和支付中介功能的基础上产生的。信用创造是指商业银行利用其吸收活期存款的有利条件，通过发放贷款，从事投资业务而衍生出更多的存款，从而扩大货币供应量。商业银行的信用创造包括两层含义：一是指信用工具的创造，如银行券或存款货币；二是指信用量的创造。信用工具的创造是信用量创造的前提，信用量的创造是信用工具创造的基础。必须指出的是，整个信用创造过程是中央银行和商业银行共同创造完成的。中央银行运用创造货币的权力调控货币供应量，而具体经济过程中的货币派生是在商业银行体系内形成的。

4. 金融服务

金融服务职能是商业银行发展到现代银行阶段的产物。现代化的社会经济生活和工商企业经营环境日益复杂，银行业间的业务竞争日趋激烈，这就从各方面对商业银行提出了金融服务的新要求。商业银行联系广、信息灵通快捷，特别是借助于电子银行业务的发展，在传统的资产业务以外，不断开拓业务领域，从而使商业银行具有了金融服务职能，如代收代付、咨询、资信调查、充当投资顾问等，不断深化和拓展对个人的金融服务业务。

二、把握商业银行的业务

商业银行的各项业务活动履行和实现了商业银行的职能。与中央银行类似，其业务主要包括负债业务、资产业务、中间业务和表外业务，但与中央银行不同的是，中央银行的资产业务决定着它的负债规模，而商业银行则正好相反，它的资金来源决定着资金运用，负债业务在很大程度上决定着资产业务和中间业务。

（一）负债业务

商业银行的负债业务，是商业银行筹措资金、借以形成资金来源的业务，是商业银行开展资产业务和其他业务的基础和前提。

1. 资本

银行资本是银行投资者（所有者）实际投入银行的各种资金、财产和物资的总和。商业银行资本的来源和构成比较复杂，主要包括银行发行股票所筹集的股份资本；银行在经营过程中产生的税后利润中的未分配利润，即留存盈余；银行在非经营业务中发生的资产增值，称为资本盈余或资本公积金，包括银行在筹集股本时的资本溢价；银行接受的现金、实物捐赠；银行财产重估的增值等；银行按法定比例提留的公积金；银行为应付意外损失而从收益中提留的风险准备金；此外一些国家还把银行发行长期债券和可转换债券所筹集的资金也视作资本，称为债务资本。这些债务资本与严格意义上的资本金相比，在本金偿还关系、收益关系、责任关系、期限关系等方面都有着本质上的区别，但从业务活动来看，它们可以在规定的期限内由银行自由支配使用，银行可将其用于偿付即期或短期债务、支持短期信贷活动，所以，有些国家视其为准资本金，即债务资本。

商业银行作为一种金融企业，其存在和发展必须拥有一定数量的资本金。资本是商业银行实力强弱的标志之一，是银行业务发展的基础，是维护存款人权利的保障，也是商业银行抗拒风险的屏障。在商业银行的资金来源中，资本只占一小部分，通常不超过10%，但其作用巨大，它是银行设立和存在的前提，是银行信誉的基础，是客户存款免受损失的保障。

2. 存款负债

当存款人将货币资金存入银行时，银行需要向存款人签发一份标明存款金额、期限和利率的凭证。这一凭证对存款人来说，就是他的金融资产，而对银行来说，则是它对存款人负债的债务凭证，它有义务按双方约定的期限，偿还本金和利息。吸收存款是商业银行最主要的资金来源，也是商业银行开展其他业务的基础。商业银行的存款业务，不仅决定它的贷款和投资规模，而且还在很大程度上决定着它的信用中介、支付中介、信用创造职能以及其他一些服务职能的发挥。

商业银行存款，可以从许多角度来划分，但最有意义的是以期限和支取方式来划分。据此，可将存款分为活期存款、定期存款和储蓄存款三大类。

（1）活期存款。活期存款是一种事先不约定期限，存款人可随时存取和支付的存款。当存款人到银行开立活期存款账户并存入资金时，银行发给存款人支票簿，存款人可随时签发支票命令银行对第三方进行支付。因而活期存款又称支票存款。

（2）定期存款。定期存款是一种预先约定期限的存款。期限通常为3个月、6个月、1年、3年、5年甚至更长，随着期限的延长，利率相应提高。定期存款是货币所有者获取利息收入的重要金融资产。对银行而言，由于定期存款存期固定而且比较长，因此是银行稳定的资金来源，这对银行发放长期贷款及进行长期投资具有重要的意义。

（3）储蓄存款。储蓄存款是银行为了满足居民个人积蓄货币和获得利息收入的需要而开办的一种存款业务。储蓄存款通常分为活期储蓄存款和定期储蓄存款两种。当储户到银行办理活期储蓄存款时，银行发给储户一本储蓄存折，作为存款和提现的凭证，开户后即可凭存折随时存取，但存折不能像支票那样流通。而当储户办理定期储蓄存款时，银行发给存单，到期凭存单支取本息。储蓄存款是商业银行最普遍、最重要的负债业务之一，是其比较稳定的资金来源，因而对商业银行的贷款和投资也有重要的意义。

3. 借款负债

商业银行在自有资金和存款不能满足其业务发展需要的情况下，可以采用借款负债的方式，通过借入资金来满足其业务发展需要。商业银行借款的途径和方式主要包括：

（1）同业拆借。同业拆借是商业银行及其他金融机构之间短期或临时性的资金融通，期限通常很短，最短的只有一天或一夜。当商业银行在其经营过程中出现临时性资金不足，资金周转发生暂时性困难时，可向其他银行临时拆借一笔款项，这笔资金往往是其他银行在营运过程中产生的临时性盈余，拆入行能利用的时间较短，但可以维持其资金的正常周转，避免或减少因出售资产而可能发生的损失，满足其对流动性的需要。

（2）向中央银行借款。中央银行是银行的银行，执行着最后贷款人的职能，商业银行在出现资金周转困难时可向中央银行申请借款。一般来说，商业银行向中央银行借款的方式主要有两种：一是再贴现，二是直接借款。再贴现是商业银行把对客户贴现时买进但尚未到期的票据再转卖给中央银行。直接借款则是商业银行用自己持有的合格票据、政府债券等作为抵押品向中央银行取得抵押贷款。直接借款较再贴现更加简便灵活，但限制比较严格，资金用途一般只限于弥补准备金临时性短缺，而不能用于扩大放款和投资。

（3）发行金融债券。商业银行借款的另一重要途径是在金融市场上发行金融债券。金融债券是银行向投资者发行的承诺到期还本付息的债务凭证。商业银行发行金融债券，是一种典型的主动负债，发行的主动权掌握在银行手中，发行量的多少及发行期限的长短，均取决于商业银行的需要，可以为它获得长期、稳定的资金来源。

商业银行除了在国内金融市场上取得借款外，还经常通过在国际金融市场上发行大额定期存单、出售商业票据及银行承兑汇票等筹措资金。

（二）资产业务

资产业务是商业银行将其通过各种途径取得的货币资金加以运用的业务。商业银行以一定的成本取得资金以后，必须将这些资金运用出去，才能获得收入，进而产生利润。但是，由于商业银行的资金来源主要是负债，并且其中许多负债是活期存款负债，来源很不稳定，因此商业银行必须按照安全性、盈利性和流动性的原则，将这些资金合理地配置到各种用途上，形成合理的资产结构。

1. 现金资产业务

现金资产是银行持有的库存现金以及与现金等同的可随时用于支付的银行资产，一般包括库存现金、在中央银行的存款和存放同业存款几类。现金资产是商业银行所有资产中最具流动性的资产。商业银行经营的对象是货币，其资金来源的性质和业务经营的特点，决定了商业银行必须保持合理的流动性，以应付存款提取及贷款需求。商业银行要维持资产的流动性，保持清偿力和获取更有利的投资机会，必须持有一定比例的现金资产，并对其进行科学管理。直接满足流动性需求的现金资产管理是商业银行资产管理的最基本的组成部分。

2. 贷款业务

贷款是银行将其所吸收的资金，按一定的利率贷放给借款人使用，并按约定的期限收回贷款本息的借贷行为。贷款是商业银行的传统核心业务，也是商业银行最主要的盈利资产，是商业银行实现利润最大化目标的主要手段，然而又是一种风险较大的资产，是商业银行经营管理的重点。商业银行的贷款业务种类繁多，可以根据上述贷款构成要素，从不同的角度将贷款划分为不同的类型：

（1）按贷款的保障条件可以分为信用贷款和担保贷款。信用贷款是指银行完全凭借客户的信誉而无需提供抵押物或第三者保证而发放的贷款。这类贷款从理论上讲风险较大，因此，银行要收取较高的利息，且一般只向银行熟悉的较大公司借款人提供，对借款人的条件要求较高。担保贷款是指以一定的财产或信用做还款保证的贷款。根据还款保证的不同，具体可分为抵押贷款、质押贷款和保证贷款。抵押贷款是指按《中华人民共和国担保法》规定的抵押方式以借款人或第三者的财产作为抵押发放的贷款；质押贷款是指按《中华人民共和国担保法》规定的质押方式以借款人或第三者的动产或权利作为质物发放的贷款；保证贷款是指按《中华人民共和国担保法》规定的保证方式以第三人承诺在借款人不能偿还贷款时，按约定承担一般保证责任或者连带责任而发放的贷款。

(2) 按贷款用途可以分为工商贷款、不动产贷款和消费贷款。工商贷款是向工商企业发放的贷款，它一直是商业银行的主要贷款业务；不动产贷款是对土地开发、住宅公寓、厂房建筑、大型设施购置等项目所提供的贷款。这类贷款风险较大，因此各国在不动产贷款方面都制定了一些具体规定，以限制银行对不动产信用的极度扩张。消费贷款是商业银行向个人消费者发放的用以满足其消费需求的贷款。

(3) 按贷款的偿还方式可以分为一次还清贷款和分期偿还贷款。一次还清贷款要求借款人于贷款的最后到期日归还全部本金，但贷款利息可以分期偿还或于还本时一次付清；分期偿还贷款要求借款人按规定的期限分次偿还贷款的本金和利息，这种贷款主要适用于不动产贷款和消费贷款。

(4) 按贷款期限可分为活期贷款和定期贷款两种。活期贷款是指没有设定贷款期，银行可以随时收回或借款人可以随时偿还的贷款。定期贷款是指具有确定期限的贷款，银行在向客户提供资金时，事先确定一个期限，当贷款期满时，客户将贷款本息偿还给银行，而在到期之前，银行一般不得要求客户归还款项。定期贷款根据期限的长短，又可分为短期、中期和长期三种。短期贷款是指期限在一年以下的贷款。中期贷款是指期限在一年以上五年以下的贷款。长期贷款是指期限在五年以上的贷款，中长期贷款主要用于企业各种固定资产的购置以及土地开发等。

3. 贴现业务

票据贴现是贷款的一种特殊方式。它是指银行应客户的要求，以现款或活期存款买进客户持有的未到期的商业票据的方式发放的贷款。票据贴现实行预扣利息，票据到期后，银行可向票据载明的付款人收取票款。能够进行贴现的票据有银行承兑汇票、商业承兑汇票、商业期票、银行本票和汇票。目前，商业银行贴现范围已经扩展到政府债券，包括公债和国库券。票据贴现的期限一般较短。

4. 证券投资

证券投资已成为商业银行重要的资产业务，它不仅为银行带来丰厚的利润，还为银行在流动性管理、资产优化配置以及合理避税等方面起到了积极作用。商业银行证券投资的主要种类有国库券、中长期国家债券、政府机构债券、市政债券或地方政府债券。商业银行作为经营货币资金的特殊企业，其经营的总目标是追求经济利益。与此相一致，银行证券投资的基本目的是在一定风险水平下使投资收入最大化。

（三）中间业务和表外业务

中间业务是银行接受客户委托，为客户提供各种服务，收取佣金、手续费、管理费等费用的业务。表外业务是指那些未列入资产负债表，但与表内资产业务和负债业务关系密切，并在一定条件下会转为表内资产业务或负债业务的业务，通常把这些业务称为或有资产和或有负债业务。

1. 中间业务

中间业务是商业银行通过提供各种服务从中收取手续费的业务，是独立于其资产负债表外的一类业务，这些业务具有收入稳定、风险度较低的特点，它集中体现了商业银行的服务型功能。中间业务具体包括以下一些业务：

（1）结算业务。结算业务是指商业银行代客户清偿债权债务、收付款项的一种中间业务。结算业务是商业银行存款业务的一种延伸，这是因为，客户之间债权债务关系的了结和款项的收付，除了少量以现金方式进行以外，大部分是通过他们在商业银行开立的活期存款账户上的资金划拨来完成的。按照付款人和收款人所处的地点的差异，可将结算分为同城结算和异地结算两种类型。

（2）代理业务。代理业务指商业银行接受客户委托、代为办理客户指定的经济事务、提供金融服务并收取一定费用的业务，包括代理政策性银行业务、代理中国人民银行业务、代理商业银行业务、代收代付业务、代理证券业务、代理保险业务、代理其他银行的银行卡收单业务等。

（3）基金托管业务。基金托管业务是指有托管资格的商业银行接受基金管理公司委托，安全保管所托管的基金的全部资产，为所托管的基金进行资金清算、款项划拨、会计核算、基金估值，并监督管理人投资运作。包括封闭式证券投资基金托管业务、开放式证券投资基金托管业务和其他基金的托管业务。

（4）信托业务。银行信托是指银行接受客户委托，作为受托人，代为管理、营运、处理有关钱财的业务。在西方，大的商业银行一般设有信托部经营信托业务。

（5）租赁业务。传统的租赁业务是出租人为了获得租金收入，将闲置物品租给他人使用的业务。商业银行开办的租赁业务是现代金融租赁，是将融资与融物相结合的一种新型租赁方式。它是指银行出资按承租人的要求购买其所需要的设备并租给承租人使用，承租人按合同要求交付租金，合同期满，承租人对租赁物可续租、退租或留购。

（6）银行卡业务。银行卡是由银行发行、供客户办理存取款和转账支付的新型服务工具的总称。它包括信用卡、支票卡、记账卡、智能卡等。

（7）咨询顾问业务。咨询顾问业务是指商业银行依据自身在信誉、人才、信息等方面的优势，收集和整理有关信息，并通过对这些信息以及银行和客户资金运动的记录和分析，形成系统的资料和方案，并提供给客户，以满足客户业务经营管理或发展需要的服务活动。根据性质不同，咨询顾问业务主要分为企业信息咨询业务、资产管理顾问业务、财务管理业务和现金管理业务。

（8）保管箱业务。保管箱是银行为客户提供代为保管贵重物品的安全设施，它是个人和单位存放金银珠宝、有价证券、重要契约文件及保密资料最理想的地方。

（9）电子银行业务。电子银行业务是指商业银行利用面向社会公众开放的通信通道或开放型公众网络以及银行为特定自助服务设施或客户建立的专用网络，向客户提供的银行服务，主要包括网上银行、电话银行、手机银行和自助终端。

2. 表外业务

表外业务与中间业务一样，也是独立于资产负债表外的业务，但表外业务在一定条件下会转化为表内业务，因而要承担一定的风险。表外业务具体包括以下一些业务：

（1）承诺类业务。此类业务是商业银行允诺在未来某一时期按双方事先约定的条件向客户提供某种信用的业务。这类业务分为可撤销承诺和不可撤销承诺两种。可撤销承诺是指附有客户在取得银行提供的信用之前必须履行特定义务条款的承诺，在银行承诺期内，若客户没有履行相应义务，银行就可以撤销承诺。不可撤销承诺是指商业银行不经过客户的同意，不得随意撤销的承诺。承诺业务具体包括额度信用、贷款承诺、票据发行便利等。

（2）担保类业务。此类业务是银行应客户的要求，向第三方即受益人提供某种保证，并承担客户违约风险的业务。担保类业务种类很多，主要包括承兑业务、备用信用证业务、履约担保业务等。

（3）衍生金融工具交易类业务。衍生金融工具是在原生金融工具之上派生而来的金融工具，主要包括金融期货合约、期权和互换等。这些衍生金融工具的主要作用是转移和改变风险，但运用不当也会造成巨额损失。银行如果直接从事这类工具的交易，有可能会遭受因对方违约而造成的损失，也有可能会遭受因价格不利变动而造成的损失，使潜在的风险转化为现实的风险损失。

【典型业务分析】

为适应经济的快速发展，现代金融业务越来越倾向便捷的办理方式。单位和个人已经不再满足在银行大厅排队等候式的单一业务办理模式。为抓住发展的机遇，各商业银行纷纷推出了网络银行业务以满足单位和个人的需求。

中国工商银行是中国最大的国有银行，在国内有3万多个分支机构，电子化网点覆盖率达98%，全年结算业务占全国金融系统的50%以上。从2000年开始，工商银行正式启动电子银行系列工程，为企业客户和居民个人提供账户查询、转账结算、在线支付等金融服务。

分析：

1. 中国工商银行企业网上银行的业务功能

企业网上银行的业务功能分为基本功能和特定功能。基本功能包括账户管理、网上汇款、在线支付等功能；特定功能包括贵宾室、网上支付结算代理、网上收款、网上信用证、网上票据和账户高级管理等业务功能。

2. 开通流程

准备申请材料：“网上银行企业客户注册申请表”、“企业或集团外常用账户信息表”、“企业贷款账户信息表”、“客户证书信息表”和“分支机构信息表”等表格可向开户行索取。具体开通流程见图2—1。

3. 操作指南

工行的企业网络银行提供两个版本，一是普及版，二是证书版。证书版在使用中必须插入银行提供的证书，因而交易时能有效保证客户资料的安全性。

（1）普及版。

进入工行网站主页—选择企业网上银行登录—选择企业网上银行普及版登录—输入卡号、密码和验证码—点击登录进入。

（2）证书版。

进入工行网站主页—选择企业网上银行登录—插入企业网上银行证书—选择企业网上银行登录—选择证书—输入证书密码—点击登录进入。

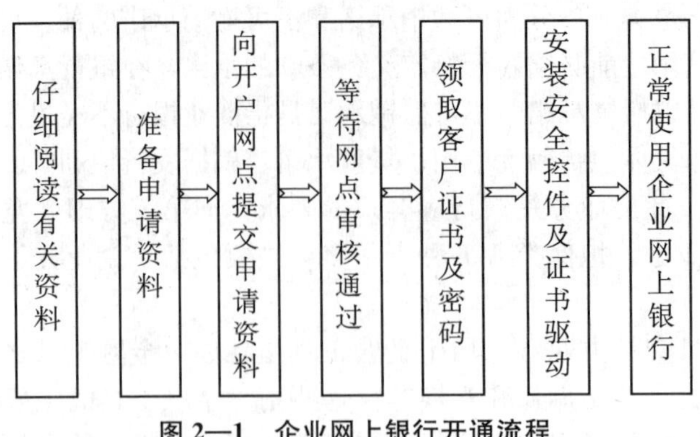

图 2—1　企业网上银行开通流程

资料来源：http://www.icbc.com.cn。

项目四　非银行类金融机构及其业务

【情境导入】

我国起步于 20 世纪 70 年代末或 80 年代中后期的信托公司、企业集团财务公司、金融租赁公司在经历了一个曲折发展阶段后，目前业务创新有效推进，机构竞争力不断加强；而近年来新设立的汽车金融公司、货币经纪公司等非银行类金融机构，则有效地促进着金融服

【必备知识】

一、保险机构及其业务

（一）保险机构的分类

保险机构包括专门经营保险的保险公司和专业保险中介。

1. 保险公司

保险公司是专门经营保险或再保险业务的专业性金融机构。保险是分摊意外损失的一种财务安排，是投保人通过支付一笔额外的费用（保险费）来避免未来可能出现的较大损失的风险管理措施。保险公司是经营保险业务的经济组织，它以集合多数单位和个人的风险为前提，用损失概率计算出分摊金额，以保险费的形式聚集起来，建立保险基金，用于补偿因自然灾害或意外事故所造成的财产经济损失，或对投保的个人因死亡伤残给予物质补偿的具有法人资格的企业。保险公司的基本功能是分担风险，发挥社会保障职能，因此具有其他金融机构不可替代的重要作用。

按照所承担风险的类型不同，可以将保险公司分为财产保险公司、人身保险公司与再保险公司。

（1）财产保险公司。财产保险公司是对法人财产和家庭财物提供保险的金融机构。当投保人的财产在保险期内由于灾害及其他原因遭受损失时，保险公司负责赔偿。财产保险的主要业务险种可分为：火灾及其他灾害事故保险、货物运输保险、运输工具保险、工程保险、责任保险、保证保险和信用保险等。

（2）人身保险公司。人身保险公司是为人们因遭到意外伤害、疾病、死亡而造成经济损失提供保险的金融机构。与财产保险相比，人身保险具有如下一些基本特征：第一，人身保险的保险标的是人的生命或身体；第二，人身保险的保险责任是不幸事故或疾病、衰老等原因造成的生、老、病、死、伤残；第三，人身保险的给付条件是保险期内保险事故发生人的伤残、死亡等，或是保险期满被保险人生存；第四，人身保险金多是定额给付。

（3）再保险公司。再保险公司是经营再保险业务的商业组织机构。再保险是与原保险相对应的概念。原保险是指保险人对所承保的保险事故在其发生时对被保险人或收益人进行赔偿或者给付的行为，它又称直接保险。再保险是指原保险人为避免或减轻其在原保险中所承担的保险责任，将其所承保的风险的一部分再转移给其他保险人的一种行为。

2. 保险中介机构

保险中介机构包括保险代理公司、保险经纪公司和保险公估公司。

（1）保险代理公司。保险代理公司是受保险公司的委托代其开展保险业务的机构。保险代理公司要根据保险公司委托的业务范围和授予的权限进行业务代理，因此所产生的权利、义务、责任等均由保险公司承担。

（2）保险经纪公司。保险经纪公司是投保方的代理人，是指基于投保方的利益，为投保人提供选择险种，与保险公司订立保险合同，缴纳保费，索取赔付等中介服务的机构。

（3）保险公估公司。保险公估公司是指接受保险当事人委托，专门从事保险标的评估、勘验、鉴定、估损、赔偿额的核算等业务的机构。

（二）保险机构的业务

按保障范围来划分，保险机构的保险业务主要可以分为：财产保险、责任保险、人身保险、保证保险几大类。

1. 财产保险

财产保险是指以补偿因自然灾害或意外风险事故所造成的财产经济损失为目的的保险，其保险标的限于有形财产，分为企业财产保险、家庭财产保险、运输工具保险、货物运输保险及农业保险。

（1）企业财产保险。该保险是指企业作为投保人以其自已所经营管理的财产或以与其有利害关系的他人的财产为保险标的，向保险人缴纳保险费，由保险人依照保险合同的约定负担被保险财产的毁损、灭失风险责任的保险。保险标的包括房屋及其附属设备、机器及设备、生产工具、管理工具及低值易耗品、原材料、半成品、成品、账外及已摊销的财产，还包括保险双方特别约定的保险财产，如珠宝、钻石、玉器、首饰、古玩字画、邮票、艺术品、稀有金属、堤堰、水闸、铁路、道路、涵洞、桥梁、码头，以及矿井、矿坑内的设备与物资等。而无法用货币衡量其价值的财产或利益（如矿藏、矿井、森林、水资源、文件、账册、图表、技术资料等）以及非实际物质（如货币、票证、有价证券等），保险人不予承保。

（2）家庭财产保险。该保险是保险人以被保险人的家庭财产为保险标的，在保险标的发生保险事故而受损失时，依据保险合同的约定承担赔偿责任的保险。我国开办的家庭财产保险主要有普通家庭财产保险和家庭财产两全保险。普通家庭财产保险的保险标的主要是被保险人所有、控制和共有的财产，包括房屋及室内附属设备、室内装潢、室内财产和经保险人同意的其他财产，但不保金银、首饰、古玩、有价证券等难以鉴定价值的财产以及家养动物、生产用财产、违法违规及正处于紧急状态的财产。家庭财产两全保险兼有经济补偿和到期还本双重性质，即保险公司用投保人所交保险储金的利息收入作为保险费，在保险期满后将原先交付的保险储金全部如数退还，如要续保，可以不退保险储金。

（3）运输工具保险。该保险包括机动车辆保险、船舶保险和飞机机身保险。机动车辆保险主要分为车辆损失险和第三者责任险两个部分，并有多种附加险，其保险标的包括汽车、摩托车、拖拉机以及多种特种车辆，如起重车、油罐车等。船舶保险以各种类型的船舶作为保险标的，承保船舶在航行和停泊期间发生各种保险事故所造成的全部或部分损失以及可能引起的责任赔偿。飞机机身险的承保对象包括机壳及其设备、仪器和特别安装的附件等。

（4）货物运输保险。该保险是指货物的托运人向承运人交付货物时，向保险人支付保险费，在被保险货物发生保险合同约定的损失时，由保险人负责赔偿损失的保险。应用于水路货物运输、公路货物运输、铁路货物运输、航空货物运输及海洋货物运输等。

（5）农业保险。该保险是指农业生产者以其种植的农作物或养殖的畜禽等为保险标的，向保险人支付保险费，并同保险人约定，在被保农作物因保险责任范围内的原因歉收或毁损时，或被保险畜禽等因保险责任范围内的原因发生死亡时，由保险人给付保险赔偿金的保险。

2. 责任保险

责任保险是指以被保险人依法对第三者应负的赔偿责任为保险标的的保险，所以又称为第三人责任保险。投保人依照约定向保险人支付保险费，在被保险人应当向第三人承担赔偿责任时，保险人按照约定向被保险人给付保险金。责任保险主要有以下几种：

（1）公众责任保险。该保险主要承保被保险人由于意外事故造成社会公众（第三者）的人身伤亡或者财产损失，依法应承担的经济赔偿责任。其主要险种有综合公共责任保险、场所责任保险、承包人责任保险、承运人责任保险等。

（2）产品责任保险。该保险主要承保被保险人对其生产、销售或修理的产品在正常使用过程中可能对消费者产生的损害依法应承担的经济赔偿责任。

（3）雇主责任保险。该保险是以雇主的雇员在受雇期间从事业务时因遭受意外，导致伤残或死亡，或者患有与职业有关的职业性疾病，而依法或根据雇佣合同应由雇主承担的经济赔偿责任的责任保险。

（4）职业责任保险。该保险是指各种专业技术人员由于在从事职业技术工作时的疏忽或过失，造成合同对方或他人的人身伤害或财产损失的经济赔偿责任的责任保险，包括医疗责任保险、律师责任保险、建筑工程设计责任保险、会计师责任保险等。

3. 人身保险

人身保险是以人的寿命和身体为保险标的的一种保险。投保人与保险人订立保险合同确立各自的权利和义务，投保人按照合同约定向保险人缴付一定数量的保险费，当被保险人在合同期限内发生死亡、伤残、疾病等保险事故或达到合同约定的年龄、期限时，保险人向被保险人或其受益人给付一定数量的保险金。人身保险有以下几种：

（1）人寿保险。该险简称“寿险”，是以被保险人的生命为保险标的，以生存和死亡为给付保险金条件的人身保险。人寿保险与意外伤害保险和健康保险一起构成了人身保险的三大基本险别，并在全部人身保险业务中占绝大部分而成为主体。人寿保险的种类主要有：

1）死亡保险，是以被保险人的死亡为保险事故或以被保险人的死亡为给付保险条件的保险。依据死亡期限的不同，死亡保险可以分为定期死亡保险和终身死亡保险两种。

2）生存保险，是指在保险人生存到保险期限届满时，保险人按照合同的约定给付保险金。如果被保险人在保险期限内死亡，保险合同自动失效，保险不承担给付保险金的责任。

3）生死两全保险，又称生死合险，是把死亡保险和生存保险结合起来的保险形式。在保险有效期内，被保险人死亡，保险人给付受益人约定数额的死亡保险金；若被保险人生存至保险期满，被保险人得到约定数额的生存保险金。

4）简易人身保险，是一种简化了的人寿保险，是指被保险人生存至保险期满或被保险人在保险期限内因保险事故死亡或伤残、保险人向被保险人或受益人给付约定的保险金的保险，其特点是保额小，手续简便，适合于普通大众。

5）团体人寿保险，是以社会团体为投保人，以该团体成员为被保险人的人寿保险。目前最普遍、业务量最大的是团体定期寿险。凡机关团体、企事业单位的在职人员，年龄在16至60周岁之间，身体健康，能正常工作的，都可成为被保险人，由其所在单位集体投保。

6）新型寿险产品，与传统人寿保险相比，新型人寿保险除了保险保障服务之外，还可以让客户参与由保险人管理的投资活动，是保险产品与其他金融产品的巧妙结合。例如，投资联结保险（一种将固定保险保障与变动投资账户相结合的新型寿险产品）、万能保险（其最大的特点在于保费缴付的可选择性、保额的可调整性及保单运作的透明性）等。

（2）健康保险。该险又称疾病保险，是指以被保险人的身体为保险标的，以被保险人疾病、分娩及其所致残废或死亡为保险责任的人身保险。其所承保的疾病必须是由非先天的原因引起的，由被保险人自身内部原因引起的，由偶然的原因引起的。健康保险按承保内容的不同，主要分为以下几种：

1）医疗保险，又称医疗费用保险，是为被保险人因疾病所支出的医疗费用提供补偿的保险。医疗保险是健康保险最重要的组成部分，其品种主要有：普通医疗保险、住院医疗保险、手术保险和综合医疗保险。

2）疾病保险，是以被保险人罹患合同约定的疾病为承保风险的一种健康保险，疾病保险目前主要有重大疾病保险和特种疾病保险。重大疾病保险可对某一重大疾病提供保险，其中癌症疾病居多；也可对多种重大疾病开办保险，如：癌症、心脏病、脑中风、瘫痪、重大器官移植手术等。特种疾病保险是指专门为被保险人患上特种疾病而发生的医疗费用提供补偿的一种健康保险，如牙科费用保险、眼科保健保险等。

3）生育保险，是以产妇在分娩过程中发生的死亡或新生儿的死亡为承保风险的一种健康保险。

（3）意外伤害保险。该险是指以被保险人的身体为保险标的，当被保险人遭受意外伤害而致残致死时，保险人按合同约定给付保险金的一种人身保险。意外伤害保险包括两大类：一是普通意外伤害保险，承保普通意外伤害的保险事故，如个人意外伤害保险、团体意外伤害保险、学生团体平安保险等；二是特定意外伤害保险，承保在特定时间、特定地点或由特定原因而导致意外伤害的保险事故，如旅行意外伤害保险、职业意外伤害保险等。

4. 保证保险

保证保险是指由保险人承保在信用借贷或销售合同关系中因一方违约可能造成的经济损失而进行的保险。在美国，有一种特殊的保证保险，那就是存款保险。存款保险是担心银行经营不善或遇到流动性困境而无法满足存款者的提款需求而设立的一种保险制度，按《联邦存款保险法》的规定，存款金额在10万美元以上的存款都必须进行存款保险，一旦发生银行无法满足存款者的取款要求，联邦存款保险公司就要替银行向存款者支付相应的金额。

还有一种保险机构之间的保险业务，叫做再保险，也称分保。再保险是保险人通过订立合约，将自己已经承保的风险，转移给另一个或几个保险人，以降低自己所面临的风险的保险行为。例如，我国的《保险法》就规定，除了人寿保险业务外，保险公司应当将其承保的每笔保险业务的20%办理再保险。

由于不同的险种具有不同的风险，因此，政府一般不允许同一家保险公司经营不同的保险业务，例如人寿保险公司就不能同时经营财产保险，这样就形成了经营不同保险业务的保险机构体系。中国现在已经形成了人寿、财产和再保险的保险机构体系。

二、信托机构及其业务

（一）信托概述

1. 信托的概念

信托，是指委托人基于对受托人的信任，将其财产权委托给受托人，由受托人按委托人的意愿以自己的名义，为受益人的利益或者特定目的，进行管理或者处分的行为。这里的财产权是指以财产上的利益为标的的权利，包括物权、债权、知识产权，以及其他除身份权、名誉权、姓名权以外的无形财产权。但为了实务操作和监管，委托人以信托公司作为受托人设立信托的，只能以法律、行政法规确定的财产或者财产权设立信托。

中国第一家专业信托公司是1921年8月在上海成立的“上海通商信托公司”。新中国成立后至1979年间，中国基本上没有正式独立的信托机构。1979年10月中国国际信托公司作为国家的一个重要对外窗口组建成立，中国银行等专业银行也相继成立信托部开办信托业务。后来，各专业银行又先后组建了独立的信托投资类公司，各行业主管部门也纷纷办起了各种形式的信托投资公司，其规模到1988年达到最高峰时共有1 000多家。之后国家对信托业进行了多次整顿，获准重新登记的信托投资公司为52家。2001年以来，国家出台并实施了多部与信托业直接相关的法律、法规，包括2001年10月开始实施的《信托法》、2002年6月修订实施的《信托投资公司管理办法》、2002年7月实施的《信托投资公司资金信托管理暂行办法》等，从而以法律形式明确了信托业的地位，强调了信托的本源业务，并进一步确立了信托业与银行业、证券业和保险业分业经营的框架。

2. 信托的构成要素

信托成立需要具备一定的要素，包括以下几方面的内容：

（1）信托主体。信托体现多边经济关系，一项信托行为的产生一般涉及三个方面的当事人，即委托人、受托人和受益人，这三者构成信托主体。

1）委托人。把财产权委托给他人管理和处置的人叫“委托人”或“信托人”。委托人提出信托要求是整个信托行为的起点，在整个信托关系中委托人处于主动的地位，受托人必须遵照委托人的合同意愿为其管理和处理信托财产。

2）受托人。受托人是接受委托人委托，受让信托财产并允诺代为管理或处置的人。其管理或处置的结果直接决定着是否能达到委托人预期的目的，是否能使受益人的利益得到保障，并影响着信托关系的维持。因而，受托人在整个信托行为中处于关键环节。

3）受益人。受益人是在信托关系中享有信托财产收益的人。在信托关系中，受益人享受应有的收益或信托财产，这是信托行为的终点。如果没有受益人，信托行为就无效。受益人可以是委托人本人，也可以是委托人指定的第三人。从资格上讲，受益人可以是自然人、法人或者依法成立的其他组织。由于受益人不是签订信托合同的当事人，因此，受益人不必具备行为能力，凡是具有权利能力的人都可以成为受益人。

（2）信托行为。信托行为是指以设定信托为目的而发生的一种法律行为，也就是信托当事人在约定信托时，为使信托具有法律效力而履行的一种手续。设立信托应当采取书面形式，包括信托合同、遗嘱或者法律规定的其他书面文件。通过信托行为，确立了信托当事人之间的信托关系，从而明确了信托当事人各自的权利和义务，有利于保护信托当事人的正当合法权益。

（3）信托目的。信托目的是委托人通过信托行为所要达到的目的。信托目的由委托人提出并在信托契约中写明。受托人应按照信托目的去管理和运用信托财产。委托人不同，信托目的也多种多样，如为保全财产、为使财产获取最大增值等。但信托目的必须做到：一要具有合法性，即不能违反国家法律、法规或损害公共利益；二要可能达到或实现，即应在受托人力所能及的范围之内；三要为受益人所接受。

（4）信托客体。信托客体是指信托关系的标的物，是委托人交给受托人管理或处置的财产，也就是受托人因承诺信托而取得的财产。信托财产有多种形态，包括有形财产，如房屋、现金等，无形财产，如专利权、土地使用权等。

（5）信托期限。信托期限是指信托存续的时间，包含信托的存续与信托的消失两个概念。信托的存续是指财产所有人设定信托时间的长短；信托的消失是指信托的终止与解除。信托的消失一般是指信托目的已达到而终止信托，或信托目的明显无法达到，也可申请终止信托。另外，由于受托人违反信托合同，或受托人死亡、破产等，也可解除信托关系。

（二）信托的职能与特点

1. 信托的职能

信托的职能总体而言就是“受人之托，代人理财”，具体包括财产事务管理职能、融通资金职能、社会投资职能、代理和咨询职能。

（1）财产事务管理职能。这是信托的基本职能，现代信托业务，无论是资金信托，还是实物信托，都是这一职能的具体运用。财产事务管理一般包括代人理财和代人办事两个方面。代人理财是指以管理和处理财产的方式为财产所有者提供服务，其中“管理”就是不变更信托财产的原状或性质，仅对其加以运用、改善、维护和保存，如委托贷款、委托投资、商务管理等，“处理”则是需要变更或消灭信托财产的原状或性质，如代委托人出售或转让信托财产。代人办事是指受托人以代办一系列经济事务的方式为委托人提供服务，如代收款项、代理发行、代理买卖有价证券、代付股息红利和利息等。

（2）融通资金职能。这是指在财产事务管理活动中，信托具有筹措和融通资金的职能。在信用经济条件下，作为委托人的各经济主体的相当大部分财产是以货币资金的状态存在的，因此，信托对财产事务管理职能的运用，必然会伴随着货币资金的融通，从而使信托机构具有了金融机构的性质，发挥着区别于其他金融机构的特殊的金融职能。

（3）社会投资职能。这是在财产事务管理职能基础上发展起来的，它是指受托人运用信托财产参与社会投资活动的职能。受托人根据委托人的意愿，运用信托财产进行实业和证券投资，使信托的财产事务管理职能具备了发挥作用的基本手段，并且实现资金、财产的融通交易，使货币转化为资本，扩大了社会资本和投资规模，也实现了信托自身的业务。开办投资业务的受托人大多数都是专业信托机构，这是许多国家信托的普遍做法。在我国，从事信托的金融机构多以信托投资公司的名称出现，也正体现了信托的投资功能。

（4）代理职能。这是指受托人利用其与交易主体各方建立的相互信任关系，为有关当事人提供代理和咨询事务的职能。由于信托可以建立多边经济关系，受托人作为委托人与受益人的中介，有助于使其成为横向经济联系的桥梁和纽带。受托人可以以代理人、担保人、咨询人、见证人、监督人、介绍人等身份为交易各方建立相互信任关系，帮助委托人了解与其有关的信息，如经济政策、交易对方的资信、交易对方的经营能力、市场价格、利率等。

2. 信托的特点

（1）信托的基础是充分信任。信托的发生是建立在委托人对受托人信任的基础上的。委托人把信托财产转移给受托人管理和处置，并不再享有信托财产的所有权，体现了其对受托人的充分信任。

（2）设立信托的前提是财产权。设立信托必须具备两个条件：一是委托人必须首先拥有信托财产的所有权；二是委托人必须将拥有的这一财产权授予和转移给受托人。

（3）信托财产具有独立性。信托依法成立后，信托财产即从委托人、受托人乃至受益人的自有财产中分离出来，成为独立运作的财产。它区别委托人未设立的信托财产，也区别于受托人的固有财产。信托财产可以不受委托人或受托人财务状况恶化甚至破产的影响。委托人、受托人或受益人的债权人一般也无法对信托财产主张权利。此外，不同委托人的信托财产，同委托人信托财产中某项财产与其他财产也要区别对待分开核算。

（4）信托使所有权和利益权相分离。当信托行为成立后，信托财产的所有权和利益权就实现了分离，受托人享有信托财产的所有权，可以像真正的所有人一样，管理和处置信托财产，受托人与第三人进行的交易，也是建立在受托人是信托财产的权利主体基础之上的。而受益人享有管理和处置信托财产所产生的利益的权利，受托人须将所得利益包括本金交还给受益人，以实现受益人的利益权。

（5）信托损益的计算遵循实绩原则。信托的目的是为了使受益人享受信托的利益，受托人按照委托人的意愿为受益人的利益而管理和处理信托财产，其不能占有信托财产的收益，只能从委托人或受益人那里得到信托合同约定的报酬，即手续费。并且，信托收益按经营的实际效果计算，如果有亏损由受益人或委托人负担，受托人在无过失情况下不承担损失风险，当然，如果有盈利，也归受益人或委托人享有，受托人不能分享。

（三）信托业务种类

由于划分信托业务种类的标准不同，信托业务的种类非常繁多，按不同标准有不同的划分方法，如表2—2所示。

表2—2　　信托业务种类

序号	标准	种类	特点
1	信托关系基础	任意信托	又称为自由信托或明示信托，是根据当事人之间的自由意思表示而成立的信托，目前多数信托为任意信托。
		法定信托	是与任意信托相对应的一种信托形式，主要指由司法机关确定当事人之间的信托关系而成立的信托，当事人无论自己的意思如何，都要服从司法机关的判定。设立法定信托的目的主要是保护当事人的合法利益，防止当事人的财产被不法使用。

续前表

序号	标准	种类	特点
2	委托人	个人信托	以自然人为委托人而设立的信托。有生前信托和身后信托。
		法人信托	以企业、社会团体等法人为委托人，又叫公司信托、社会团体信托。
3	信托财产的性质	金钱信托	也称资金信托，信托财产为货币资金。
		动产信托	信托财产为各种动产（如机器设备、运输设备等）。
		不动产信托	是指委托人把各种不动产，如房屋、土地等转移给受托人，由其代为管理和运用，如对房产进行维护保护、出租房屋土地、出售房屋土地等。
		有价证券信托	是指委托人将有价证券作为信托财产转移给受托人，由受托人代为管理运用。
		金钱债权信托	以各种金钱债权作信托财产的信托业务，信托财产为各种债权凭证，如银行存款凭证、票据、保险单、借据等。
4	受益人	自益信托	是指委托人将自己指定为受益人而设立的信托。
		他益信托	委托人指定第三人作为受益人而设立的信托业务。
		私益信托	是委托人为了特定的受益人的利益而设立的信托。
		公益信托	是为促进社会公共利益的发展而设立的信托。公益信托的受益人是不确定的，凡是符合公益信托受益人资格的均可作受益人。
5	涉及区域	国内信托	信托关系人同属一个国家，信托所涉及的事项限于本国境内。
		国际信托	信托关系人分属不同国家，信托所涉及的事项超出一国范围，如国际信托投资、代理发行外币证券等。

三、证券机构及其业务

（一）证券机构

我国的证券机构是指为证券的发行与交易提供服务的各类机构。在证券市场起中介作用的机构是证券公司和其他证券服务机构，通常把两者合称为证券中介机构。

1. 证券公司

证券公司又称证券商，在我国是指依照《公司法》和《证券法》的规定和经国务院监督管理机构批准从事证券经营业务的有限责任公司或股份有限公司。世界各国对证券公司的划分和称呼不尽相同，美国称投资银行，英国称商人银行。以德国为代表的一些国家实行银行业与证券业混业经营，通常由银行设立公司从事证券业务经营。日本等国家和我国一样，将专营证券业务的金融机构称为证券公司。

我国《证券法》对设立证券公司所应具备的条件作了较为全面的规定，包括对公司章程的要求，对主要股东资格的限制条件，明确提出了风险管理和内部控制制度，要求证券公司的注册资本应当是实缴资本，将注册资本最低限额与证券公司从事的业务种类直接挂钩，分为五千万元、1 亿元和 5 亿元三个标准。《证券法》还规定，我国证券公司的组织形式为有限责任公司或股份有限公司，不得采取合伙及其他非法人组织形式。此外，我国证券公司的设立及重要事项变更实行审批制。未经中国证监会批准，任何单位和个人不得经营证券业务。

证券公司是证券市场重要的中介机构，在证券市场的运作中发挥着重要作用。

（1）充当证券市场的中介人。

在初级市场上，证券公司首先作为证券发行的中介，通过承购包销或代销有价证券，保证发行者顺利出售所发行的股票和债券，并方便投资者认购，促进发行市场高效运行。在二级市场上，证券公司主要也表现为证券流通转让交易的媒介。证券公司通常派驻代表进入证券交易所，通过证券公司专设的电脑联网系统，在场外接受委托，在场内代理广大机构投资者和散户投资者进行股票、债券的买卖，将委托交易信息传递到证券交易所内的电脑主机，由电脑主机配对成交。

（2）充当证券市场重要的投资者。

证券公司可以通过发行本公司股票、债券及依法拆借融资，聚集资金，按照法律规定范围从事自营证券买卖业务，从而使自己成为证券市场的一个重要投资者。

（3）提高证券市场的运行效率。

证券公司通过自己充当证券市场中介人、投资人的角色，使千百万散户投资者和机构投资者的庞大证券交易活动处于有条不紊的有序运行状态，从而克服了证券买卖过程中的各种时空限制，提高了证券市场的效率。

2. 证券服务机构

证券服务机构是指依法设立的从事证券服务业务的法人机构，主要包括证券登记结算公司、证券投资咨询公司、会计师事务所、资产评估机构、律师事务所和证券信用评级机构等。

（二）我国证券机构的主要业务

按照《证券法》，我国证券机构的业务范围包括：证券经纪业务；证券承销与保荐业务；证券投资咨询业务及与证券交易、证券投资活动有关的财务顾问业务；自营业务；客户资产管理业务；融资融券业务；证券公司中间介绍（IB）业务；基金管理业务等。

1. 证券经纪业务

证券经纪业务又称代理买卖证券业务，是指证券公司接受客户委托代为买卖有价证券的业务。证券经纪业务分为柜台代理买卖证券业务和通过证券交易所代理买卖证券业务。目前，我国公开发行并上市的股票、公司债券及权证等证券，在证券交易所以公开的集中交易方式进行买卖，证券公司的柜台代理买卖证券业务主要为在代办股份转让系统（也称三板，是指以具有代办股份转让资格的证券公司为核心，为非上市公众公司和非公众股份有限公司提供规范的股份转让服务）进行的证券的代理买卖。因此，我国证券公司从事的经纪业务以通过证券交易所代理买卖证券业务为主。

2. 证券承销与保荐业务

证券承销是指证券公司代理证券发行人发行证券的行为。发行人向不特定对象公开发行的证券，法律、行政法规规定应当由证券公司承销的，发行人应当同证券公司签订承销协议。证券承销业务可以采取代销或者包销方式。证券代销是指证券公司代发行人发售证券，在承销期结束时，将未售出的证券全部退还给发行人的承销方式。证券包销是指证券公司将发行人的证券按照协议全部购入或者在承销期结束时将售后剩余证券全部自行购入的承销方式，前者为全额包销，后者为余额包销。

发行人申请公开发行股票、可转换为股票的公司债券，依法采取承销方式的，或者公开发行法律、行政法规规定实行保荐制度的其他证券的，应当聘请具有保荐资格的机构担任保荐人。证券公司履行保荐职责应按规定注册登记为保荐机构。

3. 证券投资咨询业务及与证券交易、证券投资活动有关的财务顾问业务

证券投资咨询业务是指证券公司及其相关业务人员运用各种有效信息，对证券市场或个别证券的未来走势进行分析预测，对投资证券的可行性进行分析评判，为投资者的投资决策提供分析、预测、建议等服务，传授投资技巧，引导投资者理性投资的业务活动。

财务顾问业务是指与证券交易、证券投资活动有关的咨询、建议、策划业务，包括为企业申请证券发行和上市提供改制改组、资产重组、前期辅导等方面的咨询服务；为上市公司重大投资、兼并收购、关联交易等业务提供咨询服务；为法人、自然人及其他组织收购上市公司及相关的资产重组、债务重组等提供咨询服务；为上市公司完善法人治理结构、设计经理层股票期权、职工持股计划、投资者关系管理等提供咨询服务；为上市公司再融资、资产重组、债务重组等资本营运提供融资策划、方案设计、推介路演等方面的咨询服务；为上市公司的债权人、债务人对上市公司进行资产重组、债务重组、相关的股权重组等提供咨询服务以及中国证监会认定的其他业务形式。

4. 自营业务

自营业务是指证券公司以自己的名义，为本公司买卖依法公开发行的股票、债券、权证、证券投资基金及中国证监会认可的其他证券的行为。证券自营业务有利于活跃证券市场，维护交易的连续性。但由于证券公司在交易成本、资金实力、获取信息以及交易的便利条件等方面都比投资大众占有优势，加上证券市场的高收益和高风险性特征，证券公司的自营业务具有一定的投机性、业务风险较大。为此，许多国家都对证券经营机构的自营业务制定了法律、法规进行严格管理。

5. 客户资产管理业务

客户资产管理业务即受托资产管理业务，是指证券公司根据有关法律、法规和投资委托人的投资意愿，作为受托投资管理人，与委托人签订受托投资管理合同，将委托人委托的资产在证券市场上从事股票、债券等金融工具的组合投资，以实现委托资产收益最大化的行为。证券公司从事证券资产管理业务，应当与客户签订证券资产管理合同，约定投资范围、投资比例、管理期限及管理费用等事项。证券公司接受客户的委托、使用客户资产进行投资，投资所产生的收益由客户享有，损失由客户承担，证券公司可以按照约定收取管理费用。

6. 融资融券业务

融资融券业务是指在证券交易所或者国务院批准的其他证券交易场所进行的证券交易中，证券公司向客户出借资金供其买入证券或者出借证券供其卖出，并由客户交存相应担保物的经营活动。证券公司向客户融资，应当使用自有资金或者依法筹集的资金；向客户融券，应当使用自有证券或者依法取得处分权的证券。证券公司向客户融资融券时，客户应当交存一定比例的保证金。保证金可以用证券充抵。客户交存的保证金以及通过融资融券交易买入的全部证券和卖出证券所得的全部资金，均为对证券公司的担保物，应当存入证券公司客户证券担保账户或者客户资金担保账户并记入该客户授信账户。

7. 证券公司IB业务

证券公司IB（Introducing Broker）业务是指证券公司接受期货经纪商的委托，为期货

经纪商介绍客户的业务。例如：招揽投资者从事股指期货交易；协助办理有关开户手续；为投资者下单交易提供便利；协助期货公司向投资者发送追加保证金通知书和结算单；中国证监会规定的其他业务。作为期货公司的介绍经纪商，证券公司不得办理期货保证金业务，不承担期货交易的代理、结算和风险控制等职责。也就是说作为期货 IB 业务的证券公司是将自己的客户介绍给期货公司，成为期货公司的客户，并从中收取介绍佣金，但不能接触客户的资金，也不对投资者的期货交易进行结算。

8. 基金管理业务

证券公司与基金业有密切关系。证券公司可以作为基金的发起人发起和建立基金；可以作为基金管理者管理自己发行的基金；可以作为基金的承销人，帮助其他基金发行人向投资者发售基金受益凭证；还可以接受基金发起人的委托作为基金的管理人，帮助管理基金，并据此获得一定的佣金。

四、租赁业务

（一）租赁的概念

租赁就是租用他人的物件。现代租赁主要为设备租赁，企业为了进行设备投资而向租赁公司提出租赁所需的设备，租赁公司则代为融资，并根据承租企业的要求向供应厂商购进合适的设备后交付承租人使用，承租企业需按期交付租金。在租期结束时，承租企业可以有停租、续租或留购设备的选择权。现代租赁是出租、借贷行为和租赁合同的统称。

现代设备租赁集中的领域有：飞机、汽车、计算机、无线通信设施、家具、工业机械与设备、医疗设备、办公用品、火车车厢、卡车及废物处理设施等。现代租赁已发展成为融资（硬件）兼有咨询、维修（软件）的一揽子综合服务的行业，因此更灵活方便，更能适应用户的各种需要。

（二）租赁的业务形式

1. 按一次性租赁投资的回收状况来划分，有融资性租赁与经营性租赁

融资性租赁是指当企业需要添置设备时，企业不是向金融机构直接申请贷款来购买设备，而是委托租赁公司根据企业的要求和选择代为购入设备，然后企业以租赁的方式向租赁公司租赁设备，从而使企业达到融通资金的目的。融资性租赁是现代租赁业务中最主要且使用最为广泛的租赁形式。在这一租赁方式中，出租人支付设备的全部货款，向承租人提供全额的长期信贷，通过融物达到融资目的，满足承租人对资金的需要，具有浓厚的金融业务色彩。它是一种不可解约的租赁，在基本租期内（一般为 3～5 年，有时长达 10 年）双方均无权撤销合同，毁约方要支付高额罚金。只有在设备毁损或被证明已丧失使用价值的情况下才能终止执行合同。租赁期满，承租人有优先廉价购买或续租设备的权利。这是因为在基本租期内设备只租给一个特定的客户使用，出租人在一次租赁期收回全部投资并获取收益。在美国，从飞机、卡车、火车车厢到工业机械设备、医疗设备、现代通信设备，从计算机办公设备到饭店的家具都是融资性租赁的对象。

经营性租赁是指融资性租赁以外的其他一切租赁形式。当企业需要使用设备时，可采取向租赁公司短期租赁设备，并由租赁公司提供维修等售后服务和承担租赁物投资风险的一种中短期租赁业务。典型的经营性租赁物包括厂房、土地、轮船、飞机、卡车、建筑机械、铁

路运输设备等通用性强且易于移动的资产。近年来经营性租赁越来越多地用于高科技产品，大大降低了承租人因为设备过时老化而带来的风险，如著名的美国 IBM 公司经营着发达的计算机租赁业务。经营性租赁的对象通常具有较强的通用性，能够被多次使用，由出租人根据市场需要选购，一般不是为了某个特定的承租人专门选购的。租赁期内承租人可要求中止合同，退回租赁设备。尤其在新技术、新设备问世，已租赁的设备出现老化风险时，就可以退回旧设备，租赁更先进的设备。因此，此类租期较短，长则几年，短则几个月，甚至几天、几个小时。经营性租赁的租金，包括了租赁设备的折旧费、租赁手续费等。出租人要承担诸如技术设备过时风险、承租人在租赁期内要求提前终止租赁合同的风险，以及租赁期满后不能立即再出租的风险。因此，与融资性租赁相比，经营性租赁的租金一般较为昂贵。

2. 按出租人在一项租赁交易中的出资比例，有单一投资租赁与杠杆租赁

单一投资租赁是指设备购置成本全部由出租人独自承担的租赁交易。单一投资租赁是传统的租赁业务做法。

杠杆租赁又称为平衡租赁，它是指一项采用“财务杠杆”方式组成的融资性节税租赁，出租人一般只需支付全部设备金额的 20%～40%，即可在经济上（也仅仅在经济上）拥有设备的所有权，享受如同对设备百分之百投资的同等税收待遇。设备成本中的大部分资金则通过以出租的设备为抵押，由银行、保险公司和证券公司等金融机构贷款解决，贷款人提供信贷时对出租人无追索权，其资金偿还的保障在于设备本身及租赁费，同时需要出租人以设备第一抵押权、租赁合同及收取租金的受让权作为对该项贷款的担保。

3. 按出租人的资金来源和付款对象的不同，有直接租赁、转租租赁和回租租赁

直接租赁是购进租出的做法，即由出租人在资金市场上筹借资金，向制造厂商支付货款，购进设备后直接出租给用户（承租人）。

转租租赁是指租进租出的做法，即由出租人从一家租赁公司或从制造厂商租进一项设备后转租给用户。

回租租赁是指设备的所有者先将设备按市场价格卖给出租人，然后又以租赁的方式租回原来设备的一种方式。通过这种方式，承租人既拥有原来设备的使用权，又能获得一笔资金，期满后根据需要决定续租还是停租。回租租赁业务主要用于已使用过的设备。

4. 从征税角度，按资产所有权的实际归属，分为有税收优惠的真实租赁（节税租赁）和没有税收优惠的非节税租赁

节税租赁是指这项租赁在税收上能真正享受租赁的待遇，即出租人有资格获得加速折旧及投资减税等税收优惠，并且以降低租金的形式向承租人转让其部分税收优惠，而承租人用于筹措设备的租赁成本低于贷款购买成本。

非节税租赁是指不能享受税收优惠的租赁，形式上类似于分期付款。

【典型业务分析】

2007 年 7 月 9 日，即墨市东方家具有限公司（以下简称东方公司）与中国人民财产保险股份有限公司（以下简称人保即墨支公司）签定财产综合险保险合同，约定人保即墨支公司分别投保厂房建筑及院内大棚，保险金额 120 万元，保险费 3 840 元，机器设备保险金额 16.2 万元，原材料保险金额 114 万元，自制半成品保险金额 150 万元，产成品保险金额

100 万元，总保险金额 5 002 000 元，总保险费为 16 006.40 元，保险期限为 2007 年 7 月 17 日至 2008 年 7 月 16 日，特别约定，每次事故绝对免赔额为 1 000 元或损失金额的 10%，两者以高者为准；在财产保险综合条款第四条第一款第一项规定，火灾、爆炸造成保险标的损失，保险人依本条款约定负责赔偿，另规定其他事项。合同签订后，东方公司依约交纳保险费，被告于 2007 年 7 月 31 日开具发票。2007 年 9 月 12 日，东方公司发生火灾，由即墨市公安消防大队予以扑救，并做出火灾原因认定书，认定此次火灾原因不明，并认定火灾烧毁：（1）原告厂房以及厂房内的机器设备、成品、半成品、原材料一宗；（2）李建君针织厂内物品一宗；（3）即墨市城南冰柜配件厂的物品一宗，过火面积 1 296 平方米，直接财产损失 2 710 300 元。火灾发生后，东方公司向人保即墨支公司进行了报案，保险公司派员出险。同年 11 月 21 日，即墨市价格认证中心受即墨市公安局消防大队委托，对原告财产因火灾损失进行价格鉴定，结论为 1 839 100 元。2008 年 1 月 7 日东方公司提交相关材料向人保即墨支公司申请理赔。人保即墨支公司委托青岛大华保险公估有限公司于 2008 年 3 月 10 日对东方公司火灾财产损失做出公估报告，结论：（1）本次事故不能证明属于除外保险责任；（2）本次事故东方公司固定资产、流动资产项下保险标的损失金额为 504 597 元，残值合计 6 690 元，最终理赔款为 448 116.30 元。

东方公司对公估报告不认可，认为是人保即墨支公司单方委托，主张依据即墨市价格认证中心评估报告理赔，并于 2008 年 2 月 28 日提起诉讼。该院原一审采信该鉴定报告判令人保即墨支公司赔款。人保即墨支公司不服提出上诉。

为了查明因火灾造成保险财产的损失范围、数额，经征求双方意见，并由东方公司申请，原审法院依法委托青岛立信工程造价咨询事务所（简称立信公司）、青岛金立信资产评估有限公司（简称金立信公司）进行评估鉴定，并共同查勘了现场。于 2009 年 6 月 8 日做出鉴定报告，认定涉案受损房屋的修缮费用为 475 117.93 元，其中对外出租厂房费用为 164 865.24元；2009 年 5 月 27 日做出评估报告，认定对存货双方确认损失评估值为 319 092 元，争议损失评估值为 1 647 421 元，固定资产——机器设备双方确认损失评估值为 25 600 元，评估资产总额为 1 992 113 元，其中双方确认损失数额评估值为 344 692 元，双方争议损失额评估值为 1 647 421 元。东方公司支付鉴定费 27 000 元。对该两份鉴定报告东方公司无异议。人保即墨支公司对该两份鉴定报告提出书面异议：（1）机器设备损失金额中应扣减残值 1 440 元；（2）金立信公司对存货评估值虚高；（3）东方公司对 4 号出租房不具有保险利益，应从房屋工程评估值中扣减该出租房的损失金额，该房所有人为案外人李青杰；（4）根据保单约定，应扣减免赔额。东方公司认为 4 号房屋的租赁合同是在保险合同签订之前一年签订的，在投保时已将其投保，可根据投保的面积计算得出。经原审法院审查，金立信公司所做出的鉴定报告，主要依据现场勘查及大华公估报告和即墨市价格认证中心评估报告等有关材料，原告未提交新的报损材料。

分析：

双方争议的焦点问题是人保即墨支公司应当向东方公司给付保险赔偿金的数额。

（1）关于机器设备的损失：对机器设备的损失评估为 25 600 元，扣减残值 1 440 元为 24 160 元，双方对该部分没有异议。

（2）关于存货损失：金立信公司将存货损失分为两部分，一部分是“双方确认的损失评估值”，为 319 092 元，双方对该部分没有异议。另一部分是“双方争议的损失评估值”，为

1 647 421 元，对于该部分双方存在较大争议。人保即墨支公司认为该“双方争议的损失评估值”部分只是依据被东方公司单方所申报的资料来确定的损失，不具有客观性。东方公司认为该“双方争议的损失评估值”是依据即墨市公安消防大队提供的资料为基础的，具有客观性。本案是因火灾造成的保险事故，并且东方公司主张账本已经在火灾事故中烧毁，而人保即墨支公司亦无证据证明东方公司现仍持有账本。正是因为造成保险事故的原因是火灾，并且发生保险事故较长时间后才进行的资产评估，所以对该评估的准确性造成一定的影响。因此，受客观条件的限制金立信公司将该存货部分损失分为“双方确认的损失评估值”和“双方争议的损失评估值”两部分。东方公司在原审起诉时的诉讼请求要求的赔偿数额是1 839 100元，扣减10%的免赔率后为1 655 190 元。而经过第二次金立信公司评估后的数额大于东方公司主张的数额，根据评估报告东方公司变更了诉讼请求。法院认为，综合上述客观原因“双方争议的损失评估值”部分应由双方按比例承担，由人保即墨支公司承担 70%的责任，由东方公司承担 30%的责任。

(3) 关于房屋损失：东方公司对厂房及院内 5 000 平方米大棚的投保保险金额为 120 万元。对于受损的房屋，立信公司的鉴定报告明确说明修缮费用为 475 117.93 元，扣除东方公司不具有保险利益的 520 平方米，仍剩余 310 252.69 元修缮费，并未超过东方公司的保险金额 120 万元。因此，对该房屋部分的修缮费法院予以支持。我国《保险法》第四十条第二款规定：保险金额不得超过保险价值，超过部分无效。因此人保即墨支公司应当退还东方公司保险费 399.36 元。

(4) 关于鉴定费和保险赔偿金的利息：鉴定费属于为确认和证明保险标的损失所应支付的必要、合理的费用，应由人保即墨支公司承担。保险赔偿金的利息属于因人保即墨支公司未及时理赔，东方公司所受到的损失，亦应由人保即墨支公司承担。

因此，人保即墨支公司应支付的保险赔偿金数额为

$$(24\ 160+319\ 092+1\ 647\ 421\times 70\%+310\ 252.69)\times 90\%=1\ 626\ 029.45 \text{ 元。}$$

综上，依据《中华人民共和国民事诉讼法》第一百五十三条第一款第二项之规定，法院判决中国人民财产保险股份有限公司即墨支公司于判决生效之日起十日内支付即墨市东方家具有限公司保险赔偿金 1 626 029.45 元 (利息从 2008 年 2 月 28 日至 2009 年 8 月 20 日，按照中国人民银行规定的银行同期贷款利率计算)。一审案件受理费为 29 426 元，由中国人民财产保险股份有限公司即墨支公司负担 22 850 元，即墨市东方家具有限公司负担 6 576 元。二审案件受理费为 20 120 元，由中国人民财产保险股份有限公司即墨支公司负担 15 120 元，由即墨市东方家具有限公司负担 5 000 元。

技能训练

1. 资料背景：

我国现已基本形成了以中国人民银行为中心，国有控股的商业银行为主体，多种金融机构并存，分工协作的金融机构体系格局。

[训练要求] 根据项目一的有关内容列出我国金融机构体系的框架结构图。

2. 场地实训：

组织学生利用假期或业余时间到商业银行实习或参观，了解商业银行的基本业务范围，收集银行大厅的业务宣传知识，熟悉相关业务的办理流程。

3. 资料背景：

招商银行是国内最早推出网络银行服务的银行，1999 年 9 月就全面启动了网络银行服务，建立了网上企业银行、网上个人银行、网上证券、网上商店、网上支付等组成的较为完善的网络银行服务体系，也是目前国内商业银行中提供网络银行业务种类较多、服务范围较广的银行。在网上企业银行方面，交通部、海尔公司等众多政府单位和知名企业均使用招商银行网上企业银行进行财务管理。招行“一网通”被中国互联网网络大赛组委会评为中国十大金融证券类优秀网站。

[训练要求] 浏览招商银行网络银行网站，结合本案例，总括出其网络银行功能一览表。

4. 技能实训：

[实训目标] 通过本项目的实训，使学生了解商业银行的企业理财业务和理财产品，并能够借助银行的理财业务合理地管理企业账户和流动资金头寸，提高资金流动性，达到高效归集和调剂内部资金、企业资金的保值增值水平。

[实训要求] 全班分成几个小组，实行组长负责制，组织讨论；讨论结束后，由组长总结发言，教师做最后总结性评价，给出考核成绩。

[实训案例]

银行“企业理财”起硝烟

在个人理财竞争如火如荼之时，企业理财创新的战场又燃烽火。安全可靠、个性十足的各类企业理财产品，不仅可以帮助企业生财，还可帮助企业造血。业内人士称，继个人理财热之后，各家银行在企业理财产品的争夺将愈演愈烈。

人民币对公理财业务，是指银行通过发售人民币对公理财产品，集中企业（事业）单位客户的资金，投资于银行间市场上流通的固定收益产品，以所投资固定收益产品的实际收益作为客户投资回报并收取手续费的代理类中间业务。

浦发银行推出了整合后的对公业务的全新品牌——浦发创富。在该品牌下，该行针对公司业务集中推出了中军账、集团赢、汇时达、付轻松、利多多、网上银和及时语七项现金管理产品。简单点说，现金管理产品是将银行已有的收款、付款、账户管理、信息服务、投资、融资等业务产品整体打包，为不同企业在各种情况和各个时点上量身定制现金管理解决方案。实际上是具有针对性的整合方案。现金管理产品主要包括企业综合支付服务（IPS）、企业综合收款服务（ICS）、网络银行和企业流动性管理。

光大银行在强化个人理财品牌的同时，又通过深入研究客户资金流动的内在特点，根据客户的个性化需求，专门提供量身定做的现金管理产品及其组合，并开发完成了若干创新性现金管理产品，包括收付款、资金头寸管理、账户管理、理财增值等新一代现金管理服务。

如今，现金管理作为一种新兴的中间业务金融产品，也越来越受到银行的关注。目前，现金管理的典型表现方式是将大集团分散的小资金迅速集中成为大资金。在中国，规模越来越庞大的跨区域集团型企业正在与日俱增，甚至很多中小企业都开始了一轮前所未有的跨地域扩张。专家解释说，大集团下辖分公司在同一个时间上，有的分支机构资金有余，低息闲置在银行账面上，而另外的分支机构则可能资金紧张，需要高息向银行贷款。银行现金管理业务的出发点，就是将企业引入银行遍布全国的资金网络，使各地分支机构将资金及时上划到总部账户，然后进行统一管理和调度。

浦发银行行长称，该行“浦发创富”品牌下诸多对公理财业务的推出，可以帮助公司总部利用集中起来的资金，在各分公司之间进行余缺调剂，可以大大地降低贷款额度，帮助企业实现三高变三低，即将企业的高存款、高贷款、高费用变为低存款、低贷款、低费用。利用现金管理，公司总部也可以将各个分支机构分散的小资金集中成大资金，然后与银行协商以取得较好的利息收入，降低财务费用。这将加快中国企业以及跨国企业在中国境内资金的集中和流动速度，为企业的迅速发展提供有效的现金保障。

与个人理财一脉相承，对公理财在整合资源的同时，提高资金的回报是理财的另一核心要素。光大银行的最新现金账户管理在保证结算便利的基础上，企业可以获得高于单纯银行存款的收益，并享有资金透支便利。而且理财资金投资于国债、央行票据等国家级信用债券，风险较低，实现了流动性、收益性、安全性的完美统一，三者兼得。该项产品比较适合大企业集团、企事业单位、行政事业单位等日常结算频繁，希望在保证账户具有充足流动性的基础上同时获取较高收益的客户。

同时，针对部分客户会出现一段时间内大额资金闲置的情况，光大银行可以根据客户闲置资金的期限量身定做大额现金管理服务。只要将资金存入银行，并签订《大额现金管理协议》，开设现金管理账户，光大银行就可把资金转入该管理账户，按照协议约定的操作方式、期限、收益率，对账户内资金进行管理、运作。收益率高于同期限定期存款，且理财资金投资于央行票据、国债等国家级信用债券，风险较低。同时银行为客户提供标准的对账服务。虽然不可以提前支取资金，但在管理账户额度的一定范围内，光大银行提供透支便利，以保证应付不时之需。比较适用于资金量较大，一段时间内沉淀稳定的客户。如国家机关、部分事业单位、各类基金公司等。

不少企业财务专家也表示，很多企业需要具有现金池概念的现金管理等理财产品，它至少应该包括三个特点：一是实现任何时点资金流动性的可视性；二是极大程度地降低企业的融资成本；三是拥有账户的自动透支功能。

资料来源：http://finance.sina.com.cn。

［实训讨论］根据上面所提供的案例谈谈你对银行的企业理财业务的看法。

学习情境三

如何把握企业资金的结算业务

学习目标

通过本情境的学习，了解银行存款账户的类型；理解各种票据的适用范围及各类结算方式的业务办理流程；掌握票据的正确填写并学会办理各类结算业务。

知识结构模块图

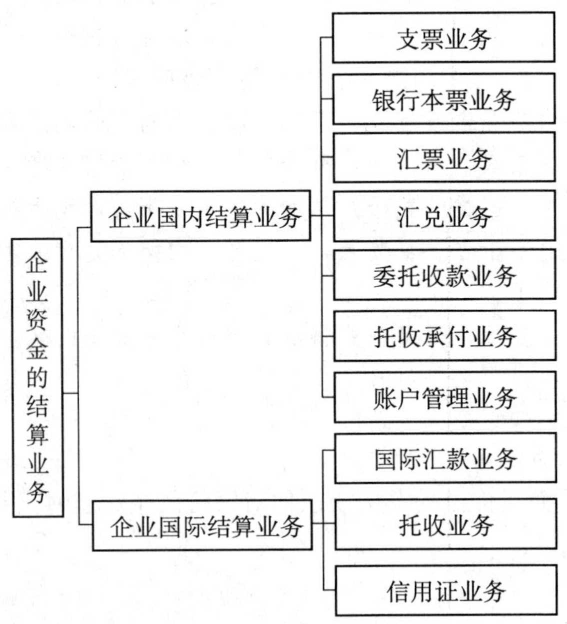

项目一　企业国内结算业务

【情境导入】

2010 年 3 月 1 日，海韵食品公司采购部宋伟到财务部预借差旅费 6 000 元，同时提出申请办理票面金额为 180 000 元的银行汇票用于购置经过领导审核批准的食品制作原料。宋伟提交了填好的借款借据、办理银行汇票的书面申请。

2010 年 3 月 2 日，本地的春光公司交来转账支票一张，用来支付之前欠海韵食品公司的货款。海韵食品公司出纳文静到开户行办理上述票据业务。

2010 年 3 月 11 日，海韵食品公司要将款项 62 800 元划转给武汉顶益公司，偿还之前的欠货款。海韵食品公司财务部出纳文静到开户行，采用汇兑结算方式办理了汇款手续。

2010 年 3 月 12 日，海韵食品公司财务部出纳从开户行取回 2010 年 2 月公司电话费委托收款凭证。

企业在开展经济业务过程中，除按照有关规定采用现金结算外，其余都采用银行转账结算方式。企业具体采用哪一种结算方式，视具体的经济业务发生情况而定。如果业务双方事先有约定，财务部门应按约定结算方式办理；如果没有约定或是企业内部结算，财务人员可根据业务需要及相关财务规定，选择恰当的结算方式办理。

实际工作中，票据结算业务是在企业开户行办理。那么企业应在银行开设哪些账户，出纳到银行如何办理结算业务？

企业之间的款项结算除可以通过签发支票、本票、汇票等各种银行票据外，还可以通过汇兑、委托收款、托收承付等结算方式实现债权债务清算、款项的收付。那么，应该如何选用与办理这些结算方式？办理中应该注意哪些问题呢？

【必备知识】

企业与外单位的结算业务，除了少量以现金结算之外，大部分货币收付业务都必须通过银行办理转账结算。

转账结算又称支付结算，是指单位、个人在社会经济活动中使用票据、信用卡和汇兑、托收承付、委托收款等结算方式进行货币给付及其资金清算的行为。中国《支付结算办法》规定：银行是支付结算和资金清算的中介机构，未经中国人民银行批准的非银行金融机构和其他单位不得作为中介机构经营支付结算业务。

《支付结算办法》规定，支付结算是指单位、个人在社会经济活动中使用票据、信用卡和汇兑、托收、承付、委托收款等结算方式进行货币给付及其资金清算的行为。票据包括支票、本票、汇票，其中汇票分为银行汇票和商业汇票；结算方式包括汇兑、委托收款、托收承付等。以下主要介绍各种票据和一些常见的支付结算业务。

一、支票业务

（一）支票概述

1. 支票的含义

支票是出票人签发的、委托办理支票存款业务的银行见票时无条件支付确定的金额给收款人或者持票人的票据。支票分为现金支票、转账支票和普通支票三种。现金支票只能用于支取现金；转账支票，只能用于转账；普通支票，既可以支取现金又可以转账。企业通常使用的是现金支票和转账支票。

2. 支票的适用范围

单位和个人在同城或同一票据交换区域的款项结算，均可以使用支票。

3. 支票业务的特点

支票使用范围广泛，手续简便，资金清算及时，可减少现钞流通。

4. 支票业务的基本当事人

（1）支票的出票人，即在经中国人民银行当地分支行批准办理支票业务的银行机构开立可以使用支票的存款账户的单位和个人。

（2）支票的付款人，即支票上记载的出票人开户行。

（3）收款人。

5. 支票使用过程中的注意事项

（1）转账支票允许连续背书转让，现金支票和普通支票不能背书转让。

（2）支票丢失后，失票人可以及时通知付款人挂失止付。但付款人或者代理付款人自收到挂失止付通知书之日起12日内没有收到人民法院的止付通知书的，自第13日起，持票人提示付款并依法向持票人付款的，不再承担责任。

（3）支票的金额、收款人名称可以由出票人授权补记。未补记前不能背书转让和提示付款。

（4）支票的提示付款期限为自出票日起10日内，但中国人民银行另有规定的除外。超过提示付款期限提示付款的，持票人开户行不予受理，付款人不予付款。

（5）支票的出票人签发的金额不能超过付款时在付款人处实有的存款金额。

（6）支票的出票人在银行预留签章作为银行审核支票付款的依据。出票人也可以与银行约定使用支付密码，作为银行审核支付支票金额的条件。出票人不能签发与其预留银行签章不符的支票；使用支付密码的，出票人不能签发支付密码错误的支票。出票人签发空头支票、签章与预留银行签章不符的支票、使用支付密码地区而支付密码错误的支票，银行应予以退票，并按票面金额对出票人处以5%但不低于1 000元的罚款；持票人有权要求出票人赔偿支票金额2%的赔偿金。

（7）存款人领购支票，必须填写“票据和结算凭证领用单”并加盖预留银行印鉴。存款账户结清时，必须将全部剩余空白支票交回银行注销。

（二）支票业务处理实务

企业存款业务的核算，包括存入和支取两个方面，存入和支取又分为现金存取和转账存取两种方式。

1. 现金支票

（1）存入现金（以单位活期存款业务为例）。存款单位向开户行存入现金时，应填制一式两联现金存款单（其格式如表3—1所示），连同现金一并送交开户行出纳部门。开户行出纳部门审核现金存款单、清点现金无误后，将第一联盖上现金收讫章作为回单退交存款单位；然后根据现金存款单第二联登记现金收入日记簿，登记完毕后将第二联送会计部门代现金收入传票登记单位存款分户账。

（2）支取现金（以单位活期存款业务为例）。存款单位向开户行支取现金时，应签发现金支票（其格式正面及背面如图3—1、图3—2所示），填明收款人、用途和金额，加盖

表 3—1　　　　　　　　　　**中国××银行现金存款单（现收传票）**

科目：　　　　　　　　　　　　　　年　　月　　日

存款单位全称		账　号	
款项来源		开户行	

人民币（大写）	百	十	万	千	百	十	元	角	分

券别	张数	金　额								券别	张数	金　额					
		十	万	千	百	十	元	角	分			千	百	十	元	角	分
一百元券										五角券							
五十元券										二角券							
二十元券										一角券							
十元券										五分币							
五元券										二分币							
二元券										一分币							
一元券																	

预留银行印鉴，由取款人背书并填列证件名称及号码后送交开户行会计部门。开户行会计部门接到现金支票后，按规定对支票及其内容进行严格审查，经审查无误后，将出纳对号单（牌）交给取款人，以现金支票代现金付出传票，登记取款单位分户账后，再将现金支票内部传递到出纳部门，出纳部门据以并凭对号单（牌）向取款人支付现金并登记现金付出日记簿。

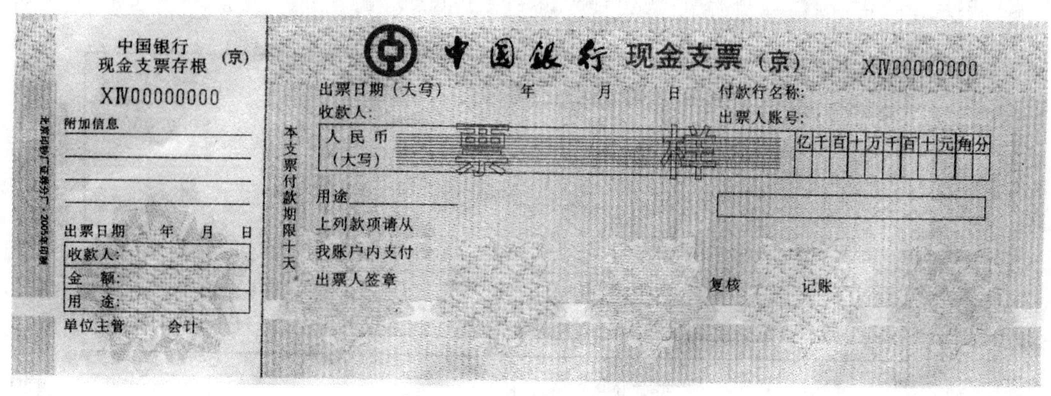

中国银行
现金支票存根（京）
XⅣ00000000
附加信息
出票日期　年　月　日
收款人：
金　额：
用　途：
单位主管　会计

中国银行 现金支票（京）　XⅣ00000000
出票日期（大写）　年　月　日　付款行名称：
收款人：　出票人账号：
人民币（大写）　亿 千 百 十 万 千 百 十 元 角 分
本支票付款期限十天
用途
上列款项请从
我账户内支付
出票人签章　复核　记账

图 3—1　现金支票正面格式

2. 转账支票

企业或个人需要使用转账支票时，可直接签发并转交给收款人，然后由收款人向开户行办理转账（此为借记支票）。如果收款人和出票人同在一家银行开户，可当即办理转账；如不在同一家银行开户，则需要通过票据交换，由收款人开户行将支票提出，由出票人开户行

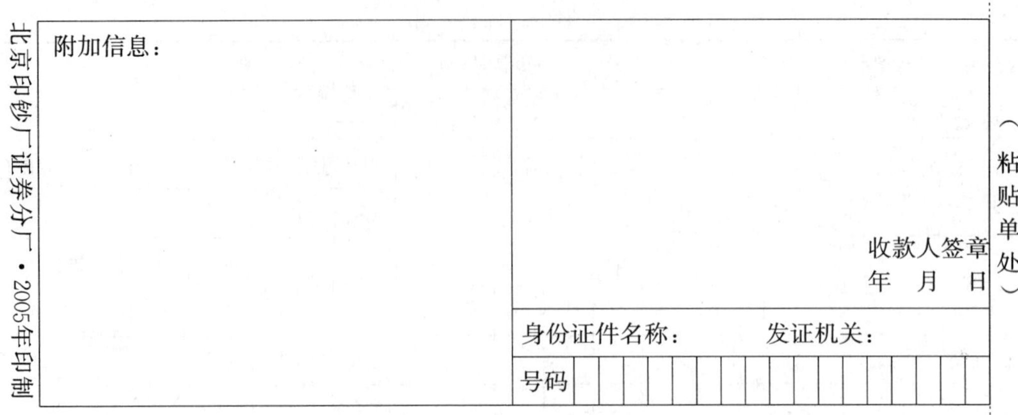

北京印钞厂证券分厂·2005年印制

附加信息：

收款人签章
年　月　日

身份证件名称：　　发证机关：

号码

（粘贴单处）

图 3—2　现金支票背面格式

将支票提入，然后划款。也可由出票人持票委托其开户行将款项划转给收款人（此为贷记支票）。如果出票人和收款人同在一家银行开户，可当即办理转账；如不在同一家银行开户，则需要通过票据交换，由出票人开户行将进账单提出，由收款人开户行将进账单提入，然后收款。转账支票格式见图 3—3、图 3—4。

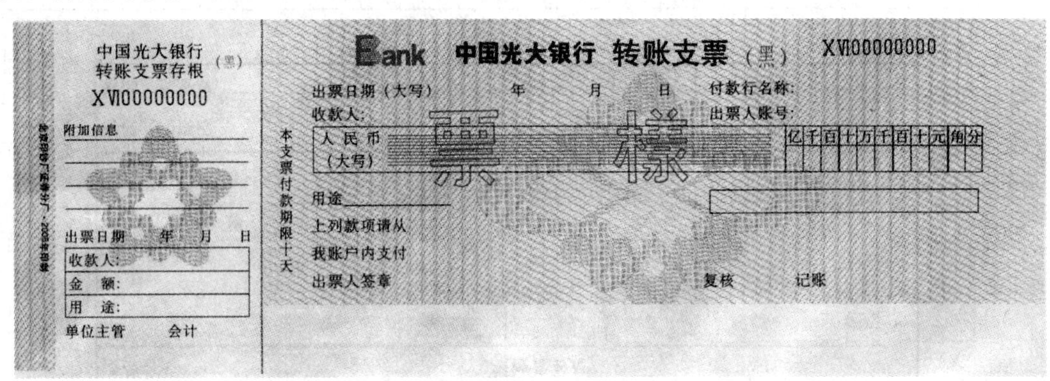

中国光大银行
转账支票存根（黑）
XⅥ00000000
附加信息
出票日期　年　月　日
收款人：
金　额：
用　途：
单位主管　会计

Bank　中国光大银行　转账支票（黑）　XⅥ00000000
出票日期（大写）　年　月　日　付款行名称：
收款人：　出票人账号：
本支票付款期限十天
人民币（大写）
亿 千 百 十 万 千 百 十 元 角 分
用途
上列款项请从
我账户内支付
出票人签章　复核　记账

图 3—3　转账支票正面格式

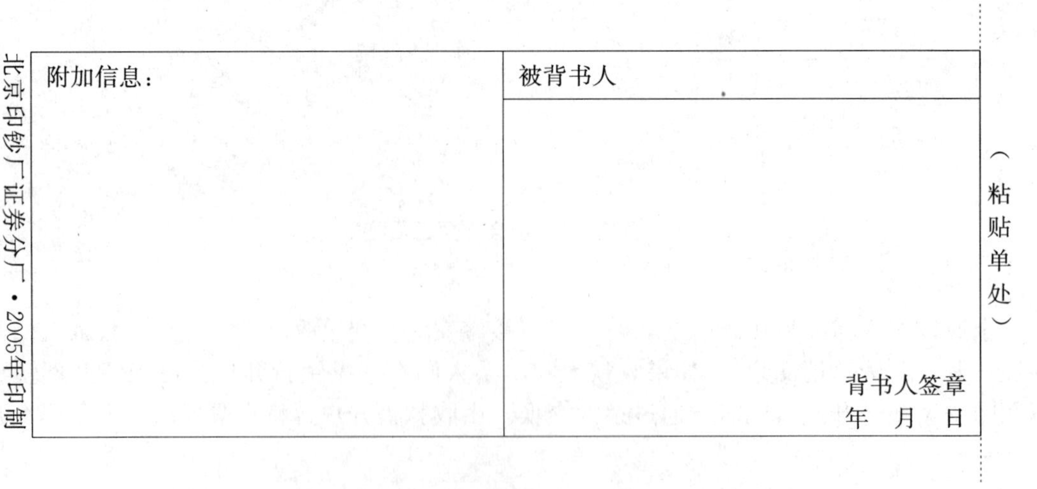

北京印钞厂证券分厂·2005年印制

附加信息：

被背书人

背书人签章
年　月　日

（粘贴单处）

图 3—4　转账支票背面格式（正联部分）

二、银行本票业务

（一）银行本票概述

1. 银行本票的含义

银行本票是银行签发的、承诺自己在见票时无条件支付确定的金额给收款人或者持票人的票据。银行本票分为定额银行本票和不定额银行本票两种。

2. 银行本票的适用范围

单位和个人在同一票据交换区域需要支取各种款项时，均可以使用银行本票。

3. 银行本票业务的特点

出票时以将款项交存银行为前提，以银行信用为付款保证。转账支票在同一票据交换区域内代理付款行必须见票即付。现金支票必须在出票行兑付。

4. 基本当事人

本票基本当事人有两个：即出票人和收款人。

（1）银行本票的出票人，为经中国人民银行当地分支行批准办理银行本票业务的银行机构。

（2）银行本票的收款人，可以是个人也可以是公司和企业。

5. 签发银行本票的注意事项

签发银行本票必须标明“银行本票”的字样；无条件支付的承诺；确定的金额；收款人名称；出票日期和出票人签章等。申请人使用银行本票应向银行填写“银行本票申请书”，详细填写有关内容。申请人和收款人均为个人需要支取现金的，应在“支付金额”栏先填写“现金”字样，后填写支付金额。出票银行受理申请书，收妥款项后签发银行本票。用于转账的，在银行本票上划去“现金”字样；用于支取现金的，在银行本票上划去“转账”字样。申请人或收款为单位的，银行不能为其签发现金银行本票。跨系统银行本票的兑付，持票人开户行可根据中国人民银行规定的金融机构同业往来利率向出票银行收取利息。

6. 银行本票的基本格式

银行本票共一式两联，第一联为卡片，第二联为银行本票正本。

（二）银行本票业务处理实务

（1）出票。申请人需要使用银行本票，应向银行填写“银行本票申请书”。“银行本票申请书”一式三联，第一联为回单，转账后退还申请人；第二联为转账借方凭证；第三联为转账贷方凭证。交现金办理银行本票的，第二联注销。银行受理“银行本票申请书”审查无误后，办理转账。银行在办理转账或收妥现金后签发银行本票。银行本票一式两联，第一联卡片，第二联银行本票正本（正面及背面格式如图 3—5、图 3—6 所示）；同时登记“开出本票登记簿”、“重要空白凭证登记簿”，另填制表外科目付出凭证，登记表外科目明细账。

（2）付款。付款可分为代理付款行代理出票行付款和出票行兑付由本行签发的银行本票两种方式。

1）代理付款行代理出票行付款。代理付款行接到本行开户单位的持票人交来的本票及三联进账单审核无误后，在进账单第一联加盖业务公章交持票人作回单，第二联作贷方记账凭证，第三联加盖转讫作收账通知交给持票人。代理付款行向出票行提出银行本票交换。

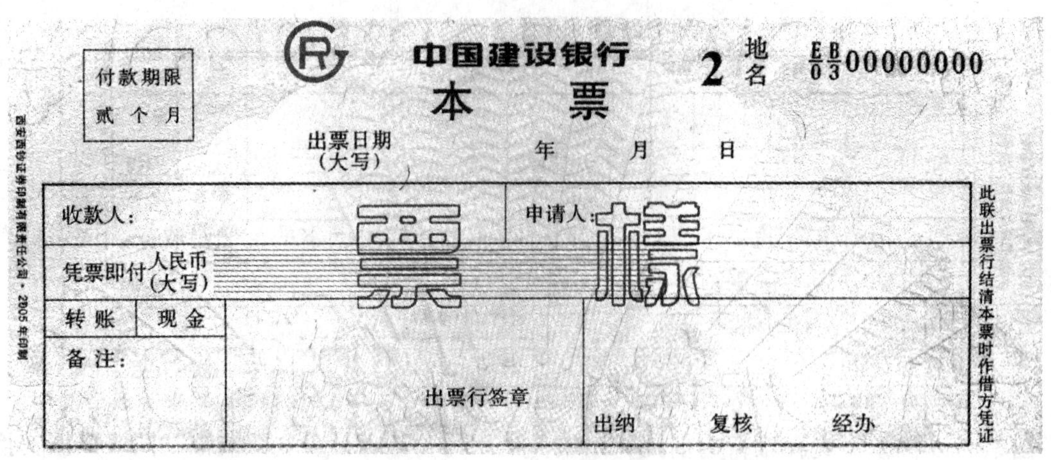

付款期限
贰 个 月

中国建设银行
本 票

2 地名 EB 03 00000000

出票日期（大写） 年 月 日

收款人：	申请人：
凭票即付 人民币（大写）	
转账	现金
备注： 出票行签章	出纳 复核 经办

此联出票行结清本票时作借方凭证

票样

西安西钞证券印制有限责任公司·2005年印制

图 3—5 本票正面格式

被背书人	被背书人
背书人签章 年 月 日	背书人签章 年 月 日
持票人向银行 提示付款签章：	身份证件名称： 发证机关： 号码

（粘贴单处）

图 3—6 本票背面格式

2）出票行兑付由本行签发的银行本票。出票行受理本行签发的本票及进账单，应抽出专夹保管的本票卡片，经与本票核对无误后，本票作借方凭证，本票卡片作附件，进账单第二联作贷方凭证，办理转账（即兑付加结清）。第一、三联交持票人分别作收票和收账通知。持票人向银行兑取现金时，银行需要认真查验本票上填写的申请人和收款人对应的个人、收款人和被委托人的身份证件，并要求提交收款人和被委托人的身份证件的复印件留存备查。审查无误后，办理付款手续。

(3) 银行本票的结清。出票行收到同城票据交换提入的银行本票后，与保管的本票卡片进行本票核对，无误后办理转账。银行本票结算的基本流程如图 3—7 所示。

三、汇票业务

汇票分为银行汇票和商业汇票。

（一）银行汇票

1. 银行汇票概述。

(1) 银行汇票的含义。银行汇票是出票银行签发的、由其在见票时按照实际结算金额无

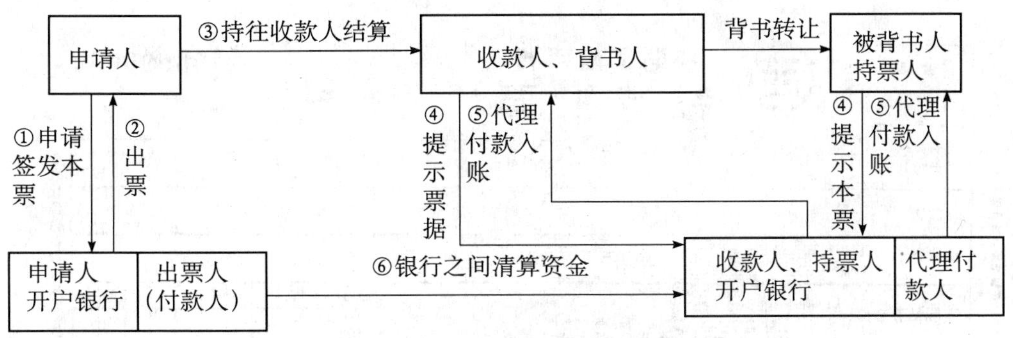

图 3—7　银行本票结算业务流程图

条件支付给收款人或者持票人的票据。银行汇票按性质分为转账银行汇票和现金银行汇票两种。

（2）银行汇票的适用范围：单位和个人各种款项的结算，均可以使用银行汇票。

（3）银行汇票业务的特点：银行汇票使用范围广泛。票随人走，人到款到，凭票取款，各家商业银行系统内见票即付，跨系统提示付款必须收妥抵用。转账银行汇票上无须指定代理付款银行，可在任何地点转让、提示付款。现金银行汇票必须在指定的代理付款行兑付，可以直接提现。

（4）银行汇票业务的基本当事人：出票人、付款人和收款人（持票人）。

银行关于银行汇票业务的基本规定：单位和个人各种转账结算，均可使用银行汇票。银行汇票可以用于转账，填明“现金”字样的银行汇票可以用于支取现金，但申请人和收款人必须均为个人，若申请人或者收款人为单位，银行不能为其签发现金银行汇票。银行汇票的出票和付款，全国范围内仅限于在中国人民银行和各商业银行参加“全国联行往来”的银行机构办理。跨系统银行签发的转账银行汇票的支付，应通过同城票据交换将银行汇票和解讫通知提交给同城有关银行支付后抵用。代理付款人不能受理未在本行开立存款账户的持票人为单位直接提交的银行汇票。银行汇票主要用于异地间的款项结算，如果同城使用银行汇票，则必须由另一家具备办理银行汇票资格的，与出票行同属一个系统的银行办理。

（5）银行汇票的背书。收款人可以将银行汇票背书转让给被背书人。银行汇票的背书转让以不超过出票金额的实际结算金额为准。填明“现金”字样的银行汇票，不能背书转让。

（6）签发银行汇票必须记载的事项：表明“银行汇票”的字样；无条件支付的承诺；出票金额；付款人名称；收款人名称；出票日期；出票人签章。欠缺上述事项之一的，银行汇票无效。

（7）银行汇票提示付款的期限。银行汇票的提示付款期限为自出票日起一个月。持票人超过付款期限提示付款的，代理付款人不予受理。

（8）遗失的处理。填明“现金”字样和代理付款人的银行汇票丢失后，失票人可以通知付款人或者代理付款人挂失止付。

（9）银行汇票的基本格式：银行汇票共一式四联，第一联卡片，第二联银行汇票正本，第三联解讫通知，第四联多余款收账通知。票样见图 3—8、图 3—9。

2. 银行汇票业务处理的三个阶段

（1）银行汇票的出票。

1）申请人使用银行汇票，应向出票银行填写“银行汇票申请书”，详细说明有关内容并

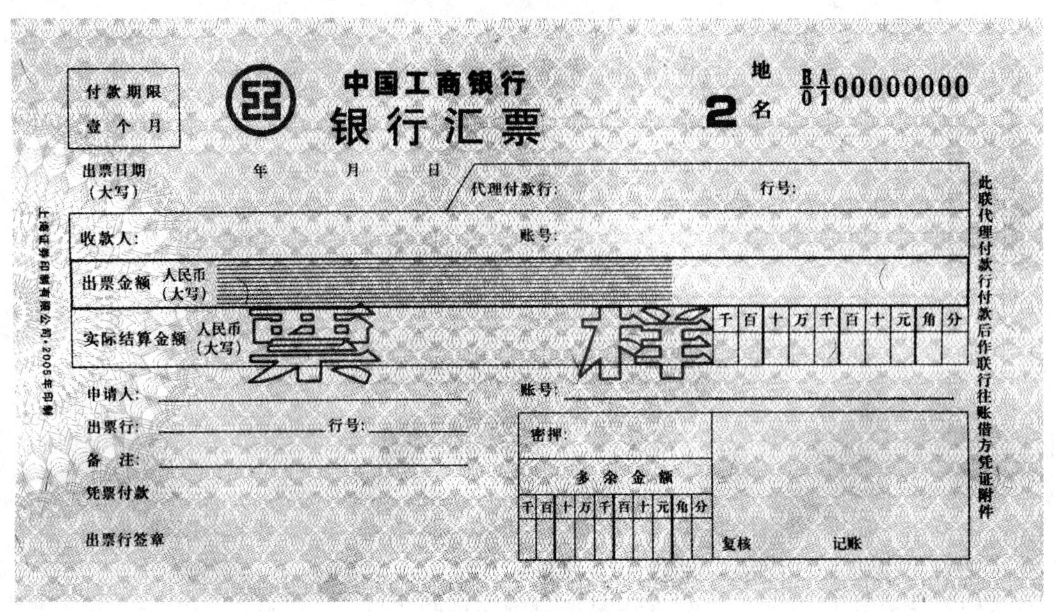

付款期限 壹个月

中国工商银行
银行汇票

2

地名 BA 01 00000000

出票日期（大写） 年 月 日

代理付款行： 行号：

收款人： 账号：

出票金额 人民币（大写）

实际结算金额 人民币（大写）

千	百	十	万	千	百	十	元	角	分

申请人： 账号：

出票行： 行号：

备注：

凭票付款

出票行签章

密押：

多余金额

千	百	十	万	千	百	十	元	角	分

复核 记账

此联代理付款行付款后作联行往账借方凭证附件

上海印钞印务有限公司·2005年印制

图 3—8 银行汇票正面格式

被背书人	被背书人
背书人签章 年 月 日	背书人签章 年 月 日
持票人向银行 提示付款签章：	身份证件名称： 发证机关： 号码

（粘贴单处）

图 3—9 银行汇票背面格式

签章。申请人和收款人均为个人，需向代理付款人支取现金的，应在申请书上填明代理付款人名称，并先在银行汇票金额栏填写“现金”字样，后填写汇票金额。申请人应将银行汇票和解讫通知一并交付给汇票上记明的收款人。其实际结算金额应在出票金额以内，并不能更改，更改实际结算金额的银行汇票无效。银行受理申请书，转账收款的处理：申请人需要使用汇票时，应向银行填写银行汇票申请书一式三联，第一联存根，由申请人留存，第二、三联提交银行（交付现金办理的，第二联注销）。

2）签发银行汇票的处理：出票行在办好转账或收妥现金后，签发银行汇票。银行留下第一联卡片和第四联多余款收账通知，将第二联银行汇票（正面及背面格式如图3—10、图3—11 所示）和第三联解讫通知一并交给申请人。在不能签发汇票的银行开户的申请人需要使用银行汇票，应将款项转交附近能够签发汇票的银行办理，根据有关规定出票行不能够拒绝受理。

（2）银行汇票的兑付。

1）持票人向银行提示付款：必须同时提交银行汇票和解讫通知，并在汇票背面签章。未在银行开立账户的持票人个人，应提交身份证并留下复印件备查。转账支付的，不能转入储蓄账户或信用卡账户。未在银行开立存款账户的持票人个人，可以向选择的任何一家银行机构提示付款。提示付款时，应在汇票背面签章，并提交身份证件及其复印件备查。银行审查无误后，以持票人的姓名开立应解汇款账户，该账户只付不收，付完清户，不计付利息。银行汇票的实际结算金额低于出票金额的，其多余金额由出票银行退交申请人。持票人对填明“现金”字样的银行汇票，需委托他人向银行提示付款的，应在背书栏签章，记载“委托收款”字样，被委托人姓名和背书日期以及委托人身份证件名称、号码、发证机关。持票人或申请人因汇票超过付款提示期限或其他原因，要求付款或退款时，须在票据权利时效内，将汇票和解讫通知同时提交出票银行，并出具单位证明和个人身份证件，经审核无误后，方可办理。如缺乏解讫通知，出票银行应于汇票提示付款期满 1 个月后才能办理。

2）持票人在代理付款行开户的处理：代理付款行接到在本行开立账户的持票人直接交来的银行汇票（第二联）、解讫通知（第三联）和三联进账单，审核无误后，将银行汇票第二联作借方凭证附件，进账单第二联作转账贷方凭证，办理转账。转账后，将进账单第一联加盖业务公章作回单交给持票人，第三联加盖转讫章作收账通知交给持票人；解讫通知加盖转讫章随同联行借方报单寄给出票行。代理付款行如收到持票人交来的跨系统银行签发的银行汇票和解讫通知及三联进账单，经审查无误后，应通过同城票据交换将银行汇票和解讫通知提交给同城有关的代理付款行审核支付后抵用。

3）持票人未在代理付款行开户的处理：代理付款行收到未在本行开户的持票人为个人提交的银行汇票和解讫通知及三联进账单时，审查无误后，以持票人姓名开立应解汇款账户，以第二联进账单作转账贷方凭证，办理转账。将进账单第一联加盖业务公章作回单交给持票人，第三联加盖转讫章作收账通知交给持票人；解讫通知加盖转讫章随同联行借方报单寄给出票行。开户后，原持票人可将汇款一次或分次支取。原持票人若需支取现金，代理付款行经审查汇票上填写的申请人和收款人确为个人并按规定填明了“现金”字样，以及填写的代理付款行名称确为本行的，可以办理现金支付手续。原持票人如需一次或分次办理转账支付的，应由其填制支付凭证，并向银行交验本人的身份证件。经审查无误后，办理转账。

（3）银行汇票的结清。

出票行接到代理付款行寄来的联行借方报单以及解讫通知联时，抽出专夹保管的银行汇票第一联，经核对确属本行签发的汇票，借方报单与实际结算金额相符，多余款结计正确无误后，分别作如下处理：

1）银行汇票全额结清：汇票全额付款的，应在汇票第一联卡片上的实际结算金额栏填入全部金额，在汇票第四联多余款收账通知上的多余金额栏填写“－0－”，第一联作转账借方凭证，第三联解讫通知和第四联多余款收账通知作借方凭证附件。

2）银行汇票非全额结清：银行汇票有多余款的，原申请人在本行开户的，应在第一联卡片和第四联多余款收账通知上填写实际结算金额，第四联多余金额栏内填写多余金额。第一联卡片作转账借方凭证，第三联解讫通知作转账贷方凭证，办理转账。转账后，在第四联多余款收账通知上加盖转讫章，退给申请人。银行汇票有多余款，原申请人不在本行开户的，各联凭证的填写同上，以第一联卡片作转账借方凭证，第三联解讫通知作转账贷方凭证，将多余金额先转入其他应付款科目。转账后通知申请人持银行汇票申请书及本人身份证件来行办理取款手续。申请人取款时，以第四联多余款收账通知作转账借方凭证，办理转账。

银行汇票结算的基本流程如图3—10所示。

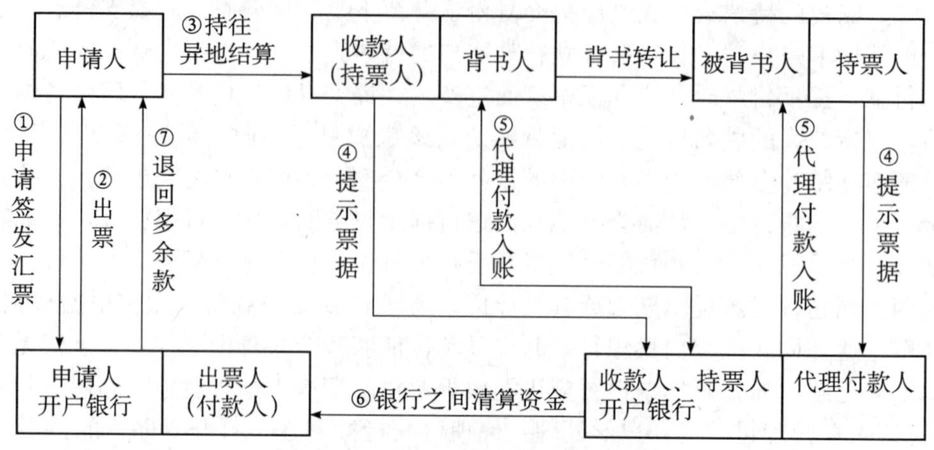

图3—10 银行汇票结算业务流程图

（二）商业汇票

（1）商业汇票的含义：商业汇票是指出票人签发的，委托付款人在指定日期无条件支付确定的金额给收款人或者持票人的票据。

（2）商业汇票的种类：商业汇票按承兑人不同，分为商业承兑汇票和银行承兑汇票，商业承兑汇票的承兑人为银行以外的付款人，银行承兑汇票的承兑人为银行。商业汇票的付款人为承兑人。

（3）关于商业汇票的规定。

1）凡在银行开立存款账户的法人以及其他经济组织之间，必须具有真实的交易关系或债权债务关系，才能使用商业汇票。商业汇票同城和异地均可使用，企业持未到期的商业汇票可向开户行申请贴现。

2）商业承兑汇票的出票人为在银行开立账户的法人以及其他组织，与付款人具有真实的委托付款关系，具有支付汇票金额的可靠资金来源。银行承兑汇票的出票人必须具备三个条件：在承兑行开立存款账户的法人以及其他经济组织；与承兑银行具有真实的委托付款关系；资信状况良好，具有支付汇票金额的可靠资金来源。

3）签发商业汇票必须记载的事项有：表明“商业承兑汇票”或“银行承兑汇票”的字样、无条件支付的委托、确定的金额、付款人名称、收款人名称、出票日期、出票人签章。

4）商业承兑汇票可以由付款人签发并承兑，也可以由收款人签发交由付款人承兑。银行承兑汇票应由在承兑银行开立存款账户的存款人签发。银行承兑汇票的承兑银行，应按票面金额向出票人收取5‰的手续费。

5）已承兑的商业汇票丢失后，失票人可以通知付款人挂失止付。商业汇票在出票后即可交付使用和背书转让，并在到期日前向付款人提示承兑；也可以在签发并经付款人承兑后使用。商业汇票的付款期限最长不能超过六个月。商业汇票的提示付款期限为自汇票到期日起10日内。持票人超过提示付款期限提示付款的，持票人开户行不予受理。

6）商业承兑汇票的付款人应在收到开户行的付款通知的当日通知银行付款。付款人在接到通知的次日起3日内（遇法定休假日顺延）未通知银行付款的，视同付款人承诺付款，银行于付款人接到通知日的次日起4日内（遇法定休假日顺延）上午开始营业时，将票款划给持票人。

7）银行承兑汇票的出票人于汇票到期前将票款足额交存其开户行。承兑银行应在汇票到期日或到期日后的见票当日支付票款。银行承兑汇票的出票人于汇票到期日未能足额交存票款时，承兑银行除凭票向持票人无条件付款外，对出票人尚未支付的汇票金额按照每天5‰计收利息。商业汇票的承兑人存在合法抗辩事由拒绝支付的，应自接到汇票的次日起3日内，制作成拒绝付款证明，连同汇票退持票开户行转交持票人。

（4）商业承兑汇票。

1）商业承兑汇票是交易双方按照合同规定，由收款人或付款人出票，由银行以外的付款人承兑的票据。该票据一式三联，第一联卡片由承兑人留存；第二联商业承兑汇票正本（正面及背面格式如图3—11、图3—12）由持票人作委托收款依据；第三联存根由出票人存查。

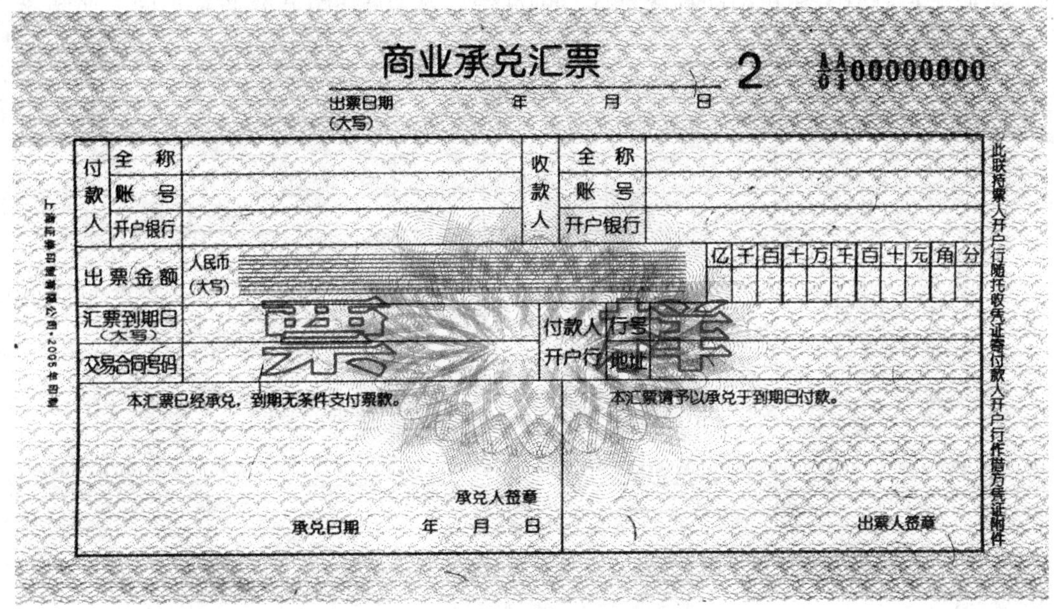

商业承兑汇票　2　AA 00000000

出票日期（大写）　年　月　日

付款人	全称		收款人	全称	
	账号			账号	
	开户银行			开户银行	
出票金额	人民币（大写）				亿 千 百 十 万 千 百 十 元 角 分
汇票到期日（大写）			付款人开户行	行号	
交易合同号码				地址	
本汇票已经承兑，到期无条件支付票款。 承兑人签章 承兑日期　年　月　日			本汇票请予以承兑于到期日付款。 出票人签章		

此联持票人开户行随托收凭证寄付款人开户行作借方凭证附件

图3—11　商业承兑汇票正面格式

被背书人	被背书人
背书人签章 年　月　日	背书人签章 年　月　日

（粘贴单处）

图3—12　商业承兑汇票背面格式

2）商业承兑汇票业务处理实务：由于商业汇票是一种同城、异地均可使用的结算方式，同城的账务处理参见同城票据清算，现仅介绍异地的账务处理：

①持票人开户行受理汇票的处理：持票人凭商业承兑汇票委托开户行收款时，应填制托收凭证，在“托收凭证名称”栏注明“商业承兑汇票”及其号码，商业承兑汇票附后，作为收款凭据，一并交开户行。开户行受理后，按有关规定进行审核无误后，在托收凭证各联上加盖“商业承兑汇票”戳记，将第一联托收凭证加盖业务公章作回单交给持票人，并根据第二联托收凭证登记“发出委托收款结算凭证登记簿”后，专夹保管，同时将托收凭证第三联加盖带有联行行号的结算专用章，连同第四、五联托收凭证与银行承兑汇票一并寄交付款人开户行。②付款人开户行收到汇票的处理：付款人开户行接到持票人开户行寄来的托收凭证及汇票时，审核无误后，将托收凭证第五联交付款人签收，通知其付款。付款人开户行接到付款人的付款通知或在付款人接到开户行的付款通知次日起三日内仍未接到付款人的付款通知的，按照支付结算办法规定的划款日期分别处理。③持票人开户行收到划回的票款或退回凭证进行处理。

商业承兑汇票结算的基本流程如图 3—13 所示。

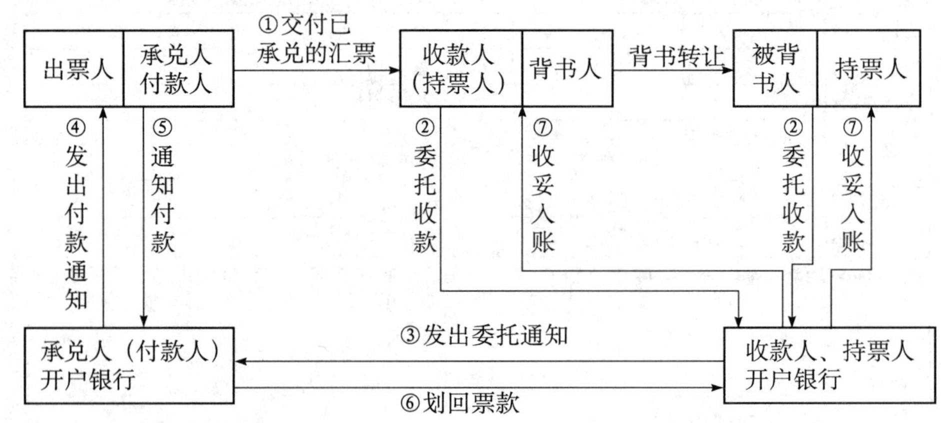

图 3—13　商业承兑汇票结算的流程

（5）银行承兑汇票。

银行承兑汇票是由在承兑银行开立存款账户的承兑申请人签发，由银行审查同意承兑的票据。

银行承兑汇票业务处理实务：

1）承兑申请的处理：银行承兑汇票一式三联：第一联卡片，由承兑人留存备查，到期支付票据时作借方凭证附件；第二联银行承兑汇票（正面及背面格式如图 3—14、图 3—15 所示），由收款人开户行随托收凭证寄付款人开户行作借方凭证附件；第三联存根，由出票人留存。银行承兑汇票签发后，由出票人或持票人持其向汇票上记载的付款银行申请或提示承兑时，承兑银行的信贷部门审查同意后即可与之签署一式三联的银行承兑协议，第一联留存，第二联与第三联副本和第一、二联汇票一并交本行会计部门。会计部门接到汇票审核无误后，在第一、二联汇票上注明承兑协议编号，并在第二联汇票“承兑签章”处加盖汇票专用章并由授权的经办人签名或盖章。由出票人申请承兑的，将第二联汇票连同一联承兑协议交给持票人；由持票人提示承兑的，将第二联汇票交给持票人，一联承兑协议交给出票人。同时按承兑金额 5‰向出票人收取承兑手续费。

2）持票人开户行受理汇票的处理：持票人凭汇票委托开户行向承兑银行收取票款时，

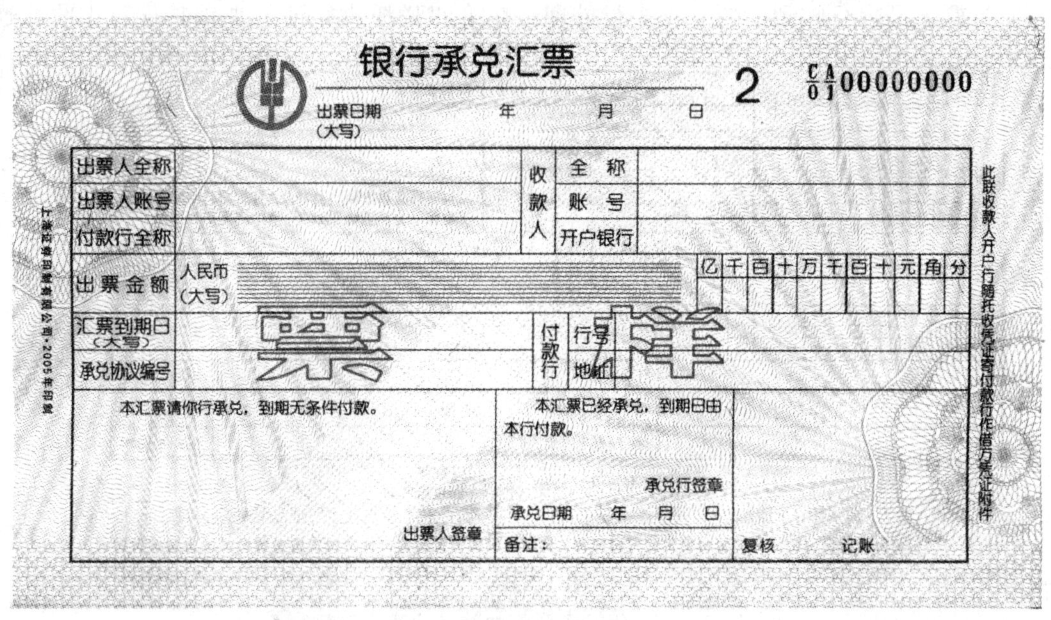

银行承兑汇票　2　CA 01 00000000

出票日期（大写）　年　月　日

出票人全称		收款人	全称	
出票人账号			账号	
付款行全称			开户银行	
出票金额	人民币（大写）	亿 千 百 十 万 千 百 十 元 角 分		
汇票到期日（大写）		付款行	行号	
承兑协议编号			地址	

本汇票请你行承兑，到期无条件付款。

出票人签章

本汇票已经承兑，到期日由本行付款。

承兑行签章

承兑日期　年　月　日

备注：　复核　记账

此联收款人开户行随托收凭证寄付款行作借方凭证附件

上海证券印制有限公司·2005年印制

票样

图 3—14　银行承兑汇票正面格式

被背书人	被背书人
背书人签章 年　月　日	背书人签章 年　月　日

（粘贴单处）

图 3—15　银行承兑汇票背面格式

应填制托收凭证，“托收凭证名称”栏注明“银行承兑汇票”及其汇票号码，连同汇票一并送交开户行，银行受理审查后，在托收凭证各联上加盖“银行承兑汇票”戳记。将第一联托收凭证加盖业务公章作回单交给持票人，并根据第二联托收凭证登记“发出委托收款结算凭证登记簿”后，专夹保管，同时将托收凭证第三联加盖带有联行行号的结算专用章，连同第四、五联托收凭证与银行承兑汇票一并寄交承兑银行。

3）承兑银行对汇票到期收取票款进行处理，汇票到期日，如果出票人账户无款或不足支付时，银行便转入该出票人的逾期贷款账户，每日按 5‰计收利息。

4）承兑银行支付汇票款的处理：承兑银行收到持票人开户行寄来的托收凭证及汇票，抽出专夹保管的汇票卡片和承兑协议副本，按照有关规定审核无误后，于汇票到期日或到期日之后的见票当日，以第三联托收凭证作借方凭证，办理转账。第四联托收凭证填注支付日期后，作联行报单的附件寄交持票人开户行。

5）持票人开户行收到汇票款项进行处理，在第四联托收凭证上加盖转讫章作收账通知交给持票人。

银行承兑汇票结算的基本流程如图3—16所示。

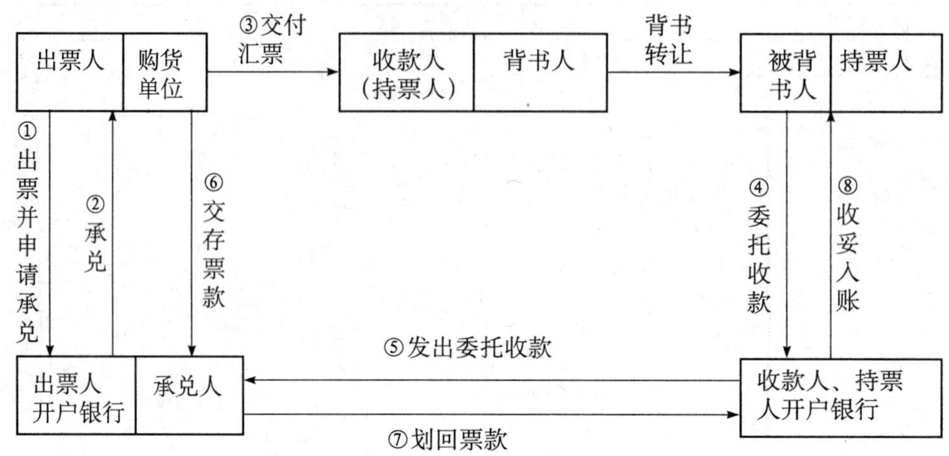

图3—16　银行承兑汇票结算的基本流程

四、汇兑业务

（一）汇兑业务概述

1. 汇兑的含义

汇兑是汇款人委托银行将款项支付给收款人的结算方式，分为电汇、信汇和票汇三种方式。

2. 汇兑的适用范围

单位和个人的各种款项结算，均可以使用汇兑结算方式。

3. 汇兑业务的特点

系统内汇兑通过本系统的电子汇划系统，能及时、安全地将款项汇划。跨系统汇兑通过中国人民银行电子汇划系统办理电子汇划。可针对重点集团企业，推出快捷汇划服务，满足企业到账时间的需求。

4. 汇兑的基本当事人

汇兑的基本当事人有：汇款人、收款人、汇出银行、汇入银行。

5. 签发汇兑凭证必须记载的事项

票据上必须标明“信汇”或“电汇”字样；无条件支付的委托；确定的金额；收款人名称；汇款人名称；汇入地点、汇入行名称；汇出地点、汇出行名称；委托日期和汇款人签章等。此外，若汇款人和收款人均为个人，需要在汇入银行支取现金的，应在信、电汇凭证的“汇款金额”大写栏，先填写“现金”字样，后填写汇款金额。

6. 汇款回单只能作为汇出银行受理汇款的依据，不能作为转入收款人账户的证明

汇兑按解付方式不同，分为直接入账和不直接入账两种。不直接入账的款项应先贷记“应解汇款”科目，然后按收款人的意见办理解付。但严禁转入储蓄和信用卡账户。对于收款人要求分次支付的汇款，应开立临时存款户，该户只付不收，付完清户，不计利息。汇入银行对于收款人拒收的汇款或经过两个月无法交付的汇款，应主动办理退汇。

（二）汇兑业务处理实务（以信汇业务为例，汇出行与汇入行为同一系统行）

信汇是指由汇款人将款项委托银行以邮寄的方式，汇给收款人所在地的银行，由银行解付汇款的结算方式。汇款人委托银行办理信汇时，应向银行提交一式四联信汇凭证（格式如表 3—2 所示），第一联回单，第二联借方凭证，第三联贷方凭证，第四联收账通知。

表 3—2 **××银行信汇凭证（借方）2**

委托日期　　年　　月　　日　　　　　　　　　第　　号

<table>
<tr><td rowspan="3">汇款人</td><td>全　称</td><td></td><td rowspan="3">收款人</td><td>全　称</td><td colspan="9"></td></tr>
<tr><td>账　号</td><td></td><td>账　号</td><td colspan="9"></td></tr>
<tr><td>汇出地点</td><td>省　　　市/县</td><td>汇入地点</td><td colspan="9">省　　　市/县</td></tr>
<tr><td rowspan="2">金额</td><td colspan="4" rowspan="2">人民币
（大写）</td><td>千</td><td>百</td><td>十</td><td>万</td><td>千</td><td>百</td><td>十</td><td>元</td><td>角</td></tr>
<tr><td></td><td></td><td></td><td></td><td></td><td></td><td></td><td></td><td></td></tr>
<tr><td colspan="5" rowspan="2">此汇款支付给收款人

汇款人签章</td><td colspan="3">支付密码</td><td colspan="6"></td></tr>
<tr><td colspan="9">附加信息及用途：

复核　　　记账</td></tr>
</table>

此联汇出行作借方凭证

（1）汇出行的处理。汇出行受理信汇凭证，审核无误后，第一联信汇凭证加盖转账付讫章退给汇款人，办理转账。汇款人转账交付的，第二联信汇凭证作借方凭证；汇款人交付现金的，银行另填一张特种转账贷方凭证，以第二联信汇凭证作借方凭证办理转账。转账后第三联信汇凭证加盖联行专用章与第四联随同联行报单一并寄汇入行。

（2）汇入行的处理。汇入行收到汇出行寄来的联行邮划贷方报单和信汇凭证第三、四联，应审查第三联信汇凭证上的联行专用章与联行报单上的印章是否一致，经审核无误，应区别情况处理。直接入账的：即收款人在汇入行开立存款账户，可将汇入款项直接转入收款人账户，以第三联信汇凭证作贷方传票办理；转账后，第四联信汇凭证加盖转账收讫章交收款人作收账通知。不直接入账的：即收款人未在银行开立存款账户，银行应以第三联信汇凭证作为贷方凭证，将款项转入"应解汇款"账户；收款人取款时，应交验本人身份证件，并严格进行审查，无误后可以一次或分次支付现金，或根据取款人的要求办理转汇。

（3）退汇的核算。退汇是指将已经汇出，但尚未解付的汇款退回给汇款人。退汇包括汇款人申请退汇和汇入行主动退汇两种。不管是哪种情况，退汇仅限于不直接入账的汇款。对直接入账的，银行不受理退汇，由汇款人与收款人自行联系退汇。

汇兑结算的基本流程如图 3—17 所示。

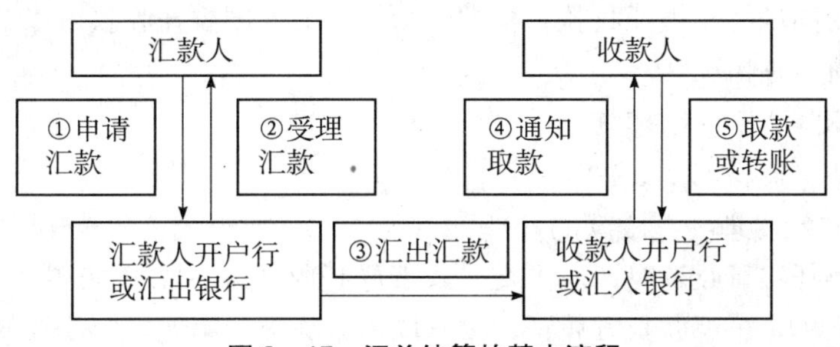

图 3—17　汇兑结算的基本流程

五、委托收款业务

（一）委托收款业务概述

1. 委托收款业务的含义

委托收款是收款人委托银行向付款人收取款项的结算方式。委托收款分为异地委托收款、同城委托收款和同城特约委托收款三种。

2. 委托收款的适用范围

单位和个人凭已承兑的商业汇票、债券、存单等付款人债务证明办理款项的结算，均可以使用委托收款结算方式。

3. 委托收款业务的特点

收款人凭债权凭证委托银行向付款人收回款项。付款人根据约定付款，在付款人拒付时，委托银行不介入债权债务人约定事项的审查。同城特约收款分为主动付款和主动收款两种方式。委托收款结算可通过系统内电子汇划系统办理，跨系统的可通过中国人民银行清算资金。

4. 委托收款业务的基本当事人

委托收款业务的基本当事人主要有：收款人、付款人、委托银行、付款银行。

5. 委托收款业务的基本规定

单位和个人凭已承兑商业汇票、债券、存单等付款人债务证明办理款项的结算，均可使用委托收款结算方式。委托收款在同城、异地均可以使用。

6. 签发委托收款凭证必须记载规定的事项

表明“委托收款”的字样、确定的金额、付款人名称、收款人名称、委托收款凭证名称及附寄单证张数、委托日期、收款人签章。欠缺其中之一，银行不予受理。

另外，当委托收款以银行以外的单位为付款人时，委托收款凭证必须记载付款人开户行名称；以银行以外的单位或在银行开立存款账户的个人为收款人的，委托收款凭证必须记载收款人开户行名称；以未在银行开立存款账户的个人为收款人的，委托收款凭证必须记载被委托银行名称；欠缺记载的，银行不予受理。

7. 委托收款业务的付款期限

委托收款以银行为付款人的，银行应当在当日将款项主动支付给收款人；以单位为付款人的，银行应及时通知付款人，付款人应于接到通知的当日书面通知银行付款。付款人在接到通知的次日起 3 日内（遇法定休假日顺延）未通知银行付款，视同付款人同意付款，并于次日上午营业时，将款项划给付款人。在同城范围内，收款人收取公用事业费或根据国务院的规定，可以使用同城特约委托收款。根据付款情况的不同委托收款可以分为按期支付、无款支付和拒绝支付三种情况。

（二）委托收款业务处理实务

委托收款的业务流程如图 3—18 所示。

1. 收款人开户行受理委托收款的处理

（1）收款人委托银行收款时，应提交一式五联托收凭证（格式如图 3—19 所示），邮划或电划。第一联回单，第二联贷方凭证，第三联借方凭证，第四联收账通知，第五联付款通知。收款人在第二联凭证上签章后，将有关托收凭证和债务证明提交开户行。

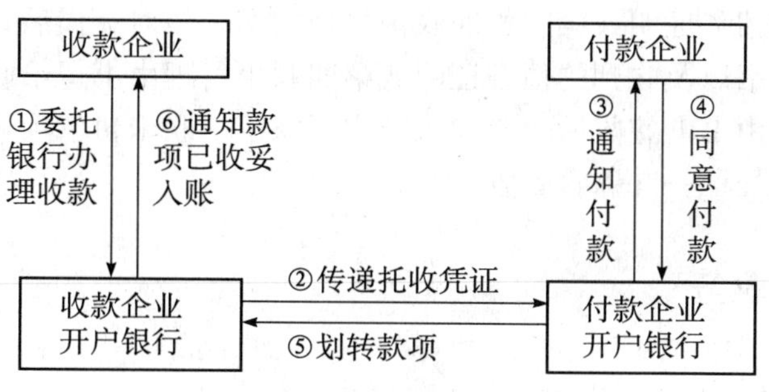

图 3—18 委托收款的业务流程

托收凭证（贷方凭证） 2

委托日期 年 月 日

<table>
<tr><td>业务类型</td><td colspan="6">委托收款（□邮划、□电划） 托收承付（□邮划、□电划）</td></tr>
<tr><td rowspan="3">付款人</td><td>全称</td><td colspan="2"></td><td rowspan="3">收款人</td><td>全称</td><td></td></tr>
<tr><td>账号</td><td colspan="2"></td><td>账号</td><td></td></tr>
<tr><td>地址</td><td>省 市县</td><td>开户行</td><td>地址</td><td>省 市县 开户行</td></tr>
<tr><td>金额</td><td colspan="4">人民币（大写）</td><td colspan="2">亿 千 百 十 万 千 百 十 元 角 分</td></tr>
<tr><td>款项内容</td><td></td><td>托收凭据名称</td><td colspan="2"></td><td>附寄单证张数</td><td></td></tr>
<tr><td>商品发运情况</td><td colspan="3"></td><td>合同名称号码</td><td colspan="2"></td></tr>
<tr><td colspan="2">备注：
收款人开户银行收到日期
年 月 日</td><td colspan="3">上列款项随附有关债务证明，请予办理。
收款人签章</td><td colspan="2">复核 记账</td></tr>
</table>

此联收款人开户银行作贷方凭证

图 3—19 托收凭证票样

（2）收款人开户行收到托收凭证，审核无误后，第一联托收凭证加盖业务公章退给收款人，第二联收款凭证登记“发出委托收款结算凭证登记簿”后专夹保管，第三联凭证加盖联行专用章连同第四、五联凭证及有关债务证明，一并交付款人开户行。

2. 付款人开户行的处理

付款人开户行接到收款人开户行寄来的邮划或电划第三、四、五联托收凭证及有关债务证明，审查是否属于本行受理的凭证，无误后，在凭证上注明收到日期，根据第三、四联凭证逐笔登记“收到委托收款结算凭证登记簿”后专夹保管，分情况进行处理。

3. 收款人开户行的处理

（1）款项划回。收款人开户行收到付款人开户行寄来的联行贷方报单及所附的第四联托收凭证时，将留存的第二联凭证抽出，核对无误后，在两联凭证上填注转账日期，以第二联托收凭证作转账贷方凭证，办理转账。

（2）付款人无款支付或拒绝支付。收款人开户行接到第四联托收凭证和第三、四联付款人未付款通知书以及债务证明或第三、四联拒付理由书，核对无误后，将第四联托收凭证及第一联未付款项通知书以及收到的债务证明或第四联拒付理由书退给收款人。收款人在未付款项通知书或拒付理由书上签收后，收款人开户行将第一联未付款项通知书或第三联拒付理由书连同第二联托收凭证一并保管备查。

六、托收承付业务

（一）托收承付业务概述

1. 托收承付业务的含义

托收承付是根据购销合同由收款人发货后委托银行向异地的付款人收取款项，由付款人向银行承认付款的结算方式。托收承付只有异地托收承付方式。

2. 托收承付业务的适用范围

国有企业、供销合作社以及城乡集体所有制工业企业、经开户行审查同意的，可以使用托收承付结算方式。

3. 托收承付业务的特点

收付双方必须签订购销合同，并在合同上注明使用托收承付结算方式。收款人在拥有债券凭据后，主动通过其开户行向债务人直接收取款项。付款人开户行在付款人拒付时，直接介入收、付款人约定事项的审查，对非正常拒付的实行强制扣款。托收承付收款可通过系统内电子汇划办理，跨系统的可通过中国人民银行清算资金。

4. 托收承付业务的基本当事人

托收承付业务的基本当事人有：付款人、收款人、委托银行、付款银行。

5. 托收承付业务的相关规定

（1）使用托收承付结算方式的收款单位和付款单位，必须是国有企业、供销合作社以及经营管理较好，并经开户行审查同意的城乡集体所有制工业企业。

（2）办理托收承付结算的款项，必须是商品交易以及因商品交易而产生的劳务供应的款项。代销、寄销、赊销商品的款项，不能办理托收承付结算。

（3）收付双方使用托收承付结算必须签有符合《经济合同法》的供销合同，并在合同上订明使用托收承付结算方式。

（4）收款人办理托收，除另外有规定外，必须具有商品确已发运的证件（包括铁路、航运、公路等运输部门签发的运单、运单副本和邮局包裹回执）。托收承付结算每笔的金额起点为10 000元。

（5）付款人货款的承付方式有验单付款和验货付款两种，由收付款双方协商选用，并在合同中明确规定。验单付款的承付期为3天，从付款人开户行发出承付通知书的次日算起（承付期内遇法定休假日顺延）。验货付款的承付期为10天，从运输部门向付款人发出提货通知书的次日算起。付款人在承付期内，未向银行表示拒绝付款，银行即视作承付，并在承付期满的次日（法定休假日顺延）上午银行开始营业时，将款项主动从付款人的账户内付出，按照收款人指定的划款方式，划给收款人。付款人在承付期满日银行营业终了时，如无足够资金支付货款，其不足部分，即为逾期未付款项，按逾期付款处理。

（6）根据付款的情况不同，托收承付可以分为按期承付、提前承付、多承付、逾期付款、部分付款和拒绝付款等多种情况。

（二）托收承付业务处理实务

托收承付结算方式的基本流程如图 3—20 所示。

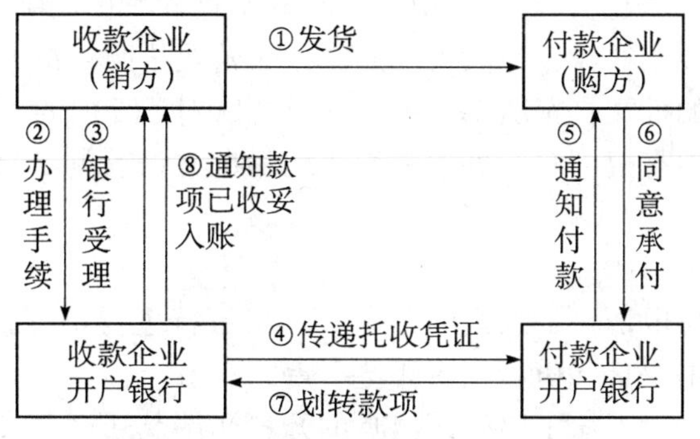

图 3—20　托收承付结算业务流程图

（1）收款人开户行受理托收承付。收款人办理托收时，应填制托收凭证（其格式如表 3—4 所示）一式五联。收款人在第二联托收凭证上签章后，将托收凭证和有关单证提交开户行。收款人开户行收到上述凭证后，应认真审查有关内容，无误后，根据第二联托收凭证登记“发出托收结算凭证登记簿”，其余处理手续与收款人开户行受理委托收款的处理手续基本相同。

（2）付款人开户行的处理。付款人开户行接到收款人开户行寄来的托收凭证及交易单证时，应审查付款人是否在本行开户，所附单证的张数与凭证的记载是否相符。审查无误后，在凭证上填注收到日期和承付期，及时通知付款人。

（3）收款人开户行办理托收款划回的处理。收款人开户行托收款项划回的处理比照委托收款款项划回的处理。

七、账户管理业务

（一）银行账户管理

1. 银行存款账户的类型

根据中国的《银行账户管理办法》，企业办理人民币支付结算的银行存款账户有基本存款账户、一般存款账户、临时存款账户和专用存款账户。

（1）基本存款账户：是存款人因办理日常转账结算和现金收付需要开立的结算账户。单位银行结算账户的存款人只能在银行开立一个基本存款账户，是存款人的主办账户。存款人日常经营活动的资金收付及其工资、奖金和现金的支取，应通过该账户办理。（2）一般存款账户：是存款人在基本存款账户以外的银行借款转存、与基本存款账户的存款人不在同一地点的附属非独立核算单位开立的账户。存款人可以通过本账户转账结算和办理现金存入，但不能办理现金支取。（3）临时存款账户：是存款人因临时经营活动需要开立的账户。存款人可以通过本账户办理转账结算和根据国家现金管理的规定办理现金收付。（4）专用存款账户：是存款人按照法律、行政法规和规章，对其特定用途资金进行专项管理和使用而开立的银行结算账户。该账户用于办理各项专用资金的收付，例如基本建设基金账户、大修理基金账户、社保基金账户等，其存、取一般有严格的特定范围。

此外，根据《境内外汇账户管理规定》，企业的某些经常项目外汇和某些资本项目外汇，可以开立外汇账户保留外汇。

2. 存款人申请开立银行存款账户须向银行出具的文件

《银行账户管理办法》规定，存款人申请开立基本存款账户，应出具下列证明文件之一：当地工商行政管理机关核发的《企业法人执照》或《营业执照》正本；中央或地方编制委员会、人事、民政等部门的批文；军队军以上、武警总队财务部门的开户证明；单位对附设机构同意开户的证明；驻地有权部门对外地常设机构的批文；承包双方签定的承包协议；个人的居民身份证或户口簿。

3. 单位开立存款账户手续

(1) 申请人填写开户申请书、预留印鉴卡，并由银行进行审核。银行审核开户文件后，由申请人填写开户申请书一式二份，预留印鉴卡一式三份。

(2) 银行审批。银行在审核了申请人出具的开户文件及开户申请书、预留印鉴卡后，即审批开户。

(3) 银行登录账户信息。银行须将账户信息登录在账户管理系统内。

(4) 银行在核算系统中开户。银行登录账户信息后，在核算系统为存款人开立账户。

(5) 银行向其结算部门发出通知。单位存款账户开立后，银行及时通知其结算部门。向结算部门发出通知时，将存款人的预留印鉴卡登记在交接登记簿上，由结算部门签收。

(6) 银行建立开户档案。单位存款账户开立后，银行将开户申请书一份交存款人保存，一份归入开户档案；预留印鉴卡一份交存款人保存，一份转交结算部门作审核支付凭证依据，一份归入开户档案；存款人出具的开户文件须全部归入开户档案。开户档案按单位建立，存款人要求另立新户时，只需再次填写开户申请书、预留印鉴卡，而不必提供重复的开户文件。存款人有关信息变更时，银行应在其管理系统内变更，同时变更档案内的相关内容。

外商投资企业开立外汇账户，应当持申请开立外汇账户的报告、《外商投资企业外汇登记证》向外汇管理局申请，外汇管理局审核批准后向其核发《外商投资企业开户通知书》或驻华机构外汇账户备案表。银行开立单位外汇账户，除按上述方法审查申请人的有关开户文件、办理开户手续外，还应审查申请人出具的《外商投资企业外汇登记证》及外汇管理局核发的“开户通知书”或外汇账户备案表。为外商投资企业开立外汇账户后，在《外商投资企业外汇登记证》相应栏目注明账号、币种和开户日期，并加盖本行业务公章。

4. 结清银行存款账户

存款单位因地址迁移等原因需结清转移账户时，应向开户行出具公函。银行受理结清账户，首先与单位核对存款余额，请存款单位填制“结清银行账户申请书”，并填制一式两联的信汇或电汇凭证（此凭证在账户结清前企业可不填写金额），交回剩余的结算票据、凭证。银行将上述手续办妥后，将账户关闭，通知账户管理部门在开销户登记簿上记载该账户的关闭日期。存款单位变更账户名称，须按结清旧户开立新户办理。

5. 对单位存款账户有权进行查询、冻结、扣划的单位

根据中国人民银行与最高人民法院等单位联合发文的规定，有权查询单位和个人银行存款的部门有：人民法院、人民检察院、公安机关、国家安全机关、海关、税务机关、监察机关、军队保卫部门；审计机关（包括军队审计机关）只能查询单位银行存款。有权冻结单位和个人银行存款的部门有：人民法院、人民检察院、公安机关、国家安全机关、海关、税务机关、军队保卫部门。有权扣划单位和个人银行存款的部门有：人民法院、海关和税务

机关。

（二）预留印鉴管理

（1）单位存款账户预留印鉴的管理方法。单位存款账户开立后，预留印鉴卡一份由管理账户部门归入开户档案保存，一份由管理账户部门经登记签收后交结算部门专人管理。存款单位的预留印鉴应按有权接触原则办理，即管理及相关业务人员有权接触使用，其他人员不能接触及借阅。结算部门对预留印鉴卡的管理情况须在《银行重要印章管理使用登记簿》上登记，管理人员调离时须办理交接手续。管理人员负责预留印鉴的安全，使用时取出，用后锁在专用柜中。存款单位将预留印鉴变更或结清账户，结算部门应将作废的预留印鉴卡附于业务传票后归档。

（2）存款单位变更预留印鉴办理手续。存款单位变更预留印鉴应向其开户行出具公函说明原因，填制一式三份的印鉴卡，并注明新印鉴的启用日期、使用方法。银行接受存款单位变更预留印鉴后，将一份印鉴卡交存款单位留存，一份装入开户档案归档，一份经交接签收后交结算部门管理使用。变更预留印鉴，必须遵循下列原则：1）“以旧换新”原则：即企业将全套原预留印鉴盖在新“印鉴卡片”背面，并须与原预留印鉴核对相符，方才具备变更印鉴的基本条件。2）凭执法机关出具“立案证明”的原则：假如企业确因印章被盗、意外损毁而无法提供原印鉴时，应由印章持有人向公安机关报案，在取得该公安机关出具的立案证明材料（其中须写明印章丢失情况）后，可据以连同本单位提交的文字申请，办理变更预留印鉴手续。如企业因故为防范资金流失而需要采取保全措施时，可由该企业向公安机关或法院等执法机关提出保全诉讼，经执法机关受理后，银行可凭其签发的“协助冻结通知书”办理冻结手续。3）银行坚持送达次日以后启用的原则。企业向开户行提交变更印鉴的新印鉴卡片时，除须按1）所述进行审查核对外，还须查看新印鉴卡片上的启用日期是否符合本原则。如果新印鉴卡片上注明的启用日期为送达的当日或启用日在前，送达日在后，开户行均不受理。新印鉴启用十日后，开户行工作人员应将旧印鉴卡加盖“作废”戳记附于该单位业务凭证之后一同归档。

【典型业务分析】

甲、乙、丙均系个体经营者，甲因从乙处进货而拖欠其20万元货款，乙又因借贷而拖欠丙20万元，现离借款到期日还有4个月，乙在征得甲、丙同意后，决定以汇票结清他们之间的债权债务关系，乙做出票人，甲做付款人，丙做收款人，票据金额20万元，出票日后4个月付款，甲与乙之间汇票结算后的尾数用现金了结。丙拿到汇票后为便于流通便找甲进行了承兑。此后，丙从某家具厂进货时，将汇票背书转让给了家具厂。家具厂接收到汇票时距到期日还有近3个月，遂又决定用该汇票采购木材，采购员刘某在携带已在票据背书栏签有本单位签章的汇票外出时不慎将其丢失，刘某将汇票丢失的情况告知了家具厂，家具厂立即向甲办理了挂失止付的手续，其他措施未采取。该丢失的汇票被李某捡到，李某发现票据背面的最后一次背书未填写背书人，便喜出望外地签了名，然后持汇票到某家电商场购置了一套价值20万元的家电，并将汇票背书后交给了家电商场。家电商场未进行票据的转让。现汇票到期，家电商场持汇票请求甲付款，甲以汇票已挂失止付为由拒绝付款，家电商场只好追索，并对所有前手发出了通知。家具厂接到通知后提出自己是票据权利人，家电商场的票据权利有缺陷，请求返还票据。双方发生争执，诉至法院。

根据上述资料，试分析：

（1）家电商场是否享有票据权利？为什么？

（2）家电商场是否有权向其所有前手发出追索通知？为什么？

（3）甲以票据挂失为由拒绝付款的做法是否合法？为什么？

（4）家具厂请求家电商场返还票据是否有法律根据？为什么？

分析：

（1）家电商场享有票据权利。根据《票据法》原理，持票人在善意无过失的情况下，可适用票据的善意取得原理取得票据权利。在本案中，家电商场是从李某的手中受让的票据，其在接受票据时，票据本身没有缺陷，票据背书也是连续的，尽管李某的票据是捡来的，背书有伪造的成分在内，但家电商场对这些并不知晓，因此，应当认定家电商场为善意持票人，享有票据权利。

（2）有权。根据《票据法》第 68 条的规定：汇票的出票人、背书人、承兑人和保证人对持票人承担连带责任。持票人可以不按照汇票债务人的先后顺序，对其中任何一人、数人或全体行使追索权。可见，家电商场在票据拒付后，对其所有前手发出追索通知是合法的。

（3）合法。《票据法》第 15 条第 2 款和第 57 条第 2 款分别规定：收到挂失止付通知的付款人，应当暂停支付。付款人及其代理付款人恶意或者有重大过失付款的，应当自行承担责任。因此，甲作为承兑人在收到挂失止付通知后有权对持票人家电商场拒绝付款。

（4）没有。根据《票据法》，虽然家具厂从丙手中取得票据时，票据本身没有缺陷，背书也合法，从而取得了票据权利，但其后由于自己的过错丧失了对票据的占有，尽管已向承兑人甲挂失止付，但由于没有采取其他补救措施，票据因完全有价证券的性质，决定了其在不占有票据而又不能提供具有法律效力的判决或裁定时，不能行使票据权利。因此，家具厂请求家电商场返还票据的做法是没有法律依据的。

资料来源：http://wenku.baidu.com。

项目二　企业国际结算业务

【情境导入】

2010 年 4 月 6 日，海韵食品公司与越南某商人签定一份食品原料进口合同，合同中规定采用电汇方式付款。

2010 年 4 月 8 日，海韵食品公司与新加坡某公司签订一笔价值 2 万美元的出口食品合同，海韵食品公司以 D/P 付款交单方式出口，并委托国内甲银行将单证寄往第三国乙银行转给进口国丙银行托收。

2010 年 4 月 9 日，海韵食品公司向美国 A 商出口一批食品，A 商按时开来不可撤销即期议付 L/C，该证由设在中国境内的外资 B 银行通知并加具保兑。该公司在货物装运后，将全套合格单据交 B 银行议付，收妥货款。

国际结算主要有汇款、托收、信用证。在实际工作中，企业应该如何向银行申请办理和灵活运用各种国际结算方式呢？

【必备知识】

一、国际汇款业务

国际汇款业务是指银行接受付款方的委托，通过银行间的资金划拨、清算，使用合适的支付凭证，将款项汇交收款方，以完成收、付款方之间债权债务清偿的一种结算方式。汇款有两种形式：汇入汇款和汇出汇款。

（一）汇入汇款

1. 汇入汇款业务的含义

汇入汇款是指银行根据国外汇出行指示将款项解付给指定收款人的业务，用于满足国际资金汇划结算需求。汇款方式包括电汇、信汇和票汇，目前常用的是电汇和票汇。

2. 汇入汇款业务的适用范围

企业对资金周转速度或控制财务费用有较高要求时，宜选择汇入汇款；对于非贸易以及资本项下的结算，宜采用汇入汇款。

3. 汇入汇款业务的申请条件

依法核准登记，具有经年检的法人营业执照或其他足以证明其经营合法性和经营范围的有效证明文件。

4. 汇入汇款业务的流程

（1）银行收到国外汇出行发出的汇款指示电报（电汇项下）或指示信函（信汇项下），或收到收款人向银行提示的汇票（票汇项下）。

（2）银行对上述指示电报、信函或汇票审核无误并收妥头寸后，向收款人解付汇款。办理汇入汇款业务的流程如图3—21所示（实线为电汇和信汇，虚线为票汇）。

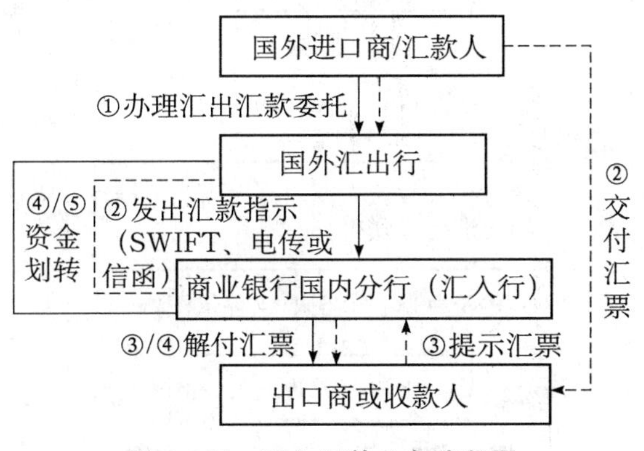

图3—21　汇入汇款业务流程图

（二）汇出汇款

1. 汇出汇款业务的含义

汇出汇款是银行接受汇款人的委托，以约定汇款方式委托海外联行或代理行将一定金额的款项付给指定收款人的业务，用于满足国际资金汇划结算需求。汇款方式包括电汇、信汇和票汇，目前常用的是电汇和票汇。

2. 汇出汇款业务的适用范围

进口商流动资金充足，当前的主要目标是控制财务费用而不是取得融资便利；贸易结算项下，出口商接受货到付款的条件，但对收款速度有较高要求；进口商与出口商有良好的合作关系且对其充分信任，愿意接受预付货款的条件；资料费、技术费、贸易从属费（包括运费保费）等宜采用汇出汇款方式；贸易项下的尾款一般采用汇出汇款方式。

3. 汇出汇款业务的申请条件

（1）依法核准登记，具有经年检的法人营业执照或其他足以证明其经营合法性和经营范围的有效证明文件；拥有贷款卡；拥有开户许可证，并在经办行开立结算账户；具有进出口经营资格；在经办行有授信额度。

（2）提交材料。办理各类汇出汇款均需向银行提供：汇出汇款申请书、现汇账户的支款凭证、用于购汇的人民币支票；办理汇出汇款需符合国家有关外汇管理规定，提交外汇管理办法要求的有效凭证，例如有关批汇文件、国际收支申报表、贸易进口付汇核销单。

4. 汇出汇款的业务流程

（1）汇款人向银行提交《汇出汇款申请书》，以及现汇账户支款凭证或用于购汇的人民币支票；（2）银行经审核后向海外联行或代理行发出汇款指示电报（电汇项下）或指示信函（信汇项下），或开具汇票（票汇项下）交付汇款人；（3）电汇或信汇项下，海外联行或代理行按银行指示向收款人解付汇款；（4）票汇项下，汇款人将汇票自行交付收款人，收款人向汇票注明的付款银行提示汇票，付款银行向收款人解付汇款。

办理汇出汇款业务的流程如图 3—22 所示（电汇和信汇以实线表示，票汇以虚线表示）。

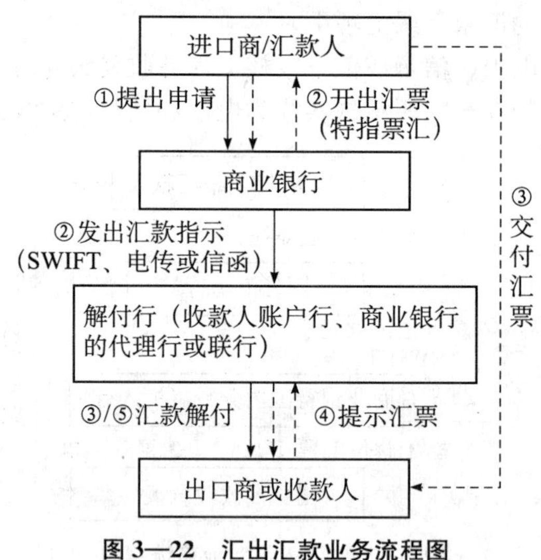

图 3—22　汇出汇款业务流程图

二、托收业务

托收业务是指银行按照收到委托人（债权人）向银行（托收行）提交指示办理金融单据的付款/承兑、凭付款/承兑交出单据、以其他条款和条件（本票/信托收据/承诺书/保函等）交出单据。托收业务根据托收方向不同可分为进口代收与出口托收业务。

（一）进口代收

1. 进口代收的含义

进口代收是指银行接受国外代理行或联行委托，按照代理行或联行的指示向进口商收取进口款项，并向进口商交付有关商业单据。进口代收可分为付款交单（D/P）和承兑交单（D/A）两种方式。

2. 进口代收的业务特点

费用低廉——银行费用较低，有利于节约财务费用、控制成本；简便易行——与信用证方式相比，手续简单，易于操作；资金占压少——在出口商的备货和装运阶段不必预付货款、占压资金，支付货款或做出承兑后可立即取得货物单据并处置货物；改善现金流——承兑交单项下，进口商承兑后即可以取得货物单据并处置货物，在售出货物并有现金流入后才对外支付，资金占压近乎为零，财务状况和偿债能力得到有效改善。

3. 进口代收业务的适用范围

进口商希望以较信用证更为简便且更低成本的办法向出口商支付货款；如进口商流动资金充足，可采用付款交单（D/P）方式；如进口商流动资金不足，需要出口商给予远期付款的融资便利，且与出口商有良好的合作关系，可采用承兑交单（D/A）方式。

4. 进口代收业务的申请条件

（1）依法核准登记，具有经年检的法人营业执照或其他足以证明其经营合法性和经营范围的有效证明文件；有进出口经营权。

（2）需要提交的材料：在付款交单项下需向银行提交付款凭证、贸易进口付汇核销单。

5. 进口代收业务的流程

（1）国外出口商备货发运后，将有关单据提交所在银行办理托收；（2）出口商所在银行将托收单据寄至银行，银行按照指示通知进口商付款（D/P）或承兑（D/A）；（3）进口商通过银行向出口商付款或承兑后，银行将单据交付进口商；（4）D/A 项下承兑到期后，进口商通过银行向出口商付款。办理进口代收业务流程如图 3—23 所示。

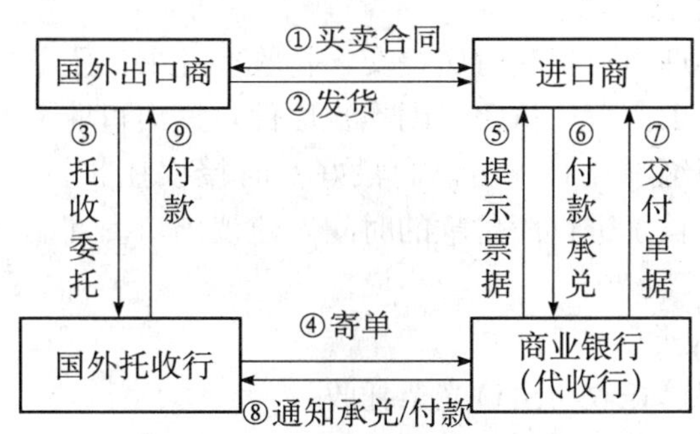

图 3—23　进口代收业务流程图

6. 使用进口代收业务的注意事项

在承兑交单项下，企业须按规定办理远期汇票的承兑手续，并在汇票到期日及时付款；亦可向银行申请办理进口托收押汇、海外代付等贸易融资。

（二）出口托收

1. 出口托收业务的含义

出口托收是指银行受出口商委托，凭出口商提交的金融票据和商业票据，通过国外代理行或联行向进口商收取款项。

2. 出口托收业务的特点

与信用证方式相比，操作简单，方便易行；银行费用较低，有利于出口商节约费用、控制成本；进口商只有承兑或付款后才能提取货物，与赊销方式相比，出口商承担的风险较小。

3. 出口托收业务的适用范围

了解进口商的资信状况，并且有足够的资金用于备货和发运；当出口商处于卖方市场的时候，宜选择 D/P 方式；当出口商处于买方市场，且进口商要求给予融资便利，可选择 D/A 方式。较赊销方式而言，有一定付款保证。

4. 出口托收业务的流程

（1）企业填写托收委托书；（2）银行对企业委托书中的各项委托事项，包括交单条件、单据种类等，依照合理谨慎的原则逐一进行审核；（3）按照 ICC522，指示代收行按照委托书的各项规定办理委托业务；（4）银行确定索汇路线，对外进行积极有效催收考核；（5）按国家政策和外汇局的有关规定对收回的款项办理结汇手续。办理出口托收业务的流程如图 3—24 所示。

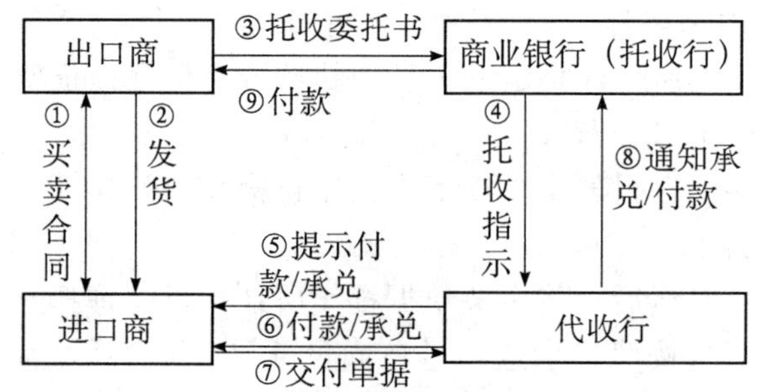

图 3—24　出口托收业务流程图

5. 出口托收业务的注意事项

出口商向银行申请办理出口托收时应提交：托收委托书，跟单托收的全套单据；首次委托业务的企业还应提交：工商营业执照（副本）原件，进出口业务的营业许可，法定代表人授权书。进口商拒付或拒绝承兑时，出口商最好及时授权托收行，协助安排货物；在 D/A 方式下，出口商实际上延长了进口商付款的时间，建议出口商在制定价格时考虑利息等相关成本。

6. 出口托收业务的种类

出口托收分为出口跟单托收与出口光票托收。

（1）出口跟单托收。

1）出口跟单托收。是指银行受出口商委托，凭其提交的出口商业单据和金融票据通过国外代收行向进口商收取款项。可用于满足国际贸易结算需求。较汇款方式而言，有一定付款保证，可分为付款交单（D/P）和承兑交单（D/A）两种方式。

2）出口跟单托收的业务特点：费用低廉——银行费用较低，有利于企业节约财务费用、控制成本；简便易行——与信用证方式相比，手续简单，易于操作；风险较小——进口商只有承兑或付款后才能提取货物，与赊销方式相比，出口商承担的风险较小。

3）出口跟单托收业务的适用范围：出口商了解进口商的资信状况，并且有足够的资金用于备货和发运；当处于卖方市场的时候，出口商宜选择 D/P 方式；当处于买方市场，且进口商要求给予融资便利时，出口商可选择 D/A 方式。

4）出口跟单托收业务的申请条件：①依法核准登记，具有经年检的法人营业执照或其他足以证明其经营合法性和经营范围的有效证明文件；有进出口经营权。②提交材料：企业向银行申请办理出口托收时应提交托收委托书、跟单托收的全套单据；如企业系首次委托业务，还应提交工商营业执照（副本）原件、进出口业务的营业许可、法定代表人授权书。

5）出口跟单托收的业务流程：①出口商备货发运后，将有关单据提交银行办理托收；②银行将托收单据寄至国外代收行进行索汇；③国外代收行收到单据后提示给进口商；④进口商到期通过代收行向银行付款，银行向出口商解付。办理出口跟单托收业务的流程如图3—25所示。

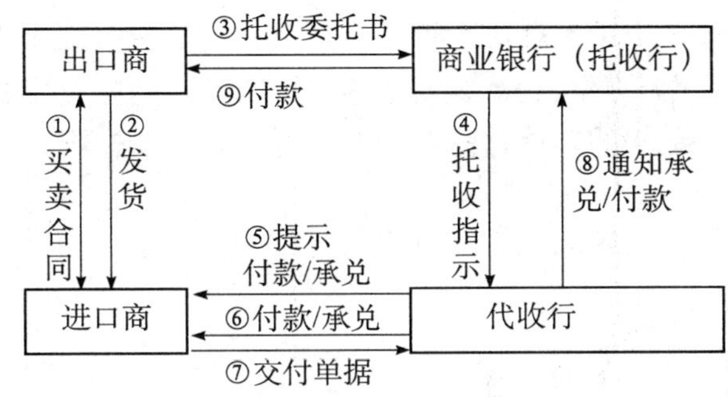

图 3—25　出口托收业务流程图

6）出口跟单托收业务的注意事项：进口商拒付或拒绝承兑时，企业最好及时授权托收行，协助安排货物；在 D/A 方式下，企业实际上延长了进口商的付款时间，因此企业应在制定价格时考虑利息等相关成本。

（2）出口光票托收。

1）光票托收是指银行受企业委托办理的不附带任何商业单据的金融单据的托收业务，用于满足国际贸易结算需求，可分为付款交单 D/P 和承兑交单 D/A 两种方式。

2）光票托收业务的特点：费用低廉——光票托收的银行费用相对较低；安全稳妥——直接向付款人邮寄收款存在较大风险，通过银行间的国际网络收款可以避免这些风险，是较安全的收款方式；服务便捷——如托收行与付款行/代收行签有“立即贷记”协议，则可大大缩短收款时间。

3）光票托收业务的适用范围：贸易、非贸易项下的小额支付；在国内不能兑换的外币现钞（含残币）；外汇支票、本票，国外债券、存单等有价凭证的托收业务；不能或不便提供商业单据的交易，如寄送样品、软件等高科技产品交易，时令性商品交易，以及服务、技术转让等无形贸易。

4）光票托收业务的申请条件：依法核准登记，具有年检的法人营业执照或其他足以证明其经营合法性和经营范围的有效证明文件。

5）光票托收业务的业务流程：①收款人将托收单据提交银行；②银行将托收单据寄至国外代收行委托收款；③国外代收行向付款人提示票据，付款人按票面金额付款；④国外代收行将托收款项付至银行，银行向收款人解付。办理光票托收业务流程如图 3—26 所示（直接向付款行托收时以实线表示）。

6）光票托收业务的注意事项：光票托收适用于不跟单贸易和非贸易项下的票据及有价

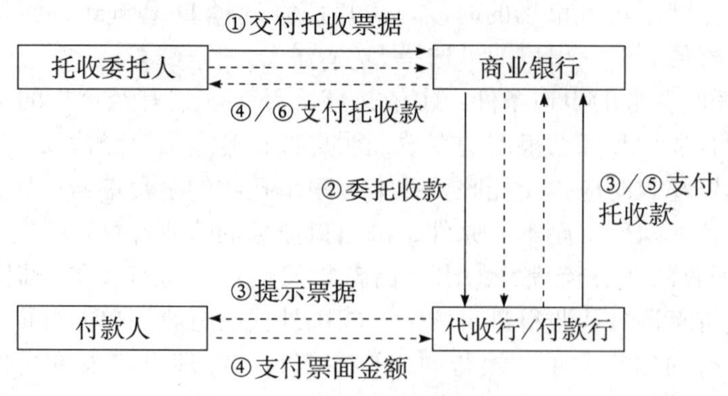

图 3—26　光票托收业务流程图

凭证托收；托收票据的标价货币一般应为可兑换货币；表面注明流通地区限制的票据难以办理托收；已背书转让的票据易存在伪造、变造等欺诈风险，企业应注意防范；陌生的、金额特别巨大或出票行资信有疑问的票据，易发生欺诈行为；用于投资、贷款、抵押等目的的大额票据易发生欺诈行为。

三、信用证业务

（一）信用证的定义

信用证是指开证行应申请人的要求并按其指示向第三方开立的载有一定金额的，在一定期限内凭符合规定的单据付款的书面保证文件。信用证是国际贸易中最主要、最常用的支付方式。

（二）信用证的分类

1. 跟单信用证与光票信用证

2. 可撤销信用证与不可撤销信用证

可撤销信用证是指根据申请人（进口商）的指示，银行为申请人提供的不经受益人（出口商）同意或通知，可随时由申请人提出修改、撤回或注销的信用证。不可撤销信用证是指开证行的确定付款承诺和信用证的不可撤销性。

信用证在下列情况下予以撤销：(1) 开证行要求撤销信用证，征得受益人同意并收回全套信用证正本；(2) 受益人要求撤销信用证，并提交书面委托书和全套信用证正本。

3. 保兑信用证与不可保兑信用证

保兑信用证是指另外一家银行接受开证行的要求，对其开立的信用证承担保证兑付责任的信用证。

4. 即期付款信用证、议付信用证、承兑信用证、延期付款信用证与假远期信用证

(1) 即期付款信用证是指受益人（出口商）根据开证行的指示开立即期汇票或无须汇票仅凭运输单据即可向指定银行提示请求付款的信用证。

(2) 议付信用证是指开证行在信用证中，邀请其他银行买入汇票及/或单据的信用证，即允许受益人向某一指定银行或任何银行交单议付的信用证。如果信用证不限制某银行议付，可由受益人（出口商）选择任何愿意议付的银行。提交汇票、单据给所选银行请求议付的信用证称为自由议付信用证，反之称为限制性议付信用证。

（3）承兑信用证是指信用证指定的付款行在收到信用证规定的远期汇票和单据，经审单无误后，先在该远期汇票上履行承兑手续，等到该远期汇票到期时，付款行才进行付款的信用证。

（4）延期付款信用证是指开证行在信用证中规定货物装船后若干天付款，或开证行收单后若干天付款的信用证。延期付款信用证不要求出口商开立汇票，所以出口商不能利用贴现市场资金，只能自行垫款或向银行借款。

（5）假远期信用证又称买方（进口商）远期信用证，是银行为买方（进口商）提供资金融通的信用证。买方为获得票据贴现市场的资金融通，申请开立的以票据贴现市场所在地银行为汇票付款人的信用证。

5. 可转让信用证与不可转让信用证

可转让信用证是开证银行向中间商（受益人）提供对信用证条款权利履行转让便利的一种结算方式。它是指受益人（第一受益人）可以请求授权付款，承担延期付款责任，承兑或议付的银行（转让行），或如果是自由议付信用证时，可以要求信用证特别授权的转让行，将信用证的全部或部分一次性转让给一个或多个受益人（第二受益人）使用的信用证。

6. 背对背信用证与对开信用证

背对背信用证（或第二信用证）是以中间商人作为开证申请人，要求原通知行，或指定银行向第二受益人开立受约于原信用证条款的信用证。

7. 备用信用证

备用信用证是银行提供的以企业担保债务偿还或贷款融资为目的的信用证。一般有借款担保和履约担保。

（三）信用证业务处理实务

1. 进口信用证

（1）进口信用证的含义。进口信用证是银行应国内进口商的申请，向国外出口商出具的一种付款承诺，承诺在符合信用证所规定的各项条款时，向出口商履行付款责任。

（2）进口信用证的业务特点：改善谈判地位——开立进口信用证相当于进口商为出口商提供了商业信用以外的有条件付款承诺，对进口商有信用增强的作用，进口商可据此争取到比较合理的货物价位；货物有所保证——变商业信用为银行信用，银行的介入可以使贸易本身更有保证，通过单据和条款，有效控制货权、装期以及货物质量；减少资金占压——对于使用授信开证的进口商来讲，在开证后到付款前可减少自有资金的占用。

（3）进口信用证业务的适用范围：进出口双方希望对彼此的行为进行一定约定以提升贸易的可信度；进口商品处于卖方市场，且出口商坚持使用信用证方式进行结算；进出口双方流动资金不充裕，有使用贸易融资的打算。

（4）进口信用证的业务流程：办理进口信用证的业务流程如图 3—27 所示。

（5）使用进口信用证的注意事项：企业申请开证时须提交：开证申请书、贸易合同、外贸进口批文（如进口配额许可类证明、机电产品进口登记证明等）、外管部门规定的有关文件（如购汇申请书、进口付汇核销单、进口付汇备案表等）。首次办理业务还须提供经营进出口业务的批文、工商营业执照等，办理保证金账户的开立证明等。开立进口信用证，进口商将以承担较多银行费用为代价为出口商收款提供额外保证，因此建议进口商在合同签订时据此要求出口商给予价格方面的优惠或提供其他便利。

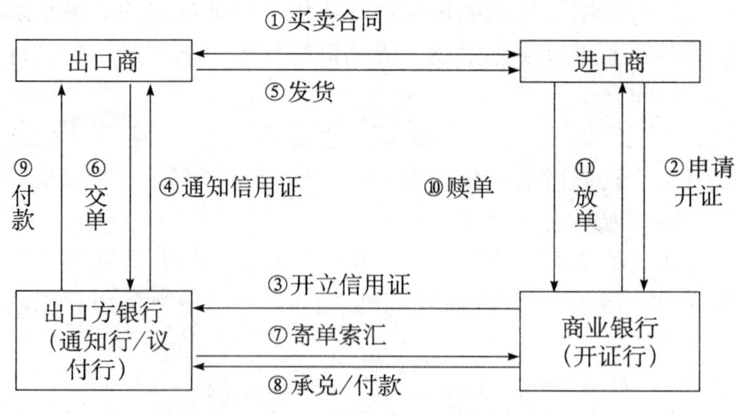

图 3—27　进口信用证的业务流程图

2. 出口信用证

（1）出口信用证的含义。出口信用证指出口商所在地银行收到开证行开来的信用证后，为出口商提供的包括来证通知、接单、审单、寄单、索汇等一系列服务。出口信用证业务的内容包括：审核出口来证和信用证修改的真实性，并通知国内出口商；转让及异地转证；审核出口商交来的货运单据和寄单；在企业提出需求时办理议付、押汇、贴现等贸易融资；查询、催收、追短付款、追收利息、补寄单据等；考核进口商信用。

（2）出口信用证的业务特点。风险较低——开证行的银行信用取代了进口商的商业信用，并为出口商提供了有条件付款承诺；主动性高——出口商只要保证单据质量，就可以取得开证行的付款承诺，而单据质量完全处于出口商的控制之下；费用转嫁——开立信用证等银行费用一般由进口商承担。

（3）出口信用证的适用范围：不了解或不相信进口商的资信情况，需要对方银行提供额外承诺；需要向本地银行申请打包贷款，为准备出口货物进行资金融通。

（4）出口信用证业务的业务流程：办理出口信用证的业务流程如图 3—28 所示。

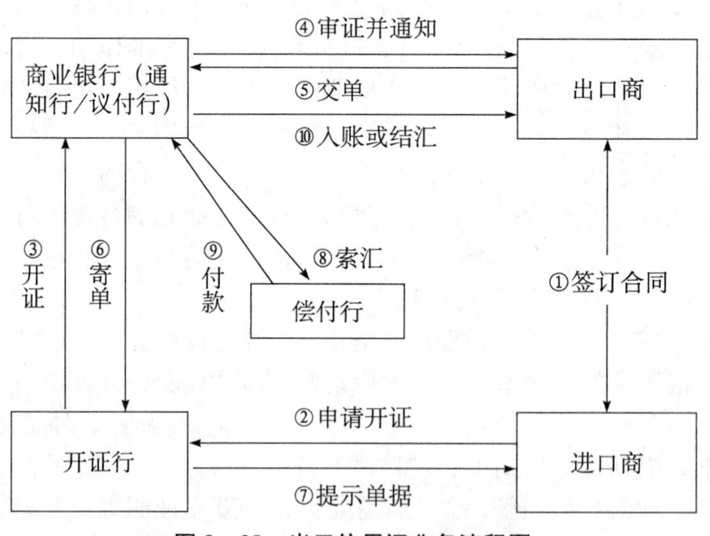

图 3—28　出口信用证业务流程图

（5）使用出口信用证的注意事项：出口商在与进口商洽谈业务时，最好避免“软条款”

信用证，同时应确定安全、便捷的索汇路线，以保证安全收汇；审单环节出口商需提交全套信用证规定的单据、正本信用证；如坚持不符点出单，则很难再办理贸易融资；银行在收汇、结汇、入账等环节时将按照国家有关外汇管理规定办理；出口商如想撤证，需提交书面委托书、全套信用证正本。

【典型业务分析】

我国A公司接到某国W公司经银行开来的一份不可撤销信用证，信用证系开证行通过电信方式传递经中国银行某分行通知给A公司。该公司接到电开信用证后，按其要求备货装运。但货物装船后，又接到通知行转来信用证的邮寄证实书，经对照发现证实书比原电开信用证增加一个条款："受益人必须提供船长收据，以证明一份卫生检验证书副本已交船长随货转交收货人。"

A公司接到证实书时，船已离港，无法履行上述条款，即电告W公司，说明信用证的证实书收到时货物已装运且船已离港，无法随货带卫生检验证书。请修改信用证删除该条款。

W公司电复：当地海关规定，该商品必须提供卫生检验证书才能清关提货，所以无法删除。W公司要求立即航空邮寄卫生检验证书及一份正本提单待用，并建议改以托收方式结算，不通过银行寄单，以便付款。

A公司经研究，决定接受W公司的要求，立即向W公司寄卫生检验证书及正本提单，弃信用证方式改以D/P即期托收。但时过两个多月未见货款收回，A公司通过托收行查询才知道W公司已倒闭，货物早已被提取。A公司银货两空。

试分析A公司在哪些方面出错？

分析：

该案例的损失完全是A公司不熟悉信用证业务造成的。具体表现为三个连环错误：

(1) A公司对有效的信用证不执行，而去执行无效的信用证。由于A公司不熟悉国际惯例，及《UCP600》第11条A款的规定，误认为先收到的电开本信用证是无效文本，后到的证实书为有效信用证，反而请求W公司修改信用证，从而为后续错误埋下祸根。

(2) A公司将有效的信用证放弃不用，改以D/P即期托收，从而使得开证行解除了信用证项下的付款责任，也使W公司利用了托收方式的特点，逃避付款。

(3) 即使改为托收，A公司也不应该不通过银行，自己航寄正本提单和卫生检验证书，给对方造成不偿付托收货款，却可以顺利清关、提货的有利条件。

资料来源：黄志强：《国际金融实务》，北京，高等教育出版社。

技能训练

1. 资料背景：

有一份信用证为可撤销信用证，金额为10万美元，允许分批装运及分批付款。出口方已凭此信用证转运5万美元的货物，议付行在议付5万美元货款后的第二天收到开证行撤销信用证的电报通知。

[训练要求] 开证行对已经议付的 5 万美元有无拒付的权利？

2. 资料背景：

某公司接到一份经 B 银行保兑的不可撤销信用证。当该公司按信用证规定办完装运手续后，向 B 银行提交符合信用证各项要求的单据要求付款时，B 银行声称：该公司应先要求开证行付款，如果开证行无力偿付，则才由 B 银行付款。

[训练要求] B 银行的要求对不对？

3. 资料背景：

某出口公司向英国 C 公司出口一批货物，信用证规定提供"Insurance policy in duplicate covering all risks and war risks "。该公司在提交单据向议付行办理议付时，所出具保险单是一式两份 insurance certificate。单到开证行被拒绝接受，理由是信用证规定是 Insurance policy ，受益人提供 insurance certificate 单证不符，故不能接受。

[训练要求] 开证行做法是否正确？为什么？

4. 资料背景：

2008 年 7 月间，工商银行 A 市分行某办事处（相当于县级支行）办公室主任李某与其妻弟密谋后，利用工作上的便利，盗用该银行已于 1 年前公告作废的旧业务印鉴和银行现行票据格式凭证，签署了金额为人民币 100 万元的银行承兑汇票一张，出票人和付款人及承兑人记载为该办事处，汇票到期日为同年 12 月底，收款人为某省建筑公司，该建筑公司系李某妻弟所承包经营的企业。李某将签署的汇票交给了该公司后，该公司请求某外贸公司在票据上签署了保证，之后持票向某城市合作银行申请贴现。该合作银行扣除利息和手续费后，把贴现款 96 万元支付给了该建筑公司。汇票到期，城市合作银行向 A 市分行某办事处提示付款遭拒绝。

[训练要求]

(1) 本案中有哪些票据行为？其效力如何？为什么？

(2) 某市合作银行是否享有票据权利？如有，应如何行使？如没有，该如何处理？

(3) 如果李某用已经作废的旧票据格式凭证（无出票人一栏）签署银行承兑汇票，在其他情节相同的情况下，对某市合作银行有何影响？

5. 技能实训：

[实训要求] 分组讨论并总结发言，教师做最后总结性评价，给出考核成绩。

[实训案例]

银行承兑汇票案例分析

A 伪造了一张 100 万元的银行承兑汇票，该汇票以 B 公司为收款人，以乙银行为付款人，汇票的"交易合同号码"栏未填。A 将这张伪造的银行承兑汇票向 B 换取了 78 万元，B 持这张伪造的汇票到甲银行申请贴现，甲银行未审查出汇票的真假，予以贴现 95 万元，B 公司由此获得收入 17 万元。甲银行通过联行往来向乙银行提示承兑。乙银行从未办理过银行承兑业务，在收到汇票后，立即向公安局报案。后查明该汇票系伪造的汇票。因此乙银行将汇票退给甲银行，拒绝承兑。

[实训讨论]

(1) 这张汇票是有效的吗？乙银行的做法对吗？

(2) 甲银行可以向 B 公司行使追索权吗？

(3) B 公司可以向 A 公司要求损失赔偿吗？

学习情境四

如何通过银行进行信贷融资

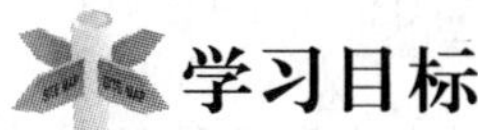

学习目标

通过本情境的学习，了解商业银行贷款业务的种类，明确信贷融资的意义；掌握商业银行贷款的操作规程，并结合实际较好地理解商业银行的各类贷款的用途；明确商业银行的贷款的业务范围，具备到商业银行申请办理贷款业务的能力。

知识结构模块图

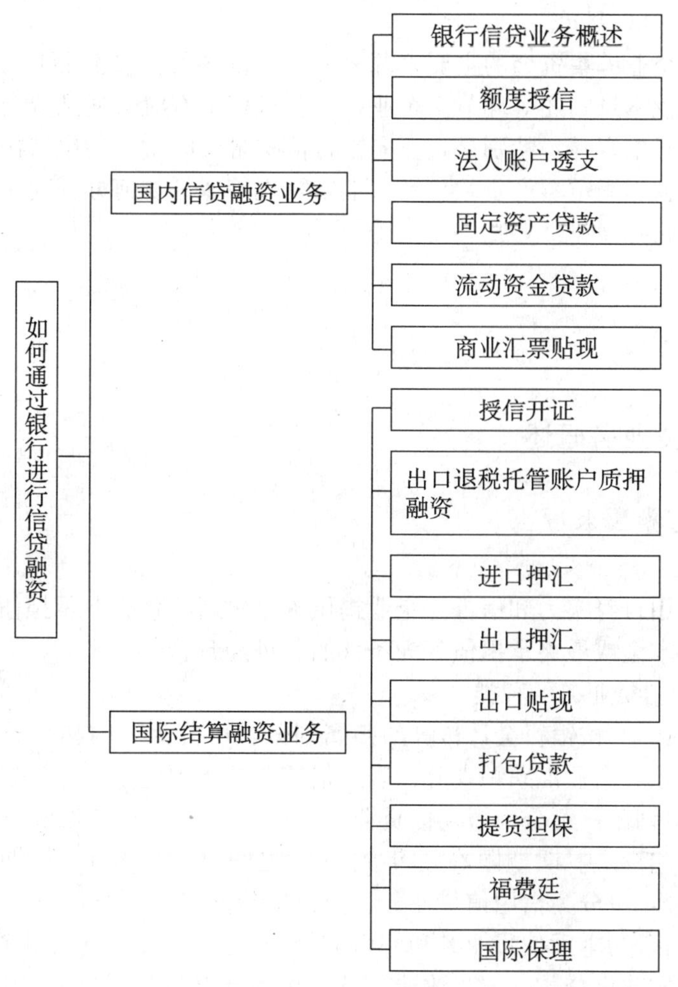

项目一　国内信贷融资业务

【情境导入】

2006年海韵食品公司向银行借款200万元，用于第一生产车间改造，期限5年，利率1.44%，约定分期付息，2006年当年第一生产车间改造完工。

2009年12月24日，海韵食品公司出纳文静从开户行取回第四季度的公司利息结算单，包括公司四季度贷款利息和存款利息。

2009年12月25日，海韵食品公司的第二生产车间急需扩建增设生产线，但自有资金不足，因此向其开户行申请借款1 800万元。

海韵食品公司的开户行在收到海韵食品公司的贷款申请书后，对该公司进行了调查，认为该公司经营情况较好，有盈利能力，具发展空间，经审查，同意发放贷款1 800万元。

2010年1月28日，海韵食品公司收到其开户行贷款的批复通知，期限5年，利率7.5%，贷款总额1 800万元。

向银行借款是企业筹集资金的主要来源之一。借款核算主要包括向银行申请取得借款、借款利息结算、借款本息归还等环节。企业在经营过程中有时会遇到资金紧缺的情况，那么如何向银行进行信贷融资呢？特别是企业向银行信贷融资时常用的申请额度授信、法人账户透支、流动资金贷款、固定资产贷款、商业汇票贴现等业务如何办理呢？

资料来源：http://finance.sina.com.cn。

【必备知识】

一、银行信贷业务概述

（一）信贷业务基本概念

1. 信贷的含义

信贷是银行利用自身实力和信誉为企业提供资金融通或代企业承担债务，并以企业支付利息、费用和偿还本金或最终承担债务为条件的一种经营行为。

2. 银行经营的信贷业务的种类

（1）基本分类：1）按银行会计核算的归属划分，可分为表内和表外信贷业务。表内信贷业务主要包括贷款、商业汇票贴现等，表外信贷业务主要包括商业汇票的承兑、保证、信用证等。2）按期限划分，可分为短期信贷业务、中期信贷业务和长期信贷业务。短期期限在1年以内（含1年），中期期限在1年到5年之间（含5年），长期期限在5年以上。3）按担保方式划分，可分为信用信贷业务、担保信贷业务（包括保证、抵押和质押方式）。4）按币种划分，可分为本币信贷业务和外币信贷业务。5）按性质和用途划分，可分为固定资产贷款（包括基本建设贷款、技术改造贷款、房地产开发贷款等）、流动资金贷款（包括工商业和建筑业等流动资金贷款)、循环额度贷款、消费贷款、保证等信贷品种。6）按贷款的组织形式划分，可分为普通贷款、联合贷款和银团贷款。7）按贷款的资金来源划分，可分为信贷资金贷款、委托贷款和境外筹资转贷款等。8）按授信对象划分，可分为公司类信贷业务和个人类信贷业务。

（2）信贷品种类别：目前银行针对企业的不同业务开办的信贷品种主要包括：1）流动资金贷款：是指用于借款人正常生产经营周转或临时性资金需要、具有固定期限的本外币贷款。2）固定资产贷款：是指银行向借款人发放的用于固定资产项目投资的本外币贷款。3）房地产开发类贷款：是指用于土地一级开发、房屋建造过程中所需建设资金的贷款，包括土地储备贷款、房地产开发贷款。4）循环额度贷款：是指对生产经营和资金周转流动性强、有经常性的短期循环用款需求的工商企业提供的可循环的人民币短期贷款。5）进出口贸易融资：是银行为企业提供的进出口贸易项下的信用支持。6）法人账户透支：是指银行同意企业在约定的账户、额度和期限内进行人民币透支的业务。7）商业汇票承兑：是指银行作为付款人，接受承兑申请人的付款委托，承诺在汇票到期日对收款人或持票人无条件支付确定金额的票据行为。8）商业汇票贴现：是指商业汇票的持票人将未到期的商业汇票转让于银行，银行按票面金额扣除贴现利息后，将余额付给持票人的一种融资行为。9）保证：是指银行应申请人的要求，以出具保函的形式向受益人承诺，当申请人不履行合同约定的义务或承诺的事项时，由银行按照保函约定代为履行债务或承担责任的信贷业务。

企业的经营活动多样，银行针对企业开办的信贷业务品种也很繁多，本书只重点介绍企业向银行信贷融资时常用的申请额度授信、法人账户透支、固定资产贷款、流动资金贷款和商业汇票贴现业务。

（二）信贷的基本要素

1. 对象

申请信贷业务的企业，必须满足国家有关规定及银行内部信贷政策等规章制度的要求。

2. 金额

银行向企业提供单笔信贷业务或额度授信及额度使用的具体数额。

3. 期限

主要指贷款期限或银行承担债务的期限。在遵守国家有关规定和银行信贷政策等规章制度的原则下，由银行与企业协商确定。

4. 利率或费率

目前银行发放贷款的利率和表外业务的费率统一执行总行的有关规定。

5. 用途

不同的信贷业务有不同的用途。银行在办理信贷业务时尤其要注意用途是否合法、真实以及是否真正用于指定用途。

6. 担保

担保是保证借款人还款或履行责任的第二来源。企业提供的担保方式包括第三方保证、抵押、质押等。

二、额度授信

（一）概述

1. 定义

额度授信是指银行对符合条件的客户核定授信额度，在额度有效期内，客户可以一次或多次使用银行一个或多个信贷产品，即额度授信客户可在额度有效期内循环使用银行信贷产品。

2. 对象和条件

原则上银行对所有企事业法人企业（包括单一法人企业和集团企业）进行额度授信，但仅申请办理低风险业务的企业或其他银行总行认为不需要进行额度授信的企业除外。

3. 目标

一是控制集中度风险：银行对单一企业的信用不能过于集中，应当设定最高额度，银行对企业办理的信贷业务余额不能超过这个额度。二是提高效率：对于不同的授信企业，在已确定的授信额度特别是公开授信额度内办理单笔信贷业务，可相应地简化手续。三是增强竞争能力：银行通过额度授信，可密切与优质企业的合作，有助于培养银行的企业群体。

（二）额度授信方式

1. 一般额度授信

（1）定义：一般额度授信是指银行对法人企业确定的用于银行内部控制的额度授信，以实现对单一企业从授信总量上控制信用风险的目标。在一般额度授信内可办理各类贷款（固定资产贷款、房地产开发贷款、境外筹资转贷款、流动资金贷款、股票质押贷款、贸易融资项下的各类贷款等）、信用证、提货担保、保理预付款、保理担保付款、法人账户透支、单位信用卡透支、承兑、保证、信贷证明、商业承兑汇票贴现等全部表内外形式的本外币信用业务。一般额度授信是银行的商业秘密，不对外泄漏。

（2）期限：一般额度授信的有效期最长不超过三年，具体有效期由审批确定。授信到期后必须按规定重新报批。在一般额度授信内办理单笔业务的期限不受授信有效期的约束。

2. 公开额度授信

（1）定义：公开额度授信是指银行在对企业确定用于内部控制的一般额度授信的基础上，对符合规定条件的企业，可以将部分或全部额度授信向企业做出公开承诺，即给予公开额度授信。银行未进行一般额度授信时，不对企业核定公开额度授信。公开额度授信内不可办理固定资产贷款、房地产开发贷款以及境外筹资转贷款。

（2）条件：获得银行公开额度授信的企业原则上应同时符合以下条件：经银行评定的信用等级在AA级（含）以上；资产负债率不超过70%（建筑施工、房地产开发以及进出口贸易融资企业不超过80%）；净资产不低于4 000万元人民币（进出口贸易融资企业不低于1 000万元人民币）；近三年按期偿还贷款本息且无其他对银行（包括银行和其他银行）的违约行为。

（3）期限：公开额度授信的有效期为一年。在公开额度授信内办理单笔业务的期限不受公开额度授信有效期的约束。

（4）《公开额度授信证书》和《取消公开额度授信通知书》：公开额度授信银行一般应向

企业颁发《公开额度授信证书》（见图 4—1）。公开额度授信企业在授信期间内发生下列重大事项之一：总投资超过企业投资前三年的税后利润之和的重大建设项目；兼并、收购、分立、破产、股份制改造、资产重组等重大体制改革；标的达到净资产的 30%的重大法律诉讼；对外担保额达到净资产的 30%的重大对外担保；重大人事调整；重大事故和大额赔偿等重大事项，经办银行应对企业进行重新评价，调整对企业的公开额度授信，通过发送《取消公开额度授信通知书》取消原公开额度授信，同时换发新的《公开额度授信证书》。

公开额度授信证书

编号：

……………………………：

按照《中国××银行额度授信管理办法》的规定，经过审查，我行决定授予贵方公开授信额度____________万元。

以上授信额度的有效期为一年，自本证书生效之日起计。

对本公开授信说明如下：

第一，在以上公开额度授信的使用范围和有效期限内，在符合我行信贷业务的有关规定的前提下，我行将及时、方便地安排你方使用有关信用。

第二，每次使用信用的期限要根据其具体用途按银行相关规定执行，不受上述“有效期一年”的约束。

第三，超出本公开额度授信的信用需求须经我行评估，按规定授信审批程序发放。

第四，在本公开额度授信的有效期内，当贵方发生下列重大事项之一时，我行可以根据其产生的影响调整或取消授予贵方的公开额度授信：(1) 总投资超过企业投资前三年的税后利润之和的重大建设项目；(2) 兼并、收购、分立、破产、股份制改造、资产重组等重大体制改革；(3) 诉讼标的达到净资产的 30%的重大法律诉讼；(4) 对外担保额达到净资产的 30%的重大对外担保；(5) 重大人事调整；(6) 重大事故和大额赔偿等重大事项。

第五，贵方一旦出现贷款逾期、欠息或造成银行被迫垫款等情况，我行可停止贵方使用公开额度授信。

第六，本证书加盖公章后生效，仅作贵方便利使用公开额度授信之证明，不作其他用途。

中国××银行________________行

______年____月____日

图 4—1　公开额度授信证书

（三）操作程序

银行对企业进行额度授信（包括一般额度授信和公开额度授信，下同）的操作程序可分为受理、信用评级、提出额度授信建议、额度审批、额度使用及后续管理等六个环节。

1. 受理

对拟进行一般额度授信的企业，银行信贷经营部门会主动搜集企业资料。为企业申报一般额度授信时，不告知企业，不准企业参与申报材料的编制。对于申请公开额度授信的企业，信贷人员应向企业全面介绍银行的信贷政策和公开额度授信条件，并参照信贷业务基本操作流程的规定受理企业申请。

2. 信用评级

对拟进行额度授信的企业，银行信贷经营部门按照企业信用评级的规定对企业进行信用等级评定，并测算信用风险限额。

3. 提出额度授信建议

原则上银行在不超过信用风险限额的前提下，综合考虑下列因素，确定对企业的额度授信：企业的客观信用需求；预计其他银行对企业的授信变动情况；银行的信贷政策。

原则上额度授信的建议中应明确各信贷品种的额度（包括贸易融资额度）和公开额度授信（如有）。

4. 额度审批

（1）合规性审查：参照信贷业务基本操作流程的规定执行。其中，材料齐全性审查应重点审查是否同时具备以下材料：以行发文上报的正式文件，文件内容包括对该业务的倾向性决策意见（含授信额度、授信期限）、给银行带来的相关效益、存在的风险及拟采取的防范措施等；额度授信申报书；企业信用评级报告；经财政部门核准或会计师（审计）事务所审计的近3年财务报告和审计报告，以及申请额度授信前最近一期的财务报表及财务变动情况说明；其他要求的材料。

（2）审批：1）各级行对额度授信的审批依据授权或转授权的单户授信总量审批权执行。2）对企业核定的授信额度小于对企业的授信存量时，额度授信的审批按照对企业授信存量的审批权执行。3）凡存在下列情况之一，额度授信的审批权在上述规定的有权行基础上上移一级行：在特殊情况下，拟对不符合条件的企业授予公开额度授信的；根据业务发展的需要，拟给予企业的授信额度超过按规定办法测算的信用风险限额的。4）对调整额度授信的企业按照拟调整后的额度审批权限审批。

5. 额度使用

在额度有效期内任一时点，企业在银行的信贷余额不能超过一般额度授信（总行另有规定的除外）。对一般额度授信企业办理额度内具体业务时按照相关信贷品种的要求执行。在一般额度授信内对具体信贷业务的审批按信贷业务授权权限的规定执行。如企业需要使用公开额度授信，应提前5个工作日向银行提交申请，将信用需求的品种、金额、期限等通知银行，同时填写相关信贷品种申请书。信贷经营部门审核后，报经主管行长签字同意后对企业办理发放等相关手续。

6. 后续管理

银行对一般额度授信采取日常监测管理、定期分析评价，根据企业情况随时调整授信额度的管理方式。额度授信企业在发生具体信贷业务后，经办行参照信贷资产检查的规定进行信贷资产检查。

三、法人账户透支

（一）概述

1. 定义

法人账户透支业务是指银行同意企业在约定的账户、额度和期限内进行人民币透支的业务。法人透支账户必须是企业在银行开立的基本存款账户或一般存款账户。透支不允许提现（银行另有规定的除外）或直接将款项划入个人存款账户。

2. 对象

法人账户透支业务的对象为信誉良好，经营情况正常，财务管理规范，在银行开立了存款账户，经国家工商行政管理机关（或主管机关）核准登记的企业（事业）法人。

3. 条件

办理透支业务的企业，必须符合以下条件：（1）银行评定的信用等级达到 AA 级以上（含）的企业；（2）银行已给予一般额度授信的企业。

4. 用途

法人账户透支是为了满足企业临时性融资需求。

5. 额度

透支额度最高不超过银行给予企业的一般额度授信中固定资产贷款额度和表外授信业务额度以外授信额度的 50%，且最高不超过 5 亿元。透支额度可占用银行为企业核定的免担保信用额度。

6. 期限

法人账户透支业务的期限包括透支额度有效期和透支账户持续透支期限。透支额度有效期原则上不超过 1 年，且在双方签署的透支业务合同中约定。透支额度有效期满后，如仍在企业一般授信额度有效期内，可按有关规定重新报批。为保证企业透支业务的连续开展，需要连续透支服务的企业，应向经办行提前报送透支额度申请。透支账户持续透支期限是指企业在透支账户持续存在透支余额的天数。AAA 级企业透支账户持续透支期限不能超过 60 天（自然日，下同），AA 级企业透支账户持续透支期限不能超过 30 天。

7. 价格

法人账户透支业务的价格包括透支额度承诺费和透支贷款利率。透支额度承诺费按透支额度的 0.2%每年收取一次，最低收取 1 000 元。透支贷款利率执行中国人民银行规定的六个月期贷款利率，并可视企业情况上浮，但不能下浮，具体利率水平与企业协商确定。在透支额度有效期内遇中国人民银行调整人民币利率，对调整日后发生的透支贷款及逾期贷款按照调整后的相应利率水平执行。对透支借款按日结计积数，按月计收透支利息。

（二）操作程序

法人账户透支业务的操作程序与其他信贷业务基本相同，参照信贷业务基本操作流程办理。此外，根据法人账户透支业务的特点，需注意以下方面：

1. 受理

受理阶段主要包括企业申请和资格审查两个环节：（1）企业申请：企业提出透支业务申请，由信贷经营部门负责受理。（2）资格审查：银行为企业办理法人账户透支业务，必须具备规定条件。

如有下列情况之一的企业，不能为其提供透支服务：（1）在金融机构有不良贷款余额或曾经有不良贷款被核销；（2）在商务活动中有重大不良信誉记录；（3）企业的法定代表人或其他对企业有实际控制力的当事人领导的其他企业发生过欺诈或恶意逃避银行债务的行为；（4）企业不能按时提供财务报表或有意提供过虚假财务报表；（5）企业涉及标的达到净资产的 30%的重大法律诉讼；（6）企业有重大事故和大额赔偿等重大事项；（7）其他表明企业缺乏诚信或管理能力弱的行为。

2. 额度核定

受理企业提出透支申请后，信贷经营部门应根据企业日常资金周转情况、信用状况、目前经营状况、偿债能力、行业特点及银行给予企业的一般额度授信等因素综合考虑确定企业的透支额度。

3. 额度审批

法人账户透支额度的审批参照信贷业务基本操作流程中的有关规定执行。

4. 签约缴费

签约缴费阶段主要包括约定透支账户、协商确定透支利率和透支额度承诺费费率、签订透支业务合同及附属担保合同、缴纳额度承诺费等内容。

（1）约定透支账户：企业透支额度审批通过后，信贷经营部门应与企业协商，从企业在银行开立的基本存款账户或一般存款账户中指定一个账户为透支账户。

（2）协商确定透支利率和透支额度承诺费费率：信贷经营部门在授权范围内根据市场竞争需要和企业综合贡献度，与企业协商确定透支利率和透支额度承诺费费率。

（3）签订透支业务合同：在各项签约准备工作就绪，双方就合同文本的有关条款取得一致意见后，信贷经营部门应及时与企业签署透支业务合同。

（4）签订相关的担保合同：银行给予企业的透支额度为需要提供担保的额度时，企业使用透支资金前应提供有效的担保，与银行签订透支业务担保合同。

（5）缴纳额度承诺费：信贷经营部门与企业签署透支业务合同后，企业经理持《透支业务合同》副本和《透支业务通知书》，与企业一起到经办行营业柜台支付额度承诺费，经办行营业柜台收妥额度承诺费后，依据《透支业务通知书》为企业指定账户开通透支功能。

5. 透支资金的使用

透支业务合同及相关担保合同已生效；担保合同项下的抵（质）押手续已经办妥；企业已按约定时间交纳透支额度承诺费。只有同时满足上述前提条件，企业方可使用透支资金：企业使用透支资金，无须提前通知银行或提出专门的申请。当企业要求动用透支账户的款项金额超过该账户的存款余额时，视同企业提出透支借款的申请。在透支额度范围内、透支额度有效期以内和未超过透支持续期限的情况下，允许企业连续多笔透支。

6. 透支账户的监控

银行会计结算部门负责通过系统监控透支账户的透支余额不超过透支限额，透支账户的持续透支期限不超过有效持续透支期限。对透支金额按照透支利率结计透支资金利息，并按日计息，按月结息，结息日固定为每月的第20日。

企业透支账户的持续透支期限到期前5日，或透支额度有效期到期前5日，会计结算部门根据电脑系统提示向信贷经营部门出具《透支预警通知书》。信贷经营部门收到《透支预警通知书》后，在1个银行工作日内向企业发出《透支还款通知书》，提示企业归还透支借款本息。

7. 透支资金的回收

在企业透支账户存有透支余额期间，企业划入款项自然冲抵透支借款。每日柜台营业时间结束后，银行会计结算部门对日透支账户结计积数。AAA级企业透支账户持续透支期限达到60天，AA级企业透支账户持续透支期限达到30天，银行系统自动停止为企业办理透支业务，并于次日将该透支账户透支贷款余额转为逾期贷款，按照中国人民银行有关逾期贷款利率的规定计收利息。企业在银行开立有其他存款账户的，银行可以直接援引《透支业务合同》条款，进行透支本息扣收。企业透支额度有效期满，自动停止该账户的透支功能。已透支贷款在有效持续透支期限内按照正常利率计息，超过有效持续透支期限按逾期贷款计息。透支贷款转为逾期贷款后，由相关部门按照逾期贷款的有关规定负责进行催收和保全。

四、固定资产贷款

（一）概述

1. 定义

固定资产贷款是指银行向借款人发放的用于固定资产项目投资的本外币贷款。

2. 对象

经工商行政管理机关（或主管机关）核准登记的企业（事业）法人、其他经济组织。

3. 条件

（1）借款人依法经工商行政管理机关或主管机关核准登记；

（2）借款人信用状况良好，无重大不良记录；

（3）借款人为新设项目法人的，其控股股东应有良好的信用状况，无重大不良记录；

（4）国家对拟投资项目有投资主体资格和经营资质要求的，应符合其要求；

（5）借款用途及还款来源明确、合法；

（6）项目符合国家的产业、土地、环保等相关政策，并按规定履行了固定资产投资项目的合法管理程序；

（7）符合国家有关投资项目资本金制度的规定；

（8）贷款人要求的其他条件。

4. 用途

用于固定资产项目建设、购置、安装、改造及其相应配套设施的建设。

5. 分类

（1）按照贷款用途，固定资产贷款可分为基本建设贷款和技术改造贷款。基本建设贷款是指用于基本建设项目的贷款，包括重点、大中型和小型项目贷款；技术改造贷款是指用于技术改造项目的贷款。（2）按照借款人主体，固定资产贷款可分为既有法人贷款和新设法人贷款。既有法人贷款是指对已存在的企（事）业法人的贷款；新设法人贷款是指对项目建设新组建的项目法人的贷款。

6. 期限

固定资产贷款期限应根据项目和法人的具体情况确定，一般不超过 15 年。对于特殊项目，应根据项目具体情况确定合理的贷款偿还期。

7. 利率、结息和贴息

（1）利率：固定资产贷款利率由银行与企业协商确定，并在借款合同和贷转存凭证中载明。人民币固定资产贷款利率以中国人民银行确定的同期限贷款利率为基准，并在中国人民银行允许的范围内浮动。外币贷款利率依照贷款发放时国内外资金市场的情况和银行的资金成本确定。通常有两种利率定价方式：一种是固定利率，适用于三个月以内（含三个月）、三至六个月（含六个月）、六个月至一年（含一年）和一年至两年（含两年）等四类期限的贷款。另一种是浮动利率，分为一个月浮动一次、三个月浮动一次和六个月浮动一次，分别按一个月 LIBOR（或 HIBOR、SIBOR 等对应币种的基准利率）加点、三个月 LIBOR（或 HIBOR、SIBOR 等对应币种的基准利率）加点和六个月 LIBOR（或 HIBOR、SIBOR 等对应币种的基准利率）加点的方式定价。

（2）结息：人民币贷款按月计结息。贷款计结息日为每月（或每季末月）的 20 日。

(3) 贴息：是由企业先付给银行利息以后，企业再凭付息凭证自行向国家有关部门申请贴息。享受贴息的基本建设贷款和技术改造贷款，实行先收后贴的原则，但整个过程贴息资金的划拨不经过银行。

(4) 罚息：罚息利率分为逾期贷款罚息利率和借款人未按合同约定用途使用借款的罚息利率。逾期贷款罚息利率按借款合同载明的贷款利率加收50%；借款人未按合同约定用途使用借款的罚息利率按借款合同载明的贷款利率加收100%。

（二）操作程序

1. 银行受理企业的申请

(1) 企业申请：企业可向银行申请出具贷款意向书（含意向性贷款承诺书）、贷款承诺书或直接申请固定资产贷款。

(2) 资格审查：1）企业向银行申请出具贷款意向书或意向性贷款承诺书，经办行参照信贷业务基本操作流程中的规定审查企业资格。2）向银行申请出具贷款承诺书的，经办行需审查项目是否经银行审批同意。3）向银行直接申请固定资产贷款的，除按照信贷业务基本操作流程中的规定审查企业资格外，经办行还应按国家对固定资产投资项目的不同管理模式，审查固定资产投资项目条件。

(3) 提交材料：1）向银行申请出具贷款意向书的，企业应提供：企业申请（原件）、报批的项目建议书（原件或复印件）、项目有关背景材料（原件或复印件）。2）向银行申请出具意向性贷款承诺书的，企业应提供：企业申请（原件），报批的项目建议书（原件或复印件）和项目建议书批复文件（如有）（原件和复印件），意向性贷款承诺书申报表，借款人基本情况、项目概况和项目提出的有关背景材料（原件或复印件）。3）企业要求银行对已经审批并通过的项目出具贷款承诺书的，只需提交企业申请。4）向银行申请对未审批的项目出具贷款承诺书和申请固定资产贷款的，企业除提交信贷业务基本操作流程中要求的基本材料和固定资产贷款申请书外，还应区别情况提供相应材料。

2. 进行调查

企业申请固定资产贷款，银行将参照信贷业务基本操作流程的规定办理，区别具体情况办理：

(1) 如企业需要出具贷款意向书或意向性贷款承诺书，则进行初步调查，包括：1）企业情况：初次申请的企业，应调查了解企业基本情况、生产规模、生产经营及财务状况、工艺及设备水平和科研开发及利用能力，分析判断企业承受项目的能力以及企业的信用关系。2）项目情况：根据项目建议书、可行性研究报告，重点审查项目内容、规模、总投资、预计项目收益、还款期等，判断项目是否符合规定的项目条件。3）项目资金来源情况：审查项目是否有明确、充足和合法的资金来源；项目资本金比例是否符合国家的有关规定；拟申请国家补助、转贷、贴息的项目，是否符合国家相关规定。

(2) 出具贷款意向书或意向性贷款承诺书：银行审定同意后，向企业出具《中国××银行贷款意向书》或《中国××银行意向性贷款承诺书》（见图4—2）。银行在出具意向性贷款承诺书时，要与企业签订协议书，明确仅在项目经国家有关部门批准并通过银行信贷审批，且在符合银行其他贷款条件的前提下，方提供贷款融资安排。

(3) 如企业不需要出具贷款意向书或意向性贷款承诺书的，则直接进行调查评价。调查评价主要参照信贷业务基本操作流程和项目评估的相关规定进行。对于执行核准制的项目，银行还应调查项目是否被拆分以取得核准批准文件。

中国××银行贷款承诺书

承编号（　　年）第　　　号

__________________（企业名称）

你单位提送的__________________项目贷款申请文件，经我行审批决策，同意承诺该项目固定资产贷款________万元（人民币/美元），贷款期限________；该项目贷款利率按照中国人民银行有关规定执行。

本承诺有效期为两年，自本承诺书出具之日起计算。俟本承诺书下的固定资产贷款项目在承诺期内符合国家法律法规以及我行的相关贷款条件后，我行提供融资安排。项目贷款具体权利和义务以我行与你单位正式签署的借款合同为准。

本承诺有效期内，如遇该项目有关政策发生变化、项目建设方案或投资计划发生调整或你单位经营状况发生变化，以上承诺需经我行重新确认后方为有效。

中国××银行__________行（公章）

法定代表人（或授权代理人）（签字）：________

______年____月____日

图 4—2　中国某银行贷款承诺书

3. 银行对企业申请进行审批

企业提交申请后经办银行将参照信贷业务基本操作流程的规定执行。

4. 银行出具贷款承诺书

企业申请银行对已审批通过的项目出具贷款承诺书的，经一级分行审定后，对外出具银行贷款承诺书。因特殊营销需要，也可申请总行出具。

5. 银行发放贷款

（1）落实签订合同的条件：签订合同前，企业要落实各项贷前条件，如果审批结论为有条件同意的，应具备相关条件。（2）签订借款合同和附属担保合同。（3）明确银行贷款的用款条件：1）银行发放第一笔固定资产贷款要求下列条件：已在银行开立账户；担保合同已经生效；执行核准制的项目，核准批准文件在有效期内；执行核准制和备案制的项目已获得城市规划、国土资源管理、环境保护部门和其他法律法规规定部门出具的关于城市规划、项目用地、环境影响评价等的正式批准文件。2）之后银行发放每笔贷款需要满足的条件包括：上一期建设资金已按照合同约定的进度足额到位；项目进展顺利，没有发生重大的不利于银行贷款的情况。

6. 固定资产贷款的支用

银行对固定资产贷款的支用将参照信贷业务基本操作流程中的相关规定办理。银行经办人员将督促企业按下列原则支用贷款：按照合同约定用途、年度投资计划用款。用于建设项目的其他资金与银行贷款同比例支用。不能将所支用的固定资产贷款作为资本金、股本金和自筹资金使用。对建设项目因概算调整，确需申请追加贷款的，借款人仍须按信贷业务基本操作流程规定的程序重新申请贷款。

7. 银行对固定资产贷款的贷后管理

（1）信贷资产检查：银行对企业信贷资产的检查可参照信贷资产检查的相关规定办理。此外，银行还应重点检查以下内容：1）项目建设期检查：项目的建设进度是否按计划进行，项目总投资中各类资金是否到位，项目的建设、技术、市场条件是否发生突变，承担项目建设的能力和项目建设质量如何，是否出现较大事故等。对于异地项目，必要时需要实地检查上述内容。2）项目生产期检查：生产经营是否正常，由项目产生的还贷资金是否能达到原来项目评估报告的要求，对于异地项目，必要时需要实地检查上述内容。(2) 展期。(3) 借新还旧。

五、流动资金贷款

（一）概述

1. 定义

流动资金贷款是指用于借款人正常生产经营周转或临时性资金需要的、具有固定期限的本外币贷款。

2. 对象

经国家工商行政管理机关（或主管机关）核准登记的企业（事业）法人和其他经济组织（以下统称为借款人）。

3. 条件

(1) 借款人依法经工商行政管理机关或主管机关核准登记；

(2) 借款人生产经营合法、合规；

(3) 借款人信用状况良好，无重大不良记录；

(4) 借款用途明确、合法；

(5) 借款人具有持续经营能力，有合法的还款来源；

(6) 借款人承诺按本办法有关规定配合贷款人的贷款支付管理，为贷款人提供真实的贷款支付和流转情况；

(7) 贷款人要求的其他条件。

4. 用途

流动资金贷款的主要用途有：(1) 用于满足借款人正常生产经营过程中为耗用或销售而储存的各类存货、季节性物资储备等生产经营周转性、经常占用性或临时性资金需求（以下称一般流动资金贷款）。(2) 用于固定资产投资项目的临时资金需求：还款来源是已确定用于该项目的资金，且一年内到位；如果是在建固定资产投资项目，必须是已经银行审批通过的，开工报告已经国家有关部门审批（如有）或分年投资计划已经银行认可，以前年度投资计划已完成，且项目资金和建设进度正常。

5. 种类

(1) 按行业划分：可以分为工业流动资金贷款、商业流动资金贷款、建筑业流动资金贷款、房地产流动资金贷款、服务业流动资金贷款、公共业流动资金贷款、农业流动资金贷款、非银行金融机构贷款、其他流动资金贷款等。(2) 按期限划分：可分为短期流动资金贷款和中期流动资金贷款。短期流动资金贷款是指期限在一年（含）以内的贷款；中期流动资金贷款是指期限为一年至三年（含）的贷款。(3) 按币种划分：可分为人民币流动资金贷款和外汇流动资金贷款。

6. 贷款利率

流动资金贷款利率由银行与企业协商确定，并在借款合同和贷转存凭证中载明。

(1) 人民币流动资金贷款利率。1）利率水平。人民币流动资金贷款利率以中国人民银行确定的同期限贷款利率为基准，并在中国人民银行允许的范围内浮动。2）确定方式。人民币贷款利率设置浮动利率和固定利率两种方式。一年以下贷款（含一年）原则上采用固定利率方式；一至三年（含三年）贷款利率的确定方式由银行与企业协商决定。浮动周期可采取一个月、三个月、半年和一年四种。3）计结息方式。人民币贷款采取按月计结息方式。经银行利率管理部门审批，对综合贡献度较大的优质企业可按季计结息。公司类贷款计结息日为每月（或每季末月）第20日。4）利率浮动。商业银行总行信贷经营部门和一级分行根据中国人民银行制定的贷款基准利率在浮动权限内确定。5）罚息利率。罚息利率分为逾期贷款罚息利率和借款人未按合同约定用途使用借款的罚息利率。逾期贷款罚息利率按银行与企业约定的贷款利率加收50%；借款人未按合同约定用途使用借款的罚息利率按银行与企业约定的贷款利率加收100%。经一级分行利率管理部门审批，对综合贡献度较大的优质企业可降低罚息利率，但不能低于人民银行规定的罚息利率最低限。对于既逾期又未按合同约定用途使用借款的罚息利率，应择其重，不能并处。罚息利率应在银行与企业签定的借款合同中明确。

（2）外汇流动资金贷款利率。外币流动资金贷款利率由银行与企业协商确定。通常有两种利率定价方式：一种是固定利率，适用于三个月以内（含三个月）、三至六个月（含六个月）、六个月至一年（含一年）和一年至两年（含两年）等四类期限的贷款。二年以内贷款使用固定利率的，利率水平采取借款合同生效日或其他指定时点相对应的三个月、六个月和一年期LIBOR（或HIBOR、SIBOR等对应币种的基准利率）加点的方式确定；二年以上贷款使用固定利率的，直接明确具体的利率水平。另一种是浮动利率，分为一个月浮动一次、三个月浮动一次和六个月浮动一次，分别按一个月LIBOR（或HIBOR、SIBOR等对应币种的基准利率）加点、三个月LIBOR（或HIBOR、SIBOR等对应币种的基准利率）加点和六个月LIBOR（或HIBOR、SIBOR等对应币种的基准利率）加点的方式定价。

（二）操作程序

流动资金贷款的操作程序分为受理、调查评价、审批、发放和贷后管理五个环节。

1. 受理

经办行信贷经营部门为流动资金贷款的受理部门。受理、企业资格审查、提交材料参照信贷业务基本操作流程的规定执行。企业向银行申请流动资金贷款，需要提供相关的材料，业务材料根据流动资金贷款的用途不同而不同。（1）申请一般流动资金贷款的，经办行需收集贸易合同、协议、定单、意向书等业务材料。（2）申请用于固定资产投资项目的流动资金贷款，经办行应要求企业提交与该项目有关的资金来源、交易合同、协议等文件。（3）申请用于在建固定资产投资项目的流动资金贷款的，银行需收集以下材料：银行对该固定资产投资项目的审批文件；国家有权部门审批的开工报告（如有）或银行认可的分年投资计划；项目各项资金来源的正式的书面承诺或证明文件；截至上期为止，固定资产投资项目各项资金已到位、建设进度已按投资计划完成的证明文件；拟购设备、材料订货合同清单。

收集以上材料后，经办行参照信贷业务基本操作流程进行初步审查，审查合格后，开展调查。

2. 调查

经办行信贷经营部门为流动资金贷款的主要调查部门，调查必须实行双人调查制。除信贷业务基本操作流程的调查规定外，重点调查以下内容：

（1）一般性流动资金贷款。1）借款用途及还款来源：审查借款用途是否正常合理。信贷经营部门要认真调查流动资金的借款用途是否与借款人的生产经营范围一致，是否真正用于生产、经营、储备或周转等环节，是否具有与借款用途或还款来源有直接关系的购销（施工）协议、合同或订单，合同或协议是否真实有效，还款来源是否可靠并足以清偿贷款本息等。2）财务报告：信贷经营部门应遵循有效性、审慎性和真实性原则，认真审查借款人提交的财务报告（主要包括资产负债表、损益表、现金流量表及相关说明材料等）。通过对各期财务报告的比较，预测借款人财务状况的变化趋势。审查财务报表的各种钩稽关系是否合理；附注中是否解释说明了特别的事项；借款人的资产负债比例是否合理；资金周转是否正常；财务状况是否良好；财务管理是否规范；借款人是否具备举债经营及还本付息能力；借款人流动资金是否充足等。3）借款人的贸易或交易背景：主要审查反映借款人贸易或交易真实性的合同（协议）、订单或意向书是否真实、有效；是否有真实的贸易或交易背景；是否属于借款人的正常经营范围。

（2）固定资产投资项目的流动资金贷款。除前述有关要求外，银行还应重点调查以下事项：1）贷款用途和资金来源：对于在建固定资产投资项目的流动资金贷款，应调查项目资金和项目建设进度是否与开工报告或分年投资计划一致、该流动资金贷款是否有挪用的可能、各项建设资金未来按期到位的可能性、项目是否已经或可能出现影响项目资金到位和建设进度的情况等；对于非在建固定资产项目的流动资金贷款，应调查评价还款来源是否明确可靠，审查有关合同或协议标的是否合法合规、是否已经生效或具备生效的可能性、履约方的履约能力和信用状况、付款方的付款能力和信用状况（如有）等。2）交易真实性：用于在建固定资产投资项目，需检查订货合同清单中所列的材料和设备是否在固定资产投资计划内，是否与项目建设进度相匹配；用于非在建固定资产投资项目，必须实地调查交易、合同或协议的真实性。

（3）确定贷款期限和金额。1）确定贷款期限：一般性流动资金贷款的期限要根据借款人的贷款用途、生产经营周期、还款能力和贷款人的资金实力，由借贷双方共同协商后合理确定。固定资产投资项目的流动资金贷款的贷款期限最长不超过一年，且不能超过该项目资金到位的期限。2）确定贷款金额：一般性流动资金需求分析是对借款人维持正常生产经营所需全部周转资金占用数量的分析。信贷经营部门根据借款人的生产规模、经营特点、发展计划和流动资金周转期等，测算借款人正常、合理的流动资金总需求量，通过分析现有流动资金的来源构成，分析借款人流动资金需求因何增加及该笔贷款投入后是否超过借款人合理的支付能力、能否满足借款人正常运营的需要。分析借款人资金营运有无季节性及对流动资金贷款有无季节性需求等，据此合理确定流动资金的贷款金额。固定资产投资项目流动资金贷款金额，根据企业需求按照具体贷款用途和资金来源确定。

（4）银行撰写调查评价报告。调查评价报告包括企业信用评级报告、流动资金贷款业务评价报告（如需）和担保评价报告（如需）。

3. 审批

4. 签订合同

5. 发放

6. 贷后管理

此外，银行信贷资产检查还包括以下内容：流动资金占有和存货是否合理、正常。有无挤占、挪用一般性流动资金贷款用于固定资产、房地产炒作、购买有价证券等用途。固定资产投资项目流动资金贷款中有无发生挪用、改变贷款用途的情况，有没有发生不利于履行合同的事件。

7. 贷款展期

参照信贷业务基本操作流程的规定办理。

六、商业汇票贴现

（一）概述

1. 定义

商业汇票贴现是指商业汇票的持票人将未到期的商业汇票转让于银行，银行按票面金额扣除贴现利息后，将余额付给持票人的一种融资行为。

2. 对象

贴现业务的对象为经工商行政管理机关或主管机关核准登记的企业（事业）法人或其他经济组织。

3. 用途

商业汇票贴现主要用于解决企业短期融资需求，帮助企业盘活资金，降低企业融资成本。

4. 分类

（1）直贴、转贴现、再贴现：企业（事业）法人或其他经济组织向金融机构申请办理的贴现为直贴；各金融机构之间办理的贴现为转贴现；金融机构向中国人民银行申请办理的贴现为再贴现。本书中的贴现均指直贴。

（2）银行承兑汇票贴现和商业承兑汇票贴现：按照承兑人的不同，商业汇票贴现分为银行承兑汇票贴现和商业承兑汇票贴现。银行承兑汇票贴现现阶段只办理《承兑银行名单》所列的商业银行及银行其他分支机构承兑的商业汇票。

（3）卖方付息、买方付息和协议付息贴现：按照贴现利息支付人的不同，可将商业汇票贴现分为卖方付息贴现、买方付息贴现和协议付息贴现。卖方付息贴现即由卖方申请贴现，并承担全部贴现利息的资金融通行为。买方付息贴现即卖方企业在按照买卖合同的约定发出商品后，持买方企业交付的未到期银行承兑汇票向银行申请贴现，银行经审查后，按照与买卖双方事先的协议规定，将汇票票面金额全额付给卖方企业，而向买方企业收取贴现利息的一种融通资金行为。协议付息贴现即买卖双方根据协议约定，各自承担一部分贴现利息。

5. 条件

（1）办理银行承兑汇票贴现业务的条件：1）承兑银行应同时具备下列条件：限于《承兑银行名单》中所列的商业银行及银行其他分支机构；已有银行的额度授信并在有效期内。2）贴现申请人应同时具备下列条件：在银行开立存款账户；与出票人或其前手之间具有真实合法的商品、劳务交易关系；申请贴现的商业汇票合法有效，且未到期，未注明“不能转让”、“质押”、“委托收款”字样。

（2）办理商业承兑汇票贴现业务的条件：1）承兑企业必须同时满足以下条件：信用等级为银行评定的AA级以上（含AA级）；近三年按期偿还贷款本息，且无其他对银行的违约行为；银行已对其进行额度授信。2）申请贴现的商业承兑汇票必须同时满足以下条件：符合上述规定标准的企业所承兑的商业承兑汇票；省内（自治区、直辖市）企业所承兑的商业承兑汇票（若贴现申请人的信用评级为AA以上（含）或者总行另有规定的承兑人，可不受此条限制）。3）贴现申请人的条件同银行承兑汇票贴现申请人的条件。

（3）办理买方付息银行承兑汇票贴现业务的条件：除符合前述有关规定的条件外，办理买方付息银行承兑汇票贴现业务还应符合以下条件：1）卖方企业：在当地银行分支机构（经办行）开立存款账户；与买方企业之间具有真实合法的商品、劳务交易关系；申请贴现的银行承兑汇票合法有效，且未到期，未注明“不能转让”、“质押”、“委托收款”字样；资信状况良好，业务发展稳定；与买方企业之间有稳定的业务关系。2）买方企业：在经办行或协办行开立存款账户，或将贴现利息资金预先汇划至经办行；资产流动性好，债务结构合理，有稳定、充足的经营现金流量；无不良商业信用记录，在金融机构无不良信用记录。

6. 期限

贴现期限自贴现之日起至汇票到期日止，最长期限不超过6个月。

7. 定价及其方法

银行办理贴现业务收取的贴现利率，在中国人民银行规定的再贴现利率基础上加百分点的方式与企业协商确定，且不超过同期贷款利率。汇票承兑人在异地的，贴现期限及利息的计算应另加3天的划款日期。计算公式如下：

贴现利息＝汇票金额×贴现天数×（月贴现率/30天）

贴现天数为贴现之日至汇票到期日前一天，到期日遇法定公休、节假日，计息天数加计实际顺延付款天数。汇票承兑人在异地的，到期日遇法定公休、节假日的顺延。

（二）操作程序

1. 受理

受理程序参照信贷业务基本操作流程的有关规定，但在各个不同阶段的工作内容应同时体现信贷业务的共性要求和商业汇票贴现业务的个性要求。

（1）企业申请：参照信贷业务基本操作流程中的相关要求办理。其中，对于买方付息银行承兑汇票贴现，应在企业提出贴现申请前，签订“银企合作协议”。

（2）银行资格审查。

（3）提交材料：《中国××银行贴现业务申请书》（见表4—1）；申请贴现的未到期商业汇票，且未注明“不能转让”、“质押”字样；有效期内的营业执照、贷款卡（证）及年检证明；贴现票据项下的商品、劳务交易合同原件及复印件，以及能够证明票据项下的交易确已履行的凭证，包括与其直接前手之间的增值税发票和商品发运单据等原件及复印件，或者其他能够证明商业汇票合法持有的证明；申请人为有限责任公司、股份有限公司、合资合作企业或承包企业等，要求提供依照公司章程或组织文件规定的权限，由有权机构（人）出具的同意申请贴现的决议；银行认为应当提供的其他材料。

买方付息银行承兑汇票的贴现申请人（卖方企业），除提供上述材料外，还须提供以下材料：各买方企业信息，包括名称、地址、主要开户行及账号等；各买方企业在有关合同项下同意支付贴现利息的书面承诺；未到期的银行承兑汇票，且未注明“不能转让”、“质押”、“委托收款”字样；贴现票据项下的商品、劳务交易合同原件及复印件，以及能够证明票据项下的交易确已履行的凭证，包括与买方企业之间的增值税发票等原件及复印件，或者其他能够证明商业汇票合法持有的证明。

表 4—1

中国××银行贴现业务申请书

编号（　　年）第　　号

单位：万元

<table>
<tr><td>企业全称</td><td colspan="3"></td><td>企业代码</td><td></td></tr>
<tr><td>贷款卡（贷款证）号</td><td></td><td>基本账户开户行</td><td></td><td>账号</td><td></td></tr>
<tr><td>所有制性质</td><td></td><td>注册时间</td><td></td><td>注册资本</td><td></td></tr>
<tr><td>法定代表人</td><td></td><td>电话</td><td></td><td>国籍</td><td></td></tr>
<tr><td>授权代理人</td><td></td><td>电话</td><td></td><td>国籍</td><td></td></tr>
<tr><td>财务主管</td><td></td><td>电话</td><td></td><td>传真</td><td></td></tr>
<tr><td>经营范围</td><td colspan="5"></td></tr>
<tr><td>主导产品</td><td colspan="5"></td></tr>
<tr><td colspan="4">截止　　年　　月　　日</td><td rowspan="2">是否上市公司</td><td rowspan="2"></td></tr>
<tr><td>总资产</td><td></td><td>净资产</td><td></td></tr>
<tr><td>申请原因及用途</td><td colspan="5"></td></tr>
<tr><td>汇票金额</td><td colspan="5">（币种、大写）</td></tr>
<tr><td>申请期限</td><td colspan="5">年　　月　　日至　　年　　月　　日</td></tr>
<tr><td rowspan="5">汇票要素</td><td>汇票种类</td><td></td><td>承兑人名称</td><td colspan="2"></td></tr>
<tr><td>汇票编号</td><td></td><td>承兑人住所</td><td colspan="2"></td></tr>
<tr><td>出票日期</td><td></td><td>承兑联系人</td><td colspan="2"></td></tr>
<tr><td>汇票到期日</td><td></td><td>承兑人联系电话</td><td colspan="2"></td></tr>
<tr><td>出票人</td><td></td><td>持票人的直接前手</td><td colspan="2"></td></tr>
<tr><td>还款资金来源</td><td colspan="5"></td></tr>
<tr><td colspan="6">企业声明：
我公司为汇票合法持有人，保证按照贵行的要求提供有关资料，如汇票到期被承兑银行拒付，贵行可从我单位任何账户中扣收或作为我单位在贵行的逾期贷款。
贴现申请人：（公章）
法定代表人（授权代理人）：
年　　月　　日</td></tr>
</table>

2. 银行调查

（1）银行信贷经营部门审查：信贷经营部门接受申请人提供的材料后，向其开具《申请材料收妥单》，并从以下方面进行审查：1）申请人提交的材料是否完整、齐全。2）申请人提交的《贴现业务申请书》的内容和形式。是否用蓝黑色或黑色墨水填写；单位名称、法定代表人姓名是否与营业执照一致；贴现申请人名称是否与贴现汇票上收款人或最终被背书人的名称一致；加盖的公章是否清晰，是否与营业执照和贷款卡（证）上的名称一致。3）相关材料是否真实、合法、有效。营业执照是否在有效期内，是否通过了工商行政管理部门的年检；有权机构授权申请贴现的文件内容是否与申请书所写一致。办理该贴现申请的时间是否在其授权的有效期内。4）贴现申请人是否为汇票的合法持有人。提交的有关履行该汇票项下商品交易合同的增值税发票，商品发运单据等是否与商品交易合同一致，交易合同是否确已履行；贴现申请人是否为商业汇票所记载的收款人或最后被背书人，或者是否有取得票据的合法证明，如判决、裁定等法律文书等；对申请人有无偷盗、伪造或是胁迫取得票据，或者对于持票人明知有欺诈、偷盗或是胁迫等情形而出于恶意取得票据，应给予必要的注意。对债务人或者出票人与贴现申请人之间是否存在抗辩事由给予必要的注意。如经审查，持票人确实存在以上情形取得票据，应停止办理其贴现业务。

（2）银行会计部门审查：信贷经营部门初审合格后，填写一式两份《商业汇票审核查询通知单》（见图4—3），一份自留存档，一份连同汇票交银行会计部门，银行会计部门按支付结算规定对票据的有效性和真实性进行审查，并对汇票进行专项保管。审查的主要内容包括：1）汇票要素是否完整、规范、合法，是否为统一规定印制的凭证，是否超过提示付款期；出票人、承兑人及贴现申请人的签章是否符合规定；汇票记载事项中，必须记载事项是否齐全，是否标明不能记载事项，票据金额是否以中文大写与数字小写同时记载，票据金额、日期、收款人名称是否更改；其他记载事项更改时是否有原记载人签章证明。2）背书转让的汇票，背书是否连续，签章是否符合规定，背书使用粘单的是否按规定在粘接处签章。3）印模是否清晰、合法。4）汇票是否有变造、涂改痕迹等。进行上述审查后，会计部门应对申请贴现的汇票向承兑银行查询核实，并取得承兑银行的书面回复。会计部门的审核查询结果以《商业汇票审核查询通知回执》反馈给信贷经营部门（见图4—4）。

商业汇票审核查询通知单

会计部（处、科）：

现有　　　　（贴现申请人）在我部申请商业汇票贴现，商业汇票号码为　　　　，金额为　　　　。请你部对该汇票的真实性、合法性和有效性进行审核，并将有关证明材料随回执一并反馈我部（处、科）。

信贷经营部门（处、科）（签章）

图4—3　商业汇票审核查询通知单

商业汇票审核查询通知回执

信贷经营部（处、科）：

经审核，　　　　（贴现申请人）申请贴现的号码为　　　　，金额为　　　　的商业汇票确系　　　　行承兑的真实、合法、有效的商业汇票。特此证明。

会计部（处、科）（签章）

审核人：

负责人：

年　　月　　日

图4—4　商业汇票审核查询通知回执

3. 审批

审查的主要内容包括：（1）信贷经营部门送交的材料是否正确、完整、合规。（2）贴现申请人的资格和条件是否具备。

4. 额度使用

对审批同意的贴现业务，应相应扣减申请人或承兑人的授信额度。其中，银行承兑汇票贴现，应扣减承兑银行的授信额度；商业承兑汇票贴现，应同时扣减贴现申请人和承兑人的授信额度。总行另有规定的，按相关规定执行。

5. 发放

(1) 信贷经营部门根据最终审批同意的意见和资金管理部门的资金安排意见，及时通知企业按要求填制一式五联贴现凭证（买方付息、协议付息贴现为一式六联贴现凭证），然后由贴现银行的有权签字人在贴现凭证第一联上“银行审批”栏签注“同意”字样和日期，签章后将贴现凭证送交会计部门办理贴现。

(2) 会计部门收到贴现凭证后，按照有关规定进行审查，确认无误后，要求持票人对拟贴现的商业汇票当面作转让背书。

(3) 计算贴现利息和实付贴现金额。会计部门在贴现凭证有关栏填上贴现率、贴现利息和实付贴现金额，并将第一至三联作为核算凭证，进行账务处理，将贴现资金转入贴现申请人账户，第四联加盖转讫章作为收款通知交贴现申请人。第五联贴现凭证和汇票按到期日顺序排列，专夹保管。

(4) 对买方付息贴现，经办行会计部门收到贴现凭证后，按照有关规定进行审查。确认无误后，按确定贴现利率填写贴现利息和实际发放贴现资金金额，并以传真方式向协办行发出《买方付息商业汇票贴现利息划款通知书》（见图 4—5）。

买方付息商业汇票贴现利息划款通知书

银行__________分（支）行：

银行已审批同意了__________（卖方企业）__________（票面编号）银行承兑汇票的买方付息贴现申请，汇票金额为__________元（大写），贴现利率为_____‰，贴现期限自______年_____月_____日至______年_____月_____日，贴现利息为__________元（大写）。根据______年_____字_____号协议，请贵行即从__________（买方企业）在贵行开立的账户中扣划贴现利息款项__________元（大写），并汇划至银行以下账户。账户号为：____________

银行__________分（支）行（签章）

______年_____月_____日

图 4—5　买方付息商业汇票贴现利息划款通知书

(5) 协办行收到经办行划款通知后，应按通知中所列利息金额立即从买方企业在本行开立的账户中以主动汇划方式将相应资金划至经办行指定账户。经办行会计部门收到协办行划付的利息资金后，为卖方企业办理贴现手续，并应要求卖方企业对拟贴现的汇票当面作转让背书，按贴现票据面额，将贴现本金转入卖方企业存款账户。如协办行由于买方企业账户余额不足等买方企业原因而导致利息资金划付失败，经办行应立即停止办理买方付息贴现，并在贴现凭证各联加盖做废章，并可根据卖方企业要求为其办理卖方付息贴现业务。

(6) 如买方企业在卖方企业申请贴现时已将贴现利息资金预先汇划到经办行账户，或将贴现利息资金预存到其在经办行开立的存款账户，则经办行会计部门在收到经审批同意并签章的贴现凭证后，经审查确认无误，按确定贴现利率填写贴现利息和实际发放的贴现资金，并从买方企业预汇或预存的贴现利息资金中收取应收贴现利息。待利息收取后，应要求卖方企业对拟贴现的汇票当面作转让背书，按贴现票据面额，将贴现本金转入卖方企业存款账户。

6. 贴现后管理

(1) 汇票贴现后，信贷经营部门应及时登记台账。台账基本内容包括贴现申请人、汇票承兑人、贴现汇票的金额、种类、号码、出票日、到期日、贴现率、贴现利息、汇票到期处理、追索时效期等。

(2) 对于已办理贴现的未到期商业汇票，可向中国人民银行、其他商业银行或系统内上级行办理再贴现、转贴现或内部转贴现。对已办理转贴现、内部转贴现或再贴现的，会计部门、资金管理部门应通知业务经营部门在台账上予以登记，但不能注销。如果票据到期转贴现和再贴现行不获承兑人付款，向银行追索时，银行应向贴现申请人追偿。如票据到期转贴现和再贴现行已获承兑人付款，不向银行追索时，信贷经营部门和会计部门方可在相关台账上作注销登记。

7. 贴现到期回收

(1) 正常回收。贴现汇票到期前15日，贴现银行信贷经营部门应通知会计部门在法定付款提示期内办理委托收款手续，会计部门按照支付结算有关规定办理收款。对转贴现回购业务，票据回购到期前由信贷经营部门负责同贴现申请人联系，提示对方到期按时付款。会计部门在回购到期日关注回购资金到账情况并及时将有关信息反馈给信贷经营部门，在资金到账后按会计操作规程登记有关台账。会计部门在收到划回的款项后，应及时将有关划款凭证复印件送达信贷经营部门，信贷经营部门在台账上对该笔贴现予以注销。

(2) 追索。如果贴现汇票到期不获承兑人付款，经营部门3日内应将被拒绝事由书面通知贴现申请人，对于商业汇票贴现未收回部分，应当行使追索权。对贴现申请人追索票款时，会计部门可从贴现申请人在银行的账户收取，作相应账务处理后，将一联特种转账借方凭证加盖转讫章作支款通知，随同汇票和拒绝付款理由书或付款人未付票款通知书交贴现申请人，并通知信贷经营部门作注销登记。若到期商业汇票被承兑人拒付，各经办行应将该情况直接上报总行及管辖行。承兑人无理拒付票款，应停止办理其承兑的商业汇票贴现业务。

(3) 转逾期：如果贴现申请人账户存款不足以收回贴现资金，则不足部分转为贴现申请人在银行的逾期贷款，按规定计收利息，保留汇票并通知信贷经营部门继续追索。

8. 贴现未收回

(1) 行使追索权。当第一次付款请求权得不到满足时，可以行使追索权。1) 追索权行使的对象：背书人、出票人以及汇票的其他债务人。汇票的出票人、背书人、承兑人对持票人承担连带责任。持票人可以对其中任何一人、数人或全体行使追索权。2) 追索权行使的期限：追索权必须在法定期限内行使，对出票人和承兑人的票据权利期限为票据到期日起2年；对贴现申请人的追索权，自被拒绝付款之日起6个月。3) 追索权行使的注意事项：由于银行承兑汇票票据关系一旦形成，即与基础性原因关系分离，因此签发票据是否有商品交易或者交易是否合法，均不影响符合法定要式票据的背书、承兑、保证和付款，所以银行在行使票据追索权时，不应介入汇票项下的各类经济纠纷。承兑银行在承兑汇票到期后，应当承担到期付款的责任。故票据到期后，承兑银行作为第一债务人，有首先付款的义务。在追索权行使过程中，如对出票人、背书人追偿不利，应及时采取多种手段向承兑银行追偿。

(2) 管理：贴现未收回金额银行视同流动资金不良贷款管理，参照不良信贷资产经营管理办法执行。

【典型业务分析】

2009年11月3日，林仪公司作为买方与五凤公司签订了一个买卖合同。根据该合同，五凤公司应当在11月22日前交付某种中药材50吨。按照合同约定的支付方法，林仪公司向五凤公司签发了一张以Z银行为付款人，付款日期为12月1日的汇票。11月22日，五凤公司没有按照合同履行自己的交货义务，并在同一天遗失了林仪公司签发的汇票。后来查明，该汇票被服装个体户张某盗窃并伪造五凤公司的印章，以五凤公司为背书人、以自己为被背书人，对汇票进行了伪造背书，再以25万元的价格将汇票转让给利发达公司，然后携款逃跑。利发达公司持票到Z银行承兑，被拒绝。在找不到张某的情况下，利发达公司向法院提起了诉讼，要求五凤公司和林仪公司承担票据付款责任。

分析：

1.《票据法》第14条第2款规定，票据上有伪造、变造的签章，不影响票据上其他真实签章的效力。

2. 民事法律规范中有关侵权损害赔偿的规定：(1) 利发达公司在本案中取得票据为善意取得，享有票据权利；(2) 因为五凤公司系被伪造人，不应承担票据责任；(3) Z银行因为拒绝承兑，也不对票据承担责任；(4) 林仪公司因为真实签章于票据上，应该承担票据责任。其次，在上述基础上，再依据民法原理和规定确定下述问题：(1) 因为林仪公司向五凤公司以票据方式支付了货款，因此五凤公司要么要求林仪公司履行合同要么要求返还货款；(2) 五凤公司在向林仪公司履行了相关义务后，可再向张某提起索赔。

资料来源：http://wenku.baidu.com。

项目二　国际结算融资业务

【情境导入】

中国机械设备制造企业A公司拟向中东某国B公司出口机械设备。该种设备的市场为买方市场，市场竞争激烈，A公司面临以下情况：(1) B公司资金紧张，且在其国内融资成本很高，希望A公司给予远期付款便利，期限1年。A公司正处于业务快速发展期，对资金需求较大，在各银行的授信额度已基本用满。(2) B公司规模不大，信用状况一般。虽然B公司同意采用信用证方式结算，但开证银行C银行规模较小，A公司对该银行了解甚少。(3) A公司预计人民币在一年内升值，如一年后再收回货款，则有可能面临较大汇率风险。

A公司与银行联系，希望提供解决方案。为满足A公司融资、规避风险、减少应收账款等多方面需求，银行设计了福费廷融资方案，A公司最终采用了银行方案，并在商业谈判中成功将融资成本计入商品价格。业务过程如下：(1) C银行开来见票360天远期承兑信用证。(2) A公司备货发运后，缮制单据交往银行。(3) 银行审单无误后寄单至C银行。(4) C银行发来承兑电，确任到期付款责任。(5) 银行占用C银行授信额度，为A公司进行无追索权贴现融资，并结汇入账。(6) 银行为A公司出具出口收汇核销专用联，A公司凭以办理出口收汇核销和退税手续。

通过以上福费廷业务，A公司不但用远期付款的条件赢得了业务，而且在无需占用其授信额度的情况下，获得无追索权融资，解决了资金紧张的难题，有效规避了各项远期收汇项下的风险，同时获得提前退税，成功将应收账款转化为现金，优化了公司财务报表。

目前银行为企业提供的国际贸易融资业务种类繁多，例如授信开证、进口押汇、海外代付、提货担保、买入票据、打包贷款、出口贴现、出口押汇、出口退税托管账户质押融资、福费廷、国际组织担保项下贸易金融、出口商业发票贴现等。银行充分利用其网点多、联系面广、资金实力雄厚、经验丰富等优势，为进出口商提供资金融通等服务，从而帮助贸易的双方简化手续，减少资金占用，节省非生产性费用甚至转嫁风险。那么，在国际贸易经济活动中，如果企业遇到资金紧缺的情况时，应如何向银行申请办理各种融资业务呢？

资料来源：http：//www. boc. cn。

【必备知识】

一、授信开证

授信开证是指银行在未向企业收取全额保证金的情况下，为其开立进口信用证的业务。用于满足进口商在进口信用证项下的短期资金融通需求。

业务特点：减少资金占压，加快资金周转，从而提高资金使用效率，增加资金使用效益。

适用范围：进口商流动资金不充裕或有其他投资机会，希望部分或全部免交开证保证金。

申请条件：依法核准登记，具有经年检的法人营业执照或其他足以证明其经营合法性和经营范围的有效证明文件；拥有贷款卡；拥有开户许可证，并在我行开立结算账户；具有进出口经营资格；在经办行有授信额度。

业务流程：(1) 银行应进口商申请，根据其偿债能力、履约记录和担保条件等情况为其核定授信额度，该项额度实行余额控制，可以循环使用，进口商在该项额度之内可全部或部分免交开证保证金；若进口商未能事先获得授信额度，可采取单笔授信审核的办法。(2) 银行受理进口商开证申请，占用授信额度（或单笔授信）对外开证；(3) 收到出口商提交的信用证单据，经审核无误后扣划进口商款项对外付款，同时归还额度。

二、出口退税托管账户质押融资

借款人将出口退税专用账户托管给银行，并承诺以该账户中的退税款作为还款保证，以取得短期资金融通或叙做授信开立信用证等贸易融资业务。

业务特点：支持出口企业扩大出口，解决出口企业短期流动资金困难，帮助企业提前实现出口退税政策优惠，加快资金周转，提高经营效益。

适用范围：出口退税托管账户质押融资的对象为经国家有权部门批准具有自营进出口业务经营权的企业。

提交材料：企业申请出口退税托管账户质押融资时，除按照贸易融资授信发起的有关要求提供申请材料外，还应提供以下资料：借款人资料，根据借款人公司章程的规定，由借款人出具股东大会决议、董事会决议或其他具有法律效力的相关声明，同意将出口退税专用账户托管给本行并以该账户中的退税款作为还款保证；贸易背景真实性资料（复印件），包括出口货物报关单（出口退税联）、增值税专用发票、外汇核销单等；来源于国税局、经贸主管部门的可证明退税的相关材料；其他相关材料。

融资发放：授信批准后，企业应与银行签订《出口退税托管账户质押融资合同》和《出口退税托管账户质押协议》。《出口退税托管账户质押协议》中应明确借款人将出口退税专用账户托管给银行，并承诺以该账户中的退税款作为还款保证；在发放出口退税托管账户质押融资前，企业必须在银行开立出口退税专用账户，确保税款只能退至该银行账户。

三、进口押汇

进口押汇是指银行在进口信用证或进口代收项下，凭有效凭证和商业单据代进口商对外垫付进口款项的短期资金融通。用于满足进口商在进口信用证或进口代收项下的短期资金融通需求。按结算方式分为进口信用证押汇和进口托收押汇；按押汇币种分，可分为外币押汇和人民币押汇；按垫付资金来源可分为自有资金对外垫付和海外联行垫付（海外代付）。

业务特点：减少资金占压——利用银行资金进行商品进口和国内销售，不占压任何资金即可完成贸易、赚取利润；把握市场先机——帮助进口商在无法立即支付货款的情况下及时取得物权单据、提货、转卖，从而抢占市场先机；提高议价能力——通过将付款期限由远期改为即期，或相应缩短远期付款的期限，可以帮助进口商提高对国外出口商的议价能力；节约财务费用——可根据不同货币的利率水平选择融资币种，从而节约财务费用。

适用范围：进口商遇到临时资金周转困难，无法按时付款赎单；进口商在付款前遇到新的投资机会，且预期收益率高于押汇利率。

申请条件：依法核准登记，具有经年检的法人营业执照或其他足以证明其经营合法性和经营范围的有效证明文件；拥有贷款卡；拥有开户许可证，并在经办行开立结算账户；具有进出口经营资格。

业务流程：（1）银行应进口商申请为其核定授信额度；（2）进口商向银行提交进口押汇申请书；（3）银行代进口商对外垫付押汇款项，并将单据交付进口商；（4）进口商到期向银行付款，用以归还押汇款项。办理进口押汇业务的流程如图 4—6 所示。

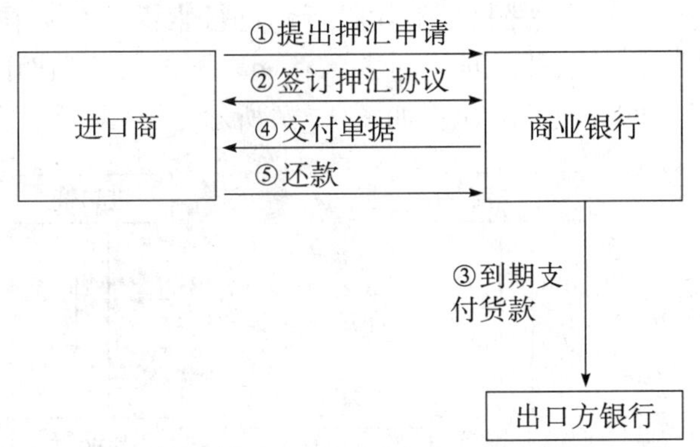

图 4—6　进口押汇业务流程图

注意事项：企业需向开证行或指定代收行提出书面的进口押汇申请；企业在押汇银行核定了授信额度或申请了单笔授信；企业与银行签订正式押汇协议，确定金额、期限、利率、还款日期等；随时关注人民币和付汇货币的市场利率，选择融资成本最低的押汇币种；进口押汇是一种专项融资，仅可用于履行特定贸易项下的对外付款责任；押汇期限一般与进口货物转卖的期限相匹配，并以销售回笼款项作为押汇的主要还款来源。

四、出口押汇

出口押汇是指出口商发出货物并交来信用证或合同要求的单据后，银行凭所交单据向其提供的短期资金融通。用于满足出口商在信用证或托收项下的短期资金融通需求。分为信用证项下单证相符押汇、信用证项下单证不符押汇、D/P托收押汇、D/A托收押汇等。

业务特点：加快资金周转——在进口商支付货款前可提前得到偿付，从而加快资金周转速度；简化融资手续——融资手续相对于流动资金贷款等简便易行；改善现金流量——可以增加当期现金流，从而改善财务状况；节约财务费用——可根据不同货币的利率水平选择融资币种，从而节约财务费用；降低授信门槛——对于信用证项下单证相符的出口单据，即使出口商尚未在银行拥有额度授信，也可以办理出口押汇。

适用范围：出口商流动资金有限，依靠快速的资金周转开展业务；出口商在发货后、收款前遇到临时资金周转困难；出口商在发货后、收款前遇到的新的投资机会，且预期收益率高于押汇利率。

申请条件：依法核准登记，具有经年检的法人营业执照或其他足以证明其经营合法性和经营范围的有效证明文件；拥有贷款卡；拥有开户许可证，并在经办行开立结算账户。具有进出口经营资格；对于信用证项下单证不符押汇和D/P托收押汇，出口商应在银行有额度授信；如银行不可控制货权，企业信用等级还需在CC级（含）以上，如银行可控制货权，则不受企业信用等级的限制。对于信用证项下单证相符押汇，如不可占用金融机构额度授信，其准入条件等同于单证不符押汇；如可占用金融机构额度授信，则不受出口商企业信用等级及其他准入标准的限制；对于D/A托收押汇，出口商应在银行有额度授信，且企业信用等级需在CCC级以上（含）。

业务流程：（1）出口商与银行签订融资协议；（2）出口商向银行提交出口单据及押汇申请书；（3）银行审核单据后，将押汇款项转入出口商账户；（4）银行将单据寄往国外银行（信用证项下开证行或指定行，或托收项下代收行）进行索汇；（5）国外银行收到单据后提示给信用证项下开证申请人，或托收项下付款人；（6）国外银行到期向银行付款，银行用以归还押汇款项。办理出口押汇业务的流程如图4—7所示。

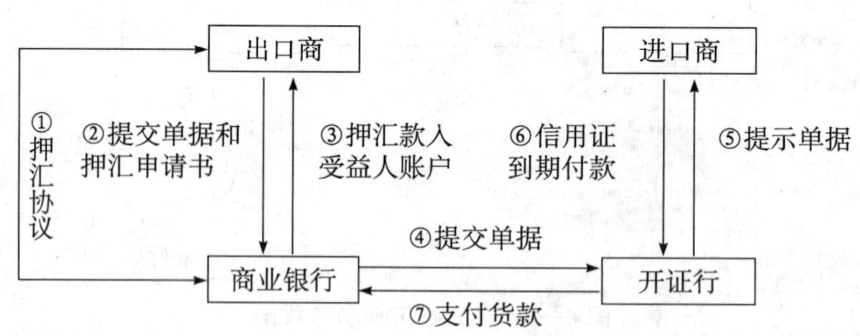

图4—7　出口押汇业务流程图

注意事项：企业需与银行签定正式的出口押汇总协议；企业向银行（通常为通知行或议付行）提出正式的出口押汇申请书；信用证项下的押汇申请人应为信用证的受益人；限制其他银行议付的信用证无法办理出口押汇；申请信用证下出口押汇，应尽量提交单证相符的出口单据；如果出口商希望通过出口押汇进行融资，最好避免以下情况：运输单据为非物权单据，未能提交全套物权单据，转让信用证，带有软条款的信用证，提交存在实质不符点的单据。

五、出口贴现

出口贴现是指银行在出口信用证项下从出口商购入已经银行承兑的未到期远期汇票或已经银行承付的未到期远期债权或在跟单托收项下购入已经银行保付的未到期远期债权。如承兑/承付/保付银行到期不付款，则银行对出口商有追索权。出口贴现用于满足出口商在远期信用证项下的短期资金融通需求。

业务特点：加快资金周转——即期收回远期债权，加快资金周转，缓解资金压力；简化融资手续——融资手续相对于流动资金贷款等简便易行；节约财务费用——可根据不同货币的利率水平选择融资币种，从而节约财务费用。

适用范围：出口商流动资金有限，依靠快速的资金周转开展业务；出口商在获得国外银行承兑/承付/保付后、收款前遇到临时资金周转困难；出口商在国外银行承兑/承付/保付后、收款前遇到新的投资机会，且预期收益率高于贴现利率。

申请条件：依法核准登记，具有经年检的法人营业执照或其他足以证明其经营合法性和经营范围的有效证明文件；拥有贷款卡；拥有开户许可证，并在经办行开立结算账户；具有进出口经营资格；企业拥有已经银行承兑的未到期远期汇票或已经银行承付的未到期远期债权，或在跟单托收项下有已经银行保付的未到期远期债权。出口贴现占用承兑行/承付行/保付行金融机构额度授信。

业务流程：（1）出口商与银行签订融资协议，向银行提交出口单据；（2）银行审核单据后，将单据寄往国外银行（开证行或指定行）进行索汇；（3）国外银行收到单据后向经办行承兑/承付；（4）银行在收到承兑/承付后，企业应向银行提交业务申请书，将贴现款项转入出口商账户；（5）国外银行到期向经办行付款，经办行用以归还贴现款项。出口贴现的业务流程如图 4—8 所示。

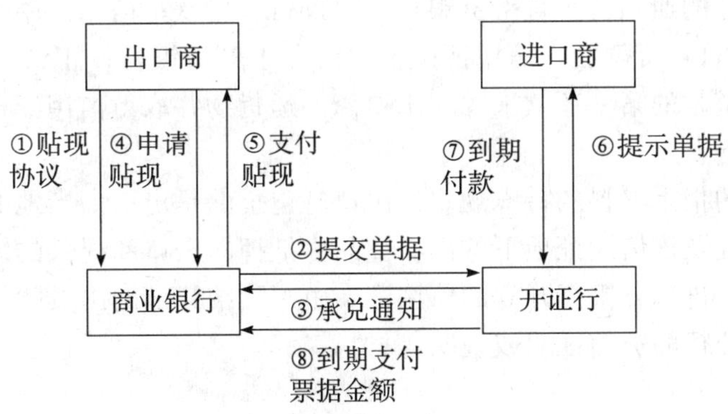

图 4—8　出口贴现业务流程图

注意事项：签订合同时与进口商约定以远期承兑信用证作为结算方式；开证行承兑远期汇票或发出承兑通知后，出口商需向银行提交贴现申请书；远期承兑信用证项下的远期汇票被银行承兑后，企业如因临时资金周转困难而需要短期的资金融通，则宜选择出口贴现；远期承兑信用证项下的远期汇票被银行承兑后，如遇到新的投资机会，且预期投资收益率高于贴现利率时，则宜选择出口贴现；银行一般不办理无贸易背景、用于投资目的的票据贴现。

六、打包贷款

打包贷款是指出口地银行为支持出口商按期履行合同、出运交货，向收到合格信用证的出口商提供的用于采购、生产和装运信用证项下货物的专项贷款。打包贷款是一种装船前短期融资，使出口商在自有资金不足的情况下仍然可以办理采购、备料、加工，顺利开展贸易。

业务特点：扩大贸易机会——在出口商自身资金紧缺而又无法争取到预付货款的支付条件时，帮助出口商顺利开展业务、把握贸易机会；减少资金占压——在生产、采购等备货阶段都不必占用出口商的自有资金，缓解了出口商的流动资金压力。

适用范围：流动资金紧缺，国外进口商虽然不接受预付货款的条件但同意开立信用证。

业务流程：打包贷款业务流程如图 4—9 所示。

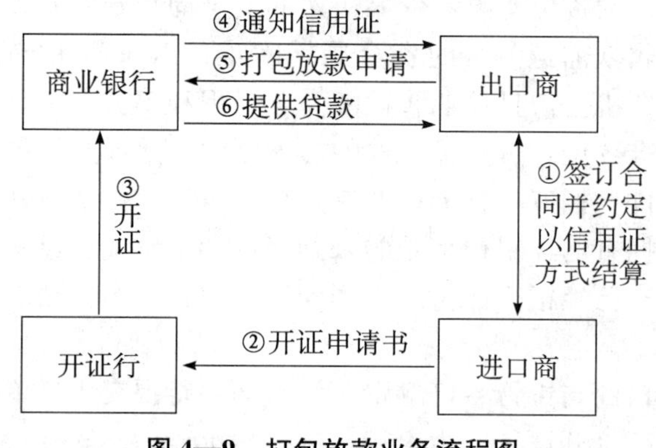

图 4—9　打包放款业务流程图

注意事项：出口商申请办理打包贷款时向银行提交：书面申请，国外销售合同和国内采购合同，贸易情况介绍，正本信用证；企业需与银行签订正式的《借款合同（打包贷款）》；融资银行应为信用证的通知行，且融资银行可以议付、付款；信用证中不含出口商无法履行的"软条款"；申请打包贷款后，信用证正本须留存于融资银行；正常情况下，信用证项下收汇款须作为打包贷款的第一还款来源；出口商装运货物并取得信用证下单据后，应及时向银行进行交单议付。

出口打包贷款的报审材料的特殊规定：出口打包贷款是出口商当地的银行凭进口商所在地银行开立的信用证及该信用证项下的出口商品为抵押向出口商提供的短期贷款。该类贷款的报审材料应包括：进口方银行开立的信用证、由国际结算部门出具的信用证条款无疑义的材料、进口商与开证行的资信证明或说明等材料。

七、提货担保

提货担保是当进口货物先于货运单据到达时，进口商为办理提货向承运人或其代理人出具的，由银行加签并由银行承担连带责任的书面担保。提货担保多用于信用证项下，且信用证要求全套货权单据。帮助进口商及时提货，避免滞港。

业务特点：减少资金占压——利用银行信用先行提货销售，加快资金回笼，减少资金占压；把握市场先机——帮助进口商在货物早于单据达到情况下及时取得物权单据、提货、转卖，从而利用有利行情抢占市场先机；节约财务费用——帮助进口商及时提货，避免滞港费。

适用范围：适用于进口商，货物早于提单到达，且进口商品市场处于上升行情。

申请条件：依法核准登记，具有经年检的法人营业执照或其他足以证明其经营合法性和经营范围的有效证明文件；拥有贷款卡；拥有开户许可证，在我行开立结算账户；有进出口经营权；客户在我行有授信额度或存入全额保证金。

业务流程：(1) 货物早于信用证或托收单据（含正本提单）到达，进口商向银行提交提货担保申请书；(2) 银行经审核后为进口商出具提货担保；(3) 进口商凭银行出具的提货担保向船运公司（或其他承运人）办理提货；(4) 信用证或托收项下单据到达后，进口商向我行办理付款赎单，然后凭正本提单向船运公司（或其他承运人）换取先前出具的提货担保并交还银行。办理提货担保的业务流程如图 4—10 所示。

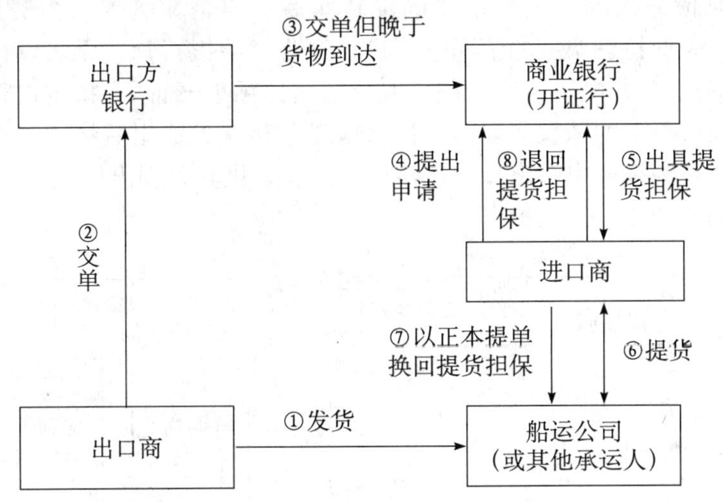

图 4—10　提货担保业务流程图

注意事项：办理提货担保的基本前提是：以信用证为结算方式，海运为运输方式，信用证要求提交全套海运提单；应向开证行申请办理提货担保；进口商需在出具提货担保的银行有额度授信或单笔授信；进口商申请办理提货担保时需要提交：提货担保申请书、提货担保书、副本发票、副本提单；进口商需向出具提货担保的银行承诺，当单据到达后，无论有无不符点，均不提出拒付货款或拒绝承兑；正本提单到达后，进口商应及时从船运公司用正本提单换回提货担保，并交还出具该提货担保的银行予以注销。

八、福费廷

福费廷也称包买票据或票据买断，是指银行无追索权地买入因商品、服务或资产交易产生的未到期债权。通常该债权已由金融机构承兑/承付/保付。银行福费廷业务可接受的债权形式包括：信用证、汇票、本票、有付款保函/备用信用证担保的债权、投保出口信用险的债权、IFC（国际金融公司）等国际组织担保的债权及其他可接受的债权工具。

业务特点：无追索权买断——银行无追索权买断应收账款，使企业应收账款“落袋为安”；规避各类风险——企业将国家风险、买方信用风险、汇率风险、利率风险等全部转移给银行，达到规避风险的目的；无需占用企业额度授信——福费廷业务不占用企业额度授信，企业在没有额度授信或额度授信不足的情况下，仍可从银行获得融资；增加流动资金——企业获得100%资金融通，将未来应收账款转化为当期现金流入，避免资金占压，增加现金流；优化财务报表。企业在不增加银行负债的情况下，减少应收账款，改善现金流量，达到优化财务报表的目的；提前获得出口退税——根据外汇管理局的规定，办理福费廷业务，企业可以获得提前出口核销和退税，从而节约财务成本。

适用范围：企业流动资金有限，需加快应收账款周转速度；企业希望规避远期收款面临的信用风险、国家风险、利率风险和汇率风险；企业额度授信不足，或没有额度授信；企业希望获得提前出口退税和核销。

业务流程：(1) 企业与银行签订《福费廷业务合同》。(2) 企业提交《福费廷业务申请书》。(3) 取得对债务人的额度授信或确定转卖后，与企业签署《福费廷业务确认书》。(4) 债权转让，在企业持有票据的情况下，将票据背书给银行；在无法取得票据的情况下，签署《债权转让书》。(5) 贴现付款，银行取得信用证项下开证行/指定银行的承兑/承付通知，或其他符合银行要求的债权凭证后，扣除贴现息和有关费用后将款项净额支付给企业。(6) 出口贸易项下，为企业出具出口收汇核销专用联，供其办理出口收汇核销和退税。办理福费廷的业务流程如图4—11所示。

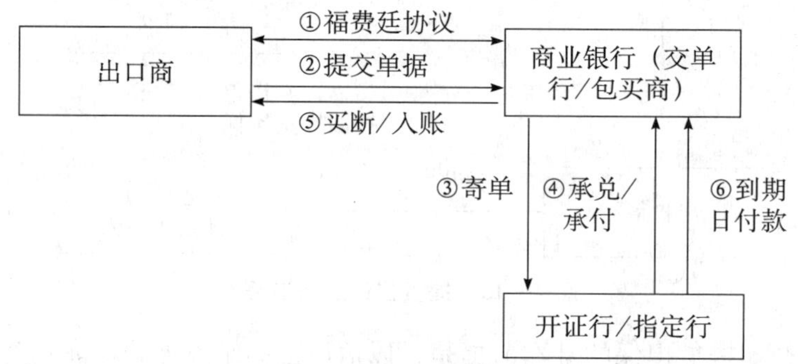

图4—11　福费廷业务流程图

注意事项：通过商业银行交单并签订正式的福费廷业务协议；选择资信良好的开证、承兑或保付银行，才有利于通过福费廷业务进行融资并获得优惠的融资利率；延期付款信用证项下，须由开证行承付并确认到期日；托收项下，须由有关银行在汇票上加签保付；福费廷业务不仅适用于大额资本性交易，也适用于小额交易，但金额越小，融资成本越高，企业应在融资成本和福费廷带来的便利之间进行权衡；按照国际惯例，融资银行在承兑/承付/保付银行因法院止付令不能偿付到期款项的情况下保留对出口商的追索权。

福费廷报审材料的特殊规定：由于福费廷多用于延期付款的大型设备贸易中，因此使用福费廷一般应补充如下报审资料：出口商与进口商签定贸易合同时，应事先征得银行同意，出口商与出口方银行（承购银行）签定包买票据协定，报审材料应附此协定；提供经承购银行认可的进口商承兑的远期汇票或远期本票；提供经承购银行认可的担保银行的保函。一般而言，进口方银行应为远期汇票或远期本票提供担保，担保有保付和保函两种方式。

九、国际保理

国际统一私法协会《国际保理公约》中保理的定义是卖方/供应商/出口商与保理商间存在的一种契约关系。

保理业务分为国际保理和国内保理，本书主要介绍国际保理业务。

国际保理是指保理商在出口商以赊销、承兑交单（D/A）等方式销售货物时，为出口商提供以下服务：海外进口商的资信评估，提供100%的进口商信用风险担保，以预支的方式提供出口商营运所需资金，应收账款的管理及追收。

业务特点：国际保理业务能为出口商和进口商带来增加营业额、风险保障、节约成本、简化手续、扩大利润等益处。

出口保险公司一般要求出口商将其全部销售交易都投保（无论哪种付款方式都要投保），而保理服务无此要求。一般说来，出口信用保险服务要比保理服务费用高。

出口信用保险项下，进口商信用风险一般由保险公司和出口商共同承担，在出现坏账时，保险公司一般只赔偿70%～90%，而且索赔手续烦琐、耗时。而在保理服务中，保理公司承担全部信用风险。

适用范围：出口项下因国外进口商不能或不愿开出信用证，致使交易规模不能进一步扩大，限制了出口量的提高或进口商因出口商不愿提供信用付款方式而准备转向其他供应商时；出口项下准备采用信用付款方式（O/A、D/A），但对国外进口商的资信和财务能力存有疑虑时；出口项下希望解除账务管理和应收账款追收的麻烦和烦恼，减少有关业务费用时；进口项下在争取有利于自己的信用付款方式（O/A、D/A），为打消出口商对自身资信状况的疑虑时。

业务流程：国际保理业务涉及出口商、进口商、出口保理商及进口保理商四个当事人，其业务流程如下：(1) 出口商通过出口保理商向进口保理商申请进口商额度授信；(2) 进口保理商对进口商进行资信调查评估；(3) 出口保理商将进口保理商的资信评估结果通知出口商；(4) 出口商与进口商之间签定货物买卖合同；(5) 出口商向进口商发货，并将应收账款转让给进口保理商；(6) 出口保理商可应出口商的要求向其提供融资，金额通常为发票金额的60%～90%；(7) 进口保理商在货款到期日向进口商收取货款，并将其转交出口保理商；(8) 出口保理商在扣除融资本息及服务费后，将货款余额付给出口商；(9) 若进口商到期无力付款，进口保理商在应收账款到期日后第90天赔付出口商。

【典型业务分析】

某银行某重点客户A公司在该行开立了一笔即期信用证，用于进口原料，信用证项下单据已到，金额800万美元。由于该公司从提货到生产销售，再到资金回笼需要近三个月的时间，因此向我行申请以A公司的母公司为担保，办理三个月的融资，并要求以三个月美元LIBOR+0.5%的利率获得融资。

由于A公司是重点客户，资信状况良好，且授信额度充足，银行非常希望争取到该笔业务。但该行自有外汇资金较少，必须通过其他渠道获得外汇资金。如果从上级行拆借的话，B分行的拆借利率最低为三个月美元LIBOR+0.4%。考虑到资金成本和收益，银行打算放弃以进口信用证押汇的方式为客户办理融资。同时，银行得知，如果通过境内行代为支付信用证款项，境内行可以提供三个月美元 LIBOR＋0.2％的利率。请根据以上资料，回答以下问题：

（1）除进口押汇外，银行采用哪种贸易融资产品既可以满足客户需要，又可以获得较高的业务收入。

（2）请计算采用该种产品可以为银行带来多少业务收入。假设三个月美元 LIBOR＝5.35％，一年按 360 天计算，境内行没有其他费用。

分析：

（1）银行可以采用进口信用证代付的方式。

（2）到期日 A 公司应支付银行代付利息＝USD8 000 000×（LIBOR＋0.5％）×90/360＝USD117 000

本息合计＝USD8 000 000＋USD117 000＝USD8 117 000

银行应支付海外分行利息＝USD8 000 000×（LIBOR＋0.2％）×90/360＝USD111 000，

本息合计＝USD8 000 000＋USD111 000＝USD8 111 000

银行实现业务收入＝USD6 000

资料来源：http://wenku.baidu.com/view。

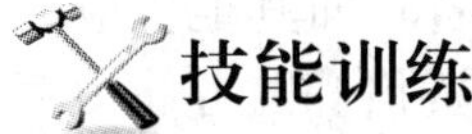

技能训练

1. 资料背景：

某进出口公司收到国外信用证一份，规定：最后装船日 2009 年 8 月 15 日，信用证有效期至 2009 年 8 月 30 日，交单期：提单日期后 15 天但必须在信用证的有效期之内。后因为货源充足，该公司将货物提前出运，开船日期为 2009 年 7 月 29 日。8 月 18 日，该公司将准备好的全套单证送银行议付时，遭到银行的拒绝。

[训练要求]

（1）为什么银行会拒绝议付？

（2）该进出口公司将面临怎样风险？

2. 资料背景：

某银行曾收到香港 BD 金融公司开出的以海南某信息公司为受益人的信用证，金额为 USD992 000.00 元，出口货物是 20 万台照相机。信用证要求发货前由申请人指定代表出具货物检验证书，其签字必须由开证行证实，且规定 1/2 的正本提单在装运后交予申请人代表。在装运时，申请人代表来到出货地，提供了检验证书，并以数张大额支票为抵押，从受益人手中拿走了其中一份正本提单。后来，受益人将有关支票委托当地银行议付，结果被告知："托收支票为空头支票，而且申请人代表出具的检验证书签名不符，纯属伪造"。更不幸的是，货物已被全部提走，下落不明。受益人蒙受重大损失，有苦难言。

[训练要求] 从上述资料中，谈谈你的体会，应从中吸取什么教训？

3. 资料背景：

经营日用纺织品的英国 Tex UK 公司主要从我国、土耳其、葡萄牙、西班牙和埃及进口有关商品。几年前，当该公司首次从我国进口商品时，采用的是信用证结算方式。最初采用这种结算方式对初次合作的公司是有利的，但随着进口量的增长，他们越来越感到这种方式的烦琐与不灵活，而且必须向开证行提供足够的抵押。为了继续保持业务增长，该公司开始谋求至少60天的赊销付款方式。虽然他们与我国出口商已建立了良好的合作关系，但是考虑到这种方式下的收汇风险过大，因此我国供货商没有同意这一条件。之后，该公司转向国内保理商 Alex Lawrie 公司寻求解决方案。英国的进口保理商为该公司核定了一定的信用额度，并通过中国银行通知了我国出口商。通过双保理制，进口商得到了赊销的优惠付款条件，而出口商也得到了100%的风险保障以及发票金额80%的贸易融资。目前 Tex UK 公司已将保理业务推广到了5家中国的供货商以及土耳其的出口商。公司董事 Jeremy Smith 先生称，双保理业务为进口商提供了极好的无担保迟期付款条件，使其拥有了额外的银行工具，帮助其扩大了从中国的进口量，而中国的供货商对此也十分满意。

[训练要求] 从上述资料中，总结国际保理业务的优点。

4. 技能实训：

[实训目标] 通过本项目的实训，使学生了解托收结算的方式。

[实训要求] 全班分成几个小组，实行组长负责制，组织讨论；讨论结束后，由组长总结发言，教师做最后总结性评价，给出考核成绩。

[实训案例]

国际贸易中托收行的法律地位

中国 TV 公司与加拿大 C 公司签订了6个合同，先后卖出了1 200吨建材给 C 公司。付款方式是 D/P（中文称“付款交单”）。这6个合同的货先后分10批从天津运往蒙特利尔，其中有6批是大阪三井班轮公司承运。6张货物提单价值60万余元。2009年4月以后分别从天津装船运至神户，再转船到目的地蒙特利尔。提单由中国外轮代理公司天津分公司签发，签发后提单交发货人。按 D/P 付款方式，发货人把提单交到中国银行天津分行（托收行），天津分行委托加拿大多伦多帝国商业银行（代收行）代收，由帝国商业银行通知收货人，收货人拿钱到该银行赎单。现假设出现 C 公司经理未交款赎单即将货物提走，且查无下落的情况，而中国 TV 公司决定委托律师代为索赔。

[实训讨论]

(1) 中国 TV 公司与加拿大 C 公司之间的关系？

(2) 中国外轮代理公司分公司与中国 TV 公司之间的关系？

(3) 中国外轮代理公司天津分公司与大阪三井班轮公司之间的关系？

(4) 发货人与中国银行天津分行之间的关系？

(5) 中国 TV 公司与大阪三井班轮公司之间的关系？

学习情境五

如何认识和利用金融市场

学习目标

通过本情境的学习，了解金融市场的一般构成，理解金融市场在经济业务中的功能，了解金融市场的分类，掌握货币市场、资本市场、黄金市场和外汇市场的特点及其业务运作。

知识结构模块图

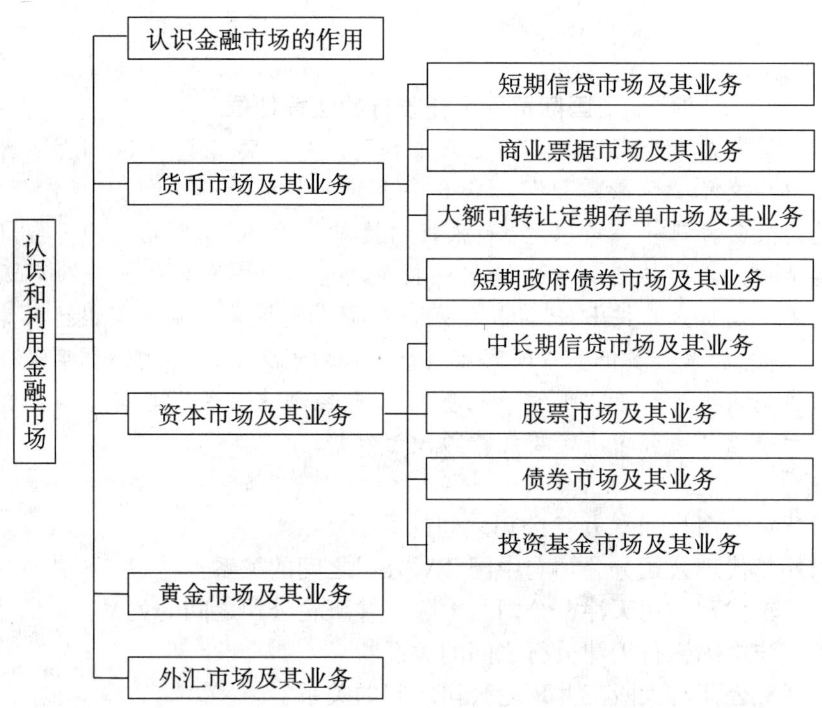

项目一　认识金融市场的作用

【情境导入】

美国次贷危机自 2007 年 8 月全面爆发之后，迅速演变成全球范围内的金融海啸，首当其冲的是华尔街投资银行体系。美国五大投行中，贝尔斯登、雷曼兄弟、美林相继破产或者被收购，高盛、摩根斯坦利也元气大伤等待注资救助。而掌握着美国房地产贷款半壁江山的"两房"和美国房贷保险市场的龙头 AIG，已经进入美国接管程序。面对如此严峻的形式，各国政府积极行动起来，纷纷推出了各自的救市措施。

一时间，人们不禁要问：金融市场究竟是经济的稳定器还是捣乱器？

资料来源：http://finance. sina. com. cn。

【必备知识】

一、金融市场的含义

金融市场是经济生活中与商品市场、劳务市场和技术市场等并列的一种市场，它是指金融商品的供求关系以及在此基础上所形成的交易活动的总和。简单地说，这个市场是进行资金融通的场所，在这里实现借贷资金的集中和分配，并由资金供给与资金需求的对比形成该市场的"价格"——利率。现代电子技术在金融领域里的广泛运用和大量无形市场的出现，使得许多人倾向于将金融市场理解为金融商品供求关系或交易活动的总和。金融市场发达与否也是一国金融发达程度及制度选择取向的重要标志。

金融市场有广义和狭义之分。广义的金融市场是指一切进行资金交易的市场，既包括以金融机构为中介的间接融资，也包括资金供求者之间的直接融资。狭义的金融市场主要是指资金供求者之间的直接融资，通常包括以所有可流通的有价证券为金融工具的融资活动以及金融机构之间的资金拆借和黄金外汇买卖。

二、金融市场的发展

（一）国际金融市场的发展

国际金融市场是随着国际贸易的发展、世界市场的形成和国际借贷关系的扩大而逐渐形成的。

英国在 19 世纪 30 年代末完成工业革命后便被推上了世界经济中心的位置。随着对外贸易和信用的发展扩大，英镑逐渐成为国际贸易结算中使用最广泛的货币，英国也成为世界最大的资本输出国。由于在国际贸易和国际金融方面处于领导地位，英国的首都伦敦便从英国的经济中心和金融中心发展成为世界贸易的枢纽和国际资金的集散地，成为世界最大的国际金融中心。

第一次世界大战后，随着对外贸易和对外投资的发展，西方其他一些国家的国内金融市场也相继发展成为国际金融中心，如美国的纽约、瑞士的苏黎世、德国的法兰克福等，其中以美国的纽约最为突出。第一次世界大战结束后，世界经济中心逐渐由英国移向美国，美国也开始由债务国变成债权国。伴随着美国海外债权的增加和对外经贸活动的扩大，纽约金融市场的国际业务大量增加，纽约便逐渐发展成为重要的国际金融中心，并且在第二次世界大战后的初期取代了伦敦，成为世界最大的国际金融中心。此外，由于瑞士一直保持政治中立的地位，在两次世界大战期间均未遭遇战争创伤，而且始终保持瑞士法郎的自由兑换，并发展了自由外汇市场和黄金市场，因而使苏黎世在战后成为继纽约、伦敦之后的世界第三大国际金融市场。

当然，直到第二次世界大战结束后的初期，所谓的国际金融市场实质上都只是带国际性的国内金融市场，因为这些市场要受到各国政府政策和法令的管辖，并且只能以市场所在国的货币进行国际借贷。之所以称其为国际金融市场，是因为非居民可以在这种国内金融市场上参与融资活动，从而使其具有涉外性。但从严格意义上来说，这类国际金融市场还不能算是真正的国际金融市场，或者说是不完善的国际金融市场。这也就是通常所说的“传统的国际金融市场”，它是国际金融市场发展的初级阶段。

20 世纪 50 年代末，私人对外直接投资迅速增加，其表现形式就是跨国公司在全球的扩张。随着生产国际化和资本国际化，银行国际化和金融国际化也随之发展起来。生产国际化、资本国际化和金融国际化是当代国际金融市场发展的根本原因。此外，美元取代黄金在全世界范围内充当世界货币以及其他可自由兑换货币的国际化，为世界经济的货币化和国际金融市场的发展奠定了基础，而现代通信和信息技术的发展则为国际金融市场消除地理间隔并形成真正全球性的金融市场提供了技术支持。国际金融市场的发展进入了一个新的阶段。在一国金融市场上的资金借贷不再局限于居民和非居民之间，而是扩展到了非居民与非居民之间；借贷货币也不再局限于市场所在国货币，而是扩展到了所有的可自由兑换的货币，而且市场上的借贷活动既不受市场所在国也不受借贷货币发行国的金融法规的限制。这完全是一种新的国际金融市场，无论是在市场参与者还是在交易货币上，它都突破了国家疆界的限制，从而成为一种“离岸金融市场”。

目前，按地理位置的不同，国际金融市场可划分为 5 个区域，其中每个区域又有几个中心城市或地区。欧洲区，以伦敦、巴黎、法兰克福等为主；亚洲区，以新加坡、中国香港、东京等为主；中美洲区，以开曼群岛、巴拿马等为主；北美区，以纽约、蒙特利尔等为主；中东区，以巴林、科威特等为主。

（二）我国金融市场的发展

从我国金融市场的历史来看，分散的金融市场存在已很久远，集中的金融市场可从关于汉初长安子钱家的记载中窥见端倪。其中一家即可贷给列侯封君出征所需的货币，可见整个子钱家的可贷资金的规模无疑是相当可观的。丰富的历史典籍中记载唐代长安的西市不仅有多种形式的金融机构，而且还汇集了大量外国商人，从而使这个金融市场有着相当浓厚的国际色彩。至宋明，金融市场重心东移。南宋在临安，明代则是南北两京。清代钱庄、银号、票号等金融机构已活跃于全国各商业城市。

19 世纪末已出现银行，但力量微弱，难以与旧式银钱业抗衡。第一次世界大战开始后，新式银行业有了较大发展。历经十几年的经营，以银行业为主体的新式金融市场才打下了基础。金融中心在上海，全国近半数的资金在这里集散；这里的利率、汇率等金融行市成为全国各地存放款利率等金融行市变动的基准。在上海，伴随着资金借贷的发展，债券市场、股票市场、黄金市场也相继形成。作为金融中心的上海，其证券交易所是全国最大的证券投资场所，黄金交易量在远东也首屈一指，外汇交易量也有相当规模。

1949年以后，首先停止了证券交易与黄金外汇的自由买卖。随着社会主义计划经济的迅速建立，高度集中于一家银行的银行信用代替了多种信用形式和多种金融机构的格局，财政拨款代替了企业的股票、债券的集资。不过，这一时期依然存在着大规模的银行信用，存在着信用的供给与需求，存在着资金的"价格"——利率，当然是官定的利率。如果就广义的解释，未尝不可以说仍然有一个金融市场。但这个以资金计划分配为特征的金融市场与人们过去对金融市场的理解距离过大，所以金融市场的概念，不再被人提及。

70年代末，改革开放政策的逐步推行，推动人们重新思考建立金融市场的问题。具体来说，主要包括两个方面：一是金融机构之间的短期拆借市场；二是证券市场。应该说，这个问题成为经济发展与体制改革的一个重要组成部分，并有了长足的进展。

目前，我国已经基本建立了证券期货市场、货币市场和银行间外汇市场，金融市场体系已经初步确立。金融市场参与主体日益多元化，不仅包括商业银行、社会保障基金、信托公司、保险公司和证券公司，还引入了合格的境外机构投资者（QFII），对我国金融市场的发展发挥了重要作用。金融产品逐步多样化，而且在证券和银行业产品方面不断推陈出新，跨市场的金融创新产品也不断出现。

三、金融市场的功能与作用

金融市场是随着经济、贸易和投资的发展，以及信贷关系的扩大而产生的，同时，金融市场的发展又对社会经济、贸易以及信贷关系的发展和扩大有着极大的促进作用。

（一）筹集资金的功能

金融市场能够有效地筹集资金，把社会上暂时闲置的资金聚集起来，将社会储蓄转化为生产资金。不同资金的需求者对于资金的数量、期限有着不同的要求，金融市场上存在着种类繁多的金融工具，资金的需求者可以根据自身的要求加以选择。资金的供给者，在提供资金时，一方面想要获利，另一方面又想保证安全性和流动性。不同金融工具的安全性、流动性和盈利性是不同的，资金的供给者也可根据自身的投资需求选择不同的金融工具。金融市场为资金的供给者和需求者提供了多种选择，满足双方的不同需求，对资金的供求双方有着强大的吸引力，各种金融工具的自主使用和灵活多样的金融交易，提高了融资的效率。

（二）资源配置的功能

一个国家的经济发展除了取决于资金投入的多少外，还取决于这些资源能否被有效地利用。通过金融市场可以实现资源的优化配置和有效利用。在金融市场上通过资金的合理流动，可以促进生产资源的合理配置。货币资金流向的依据是资金的收益率，一个企业如果经营状况好、效益高、资金收益率高，就会吸引投资者认购该企业发行的股票、债券，从而使该企业顺利地筹措到资金，使资金向效益好、使用效率高、资金收益率高的产业和行业流动；反之，如果一个企业经营效益差、资金收益率低甚至亏损，该企业将无法顺利地从金融市场上筹集到资金。由此可见，金融市场能自动调节资金的流向，自发调节不合理的产业结构，促使有限资源的合理运用。

（三）调节货币供给与需求的功能

金融市场是中央银行实施宏观金融间接调控的理想场所，中央银行可以通过金融市场进行公开市场业务操作，调节货币供应量；也可通过再贴现率的调整，影响信贷规模。当经济过热时，中央银行可以在金融市场上卖出有价证券，回笼货币；也可以提高再贴现率，从而使商业银行的贷款利率上升，使信贷规模缩小，使货币供给量减少，达到紧缩经济的目的。反之，当经济衰退时，中央银行可以通过在金融市场买入有价证券和降低再贴现率等手段增加货币供给量，促进经济回升。

四、金融市场的分类

金融市场是一个大系统，包罗许多具体的、相互独立但又有紧密关联的市场，可以用不同的划分标准进行分类（见图5—1）。

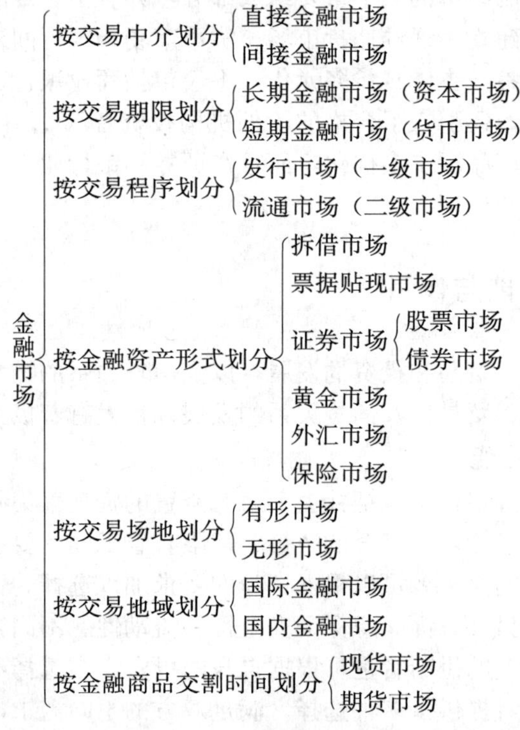

图5—1 金融市场分类

（一）按有无交易中介来划分，可分为间接融资市场和直接融资市场

在间接融资市场上，金融供给者将资金存入金融机构，金融机构再将资金贷放给资金需求者。这种以银行为信用中介的融资场所就是间接融资市场。直接融资市场是资金供给者与资金需求者之间直接融通资金的市场，如企业之间的商品延期付款或预付货款、企业之间的直接融资、企业发行股票等。企业的直接融资一般也由金融机构代理，如发行股票、债券就是通过银行或其他金融机构（如证券公司）来完成的。

（二）按金融交易的期限，可分为货币市场和资本市场

货币市场又称短期资金市场，指融资期限在一年以内（包括一年）的短期资金交易市

场。货币市场的金融工具期限短、风险小、流动性强。资本市场又称长期资金市场，指融资期限在一年以上的长期资金交易市场。资本市场的金融工具期限长、风险大、流动性较差。

（三）按金融工具的流通状态，可分为初级市场和次级市场

初级市场也叫一级市场，是证券和单据等金融工具最初发行的市场；次级市场也称二级市场，是已发行的证券或票据等金融工具转让买卖的市场。

（四）按金融资产形式，可分为拆借市场、贴现市场、证券市场、黄金市场、外汇市场、保险市场

拆借市场是在金融机构之间进行的，是银行业买卖它们在中央银行存款账户上的存款余额的场所。贴现市场是指银行以现款买进未到期商业票据或其他短期债券，对持票人提供资金的市场。证券市场是股票、债券的发行和买卖场所，包括证券发行市场和证券交易市场，在证券交易中既有证券交易所的有形市场，也有柜台交易、电话交易和网络交易等无形市场。黄金市场是买卖黄金等贵金属的市场。外汇市场是买卖外汇的市场。保险市场是指进行保险商品交换的场所。

（五）按有无固定场所，可分为有形市场和无形市场

有形市场是指有具体固定交易场地，有专门组织机构和人员，有专门设备的组织化的市场；无形市场是一种观念的市场，既无集中固定的场所，也没有专门组织，其交易是通过电话、电传、电报等手段完成的。

（六）按金融交易的地域，可分为国内金融市场和国际金融市场

国内金融市场是指金融交易的作用范围仅限于一国之内的市场，它除了包括全国性的以本币计值的金融资产交易市场之外，还包括一国范围内的地方性金融市场。国内金融市场是国际金融市场形成的基础，国际金融市场是指金融资产国际交易的场所。

（七）按成交后是否立即交割，可分为现货市场和期货市场

现货市场是指交易达成后立即进行交割或在成交后的第二个营业日内进行交割的市场；期货市场是指交易达成后不立即进行交割，而是按期货合约规定的交割日进行资金的交割清算。

【典型业务分析】

2008年的金融危机让全世界都见识了金融市场可怕的一面。各种金融资产的价格大幅缩水，从股票到黄金，绝大多数投资品种都未能幸免。在金融市场，没有一种产品能独善其身。不少人抱怨，股票如同祸水，搅得大家寝食不安，金融衍生品更是如同毒药，每一个沾上它的人都吃了苦头。在人们的眼中，金融市场如此狰狞，似乎没有它我们会过得更好。金融市场的功能令人怀疑。

普通投资者的感受大家都能理解，但我们看看那些陷入危机的各国政府，他们并没有什么资产损失，可个个急得如热锅蚂蚁，又是降息，又是注入流动性，救助措施接二连三地出台，生怕金融市场陷入瘫痪。事情真的有那么严重吗？能不能失去它？

分析：

历史是最好的老师，经验告诉我们，金融市场陷入混乱将造成难以挽回的后果。

20世纪二三十年代西方国家由金融危机继而到爆发经济危机，其间所展现的种种境况

足以为戒。稍微了解一点资本市场发展历史的人，都知道“黑色星期二”。1929年的10月29日，华尔街在经过了一夜的酣睡后，当日开盘即出现暴跌，几乎所有的股票都出现了10%以上的跌幅。几天之间，许多美国人一生的积蓄灰飞烟灭。

在资本市场几乎瘫痪之后，接下来的是银行倒闭风潮。汹涌的挤兑人群不仅挤倒了银行，也摧毁了大家对未来经济的信心。尽管各方采取了许多措施，但经济萧条终究没有能够避免。企业倒闭、工人失业。在许多地方，失业率甚至达到了25%以上，这意味着每4个人中有1个人失业，而另外三个可能收入也少得可怜。

当时的社会景象无论用多么悲惨的语言来形容都不过分。由金融危机引发的经济大萧条一直持续到30年代初，直到第二次世界大战爆发。如果我们想象力足够丰富，把金融危机与世界大战联系起来，也不是完全没有根据的。

历史总在唤醒后来的人们。在此次金融风暴中，我们从市场的基本表现来看，首先也是金融资产价格的全面迅速跌落，继而引起市场的普遍恐慌。美国人可以放弃有158年历史的雷曼兄弟，但不能放弃对金融市场的救助。从持续注资，到连续下调联邦基金利率，可以说，能动用的一切手段都被调动了。大家都害怕，一旦金融市场陷入停顿，信贷紧缩、市场流动性枯竭一时难以消除，正常的投资消费活动都会受到影响。更重要的是，市场信心一旦崩溃，恢复就难了。现在我们还难以预计，今后会发生什么，但挽救金融市场、恢复金融市场的功能是没有什么可以怀疑的。

金融市场在市场机制中扮演着主导和枢纽的角色，发挥着极为关键的作用。理想状态是在一个有效的金融市场上，金融资产的价格和资金的利率能及时、准确和全面地反映所有公开的信息，资金在价格信号的引导下迅速、合理地流动。金融市场作为货币资金交易的渠道，以其特有的运作机制使千百万居民、企业和政府部门的储蓄汇成巨大的资金流推动和润滑着这个巨大的经济机器，使之顺畅、持续运转。

资料来源：http://www.hexun.com。

项目二 货币市场及其业务

【情境导入】

2010年12月10日晚间，中国人民银行决定从2010年12月20日起，上调存款类金融机构人民币存款准备金率0.5个百分点，这是今年以来央行第六次上调存款准备金率，上调后存款准备金率达18.5%，再创历史新高。月末，银行间货币市场资金面骤然收紧。数据显示，银行间货币市场指标利率7天期质押式回购加权平均利率报收4.053 3%，不仅较前一交易日的3.528 8%大涨50个基点，并创下2008年6月以来的新高点。据悉，一向作为市场资金“蓄水池”的大型国有商业银行再次叫停融出资金。其他品种涨幅稍弱。隔夜品种报收2.394 7%，较前一交易日的2.121 5%上涨27个基点。14天期、21天期、1月期品种涨幅均超过30个基点。

业内分析师认为：前期央行接连上调准备金率所传递的政策紧缩信号非常明确，市场的流动性预期可能已经发生变化，而且在年末考核时点效应的影响下，大行也有拉高货币市场利率的动力。在准备金率缴款之后，年末银行考核与节日资金备付需求已成为当前考验银行间流动性状况的主要风险因素。而当日市场上出现的可能再次上调存款准备金率的传闻，则加剧了机构对资金面的紧张预期。有交易员透露，为保障年末资金需求，周二部分国有大行已经停止融出资金，融出资金的多是些中小银行，这也正是导致资金面骤然紧张的主要原因。

那么，什么是货币市场呢？它对经济的发展起到了什么样的作用呢？

【必备知识】

货币市场是指资金借贷期限在 1 年以内（含 1 年）的交易市场，或称短期资金市场。由于其资融资工具的流动性强，并往往作为货币的替代品用于支付和结算，具有货币性特点，故而称为货币市场。货币市场是短期资金融通的市场，是金融市场的重要组成部分。该市场的参与者众多，商业银行是该市场的重要参加者，此外还有政府、证券交易商以及大的金融和非金融机构。

一个理想的货币市场应具备以下三个条件：第一，必须有一个完善的中央银行体系，中央银行有能力并且愿意充当最终贷款人。在发生金融危机时，商业银行可能无力或者不愿意提供贷款时，中央银行可以提供必要的贷款，以帮助市场保持稳定。第二，在货币市场上，是否有种类繁多的短期金融工具，交易是否活跃。所谓种类繁多是指市场上提供有足够数量的不同期限、不同收益、不同风险、不同流动特征的短期金融工具，以满足不同投资人的多种多样的随时变化的需要。所谓交易活跃是指有足够多的经纪人、中间商和其他功能相当的金融机构作为市场组织者来有效地调动大规模的、换手率很高的货币市场交易。第三，按照有关货币市场的法律法规，或按照市场惯例自我约束。是否有专门机构对各类机构，特别是对金融机构的交易活动进行严格的监督审查。只有门类齐全、交易活跃、监督者严格管理、按照市场规律运转的市场才是理想的货币市场。

货币市场的特点在于：(1) 融资期限短，为短期资金流动提供了方便；(2) 信用工具品种多，灵活，流动性强；(3) 利率多变容易引起长期资本市场的利率变动；(4) 提供短期信贷不限定用途，借款者可以自行安排。

货币市场对国际政治、经济和金融局势的变化极为敏感，各国的国内利率、汇率、物价、国际收支状况和金融政策，都会与该市场的交易规模、利率水平、期限结构、资金流动方向等产生相互的影响。所以这一市场的存在，在提供资金便利的同时，也不可避免地带来了一定的负面影响。

根据不同的借贷方式，货币市场可由短期信贷市场、商业票据市场、短期政府债券市场、大额可转让定期存单市场构成。

一、短期信贷市场及其业务

短期信贷市场主要包括商业银行对政府、企业的信贷和银行同业间拆放的市场。前者用于政府弥补收支赤字、满足企业短期流动资金的需要；后者则是解决银行在一定时间内的资金余缺。目前，短期信贷市场以银行同行拆放市场占主导。银行同业拆放市场是指金融同业之间（包括银行和经营信用业务的非银行金融机构之间）进行相互信贷的场所。

(一) 银行同业拆借业务的特点

银行同业拆借是指金融机构之间将多余头寸进行拆借的活动，即由资金多余的金融机构拆借给资金不足的金融机构。同业拆借交易主要有两种，一种是同业头寸拆借，主要指金融同业之间为了轧平头寸，补足存款准备金和票据清算资金而进行的短期资金融通活动；另一种是同业短期拆借，主要指金融机构之间为满足临时性、季节性的资金需要而进行的短期资金借贷，其期限一般比同业头寸拆借时间长。无论是哪种交易，都具有如下几个特点：

1. 一般没有固定交易场所

拆借双方主要通过电话、电报、电传等通信手段进行联系和交易，美国的联邦基金市场是比较典型的无形拆借市场，它是一个电话市场，以联邦基金进行拆借的金融机构通过电话联系，在中央银行账户上直接进行拆借交易。

2. 拆借资金的期限比较短

期限一般是 1 天、2 天或 1 星期，最短为几个小时或隔夜拆借，最长不超过 1 年，主要是用于短期、临时性需要。

3. 同业拆借基本上是信用拆借

拆借活动在金融机构之间进行，严格的市场准入条件使金融机构可以以其信誉参与拆借活动，而不需要向对方提供任何担保品。

4. 交易金额大

由于同业拆借是在银行间进行的，故其每笔交易金额都比较大，如伦敦同业拆借市场每笔交易以 25 万英镑为最低限额。

5. 交易方式简便

由于银行的信用一般都比较高，因而银行同业拆借通常不需要签订协议，也不需要提供担保品，有时仅以电话联系就可以完成资金的拆借。

6. 同业拆借利率是由交易双方根据当时的货币市场情况协商自定的

同业拆借利率一般低于中央银行的再贴现率。由于各种原因，同业拆借市场也时常出现拆借利率高于中央银行再贴现率的情况。同业拆借利率变动频繁，可以灵敏地反映资金供求状况，并对货币市场上的其他金融工具的利率变动产生导向作用，这就使同业拆借利率成为货币市场的核心利率。目前，在国际同业拆借市场中最有影响的利率是伦敦同业拆借利率(LIBOR)。这是伦敦市场上第一流的银行相互间进行拆借的利率，目前已成为国际金融市场浮动利率贷款的基准利率，一般都是在 LIBOR 的基础上加一定的百分点，如 LIBOR＋0.05％来确定。

(二) 银行同业拆借市场的作用

同业拆借市场的重要作用在于，它使商业银行在不用保持大量超额准备金的前提下，就能满足存款支付的需要。在现代银行制度中，商业银行经营的目标是利润最大而风险最小。商业银行追求高利润、高收益，必须扩大高收益的资产规模，但同时可能使流动性不足，准备金下降，影响其正常经营甚至难以保证存款的支付。相反，保持过多的准备金，高收益的资产就相对减少，利润就降低。商业银行需要在不影响支付能力的前提下，尽可能地降低准备金水平，以扩大高收益的资产比重，使利润最大化。同业拆借市场，使准备金盈余的金融机构可以及时地贷出资金，获得较高收益，准备金不足的金融机构可以及时地借入资金保证支付，有利于商业银行实现其经营目标。

同业拆借市场是中央银行制定和实施货币政策的重要载体。一方面，同业拆借市场的交易对象是在中央银行账户上的多余资金，中央银行可以通过提高存款准备金率，改变商业银行缴存准备金的数量，进而影响商业银行的信贷扩张能力与规模。另一方面，同业拆借市场的交易价格即同业拆借市场利率，反映了同业拆借市场资金的供求状况，是中央银行货币政策调控的一个重要指标。同业拆借市场利率基本代表了市场资金的价格，是确定其他资金价格的基本参照利率。中央银行可以通过调控同业拆借市场利率，影响其他利率，实现金融宏观调控目标。

我国的同业拆借市场，是在1985年我国的信贷资金管理制度开始实行“统一计划，划分资金，实贷实存，相互融通”的新体制后开始出现的。这种新的信贷资金管理制度允许和鼓励银行之间相互融通资金，直接促进了同业拆借市场的兴起。1986年上半年，全国各地零星的拆借活动开始出现，下半年以后发展很快，逐步形成了不同层次、不同规模的拆借市场，建立了以中心城市为依托，跨地区、跨系统的资金融通网络。1996年1月3日，全国统一的同业拆借市场网络系统开通运行，标志着全国统一的拆借市场的正式建立。

二、商业票据市场及其业务

商业票据是指一些大企业和银行控股公司凭借自己的信用发行的短期借款票据，具有期限短（不超过270天，以30～90天为多）、有固定到期日、票面金额大小不限等特点，交易按票面金额贴现的方式进行。它可用于补充商业银行短期贷款的不足。商业票据市场主要是指商业票据的流通和转让市场，具体包括票据承兑市场和票据贴现市场。

（一）票据承兑市场及其业务

承兑是汇票到期前，汇票付款人或指定银行确认票据记明事项，在票面上做出承诺付款并签章的行为。汇票之所以需要承兑是由于汇票的出票人与付款人不是同一个人，汇票的出票人单方面将付款人、金额、期限等内容记载于票面，付款人必须承认兑让。汇票可以由银行承兑，也可以由企业承兑，由银行承兑的叫银行承兑汇票，由企业承兑的叫企业承兑汇票。商业票据经银行承兑后，将商业信用转化成了银行信用，信用得到了提高，更易于在二级市场上转让。银行承兑票据的期限一般在30～180天，面额可从25 000美元到500万美元不等。

（二）票据贴现市场及其业务

贴现市场是经营贴现业务的短期资金市场。票据贴现是指票据的持有人将未到期的票据转让给银行，银行扣除一定的利息后将票面的余额支付给持票人的行为。票据贴现市场所转让的商业票据主要是指经过背书的本票和汇票。从表面看，票据贴现是一种票据转让行为，但实质上它构成了贴现银行的授信行为，实际上是将商业信用转化为银行信用。银行办理票据贴现后，若出现资金短缺，可持客户向其贴现的票据办理转贴现和再贴现。

在西方发达国家，票据贴现市场已经成为货币市场的重要组成部分。银行进行再贴现操作，中央银行可以通过调整再贴现率和控制贴现额度来影响商业银行的信贷资金规模和市场利率，从而实现对货币总量的调控。

在我国，1982年上海市首先恢复了票据贴现业务；1984年中国人民银行总行发行了《商业汇票贴现暂行办法》，决定于1985年4月允许办理贴现、转贴现和再贴现；1995年《中华人民共和国票据法》正式颁布实施后，票据市场获得了长足的发展。

三、大额可转让定期存单市场及其业务

大额可转让定期存单（Negotiable Certificates of Deposits，CDs），是银行给存款人签发的定期存款凭证，存款人不能提前支取，但可以在二级市场上转让和流通。第一张大额可转让定期存单是由美国花旗银行于1961年创造的，其目的是为了稳定存款、扩大资金来源。大额可转让定期存单还可使银行由被动等待顾客上门变为主动发行存单以吸收资金，更主动地进行负债管理和资产管理，存单购买者还可以根据资金状况买进或卖出，调节自己的资金组合。

（一）大额可转让定期存单业务的特点

大额可转让定期存单是一种固定面额、固定期限、可以转让的大额存款定期储蓄。发行对象既可以是个人，也可以是企事业单位。大额可转让定期存单无论单位或个人购买均使用相同式样的存单，分为记名和不记名两种。在我国，对城乡居民个人发行的大额可转让定期存单，面额为1万元、2万元、5万元；对企业、事业单位发行的大额可转让定期存单，面额为50万元、100万元、500万元。在美国，最少为10万美元。大额可转让定期存单的期限大多为3个月、6个月，一般不超过12个月（1年）。其利率水平略高于同等期限的定期存款利率，与当时的货币市场利率基本一致。

大额可转让定期存单业务的优点主要表现在以下两个方面：

(1) 对企业来讲，由于它由银行发行，信誉良好，危险性小，利率高于活期存款，并且可随时转让融资等，因而不失为赢利性、安全性、流动性三者的最佳配合信用工具。

(2) 对银行来讲，发行手续简便，要求书面文件简单，费用也低，而且吸收的资金数额大，期限稳定，是一个很有效的筹资手段。尤其是在转让过程中，由于大额可转让定期存单的成本费用比同期债券买卖低，因此可为金融市场筹措资金及民间企业有效运用闲置资金，弥补资金短缺创造有利条件。并且CDs可自由买卖，它的利率实际上反映了资金供求状况。

（二）大额可转让定期存单市场

大额可转让定期存单的发行和流通所形成的市场就是大额可转让定期存单市场。

大额可转让定期存单的发行采取批发和零售两种形式。批发发行时，发行银行将拟发行存单的数量、时间、利率、面额等予以公布，由投资者选购。零售发行时，发行银行根据客户的要求随时出售合乎客户要求的存单，存单的面额、期限、利率等由银行与客户协商后确定。

大额可转让定期存单的转让市场是指买卖已发行但尚未到期的存单的市场。其交易者是为数不多的专职交易商，他们一方面积极参与可转让大额定期存单的发行，另一方面努力创造和维持良好的二级交易市场。如果投资者急需资金，可在二级市场将存单卖出，通常由专职交易商买入，维系存单的流动性。专职交易商既可将存单持至到期日，也可到二级市场进行出售。

我国的可转让定期存单的发行始于1986年，最初由中国银行和交通银行发行。1989年以后，其他银行也相继开始发行大额可转让定期存单。限于我国金融市场的发展水平和经济实际，我国的可转让大额定期存单市场目前并不活跃。

四、短期政府债券市场及其业务

短期政府债券是政府作为债务人，承诺1年内债务到期时偿还本息的有价证券，又称为短期国债或国库券。短期政府债券是政府为弥补国库资金临时不足而发行的短期债务凭证。它是货币市场中最重要的组成部分之一，发行量和交易量都非常巨大，在满足政府短期资金周转的需要方面发挥着重要作用。在美国，国库券的发行是为了满足季节性财政需要，在美国证券市场上信誉最好，流动性最强，交易量最大。它对于美国人和美国以外的政府、金融机构和个人都有很大的吸引力。

（一）短期政府债券业务

短期政府债券是重要的货币市场工具。一般期限在1年以内，具体又分为3、6、9个月和1年期等不同种类。各国政府发行短期国债，主要是为满足先支后收产生的临时性财政资金需要。短期国债以国家信用作担保，不存在或基本上不存在信用风险，而且期限较短、流动性较强，同时又可以获得高于同期存款的利息。因此，它是金融市场上十分畅销的投资工具。

1. 短期政府债券的发行

短期政府债券一般采取拍卖方式折扣发行（我国不同），发行价格由竞拍者竞价形成。当发行代理人（财政部或中央银行）发出拍卖信息（种类、数量）后，一级自营商即根据市场行情和预测报出购买价格与数量。发行者根据自营商的报价自高而低排列，先满足较高价位者的购买数量，直到达到发行量为止。当一级自营商获得承销量之后，即向零售商或投资者销售。短期政府债券的发行价格为折扣价格，即发行价格低于国库券面值，但按面值偿还，其差价即为投资者的收益，等于提前支付利息。

2. 短期政府债券的转让

短期政府债券是货币市场最活跃、流动性很高的短期证券，有着较发达的交易转让市场或称二级市场。短期政府债券的转让流通可以通过贴现或买卖方式进行。由于它具有信誉好、期限短、利率优惠等特点，因而在货币市场上广受欢迎。所以，短期政府债券买卖异常活跃，这不仅是投资者的理想交易工具，还是政府调度国库收支和中央银行调控货币信用的重要手段。尤其在美国，国库券市场的交易非常活跃，转让也非常频繁。国库券的转让交易多在场外或柜台市场进行，国债经纪人和交易商进行着频繁、大量的委托及自营交易。交易商（如证券公司）买进或卖出国库券的价格主要通过金融杂志和报刊刊登出来。有关短期国债二级市场转让或交易的方式、基本程序、基本方法及主要规则等，同长期债券基本相同，有关内容将在项目三中介绍。

（二）短期政府债券市场

短期政府债券市场是以发行和流通短期政府债券所形成的市场，通常将其称为国库券市场。短期政府债券市场的活动包括债券的发行与转让流通。短期政府债券市场不仅是投资者的理想场所，而且是商业银行调节二级准备金的重要渠道，还是政府调整国库收支的重要基地，是中央银行进行公开市场业务操作的重要场所。

1. 短期政府债券市场的要素

（1）发行人，是指政府及政府授权部门。

（2）投资者，可分为金融机构和非金融机构两大类。

2. 短期政府债券市场的主要特征

（1）市场风险小。由于它由政府发行，因而被称为零风险的金边债券，私人部门发行的货币市场工具与其不可同日而语。

（2）流动性强。它的高组织性、高效率和充分竞争性非其他短期金融工具所能比拟，迅速变现能力强化了这一特征。

（3）税收优惠。亦即它的免税特征，这一特性有利于增强国库券的吸引力。

因此，国库券市场交易活跃，既是投资者的理想场所，也是商业银行调节流动性和中央银行公开市场操作的场所。

3. 短期政府债券市场的功能

（1）对发行人来讲，有利于用经济方法弥补国家财政收支差额，发挥国家财政在国家经济建设中的主导作用。

（2）对投资者来讲，是短期资金投资的重要市场。国库券在市场上之所以受到欢迎，是由它本身的特征所决定的。

（3）对中央银行来讲，是贯彻其货币政策的首要场所。

【典型业务分析】

本周（2010年12月6～10日）交易所债市在久跌后出现小幅弹升。周五（12月10日）上证国债指数收于126.16点，较上周微涨了0.06点，全周共成交了6.18亿元，相比上周的11.82亿元大幅萎缩。上交所企债市场冲高回落，周五（12月10日）上证企债指数收于142.74点，较上周微涨了0.02点，全周共成交28.28亿元。近期国债市场和企债市场虽展开了反弹行情，但受央行紧缩预期的影响，反弹乏力。

分析：

业内人士认为，央行连续上调存款准备金率旨在防通胀。选择上调准备金而不是加息，说明央行在价格工具的选择上持谨慎的态度。预计本次存款准备金率上调后市场资金面将进一步趋紧，市场利率也将继续上升。债市的中长期走势不容乐观。

资金面上，本周央行通过公开市场操作实现净投放640亿元。从11月中旬至今，央行已经连续四周净投放，累计投放资金2 300亿元。受此影响，前期市场资金面紧张的局面略有缓解，银行间市场债券质押式回购7天品种利率大幅回落，本周基本维持在2.5%左右，但仍然高于前期1.8%的水平。

分析人士认为，本周各期限央票的发行利率均与上期持平，央票一二级市场的利差普遍超过60个基点，发行量基本上仍处在象征性发行状态，曾作为公开市场回笼主力的3年期央票也暂停，凸显了当前公开市场操作的窘况。随着明年货币政策基调由“适度宽松”正式转向“稳健”，央行加大了对冲操作力度，提升央票发行利率仍是势在必行。银行间一级市场方面，由于市场一直担心近期会出台进一步紧缩政策，中短期新券发行受冷。

展望后市，11日统计局公布的11月份CPI数据创28个月新高，将引发进一步的紧缩，继续带来加息预期。明年的货币政策依旧是市场关注的焦点，市场仍会关注控制信贷、流动性、价格上涨的具体举措。随着未来央行紧缩政策及其滞后效应的累积显现，市场资金面将趋紧，债市的走势不容乐观。

资料来源：http://finance.sina.com.cn。

项目三　资本市场及其业务

【情境导入】

股票、基金、债券已成为老百姓不可或缺的投资品种，公众对宏观经济和产业发展的关注不断升温；农民在田间地头说着期货价格，以此为依据决定是否种植和卖出小麦、大豆、棉花……

数字标刻出中国资本市场从无到有急速发展的步伐。至2010年11月底，沪深股市总市值26.43万亿元，是5年前的8.2倍。2006年以来，新上市期货品种18个，去年我国商品期货市场成交量已跃居世界第一。投资者有效账户数超过1.3亿户，资本市场成为广大百姓的主要理财渠道。

如果将社会主义市场经济体制比作一座大厦，资本市场无疑是其中不可替代的一块基石。资本市场的每一步发展，都源自对社会主义市场经济认识的不断深化。

改革开放伊始，股份制开始慢慢复苏。一批股份有限公司相继成立，并向社会发行股票。20世纪90年代初，上海与深圳证券交易所相继成立。新中国资本市场迈出的第一步显得有些稚嫩。上交所开业当日，只有30种证券上市，其中股票8只。深交所试开业的当天显得更冷清，全天只有1单成交。对于资本市场这一新生事物，人们不免打出种种问号。

“证券、股市这些东西究竟好不好，有没有危险，是不是资本主义独有的东西，社会主义能不能用？允许看，但要坚决地试……”1992年春，邓小平同志的“南巡”讲话掷地有声，拨开了人们心头迷雾。当年秋天，中共十四大确定，我国经济体制改革的目标是建立社会主义市场经济体制，从而拉开了资本市场大跨越的序幕。

资料来源：http://www.xinhuanet.com。

【必备知识】

资本市场是长期资本融通的场所，通常将1年以上的中长期资本借贷（通常1～5年称为中期，5年以上称为长期）或证券发行与交易的市场称为资本市场。资本市场是金融市场的重要组成部分，是资本流动的重要途径。

从资本市场的功能、交易和风险来看，它有如下特点：（1）资本市场资金周转期限长，最长可以达到20～30年，股票投资则没有期限，借贷关系稳定。（2）涉及风险广，如利率和汇率风险、信用风险、价格风险、市场风险、政治风险、企业经营风险等，所以注重双方的资信度、信誉以及外部环境。（3）资本市场上的不稳定因素较多，既受资金供求关系、国际贸易状况、资本流动因素影响，又要受到通货膨胀、外汇市场供求、国际政治局势、各国金融政策的影响。所以也是导致国际金融市场动荡的原因之一。

广义的资本市场由国际银行中长期资本借贷市场和证券发行与交易组成。狭义的资本市场主要指证券市场。证券市场根据证券的种类可以分为股票市场和债券市场。根据证券发行与交易的性质分为一级市场和二级市场。具体来看，资本市场主要由中长期信贷市场、股票市场、债券市场和投资基金市场所构成，下面将分别介绍各子市场。

一、中长期信贷市场及其业务

中长期信贷市场是资本市场的重要组成部分，它是银行、国际金融组织、政府机构向客户提供中长期贷款的市场。其中中期贷款的期限在1～5年，长期贷款的期限在5年以上，有些长期贷款（如政府贷款和国际金融组织贷款）的期限有时可达40～50年。下面将介绍政府贷款和银行中长期信贷，国际金融组织贷款在学习情境八中另行介绍。

（一）政府贷款

政府贷款是指一国政府利用财政资金向另一国政府提供的优惠贷款，是国际官方援助的组成部分。与商业贷款利率相比，政府贷款期限较长，一般在20～50年，而且大都包含有5～10年的宽限期；政府贷款利率一般较低，含有一定的捐赠成分；政府贷款大多附加各种限制条件，如只能限于采购贷款国的机器设备等资本性产品等。

政府贷款主要有三种形式：(1) 赠款与商业贷款混合，即在贷款中，赠款占一定比例，这部分钱不用还本和付息，其余部分则按国际商业贷款的条件使用。(2) 软贷款与出口信贷混合，又称混合贷款，即在整个贷款中，软贷款（期限、比率比商业贷款大幅优惠的贷款）占一定比例，其余部分是出口信贷。(3) 全部软贷款，其条件往往是最优惠的，一般是贷款利率大大低于市场利率，有的甚至是无息贷款。

政府贷款是发展两国双边关系的一种形式，但又受政治关系的影响。为减少摩擦，协调一致，“经济合作与发展组织”（OECD）制定了“君子协定”，规定了对不同国家贷款的最低优惠程序，以便使政府贷款真正成为对借款国的援助，而不是竞争的手段。

（二）银行中长期信贷

银行中长期信贷是一国银行单独或几国银行联合向某一企业发放的期限在1年以上的商业贷款。信贷利率为市场利率，通常以伦敦银行同业拆放利率再加一个附加利率组成。

银行中长期信贷业务有如下特点：第一，银行中长期信贷在贷款资金用途上不受贷款的限制，由借款人自由安排使用；第二，银行中长期贷款的资金供应充裕，借款方便，贷款数额能够满足借款人的需要；第三，银行中长期贷款的条件严格，利率较高。

银行中长期信贷的主要形式包括银团贷款、联合贷款和双边贷款三种。

1. 银团贷款

银团贷款（Consortium Load），又叫辛迪加贷款（Syndicate Load），是几家或更多的银行联合为一个借款者筹措资金的贷款方式。贷款一般在几千万美元以上，甚至可在几十亿美元以上。自20世纪70年代以来，已成为国际信贷市场上的主要融资方式。

银团贷款的方式有直接银团贷款和间接银团贷款。直接银团贷款是银团内各成员行直接或间接通过代理行与借款人签署贷款协议，每一银行的贷款义务仅限于它在银团贷款协议中的承诺部分。间接银团贷款是由一家银行与借款人先签订贷款协议，然后再将其债权以银团贷款参与权的形式转让或出售给其他银行。银团贷款中的银行包括牵头银行、代理行、经理银行和参加银行。其中，牵头银行是贷款的主要承办行，其任务是与借款人协商贷款条件、贷款期限以及安排其他银行参与贷款和评估市场条件等；代理行通常是主办银行，向借款人收取利息和本金，并根据各银行提供贷款的资金比率，将贷款本息分配给各银行；经理银行是参加银行中提供资金较多的银行，可参与协助或提供意见给主办行参考；参加银行是接受邀请参加银团贷款的银行。

银团贷款的特点是：(1) 贷款规模较大，一般至少 1 000 万美元，最多可达几十亿美元；(2) 期限较长，少则 1～5 年，多则 20～30 年，一般为 5～10 年；(3) 贷款专款专用；(4) 币种选择灵活；(5) 贷款利率主要采用浮动利率；(6) 贷款费用较高，除利息外，还有承担费（Commitment Fee）、管理费、代理费、杂费等，贷款偿还一般采用有宽限期的分期等额支付；(7) 由牵头行和代理行牵头具体操作。

2. 联合贷款

联合贷款是由一家或数家银行一起对某一项目或企业提供的贷款。其金额一般小于银团贷款，组织形式比银团贷款简单，没有主牵头行、副牵头行和参与行之区分，其管理费用也小于银团贷款。

3. 双边贷款

双边贷款是指一国银行向某一企业提供的贷款，是一种最简单的贷款形式。该企业既可以是银行所在国的企业，也可是另一国的企业。

二、股票市场及其业务

股票是有价证券的一种主要形式，是指股份有限公司签发的用以证明股东按其所有股份享有权利和承担义务的凭证。股票就其性质来看，代表着股东对公司的所有权，是代表一定经济利益分配请求权的资本证券，是资本市场上流通的一种有价证券。

（一）股票的特点

股票作为一种金融工具，主要具有以下特点：

1. 投资的永久性

股票没有期限，没有约定的到期日。股东无权要求公司退还股本。股东要想收回投资只能将股票转让给他人，但这种转让只改变公司资本的所有者，不涉及公司资本的增减。股份公司在破产清偿或因故解散的情况下，依照法定程序宣布结束的，不能理解为股票的到期，只能理解为对公司的清理。此时股东所获得的清偿不一定等于其投入的本金。

2. 决策的参与性

股票一经发行，持有者即为发行股票的公司的股东，分享公司的利益，同时也要分担公司的责任和经营风险。公司营运的风险最终由股东投入的资本来承担，因此股东从关心自己的资本和收益水平出发，关心公司运作，参与公司的决策。在现实中，股东拥有的参与权仅限于股东大会，听取董事会提出的工作报告和财务报告并提出自己的意见和建议；投票选举公司董事或监事；投票参与公司重大经营决策等。同时，在一股一票的投票制度安排下，只有拥有一定数量股票的股东才能真正影响公司的经营决策。

3. 收益性

人们投资股票的根本目的就是为了获利。股东的投资收益来自于两个方面：一是公司派发的股息和红利；二是买卖股票获得的差价。

4. 风险性

股票投资是一项高风险的投资，通常用股票价格的波动性来衡量股票的风险性。投资者的风险分为系统风险和非系统风险两部分。市场利率变动、宏观经济状况、政治局势等引起的风险属于系统风险；公司盈利水平、经营状况等引起的风险属于非系统风险。

5. 流通性

股票可以在流通市场上自由转让，可以在证券交易所或柜台市场上变现。股票的流通性弥补了股票期限上永久性的不足，这也是股份有限公司可在社会公众中广泛募集资金的一个重要原因。

6. 有限的责任性

股份有限公司的性质决定股东只负有有限清偿责任，即股东仅以其所持股份为限对公司承担责任。当公司资不抵债时，股东除了认购的股金以外，无义务对公司所欠债务承担连带清偿责任。换句话说，股东的损失以购买公司股票的金额为限。

（二）股票的种类

股份公司为了满足自身经营的需要，根据投资者的需求，发行多种多样的股票，这些股票所代表的股东地位和股东权利各不相同。

1. 按股票代表的股东权利，可分为普通股和优先股

普通股是指每一股份对公司财产都拥有平等权益的股票。它是公司资本构成的最基本成分，是公司资本营运的最重要的股票种类。普通股股东根据股票数量多少行使表决权和选举权，其股息和红利收入取决于公司经营效益和股息分配政策。在公司解散清算中，普通股股东分取公司剩余资产的次序，即剩余索偿权，在债务人和优先股股东之后。普通股股东还具有优先认股权，即当公司增发新的普通股时，现有股东有权按其原来的持股比例认购新股，以保持对公司所有权的现有比例。

优先股，又称特别权股票，是指在剩余索偿权方面拥有优先权的股票。优先股的股息固定，不随公司利润增减而波动，优先股股东通常不享有经营决策权，没有选举权，但在特殊条件下也具有临时投票权。如公司发生财务困难而不能在规定时间内支付优先股股息时，优先股股东可以根据法律规定或公司章程规定，出席股东会议，与普通股股东一样，行使股东权利。

2. 按票面上是否记载股东姓名，可分为记名股票和不记名股票

记名股票是指将股东姓名记载在股票和股东名册的股票。记名股票代表的股东权益归属记名股东。转让记名股票必须依照法律和公司章程规定的程序进行，并要符合规定的转让条件。

不记名股票是指股票票面不记载股东姓名的股票。不记名股票权利属于股票持有者所有，它与记名股票相比转让更方便、更自由。

记名股票和不记名股票在股东权利的内容方面没有差异，不同的是记载方法、权利使用方法和对股东的通知方法等。一般来说，不记名股票可以请求改换为记名股票，但记名股票不能转换为不记名股票，也可以用公司章程禁止转换。由于不记名股票有一定的弊端，因此有的国家不允许发行不记名股票。

3. 按有无票面价值，可分为有面值股票和无面值股票

有面值股票是指在股票上记载一定金额的股票，也称有面额股票。各国股份有限公司发行的股票以有面值的居多。

无面值股票是指股票票面不记载金额的股票，也称无面额股票。这类股票不标明固定的金额，但要在票面上表示其在公司资本金额中所占的比例，因此也可称为比例股股票。

4. 按是否有实物载体，可分为实体股票和记账股票

实体股票是指股份公司给股东发放纸制的票券作为其持有股份的表现形式。

记账股票是指不发行股票实体，只做股东名册登记的股票。记账股票仅限于记名股票使用。在现代证券市场上，多数交易所都借助计算机网络进行股份登记和股票交易，股票不再具有纸制票券的形式，而以电子符号的形式存在。

5. 按我国股权结构，可分为国家股、法人股、公众股和外资股

国家股是指以国有资产向股份有限公司投资形成的股权。国家股的股权所有者是国家，国家股的股权由国有资产管理机构或其授权单位、主管部门行使国有资产的所有权职能。

法人股是指企业法人以其依法可支配的资产向股份公司投资形成的股权。或者具有法人资格的事业单位或社会团体以国家允许用于经营的资产向股份公司投资所形成的股权。

公众股是指社会个人或股份公司内部职工以个人财产投入公司形成的股份。它有两种基本形式，即公司职工股和社会公众股。公司职工股是指股份公司的职工认购的本公司的股份。社会公众股是指股份公司公开向社会募集发行的股票。

外资股是指外国和我国香港、澳门、台湾地区投资者以购买人民币特种股票形式向股份公司投资形成的股份，它分为境内上市外资股和境外上市外资股两种形式。境内上市外资股是指经过批准由外国和我国香港、澳门、台湾地区投资者向我国股份公司投资所形成的股权。境内外资股称为B种股票，是指以人民币标明票面价值，以外币认购，原专供外国及我国香港、澳门、台湾地区的投资者买卖的股票，目前已向境内合格公民放开。目前我国境外上市外资股有两种，一是H股，它是境内公司发行的以人民币标明面值，供境外投资者用外币购买，在香港联合交易所上市的股票；二是N股，它是以人民币标明面值，供境外投资者用外币认购，获纽约证券交易所批准上市的股票。

（三）股票市场的功能

股票市场是股票发行和流通的市场。股票市场作为资本市场的重要组成部分对国民经济的发展有重要的作用，它具有以下几种功能：

1. 筹资和投资

股票市场是一个重要的筹集资金的渠道。股份有限公司可以通过在股票市场上发行股票，将社会上分散的闲置资金集中起来，形成巨额的、可以长期使用的资本。而投资者可以通过在股票市场购买股票实现投资的目的，从而分享经济增长和企业业绩增长带来的好处。股票市场为投资者提供了一个广阔的投资渠道。

2. 优化资源配置

投资者通过公司及时披露的各种信息，投资于经营业绩好、管理高效的公司的股票，推动其股票价格上扬，为上市公司利用股票市场进行资本扩张提供了良好的外部环境。而经营业绩不好、管理不佳的企业将会被投资者所抛弃，难以取得上市资格或继续筹集资金。这实际上是利用市场的力量引导资金流向优质的企业，从而起到优化资源配置的作用。

3. 定价

股票市场通过市场兑价机制为公司的股票定价，而股票价格反映公司的价值和未来的成长潜力。市场上对股票的需求和供给共同决定了股票的交易价格。理论上看，如果股票市场是有效的，股票的交易价格就是股票的价值，也代表市场对股票发行公司的价值判断。

4. 分散风险

在股票发行市场，公司在筹集资金的同时也将公司的部分风险转移给了投资者；而在流通市场上，投资者可以根据自己的风险偏好选择不同的股票组合，通过投资组合来分散风险。

5. 监督公司管理层

上市公司的股票价格往往可以反映这家公司的管理水平。在成熟的市场上，公司的管理层普遍注重自己公司的股票价格。这是因为普通投资者可以采取“用脚投票”的方式，即在二级市场上抛售股票的方式否定管理层的业绩，而这种信号又会影响到管理层成员在经理人市场上的评价，进而影响到他们以后的职业前途。同时因为管理问题而导致股票价格下跌的公司又是其他公司兼并的对象，一旦被兼并，公司的管理层往往要被更换。基于以上原因，管理层必须努力经营，实现公司价值的最大化或股东利益最大化的目标，时刻注意股票市场的反应。股票市场间接地发挥了监督公司管理层的作用。

（四）股票市场的运行

股票市场按照功能划分，可以分为股票发行市场和股票流通市场。股票市场的运行就是对股票的发行和流通的制度性安排。

1. 股票的发行市场

初级市场（Primary Market）又称一级市场或发行市场，是指股份有限公司通过发行股票向投资者筹集股本金的市场。

（1）股票的发行方式。

根据募集对象划分，股票发行的方式有公募（Public Offer）和私募（Private Placement）两种。公募是公开向社会各界人士发行，私募是向特定范围内的公众如专业投资机构发行。股票的发行市场主要由投资银行、信托公司和证券商构成，专门从事证券的发行和分销业务。国际股票的发行者多是发达国家的大公司和金融机构，国际股票的购买者大多是私人投资者和机构投资者。

根据有无发行中介划分，股票发行的方式有直接发行和间接发行。直接发行是指股份公司自己承担股票发行的一切事务和发行风险，直接向认购者推销出售股票的方式。这种发行方式只适合于有既定发行对象或发行风险小、手续简单的股票。一般私募发行采取这种方式。但如果发行额较大，股份公司由于通常缺乏专门的业务知识和广泛的发行网点，要承担较大的发行失败的风险。间接发行是指发行者委托证券发行中介机构出售股票的方式。股票的间接发行有三种方式：代销、承销和包销。

（2）股票的发行价格。

当公司计划发行股票时，就需要根据不同情况，确定一个发行价格以推销股票。一般而言，股票发行价格有以下几种：

1）面值发行，即将股票的票面金额确定为发行价格，也称平价发行。由于股票上市后的价格往往高于面额，以面额发行可以使认购者得到溢价收益，因此投资者愿意认购。面值发行的方式较为简单，但缺点是发行人筹集的资金量较少，多在证券市场不发达的国家和地区实行。

2）溢价发行，即是以高于股票面额的价格发行，高于面额的部分称为溢价，记入股份公司的资本公积金。溢价发行可以使发行人筹集到较多的资金。溢价发行可使发行者以相对少的股份筹集到相对多的资本，从而减轻负担，同时还可以稳定流通市场的股票时价，促进资金的合理配置。

3）折价发行，即指将股票面额打一定的折扣作为股票的发行价格。折价发行有两种情况：一种是优惠性的，通过折价使认购者分享权益；另一种情况是该股票行情不佳，发行有一定困难，发行者与推销者共同议定一个折扣率，以吸引那些预测行情要上浮的投资者认购。这种方式很少使用，通常很多国家都规定发行价格不能低于股票面额，如我国《公司法》就有如此规定。

2. 股票的流通市场

流通市场（Secondary Market）是已发行的证券交易和买卖的场所，又称二级市场。股票流通市场的存在保证了股票的流动性，有场内交易和场外交易两大组织方式。

（1）场内交易。

股票的场内交易就是指通过证券交易所进行股票买卖流通的组织形式。证券交易所是股票市场的核心，有固定的交易时间和交易场所，接受或办理符合有关法律规定的证券上市买卖，使原证券持有人和投资者有机会在市场上通过经纪人进行自由买卖、成交、结算和交割。

场内交易主体一般有两种类型：一类是经纪人，即经纪公司在交易所场内的代理人，他们接受经纪公司客户的指令并且负责在交易所内执行这些指令，经纪公司依据它们的服务向客户收取佣金；另一类是证券交易自营商，主要为自己买卖证券，赚取买进价与卖出价之间的价差，自己承担交易风险。

1）证券交易所的组织形式。

证券交易所本身不参与证券的买卖，只提供交易场所和服务，它的组织形式主要有两种：一是公司制证券交易所，是以股份有限公司形式设立的以营利为目的的法人团体，一般是由银行、证券公司、信托机构以及各类民营公司共同出资建立的。公司制的证券交易所本身的股票也可以流通转让。但任何成员公司的股东、高级职员、雇员都不能担任证券交易所的高级职员，以保证交易的公正性。二是会员制证券交易所，是以会员协会形式设立的不以营利为目的的法人团体，一般由证券公司、投资银行等证券商组成。证券交易所的会员参加会员大会，有选举和被选举权；参加交易所组织的证券交易，并享受证券交易所提供的服务。同时，会员必须缴纳各项经费并遵守交易所制定的规则。会员大会是权力机构，决定交易所的基本经营方针，理事会为执行机构。会员制证券交易所规定只有会员才能进入交易大厅进行证券交易，其他人要买卖证券交易所上市的证券，必须委托会员进行。我国上海和深圳的证券交易所均实行会员制。

2）证券交易所的交易程序。

股票交易要经过开户、委托、竞价成交、结算、过户登记等程序。

①开设交易账户或股东账户。依照现行法律规定，每个投资者（国家规定不许办理的人员除外）欲从事证券交易，须先向证券登记公司申请开设股票账户，办理股东代码卡（实质上为证券交易账户）。另外，根据有关规定，禁止多头开户，即无论个人还是法人在同一证券交易所只能开立一个证券账户。

②开设资金账户。投资者委托买卖股票，必须向具体的证券公司申请开设资金账户，存入交易所需的资金。

③委托买卖。投资者开立了股票账户和资金账户后就可以在证券营业部办理委托买卖。其整个过程是：投资人报单给证券商；证券商通过其在场内交易员将委托人的指令输入计算机终端，由主机撮合成交；成交后由证券商代理投资人办理清单、交割和过户手续。

④竞价成交。证券商在接到投资人的买卖委托后，应立即通知其场内交易员申报竞价。证券交易所的竞价方式有两种，即集合竞价和连续竞价，这两种方式是在不同的交易时段上采用的。集合竞价在交易日每天开始前的一段时间用于产生第一笔交易，这笔交易的价格成

为开盘价。产生开盘价之后，以后的正常交易就采用连续竞价方式进行。证券交易按价格优先、时间优先的原则竞价成交，其结果可能出现全部成交、部分成交和不成交三种情况。

⑤清算、交割与过户。清算是买卖双方在证券交易所进行的证券买卖成交以后，通过证券交易所将各证券商之间买卖的数量和金额分别予以抵消，计算应收应付证券和应收应付金额的一种程序。清算包括资金清算与股票清算两个方面。交割是指证券卖方将卖出证券交付买方，买方将买进证券的价款交付卖方的行为。由于证券买卖都是通过证券商进行的，买卖双方并不直接见面，证券成交和交割等均由证券商代为完成。因此，证券交割分为证券商与委托人之间的交付和证券商与证券商之间的交付两个阶段。过户是指在记名证券交易中，成交后办理股东变更登记的手续，即原所有者向新所有者转移有关证券全部权利的记录手续。

（2）场外交易。

场外交易是在证券交易所外进行的交易，这种交易方式没有正式的组织，交易的股票也是未在交易所上市的股票。场外交易市场没有固定的集中场所，被称为店头市场或柜台市场，由自营商来组织交易。场外交易的价格通过商议达成，所受管制少、灵活方便，可以为中小型公司和具有发展潜质的新公司提供二级市场。

常见的场外交易市场还有第三市场、第四市场等。第三市场是指原来在证交所上市的股票移到场外进行交易而形成的市场。第四市场是指大机构绕开通常的经纪人或自营商，彼此之间利用电脑网络直接进行的大宗证券交易所形成的市场。

场外交易市场为已发行而未能上市的证券提供了流通转让的机会，是证券交易所市场的必要补充，是二级市场的重要组成部分。

三、债券市场及其业务

（一）债券的定义与种类

1. 债券的定义

债券是一种有价证券，是政府、金融机构、工商企业等社会经济主体为筹措资金向投资者发行并承诺按一定利率定期支付利息和到期偿还本金的债权债务凭证。

债券不同于股票，股票一般是永久性的，无需偿还，债券是有期限的，到期必须偿还本金并支付利息；股东可以通过投票来行使决策权，债券持有者一般没有投票权；股东从公司税后利润中分享股利，债券持有人则从公司税前利润中得到固定利息收入；公司经营不善破产时，债权人有优先取得公司财产的权力，其次才是股东。

2. 债券的种类

债券可以从各种不同的角度进行分类，并且随着人们对融通资金需要的多元化，会有各种新的债券形式不断产生。目前，债券的类型主要有：

（1）按发行主体不同，可分为政府债券、金融债券和公司债券。

政府债券是政府发行，以政府的信誉作保证，到期还本付息的凭证。政府债券又可区分为中央政府债券、政府机构债券和地方政府债券。中央政府债券即国家公债，其利息收入可豁免所得税。美国、日本等国家的政府机构也可以发行债券，其收支偿付不列入政府预算，由发行单位自行负责，信誉很高。地方政府债券的信用风险仅次于国债及政府机构债券，同时也具有税收豁免特征。

金融债券是由银行或非银行金融机构发行的债券。发行金融债券的金融机构，一般资金实力雄厚，资信度高，发行债券所筹集的资金有特定的用途。债券的利率要高于同期存款的利率水平。其期限一般为1～5年，发行的目的是筹措长期资金。

公司债券是由企业发行并承诺在一定时期内还本付息的债权债务凭证。发行公司债券多是为了筹集长期资金，期限多为10～30年。公司债券的风险小于股票，但比政府债券高。

（2）按偿还期限不同，可分为短期债券、中期债券和长期债券。

各国对短、中、长期债券的期限划分不完全相同。一般的标准是：期限在一年以下的为短期债券；期限在1年以上10年以下的为中期债券；期限在10年以上的为长期债券。

（3）按计息的不同，可分为一般付息债券、分期付息债券、附息票债券和折扣债券。

一般付息债券就是到期一并还本付息的债券。我国发行的债券大都采取这种付息方式。

分期付息债券是指按发行债券时规定的利率标准每年支付利息的债券，一般为中长期债券。我国1996年发行的10年期国债实行的就是分期付息。

附息票债券是指债券券面上附有各种息票的债券。息票上标明利息额，支付利息的期限和债券号码等内容。息票一般以6个月为一期。债券到期时，持有人从债券上剪下息票并据此领取利息。由于息票到期时可获得利息收入，因此附息债券也被看作是一种可以流通、转让的金融工具，也叫复利债券。

折扣债券亦称贴水债券，是指债券发行时按规定的折扣率，以低于票面价值的价格出售，到期按票面价值偿还本金的一种债券，其发行价格与票面价值的差价即为折扣债券的利息。

（4）按债券的利率浮动与否，可分为固定利率债券和浮动利率债券。

固定利率债券是指事先确定利率，每半年或一年付息一次，或一次还本付息的债券。由于其利率水平不能变动，在偿还期内，当通货膨胀率较高时，会有市场利率上升的风险。

浮动利率债券是指债券的息票利率会在某种预先规定的基准上定期调整的债券。作为基准的多是一些金融指数，如伦敦银行同业拆借利率、同期限的政府债券收益率、优惠利率等。采取浮动利率形式，减少了持有者的利率风险，也有利于债券发行人按照短期利率筹集中长期的资金来源。

（5）按有无抵押担保，可分为信用债券、抵押债券和担保信托债券。

信用债券是指仅凭债务人的信用发行的，不提供任何抵押品作担保的债券。政府债券和金融债券都是信用债券，信用良好的大公司也可发行信用债券，期限较短，利率较高。

抵押债券是以土地、房屋、机器、设备等不动产为抵押担保品而发行的债券。当债务人在债务到期不能按时偿还本息时，债券持有者有权变卖抵押品来收回本息。

担保信托债券是以公司拥有的动产或有价证券，如股票和其他债券为担保品而发行的债券。一般来说，发行这种债券的公司是一些合资附属机构，以总公司的证券作为担保。作为担保的有价证券通常委托信托人保管，当该公司不能按期清偿债务时，即由受托人处理其抵押的证券并代为偿债，以保护债权人的合法利益。

（二）债券的发行市场

1. 债券发行市场的要素

债券发行市场由债券发行市场主体、债券市场工具和债券发行市场的组织形式构成，称为债券发行市场的三大要素。

（1）债券发行市场主体。

按债券发行市场主体在债券发行市场扮演的角色的不同，可以把它划分为发行者、投资者、中介机构和管理者四类。发行者即资金的需求者，是债权债务关系中的债务人，可以是以发行债券形式筹措资金的企业、政府和金融机构。投资者即债券的认购者，是资金的供给者，也是债权债务关系中的债权人，可以是个人、企业、金融机构和政府机构。中介机构在债券发行市场上负责办理从发行开始到发行完毕的所有手续和为公开信息披露而制定有关文件。中介机构主要指那些为债券发行提供服务的机构，一般包括承销商、受托人、财务代理人、担保人、会计师等。管理者主要负责监督管理债券的发行、承销以及买卖等经营行为，以维护证券市场的正常秩序。管理者主要指对债券发行市场进行监督管理的政府机构。

（2）债券市场工具。

债券市场工具也就是债券本身，随着债券市场的不断扩大、筹集手段与技术水平的不断发展，债券市场工具也日趋多样化。

（3）债券发行市场的组织形式。

债券发行市场的组织形式是指把债券销售出去，从而把参与市场者联系起来的一种市场组织方式。它包括有形市场和无形市场两种方式。有形市场方式是指承销人向投资者在柜台上销售债券的方式；无形市场方式是指不通过固定的柜台或确定的场所发行债券的形式。

2. 债券的发行条件

债券发行者在以债券形式筹集资金时所必须考虑的有关因素主要包括：发行金额、票面金额、期限、偿还方式、票面利率、付息方式等项内容。债券发行可以采取公募发行或私募发行的方式。债券在发行前要进行信用评级，债券信用等级的高低，在一定程度上反映债券发行人到期支付本息的能力，债券等级越高，投资人承担的风险就越小；反之，投资人承担的风险就越大。债券的发行价格有溢价发行、折价发行、平价发行三种类型，通常取决于二级市场的交易价格以及市场的利率水平。如果筹资者（发行人）对这些因素考虑不周全，就会影响发行的效果、降低发行收入、增大筹资成本。

3. 债券发行方式

债券的发行方式分为直接发行和间接发行两种。

（1）直接发行。

它是发行人自己完成发行程序进行募集的方式。直接发行又可以分为直接募集和出售发行两种情况：1）直接募集是发行人不通过中介机构，自己承担发行事务的方式；2）出售发行是预先不规定发行数额，由发行人在确定的时间内向公众出售债券，该期限内出售的债券总额即为发行总额。

（2）间接发行。

它是发行人通过中介机构处理债券的发行事务。现代债券发行，特别是国债发行大部分是采取间接发行的方式。主要有承购包销、招标发行等方式。

承购包销是由若干家银行、证券公司等组成承销团包销全部债券，再由承销团成员利用自己的销售网络将债券分销给公众投资者的发行方式。发行人和承销团之间的权利义务关系由承销合同确定，一旦债券由承销团承销，债券发行即告结束，如果分销不出去，由承销团的成员自己认购。德国、日本一直采取集团认购的方式发行国债。

招标发行是债券发行者通过招标的方法决定债券投资者和债券发行条件的发行方式。根据标的物不同，招标发行可分为价格招标、收益率招标和缴款期招标；根据中标规则不同，可分为荷兰式招标（单一价格中标）和美式招标（多种价格中标）。荷兰式招标是按招标人所报买价（收益率）从高（低）到低（高）的顺序排序，直到满足预定发行额为止，所有中标者以满足发行额的最低价格（最高收益率）中标；美国式招标的过程与荷兰式相似，但是投标人在中标后，分别以各自出价认购债券。两者的区别在于荷兰式是所有中标人以单一价格认购，美国式招标是中标人以多种价格认购。招标发行是公开进行的，属于公募性质，故亦称“公募招标”。

（三）债券的流通市场

债券的流通市场类似于股票流通市场，也有证券交易所交易和场外交易两种组织形式，交易类型也包括委托经纪人代理买卖和交易商自营买卖两种类型。目前世界各国常用的交易方式有：现货交易、期货交易、期权交易、信用交易等。

1. 现货交易

现货交易是交易双方在成交后立即交割或在极短的期限内交割的交易方式，通常为T＋1至T＋3，即在交易达成之后的1到3个工作日内进行交割。

2. 期货交易

债券期货交易源自商品期货交易，是为了规避债券价格波动风险的一项金融创新。市场利率与债券价格存在着反向变动关系，利率水平上升，债券价格下降；利率水平下降，债券价格上升。正是由于利率与债券价格存在这种关系，投资者的债券价格面临利率波动的风险。债券的期货交易是指交易双方在成交后按照期货合约约定的条件远期交割的交易方式，从而使债券持有人可以锁定未来的收益。

3. 期权交易

期权交易又称选择权交易，也是规避债券价格波动风险的一项金融创新。投资者在给付一定的期权费后，取得一种可按约定价格在规定期限内买进或卖出一定数量的金融资产或商品的权利，买卖这一权利的交易即为期权交易。

4. 信用交易

信用交易又称垫头交易，是指交易者凭自己的信誉，通过交纳一定数额的保证金取得经纪人信用进行债券买卖的交易方式。信用交易可分为保证金买空和保证金卖空两种。保证金买空是指当某种证券行市看涨时，交易者通过交纳一定数额的保证金，由经纪人垫款代其购入证券的交易方式。保证金卖空是指当某证券行市看跌时，交易者通过交纳一定数额的保证金，向经纪人融券向市场抛售的交易方式。

5. 回购协议交易

回购协议交易是在卖出（或买入）债券的时候，事先约定到一定期间后按规定的价格再买回（或卖出）同一品种的债券。其实质与同业拆借一样，是一种短期资金的借贷交易，债券在此充当质押物。债券的回购交易又可以分为质押式回购和买断式回购。质押式回购又称封闭式回购，买断式回购又称开放式回购，它们之间的主要区别在于标的债券的所有权归属不同。在质押式回购中，融券方（逆回购方）不拥有标的债券的所有权，在回购期内，融券方无权对标的债券进行处置；而在买断式回购中，标的债券的所有权发生了转移，融券方在回购期内拥有标的债券的所有权，可以对标的债券进行处置，只要到期时有足够的同种债券返售给正回购方即可。回购协议的期限有长有短，最短的为1天，称为隔夜交易，最长也有1年的。回购协议的利率由协议双方根据回购期限、货币市场行情以及回购债券的质量等有关因素来议定，与债券本身的利率无直接关系。

四、投资基金市场及其业务

投资基金是指一种利益共享、风险共担的集合证券投资方式，即通过发行基金单位集中投资者的资金，由基金托管人托管，由基金管理人管理和运用，从事股票、债券等金融工具的投资，并将投资收益按基金投资者的投资比例进行分配的一种间接投资方式。

投资基金在不同的国家和地区有不同的称谓，美国称“共同基金”、“互助基金”或“投资公司”，英国和香港称“单位信托基金”，日本、韩国和中国台湾称为“证券投资信托基金”。

目前，美国的投资基金市场最为发达。我国是从1987年开始组建投资基金的。1997年11月14日，国务院证券委员会发布了《证券投资基金管理暂行办法》，有力地推动了基金市场的发展，投资基金的规模不断扩大，日渐成为市场的主流投资品种。2003年10月28日，《证券投资基金法》在十届全国人大常委会第五次会议上正式通过，进一步规范了投资基金市场的发展。

（一）投资基金的种类

投资基金有很多类型，可按不同的标准进行划分。

（1）按基金单位可否赎回划分，可分为开放式基金和封闭式基金。开放式基金的基金单位总数可随时增减。投资者可按基金的报价在基金管理人指定的营业场所申购或赎回基金；封闭式基金事先确定发行总额，在封闭期内基金单位总数不变，发行结束后可以上市交易，投资者可通过证券商买卖基金单位。

（2）按基金的组织形式划分，可分为契约型基金和公司型基金。契约型基金是由委托人、受托人和受益人三方订立基金契约，由基金经理公司根据契约运用基金财产，由受托人（在我国为商业银行）负责保管信托财产，而投资成果则由投资人（受益者）享有的一种基金；公司型基金是按照《公司法》组建的投资基金，投资者购买公司股份成为股东，由股东大会选出董事、监事，再由董事、监事投票委托专门的销售公司来进行。

（3）按照投资收益目标的不同来划分，可以分为成长型基金、收益型基金和平衡型基金。成长型基金以基金资产价值能够不断成长为主要目的，重视投资对象的成长潜力，风险较高，投资对象以股票投资为主；收益型基金则以追求投资的当期收益为主，重视投资对象的当期股利和利息，其投资对象以债券为主；平衡型基金兼具两者的优点，既追求长期的资本增值也不放弃当期的收入。

（4）从投资的区域来划分，可以分为国内基金和海外基金。国内基金是指在一国国内发行的基金，投资于国内的金融产品，通常以投资于国内股市为主；海外基金则是投资于海外金融市场的基金。

（二）投资基金的发行和募集

投资基金的设立在获得主管部门的批准后，便进入募集发行阶段，即向特定投资者或社会公众宣传介绍基金的情况，通过基金承销机构或基金自身向投资者销售受益凭证或基金公司股份，募集资金。只有在募集的资金达到法规对投资基金的要求后，募集的资金才能用来进行投资。

基金的发行和股票的发行一样，有着多种形式。除了按照发行的对象不同可以分为私募发行和公募发行以外，还可以按照基金发行销售的渠道分为自办发行和承销发行两种方式。

其中，自办发行即基金公司通过自己的销售渠道直接向投资者发售基金单位，采用这种方式的费用较低。承销即通过中介机构向投资者发售基金单位，它又可分为代销和包销。

按照我国《证券投资基金管理暂行办法》的规定，我国的投资基金只能采用公募即公开发行的方式。

（三）投资基金的交易

投资基金作为有价证券的一种，经有关部门批准后，可以在证券交易所公开挂牌进行交易活动。投资基金上市交易可以满足投资者随时变现的要求，提高基金的知名度，并且也是主管机关和投资者赖以监管的重要指标。

投资者若要退出对基金的投资，可将所持的受益凭证卖回给管理公司或转让给其他投资者。不同类型的基金，投资者退出基金投资的方式也不一样。一般来说，对于开放型基金，投资者采用向管理公司卖回受益凭证的方式；对于封闭型基金，投资者采用在证券交易市场转让受益凭证的方式。

【典型业务分析】

继2010年7月，麦当劳（NYSE：MCD）通过发行债券筹资7.5亿美元后，又于8月19日，通过中国外汇管理局、中国人民银行和香港金融管理局的批准，在香港发行总金额为2亿元人民币的3年期债券，债券年利率为3%，将透过香港渣打银行作为私募基金发行，主要面向机构和专业投资者。

这是自2010年2月中国允许外国公司在香港发行人民币债券以来，首家在港发行人民币债券的跨国公司。

那么麦当劳公司选择发行债券来筹资的目的是什么呢？

分析：

麦当劳（中国）有限公司于7月23日发布的二季度财报显示，该季利润同比增长12%至12.3亿美元，其中在中国和澳大利亚的运营利润更剧增19%。

首席执行官曾启山透露，麦当劳2010年计划在全国开设150～175家新餐厅，并对现有餐厅进行形象升级，同时推出更多“便利”服务。截至目前，麦当劳在华开店总数超过1 100家，但其主要竞争对手肯德基却已在全国600个城市开设了3 000余家餐厅。

近年来，“麦当劳附近必有一家肯德基”已变成“肯德基重重包围麦当劳”，肯德基凭借“直营连锁”与“特许连锁”并排走的经营模式，将对手远远抛离。2010年5月，麦当劳低调重启特许经营，但目前仅在江苏市场开展小规模的特许经营试点业务。

“但标准化等一系列的问题都是发展特许经营的顾虑。”一位连锁快餐巨头管理层表示，连锁快餐在国外的管理模式以及流程控制往往难以掌控。

目前麦当劳在华的特许经营店数量仅为6家，而百胜并未对外公布准确的特许经营店数量，但业内普遍认为其特许经营店数量约占总店面数量的5%。

在本土化程度上远不及对手肯德基，也是麦当劳近几年发展缓慢的主要原因。对此，麦当劳在2009年6月将欧美成熟咖啡业态“麦咖啡”(McCafé) 引进中国。

2009年4月，麦当劳美国总部曾宣布将中国大陆新开店目标从175家缩减成150家。而之前一直担任麦当劳新加坡总经理的曾启山就在此前一个月，被空降到麦当劳中国CEO的位置上。

而如今，环球经济的回暖以及中国市场的发展也给麦当劳带来了信心。“今年我们在中国的新开店目标为150～175家，”麦当劳称。

资料来源：http://www.gmw.cn。

项目四　黄金市场及其业务

【情境导入】

国际金价仅用两个月时间就完成了从1 300美元/盎司到1 400美元/盎司的跨越，而时逢年底，黄金投资需求高涨，多家金融机构为迎合市场，可谓花尽心思。2010年12月16日，中国工商银行贵金属业务部副总经理周明在接受《每日经济新闻》记者采访时表示，目前工行已经构建实物类、交易类、融资类和理财类四大类贵金属产品体系，在同业贵金属业务中产品线是最丰富的。截至目前，工行已开设的黄金业务旗舰店数量近15家，工行贵金属业务部争取在明年底之前，将黄金业务旗舰店的数量扩张至100家。

黄金市场的火热交易，催生了黄金投资品种的迅速增加，各类创新品种正在世界各地的黄金市场不断推出。

资料来源：http://www.gold.org.cn。

【必备知识】

黄金市场，是集中进行黄金买卖的交易场所。黄金交易与证券交易一样，都有一个固定的交易场所，世界各地的黄金市场就是由存在于各地的黄金交易所所构成。黄金交易所一般都在各个国际金融中心，是金融市场的重要组成部分。

在黄金市场上买卖的黄金形式多种多样，主要有各种成色和重量的金条、金币、金丝和金叶等，其中最重要的是金条。大金条量重价高，是专业金商和中央银行买卖的对象，小金条量轻价低，是私人和企业买卖、收藏的对象。金价按纯金的重量计算，即以金条的重量乘以金条的成色。

一、全球主要的黄金市场

（一）伦敦黄金市场

伦敦黄金市场历史悠久，是世界主要现货市场，由5家大黄金交易公司组成。第二次世界大战前，伦敦是世界上最大的黄金市场，黄金交易的数量巨大，约占全世界经营量的80%，是世界上唯一可以成吨买黄金的市场。

第二次世界大战后，英国的政治、经济地位下降，经济尚未恢复，英镑大幅度贬值，黄金市场大大超过国际货币基金组织规定的35美元1盎司的黄金官价，英国被迫实行外汇管制，伦敦黄金市场也因此关闭。进入20世纪50年代后，英国和世界各国经济都趋于好转；1954年，伦敦黄金市场重新开放。1960年，第一次美元危机爆发，伦敦黄金市场价格上涨到每盎司 41.50 美元，美、英、法等 8 国组成“黄金总库”，以维持金价。1968 年，美元危机再度兴起，形成抢购黄金风潮，仅半个月内，英国的黄金储备就流失 14 亿美元，“黄金总库”也无力维持金价，被迫实行黄金双价制。1979 年 10 月，英国废除了全部外汇管制，英国居民可以自由买卖黄金，伦敦黄金市场现在虽然不是世界最大的黄金市场，但仍不失为世界主要的黄金现货交易市场，其价格变化被看作国际黄金市场价格的晴雨表。

伦敦黄金市场交易的黄金数量巨大，多采用批发交易。该市场现货交易由美元计价，期货交易为英镑计价。

（二）苏黎世黄金市场

苏黎世黄金市场是二次世界大战后发展起来的世界性黄金自由市场。它以瑞士三大银行为中心，联合经营黄金。与伦敦金商不同的是，他们不但充当经纪人，还掌握大量黄金储备进行黄金交易。瑞士是著名的西方各国的资金庇护所，每逢国际政治局势发生动荡或货币金融市场发生波动时，各地大量游资便纷纷涌向瑞士，购金保值或从事投机活动。加之，瑞士利率低，持有的黄金可以列为现金项目，市场交易没有任何限制，故其业务发展迅速，已成为世界最大的黄金现货交易中心。

（三）纽约黄金市场

纽约黄金市场是目前世界上最大的黄金期货市场。每年有 2/3 的黄金期货契约在纽约成交，但交易水分很大，投机活动充斥整个市场。纽约黄金市场的发展历史很短，但发展速度相当快。1974 年在纽约商品交易所黄金交易开业之初时，每月黄金买卖数量不超过 4 万笔，而到 1976 年年初，每月成交数达 50 万笔。1977 年底，每月上升到 100 万笔。1979 年上升到每月 650 万笔。1981 年每月成交数达 1 040 万笔，日交易量达 30 000～40 000 笔，成交额约 70 吨黄金。1980 年，纽约黄金市场交易量达 8 亿盎司，约 25 000 吨黄金，而世界黄金供应量每年只有 1 700 吨。

纽约黄金市场的建立和发展，使得世界黄金市场的格局发生了重大变化：一方面促进了纽约黄金市场的发展，另一方面，纽约黄金期货市场巨大的交易量，使伦敦黄金市场的每日定价制的权威受到影响，有时还不如纽约黄金市场的定价更具适合性。

（四）香港黄金市场

香港黄金市场已有 90 多年的历史。从 20 世纪 60 年代开始，香港黄金市场已发展成世界主要的黄金交易中心。1987 年黄金进口总值达 186 亿港元，比 1986 年增加了 273.5%，同期黄金成交额由 1 231 亿港元上升到 3 714 亿港元，升幅高达 300%。

香港黄金市场可分为：

（1）主体市场，以集资为主的金银贸易市场，以港元计价。

（2）无形市场，以伦敦经营方式，通过电信成交。

（3）期货市场，按纽约、芝加哥方式交易，美元计价。

香港黄金市场的黄金买卖集中在香港金银贸易场进行。由于香港时间凌晨 2 时 30 分至 3 时这段时间正值世界其他黄金市场休市之际，故欲继续进行黄金买卖的交易者，就必须到香港黄金市场，加之香港黄金市场无外汇管制等客观有利条件，使香港黄金市场迅速发展，现已成为世界四大黄金市场之一。

（五）南非黄金市场

南非是世界上最大的产金国。南非政府指定南非储备银行管理黄金销售。各采金矿山必须将生产的黄金出售给南非储备银行，由储备银行销售，但黄金矿山可以拥有10%的自销权。储备银行收购的黄金价格由已知的最近两个伦敦市场收盘价格的平均值决定，并扣除少量交易手续费。储备银行通常将黄金出售给伦敦、苏黎世、法兰克福、纽约等主要市场的20家银行和经营商，或者把黄金转入国库。南非储备银行每年销售黄金600多吨，在世界黄金市场中占有特殊的地位。

二、黄金市场的交易主体

从国际经验上来看，黄金市场的参与者可分为金商、银行、对冲基金等金融机构，各个法人机构，私人投资者以及在黄金期货交易中有很大作用的经纪公司。

（一）金商

最典型的就是伦敦黄金市场上的五大金行，其自身就是一个黄金交易商，由于其与世界上各大金矿和许多金商有广泛的联系，而且其下属的各个公司又与许多商店和黄金顾客联系，因此，五大金商会根据自身掌握的情况不断报出黄金的买价和卖价。当然，金商要承担金价波动的风险。

（二）银行

银行又可以分两类，一种是仅仅为客户代行买卖和结算，本身并不参加黄金买卖，以苏黎世的三大银行为代表，它们充当生产者和投资者之间的经纪人，在市场上起到中介作用。也有一些做自营业务的，如在新加坡黄金交易所（UOB）里，就有多家自营商会员是银行。

（三）对冲基金

近年来，国际对冲基金尤其是美国的对冲基金活跃在国际金融市场的各个角落。在黄金市场上，几乎每次大的下跌都与基金公司借入短期黄金在即期黄金市场抛售和在纽约商品交易所黄金期货交易所构筑大量的淡仓有关。一些规模庞大的对冲基金利用与各国政治、工商金融界千丝万缕的联系往往较先捕捉到经济基本面的变化，利用管理的庞大资金进行买空和卖空从而加速黄金市场价格的变化而从中渔利。

（四）各种法人机构和私人投资者

这里既包括专门出售黄金的公司，如各大金矿、黄金生产商、专门购买黄金消费的（如各种工业企业）黄金制品商、首饰行以及私人购金收藏者等，也包括专门从事黄金买卖业务的投资公司、个人投资者等；种类多样，数量众多。但是从对市场风险的喜好程度分，又可以分为风险厌恶者和风险喜好者：前者希望回避风险，将市场价格波动的风险降低到最低程度，包括黄金生产商、黄金消费者等，后者就是各种对冲基金等投资公司，希望从价格涨跌中获取利益。前者希望对黄金保值，而转嫁风险；后者希望获利而愿意承担市场风险。

（五）经纪公司

经纪公司是指专门从事代理非交易所会员进行黄金交易，并收取佣金的经纪组织。有的交易所将经纪公司称为经纪行（Commission House）。在纽约、芝加哥、香港等黄金市场里，活跃着许多经纪公司，它们本身并不拥有黄金，只是派场内代表在交易厅里为客户代理黄金买卖，收取客户的佣金。

三、黄金市场的分类

黄金市场可根据其性质、作用、交易类型和交易方式、交易管制程度和交割形式等作不同的分类。

（一）按其性质和对整个世界黄金交易的影响程度，可分为主导性市场和区域性市场

1. 主导性市场

它是指其价格的形成及交易量的变化对其他黄金市场起主导性作用的市场。这类市场主要有伦敦、纽约、苏黎世、香港等。

2. 区域性市场

它主要指交易规模有限，且大多集中在本地区并对整个世界市场影响不很大的市场。这类市场主要有巴黎、法兰克福、布鲁塞尔、卢森堡、新加坡、东京等。

（二）按交易类型和交易方式的不同，可分为现货交易和期货交易

1. 现货交易

所谓现货交易，是指交易双方成交后两个营业日内交割的一种交易方式。国际黄金市场上黄金现货交易的价格较为特殊。在伦敦国际黄金市场上的黄金现货交易价格，分为定价交易和报价交易两种。

定价交易的特点是提供客户单一交易价，即无买卖差价，按所提供的单一价格，客户均可自由买卖，金商只收取少量的佣金。定价交易只在规定的时间里有效，短则一分钟，长则一个多小时，具体时间视供求情况而定。

报价交易的特点就是有买、卖价之分。一般是在定价交易以外的时间进行报价交易。如伦敦国际黄金市场，每日进行两次定价交易，第一次为上午 10 时 30 分，第二次为下午 3 时。定价交易在英国最大金商洛希尔父子公司的交易厅里进行，该公司担任首席代表，其他各金商均选一名代表参加。在定价交易前，市场的交易活动要停止片刻，这时各金商对外均不报价，由首席代表根据市场金价动态定出开盘价，并随时根据其他代表从电话里收到的订购业务调整价格。若定价交易开盘后没有买卖，则定价交易结束。若有买卖，首席代表就不能结束定价交易活动。订购业务完成时的金价即为黄金现货买卖的成交价格。定价交易是世界黄金行市的“晴雨表”，世界各黄金市场均以此调整各自的金价。定价交易结束后，即恢复正常的黄金买卖报价活动。

国际黄金市场上的报价交易由买卖双方自行达成，其价格水平在很大程度上受定价交易的影响。但一般说来，报价交易达成的交易数量要多于定价交易达成的现货交易数量。在黄金市场上进行现货交易，除支付正常的黄金价格外，还要支付给金商一定的手续费。伦敦国际黄金市场的手续费一般为 0.25%。由于市场竞争日益激烈，近年来，支付给金商的手续费已有下降的趋势。

2. 期货交易

所谓期货交易是指交易双方按签定的合约在未来的某一时间交割的一种交易方式。在同业间通过电话联系进行交易的欧洲型市场，如伦敦、苏黎世等是以现货交易为主；设有具体交易场所的美国型市场，如纽约、芝加哥等，是以期货交易为主。在国际黄金市场上进行的期货交易，又分保值交易和投机交易两种。

保值交易是指人们为了避免通货膨胀或政治动乱，出于寻求资产价值“庇护所”的意图，而购买黄金的活动。当然，也有的是以避免金价变动而遭受损失为目的而进行黄金买卖的。一般来说，套期交易是保值的理想办法。

国际黄金市场上的投机交易，则是通过预测金价在未来时期的涨跌趋势，买空或卖空，从中牟取投机利润。在进行期货投机时，投机者预测市场金价将会下跌时，便卖出期货，即所谓的做“空头”或“卖空”。如果届时金价果然下跌，他就可以按跌落后的价格买入黄金，以履行卖出期货的义务，从而赚取先贵卖后贱买的差额投机利润。但在一般情况下，他并不必购买黄金现货来履行卖出期货的义务，而只是收进价格之间的差额。反之，当投机者预测未来市场金价趋涨时，他买进期货，即所谓的做“多头”或“买空”。期货到期后，如果金价真的上涨，他可以将原来低价买入的期货，再按上涨后的价格卖出，从中赚取先贱买后贵卖的差额利润。同样，一般情况下也不需要在买卖时交割实际黄金，而只由投机者收取金价差额即可。当然，投机者可以一面做“空头”，又可另一面做“多头”。例如，当投机者预计1个月后金价会上升，但到3个月后金价又会下降，那么，他可以一面购进1个月的远期黄金合约，另一面出售3个月的远期黄金合约。在国际黄金市场上，那些实力雄厚的银行和垄断企业，往往在一定程度上主宰着市场的投机活动，制造市场金价的大起大落，而它们在价格变化之前，购之于先或抛之于先，以从中牟取暴利。

由于黄金交易及其类型上的差异，黄金市场又呈现着国际化的趋势，因而世界上就出现了两大黄金集团：一个是伦敦—苏黎世集团，另一个是纽约—香港集团（包括芝加哥）。这两大集团之间的合作十分密切，共同操纵着世界黄金市场。其中伦敦黄金市场的作用尤为突出，至今该市场的黄金交易和报价仍然是反映世界黄金市场的一个“晴雨表”。

（三）按对黄金交易管理程度的不同，可分为自由交易市场和限制交易市场

1. 自由交易市场

它是指黄金可以自由输出入，居民和非居民均可自由买卖的黄金市场，如苏黎世。

2. 限制交易市场

它又可分为两种情况：一种是黄金的输出入一般要受管制，只准非居民自由买卖，而不准居民进行自由交易的黄金市场，如1979年10月英国撤销全部外汇管制前的伦敦市场；另一种是对黄金的输出入实行管制，只准许居民自由买卖的国内黄金市场，如巴黎市场。但这并不意味着它同国际黄金市场没有联系，事实上黄金也可以流入，且在黄金的交易价格上是相互影响的。

四、黄金市场的职能

黄金市场的发展不但为广大投资者增加了一种投资渠道，而且还为中央银行提供了一个新的货币政策操作工具。

（一）黄金市场的保值增值功能

因为黄金具有很好的保值、增值功能，这样黄金就可以作为一种规避风险的工具，这和贮藏货币的功能有些类似。黄金市场的发展使得广大投资者增加了一种投资渠道，从而可以在很大程度上分散投资风险。

（二）黄金市场的货币政策功能

黄金市场为中央银行提供了一个新的货币政策操作工具，也就是说，央行可以通过在黄金市场上买卖黄金来调节国际储备构成以及数量，从而控制货币供给。虽然黄金市场的这个作用是有限的，但是由于其对利率和汇率的敏感性不同于其他手段，从而可以作为货币政策操作的一种对冲工具。随着黄金市场开放程度的逐步加深，它的这个功能也将慢慢显现出来。因此，通过开放黄金市场来深化金融改革是中国的金融市场与国际接轨的一个客观要求。

我国主要的黄金交易是在上海黄金交易所进行的。上海黄金交易所于 2002 年底成立，位于上海外滩的中国外汇交易中心内。2002 年 10 月 30 日，上海黄金交易所正式开业运行，我国黄金市场开始向国人敞开长久禁锢的大门，同时宣告了长期以来我国黄金流通由中国人民银行“统购统配”的体制终结。我国黄金交易所实行的是会员制，首批会员有金融类和非金融类共 108 家会员，其中以商业银行为代表的金融类会员占据了大部分的交易量。目前，中国人民银行已经批准了四大国有商业银行黄金现货买卖（自营和代理）、黄金交易清算、黄金收购、黄金租赁、黄金融资、黄金实物交割、仓储和个人黄金投资等多项业务。

【典型业务分析】

2010 年国际现货金价以 1 096.8 美元开盘，最高上试 1 430.6 美元，最低下探 1 044.2 美元，截至 12 月 23 日，报收 1 386.5 美元，相较于 2009 年上涨 290.1 美元，涨幅 26.46%，振幅 31.23%。均价 1 223 美元，相较于 2009 年 973.55 美元的均价上涨 249.45 美元，年均价涨幅 25.6%。显示出 2010 年金价走势非常稳健。

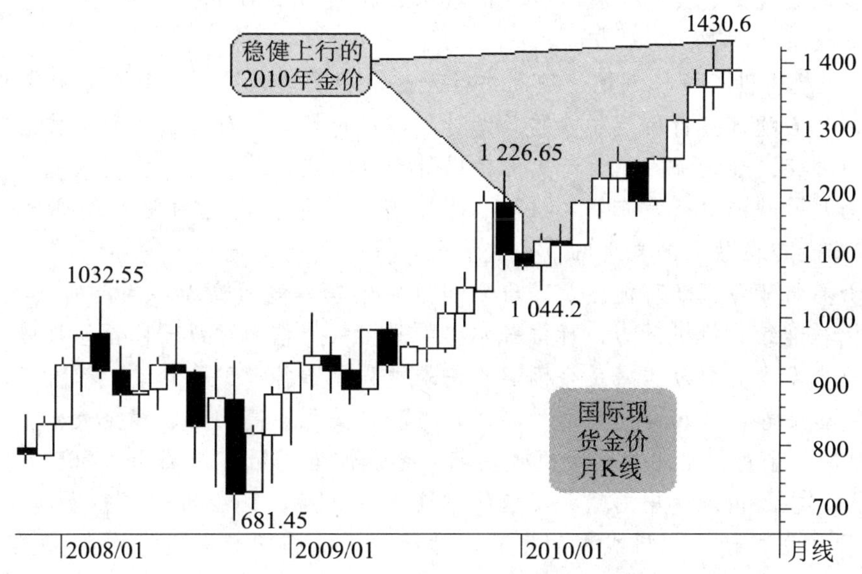

图 5—1　国际黄金市场现货金价月 K 线图

分析：

2010 年黄金牛市的影响因素，欧债危机为主，流动性忧虑为辅。此两大因素皆提振黄金市场。故就市场表现来看，黄金在月线图上维持良好升势。下面我们将进一步回顾 2010

年黄金牛市的影响线索。

10年1月，基金极具前瞻性在外汇市场打压金价战略建仓。当时无论华尔街日报、路透社，还是金融时报等国际权威财经媒体，都鲜见欧债危机爆发苗头的报导。事后来看，一般投资者与对冲基金获取信息的时效肯定不对等，甚至一些极具参考价值的信息会被无形的手控制着披露节奏。故在09年底至10年1月，当对冲基金大举建仓美元多头，布局欧元、英镑空头时，金价遭遇打压，见顶1 226.65美元后开始了年初的大幅调整。到10年1月底与2月初，当对冲基金已经完成整个战略布局后，开始见华尔街、路透社、金融时报等媒体大肆报道由希腊引发的欧债危机。此时，黄金对应被打压至1 044美元附近。

2、3月，欧债危机对市场影响的纵深：美元黄金齐上涨。回顾2月消息面，在希腊可能发生主权债务危机之后，葡萄牙、西班牙、意大利、爱尔兰和匈牙利主权债务危机也进一步受到关注，特别是葡萄牙预算赤字令市场既意外又震惊。市场担心这些欧元区国家有可能引爆第二轮金融危机，故资金从风险市场纷纷出逃。3月下旬，关于希腊债务危机的解决之道终于有了结论，欧元区国家计划承担后备救助希腊方案中三分之二的资金需求，国际货币基金组织（IMF）将提供三分之一的资金。此段时间，美元振荡上行，黄金基于金融避险的提振开始强势，金价振荡回升。

4月，对希腊救助的犹豫，以及对欧债危机扩散的担心继续提振美元和黄金。4月中旬，尽管欧洲官员同意可向希腊提供300亿欧元信贷，另外将有150亿欧元来自国际货币基金组织（IMF），但对该救助方案如何实施仍有疑问。以德国为代表的欧洲多国都表示需要立法机构通过才能发放贷款，这令市场感到错愕和担忧。此外，欧盟委员会表示，葡萄牙今年可能需要进一步紧缩财政后，欧元人气进一步恶化。市场担心葡萄牙或西班牙等欧元区国家可能遭遇希腊一样的财政问题，令全球主权债市场承压。而当时美国经济数据总体表现依然强劲，这使得美国表现出经济处于良性复苏的状态。在避险情绪的刺激下，金价上行至1 248美元附近迎来技术性调整。

5月，评级机构助长投机气焰，欧洲央行表达市场干预意愿。五月希腊有一批到期需要偿还的国债，尽管欧洲央行制定了希腊救助计划，但市场未见到能够顺利实施的苗头。而希腊罢工与暴力冲突更让投资人认为苛刻的救助计划难以实施，加大了投资人基于希腊债务违约的忧虑。当月，欧洲央行宣布维持1%利率不变，对希腊面临的债务危机显得“轻描淡写”，并未宣布让市场放心的救助细节，这使得投资人认为希腊债务危机可能纵深演绎。同时，市场担心希腊债务问题可能波及西班牙和葡萄牙等其他面临赤字问题的欧元区成员国。此外，评级机构继续为投机助力，标准普尔将希腊主权债信用评级调降至垃圾级，美国穆迪投资服务公司也发出类似警告，黄金因避险需求被强劲追捧。5月下旬，希腊获得救助偿还了到期的第一笔债券，市场避险意愿受到短期考验，美元冲高回落、黄金大幅下跌。

6月，对冲基金进入汇市战略投机收获期，金价惯性创历史新高于1 265美元后遭遇获利兑现。月初，在欧盟表达出对欧元贬值的“淡定”之后，评级机构惠誉下调西班牙评级，似乎再度拉开了主权债务危机纵深的序幕，然而关于美国三大评级机构在08年金融危机，以及本轮欧洲主权债务危机中扮演的角色也开始引起高度关注和非议。下旬，尽管欧债危机的负面消息依然漫延，但金价在创出1 265美元历史新高后，也诱发了明显的获利兑现。金价对应承压拉开年末牛市来临前的阶段性调整序幕。

7月，市场进入混沌期，消息面都难以对市场进行正确解读，美元、金价延续调整。投资者要想从基本面上寻找对黄金与美元指引的有效线索，可能会陷入茫然的尴尬。不少混迹金融市场的喉舌只会做模糊的经济、金融解读，不会做实际的市场解读。7月下旬，伴随金价的进一步调整，市场看空气氛渐浓。

8月，黄金渐入年末消费旺季而继续走强。投资人希望从来自欧美的经济数据中寻找指引市场的线索，可像7月一样再度失望。在欧洲主权债务危机的氛围下，美元成为避险首选，黄金似乎其次。但8月一连串糟糕的美国经济数据，以及依然存在悬疑的欧洲主权债务危机，使得投资人在进一步审视买入美元避险的必要性，而买入黄金避险的共识则被进一步强化。金价在8月6日前形成八连阳回升，稍适横盘整理后，又是一个7连阳。尽管总体涨幅并不非常突出，但8月金市“阳气”极盛已不容置疑。当时媒体纷纷报道，投机大鳄索罗斯、保尔森等纷纷加大或重注黄金类投资，也成为市场加大黄金投资的标杆。

9月，金价获得加速提振。市场关于欧债危机的忧虑已经淡化，转而关注欧美经济前景。全球经济复苏悬疑加重，在美元避险魅力减弱时，黄金的避险魅力得以进一步强化。信用货币泛滥，经济金融不稳，黄金无负债信用体现出越来越大的避险魅力。

10月，汇率争端、欧债危机、流动性泛滥忧虑继续提振金价创出历史新高。一是黄金进入实物消费的旺季需求。每年9月之后开始进入全球传统消费旺季，以全球黄金消费大国印度的婚庆高峰拉开序幕，随后进入西方圣诞节，全球新历年，以及一季度的华人春节等。金商需要为这些节日提前备料，故常常使黄金牛市提前上演。二是欧洲主权债务危机呈死灰复燃态势，对黄金形成避险提振。爱尔兰接过了希腊在欧债危机中的角色，成为各方关注焦点。西班牙等国的罢工浪潮示意欧债危机引发的金融动荡可能纵深。此外，穆迪投资服务公司将西班牙本外币政府债券评级从AAA级下调一档至AA1级。三是汇率争端引发的金融动荡对黄金构成避险提振。美国政治意愿下的弱势美元选项拉开了汇率战争的序幕，力压人民币升值，日本的汇率市场干预等，都是汇率战的表现。四是各国央行呈现出在调整储备结构中加大黄金储备的强烈意愿。俄罗斯、中国和菲律宾央行持续增加黄金持有量，以平衡资产储备。各国央行重燃将黄金作为储备资产的兴趣。五是基于流动性泛滥的忧虑继续提振黄金。10月下旬，金价获得提振创出1 380美元以上的历史新高。

11月，美国宣布第二轮量化宽松，同时再掀欧债危机波澜转移全球声讨视线，金价延续振荡上行。11月3日，美联储在利率决议及会后声明中表示：维持利率在0～0.25%不变，重申在较长时间内保持超低利率；将以每月750亿美元的规模在2011年第二季度前购买6 000亿美元较长期国债。消息公布后，即招致全球批评，中国、巴西和德国批评了美联储的行动。日本及欧洲必然效仿量化宽松来刺激经济复苏，而发达国家量化宽松形成的热钱将对新兴经济体带来强大冲击，为新兴经济体带来强大通胀压力，全球资源价格也将进一步面临发达国家量化宽松政策背景下的价格上涨压力，黄金亦必然。但欧洲主权债务危机对金价影响是正面的，爱尔兰主权债务危机再度引发市场对欧洲主权债务危机的担忧，金价在11月取得约2%的涨幅。欧债危机极可能进一步蔓延至葡萄牙和西班牙，这将继续提振黄金的避险魅力。与此同时，德国总理默克尔发表了被欧元区其他国家看来很不合适时宜的“危言”，德国总理默克尔警告说欧元所处形势“非常严峻”，令人错愕地对欧洲克服债务危机的行动给出了负面评估。这进一步加重了市场对欧元区金融稳定的紧张情绪，对欧元构成负面影响，使得美元在11月进一步被动上行，而金价则在两股正反作用力下形成交织。

12月，欧债危机可能蔓延，但投机利用价值或降低，美元或回落，金价可能获得双重回升动能。尽管欧债危机题材在12月份被进一步放大，但对美元的提振似乎越来越有限。从欧美官方意愿来看，美国希望美元走弱以刺激美国经济复苏，欧洲希望欧元走强以显示欧元区金融系统的稳定。即黄金可能获得弱势美元与欧债危机的双重提振。

资料来源：http://www.gold.org.cn。

项目五 外汇市场及其业务

【情境导入】

国际清算银行（BIS）于2010年9月1日公布了最新的银行三年期报告，全球外汇交易量在过去3年激增了20%，2010年4月的日均外汇交易量达4万亿美元。这是该行通过收集全球50多家中央银行和1 300家交易银行的输入数据得出的。该报告披露伦敦在全球外汇交易总量中所占的份额增长超过2个百分点，达到36.7%，美国在全球的外汇交易份额小幅增长了0.5个百分点，至略低于18%，伦敦继续超越纽约成为全球最杰出的外汇交易中心，而一些大型亚洲市场的外汇交易量也在过去3年猛增，一些周边市场外汇交易量也同样上涨。

每天在外汇市场上所发生的数额巨大的外汇交易，都是有多方面的原因的，其中最根本的是政府、工商企业、金融机构以及个人对非本国货币的需求与供应。由于有形商品的进出口、劳务的输出和输入、金融资产的投资与流转、不动产的投资等引致了对外汇的需求与供应，这些需求与供应具体体现在国际结算、国际投资、外汇融资和外汇保值等业务中。在众多因素引起的外汇交易中，即使是经常进行业务往来的交易双方也可能从未谋面；同时，外汇买卖既可能为交易者创造巨大盈利，也可能使交易者亏损万千，直至倾家荡产。因此，所有的外汇交易参与者都必须全面了解交易程序、熟练掌握交易规则、灵活运用交易技巧，使自己在实际外汇交易中立于不败之地。

【必备知识】

一、国际外汇市场

外汇市场是人们进行外汇交易的场所或网络系统。它是由银行等金融机构、自营交易商、大型跨国企业参与的，通过中介机构或电信系统连接，以各种货币为买卖对象的交易市场。在全球外汇市场中，多达2/3的交易是在交易商之间进行的。外汇市场的存在为国际经济交易的结算和国际资金融通提供了必要的条件，同时也为套期保值和外汇投机提供了活动场所。

（一）外汇市场的形成

在当代世界经济中，国际经济贸易往来是任何国家都不能离开的。伴随着商品、劳务以及资本在国际间的流动，各种为进行支付而跨越国界的货币运动就不可避免。国际经济交往形成外汇的供给与需求，外汇的供给与需求导致外汇交易。随着世界经济全球一体化趋势的不断加强，国际外汇市场也日益发展起来，并日益紧密地联系在一起。

外汇市场从创始至今已历经数次的改变。以前，美国及其盟国皆以布雷顿森林协定为准则，即一国货币汇率取决于其黄金储备的多寡。但 1971 年 8 月 15 日，美国结束了美元对黄金的固定兑换，使美元汇率在外汇市场上自由浮动。20 世纪 70 年代中期，各国货币兑换的波动性明显加大，由此而带来了国际外汇市场的动荡。尽管初期的外汇交易，是在国家间贸易往来中形成的一种结算制度，但这种制度在出现后不久，很快就演变成一种利用不同货币汇率波动赚取利润的场所。当前外汇市场已经是世界上最大的金融市场。

目前，全球外汇交易的日均交易量高达几万亿美元，远远超过了股票市场和债券市场，且大多数的交易行为已经转换为机构投资者谋取利润、规避风险所进行的套汇交易。而最初用于维持国际贸易的外汇交易，仅仅占到当今整个外汇市场交易的 5%。

（二）外汇市场的特点

外汇市场之所以为越来越多的投资者所青睐，这取决于外汇市场本身的特点：

1. 有市无场

目前，尽管世界上仍然存在着在固定场所进行交易的有形市场（在欧洲大陆国家，如法国的巴黎、德国的法兰克福、比利时的布鲁塞尔等地），但绝大部分交易则是在无形的、抽象的市场上进行的。这种无形市场是以电报、电话、传真、因特网等现代通信设施所构成的交易网络。目前，国际外汇市场基本上是无形外汇市场。

2. 循环作业

由于全球各金融中心的地理位置不同，各地外汇市场因时间差的关系，连成了一个全天 24 小时连续作业的全球外汇市场。如以北京时间为参照，每天早上 4 点，大洋洲的惠灵顿、悉尼最先开盘；接着是亚洲的东京、香港、新加坡；然后在下午 2～3 点欧洲的法兰克福、苏黎世开盘，其后是巴黎和伦敦；晚上 9 点美洲的纽约开盘直到第二天凌晨 5 点收盘；当纽约收盘时，惠灵顿又开始了新一天的交易。世界主要外汇市场的营业时间如图 5—2 所示。如此 24 小时不间断运行，外汇市场成为一个不分昼夜的市场，只有星期六、星期日以及各国的重大节日，外汇市场才会关闭。这种连续作业，为投资者提供了没有时间和空间障碍的理想投资场所，投资者可以寻找最佳时机进行交易。不管投资者本人在哪里，都可以参与任何市场、任何时间的买卖。因此，外汇市场可以说是一个没有时间和空间障碍的市场。

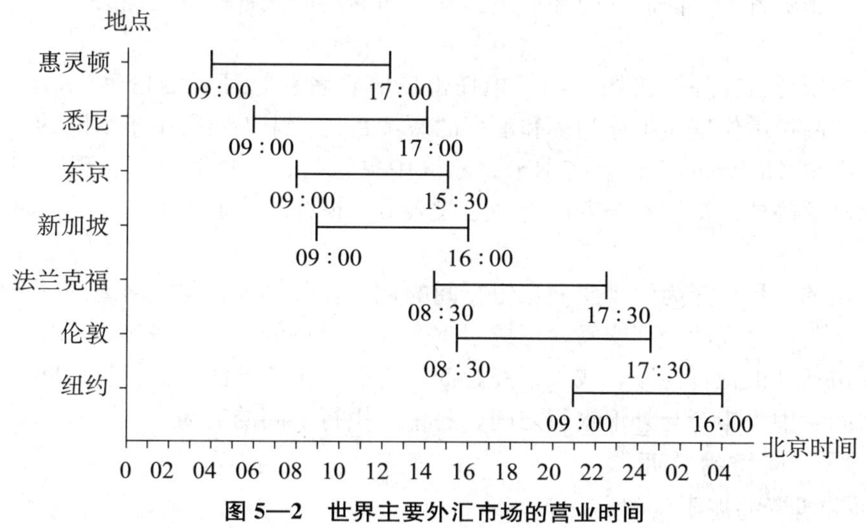

图 5—2　世界主要外汇市场的营业时间

3. 零和游戏

在外汇市场上，汇价的波动表示两种货币价值量的变化，也就是一种货币价值的减少而另一种货币价值的增加。比如在以前，1 美元可兑换 360 日元，而目前，1 美元可兑换 94 日元，这说明日元币值上升，而美元币值下降，从总的价值量来说，变来变去，不会增加价值，也不会减少价值。因此，外汇交易是“零和游戏”，更确切地说是财富的转移。汇率变化使得外汇交易双方既可能盈利，也可能亏损，交易一方亏损必然带来另一方盈利，反之，一方盈利必然伴随另一方亏损。

4. 政策干预低

虽说一国中央银行会从实现货币政策、汇率政策、宏观经济运行的整体要求等角度出发，对外汇市场进行相应的干预活动。不过中央银行进行干预的能力在这个容量巨大的外汇市场上并不突出，况且在买卖双方阵营中随时都有大型金融机构及为数众多的普通交易者存在并不断地参与交易活动，所以没有机构或个人能够操纵市场。国际外汇市场与期货或股票市场相比，是最公平的市场。

（三）外汇市场的参与者

在外汇市场上，外汇交易的参与者主要有外汇银行、外汇经纪商、顾客和中央银行。

（1）外汇银行。一般是指经中央银行指定或授权的专营或兼营外汇业务的本国商业银行和开设在本国的外国商业银行分支机构，它们是外汇市场的主体。它们在一天 24 小时中时时打算买卖某些货币，一方面与零售客户进行货币买卖，另一方面在银行同业市场上大规模地进行各种外汇交易，为外汇市场提供流动性。它们对买卖的货币有自己的报价，而且是双向报价，成交后买入价和卖出价之间的差额作为盈利来源或用于弥补经营成本。外汇银行在外汇买卖过程中，如果卖出多于买进，则为“空头”，如果买进多于卖出，则为多头。外汇银行一般遵循“买卖平衡”的原则，在每个营业日终了时“轧头寸”。

（2）外汇经纪商。即作为外汇银行之间或外汇银行与顾客之间的中介，为买卖双方接洽交易并收取佣金的汇兑商，其主要功能是起联络作用。在银行间外汇市场上，有相当一部分外汇交易是通过外汇经纪商撮合成交的。

（3）零售客户。一般是指外汇银行的顾客，包括：交易性的外汇买卖者，如进出口商、国际投资者、旅游者等；保值性的外汇买卖者，如套期保值者；投资性的外汇买卖者，如外汇投机商。

（4）中央银行。在外汇市场上除了担任市场监督者和管理者的角色外，还必须干预市场，以实现控制货币供应、平稳利率和汇率的政策目的。中央银行中最活跃的是美国联邦储备系统（Federal Reserve System，FRS）、欧洲中央银行、英格兰银行、瑞士国家银行、日本银行。无论这些外汇交易参与者以何种形式入市，最终均需通过外汇交易员的交易活动来完成。

外汇市场的交易可分为两个层面：银行间的批发业务和银行与顾客之间的零售业务。上述四类市场参与者之间的相互交易，形成了整个外汇市场的交易（见图 5—3）。外汇市场的交易范围，包括外汇银行与顾客或外汇经纪商之间、同一市场的外汇银行之间、不同市场的外汇银行之间、中央银行与外汇银行之间、各中央银行之间的交易。

（四）外汇市场的作用

1. 贸易和投资的需要

进出口商在进口商品时支付一种货币，而在出口商品时收取另一种货币。这意味着，他

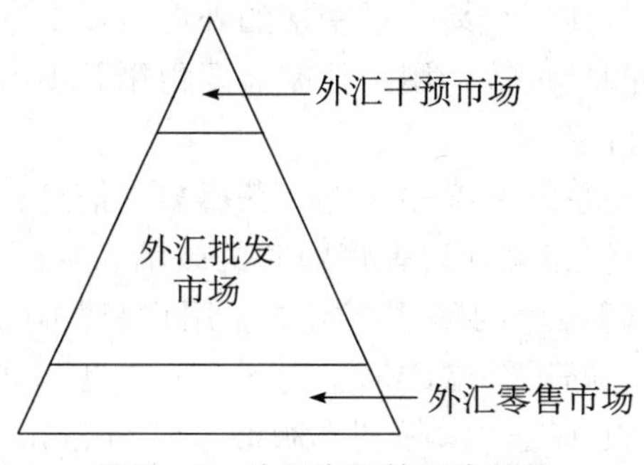

图 5—3 外汇市场的层次结构

们在结清账目时，收付不同的货币。因此，他们需要将自己收到的部分货币兑换成可以用于购买商品的货币。与此相类似的问题，一家买进外国资产的公司必须用当事国的货币支付，因此，它需要将本国货币兑换成当事国的货币。

2. 投机的需要

两种货币之间的汇率会随着这两种货币之间的供需的变化而变化。交易员在一个汇率上买进一种货币，而在另一个更有利的汇率上抛出该货币，就可以赢利。投机大约占了外汇市场交易的绝大部分。

3. 对冲的需要

由于两种相关货币之间汇率的波动，那些拥有国外资产的公司将这些资产折算成本国货币时，就可能遭受一些风险。当以外币计值的国外资产在一段时间内价值不变时，如果汇率发生变化，以国内货币折算这项资产的价值时，就会产生损益。公司可以通过对冲消除这种潜在的损益。这就是执行一项外汇交易，其交易结果刚好抵消由汇率变动而产生的外币资产的损益。外汇市场的交易业务种类繁多，包括即期外汇交易、远期外汇交易、掉期外汇交易以及外汇期货、期权等，学习情境六将详细介绍各种外汇交易业务。

（五）外汇市场交易的组织与管理

外汇市场是一个非常敏感的市场，任何国际经济和政治上的风吹草动都会引起汇价的波动，甚至是剧烈动荡；外汇市场又是一个全球统一的无形市场，广泛而迅速的信息是外汇交易完成的基础，更是交易者赢得胜机的关键。“工欲善其事，必先利其器。”买卖双方的交易员分布于不同国家和地区的外汇市场，需要熟悉和使用外汇交易工具，以便交易顺利完成。

1. 外汇交易工具

目前的外汇交易大都借助先进的交易设备在无形市场中完成，不受交易场所的限制。在无形市场中，买卖双方的交易员分布于不同国家和地区的外汇市场，需要使用交易工具迅速成交。目前，全世界运用最广泛的外汇交易工具有两大系统：路透社终端和彭博终端。它们分别是由英国路透新闻通讯社、美国的彭博信息公司利用其遍布于世界各地和各金融中心的新闻记者，广泛采集有关政治、经济、金融、贸易、商品、证券等的各种信息，并通过电话、电传、信息终端机等先进的通信工具，为广大的外汇交易者提供最快捷、最有效的服务。

(1) 路透终端。

路透交易系统（Reuter Dealing System）是一部高速电脑系统，其操作十分简便。用户通过有关部门将自己的终端机和路透交易机连接上后，交易员只需启动机器，通过键盘输入自己的终端密码，即可用键盘与对方银行联系。路透社终端主要包括路透资讯和路透外汇交易两大系统。路透资讯包括与外汇交易关系密切的外汇市场汇率板块、国际利率板块、各国国内利率板块、国际金融新闻板块等，用户根据需要租用其中的即时汇率板块就可以获取世界各大银行外汇买卖的即时价格。

外汇交易员通过路透交易系统在终端机能够获得多项信息：

1）即时信息。遍布全球的路透社记者将即时的政治、财经、商品等各种信息汇集到路透社编辑中心，然后再输送到各地的路透终端上。用户只需在自己的键盘上敲出预定的代号，即可在屏幕上阅读信息。路透终端的信息内容十分丰富，共有 7 000 多个版面，如外汇交易常用的“各国国内利率版面”、“国际利率版面”、“外汇市场汇率版面”、“各国经济版面”、“商业动态和商品行情版面”、“国际政治新闻版面”、“国际金融版面”等。

2）即时汇率行情。路透终端的即时汇率版面为交易员显示即时的世界各大银行外汇买卖的参考价。该价格由参加路透社报价系统的银行通过终端输入，而后由电脑显示。用户只需按下 ASAP（As Soon As Possible）代号，荧幕上即可显示这些最新的汇价。值得注意的是，这些汇价只能作为参考价，它不是市场交易的实际汇价。

3）市场趋势分析。路透社拥有许多高级经济学家、银行家、金融专家和分析专家。他们负责每天撰写汇市评论和走势分析，然后输入路透电脑中心。用户可以利用键盘调出所需的内容，以做参考。

4）技术图表分析。路透社为客户提供的终端机具有图表绘制和分析功能。利用这些功能，客户可以根据自身需要绘制出各种技术图表，以利于进行技术分析。

全世界参加路透交易系统的银行达数千家，每家银行都有一个指定的英文代号，例如中国银行总行的代号为 BCDD。交易员若想与某个银行进行交易，只需输入自己终端的密码和对方银行的代号，待电话叫通后即可询问交易价格，并可与其还价。双方的交易过程全部显示在终端机的荧屏上，交易完毕后即可通过打印机打印出来。这种由路透终端输出的打印文件是双方交易的唯一文字记录，因而也是最重要的交易合同和依据。

（2）彭博终端。

彭博资讯（Bloomberg L P.）由美国彭博信息公司于 1981 年创建，它是一家全球性的信息服务、新闻和传媒公司，总部位于纽约。

在国际金融界，彭博资讯的旗舰产品是“彭博专业服务”，即用电视、广播、文字、数据、软件分析等各种手段，即时向用户直播全球重大的财经新闻，以及各地各种交易市场的实时行情。这种将新闻、数据、分析工具、多媒体报告和“直通式”处理系统整合在单一平台的服务使得彭博公司在创办短短十余年后即拥有近 20 万个全球用户终端，在全球实时数据市场上已占据36%的市场份额。在路透社于 2005 年 6 月 6 日以 1.45 亿美元的价格完成对道·琼斯旗下德励财经资讯有限公司的收购后，彭博终端和路透终端已占据全球实时数据市场份额的近 80%，全球金融资讯软件和硬件服务市场已演变成路透与彭博两虎争雄的局面。

彭博资讯的目标客户是金融证券投资领域的专业人士和机构，包括世界银行、国际清算银行等国际组织，投资机构，商业银行，政府部门，大型公司企业，新闻机构及其高级管理人员等。其主要优势在于向客户提供专业化的定价与财务分析方法，减少客户对中介服务机构的依赖。彭博资讯的分析软件和历史数据富有特色，可根据客户的投资组合计算投资回报，并为客户提供产业分析和投资策略。彭博资讯还可提供债券收益、美国证券与交易委员会（SEC）文件、有关公司 CEO 的自传、分析师报告等。在华尔街投资银行家和交易商看来，彭博终端不仅是有价值的信息渠道，而且其非常时尚、不断翻新的界面也备受用户欢迎，彭博终端甚至已成为使用者身份和地位的象征。

2. 交易人员及其管理

交易室内的交易员在整个银行中所占比例很小，都是一些反应机敏的专门技术人员。主要包括首席交易员（Chief Dealer）或外汇部经理、高级交易员（Senior Dealer）、交易员（Dealer）、低级交易员（Junior Dealer）、实习生（Trainee）和头寸管理员（Position Clerk）等。

首席交易员或外汇部经理对整个交易总体负责，包括编制和监督交易室的盈利计划，是交易室的政策制定者，决定一定时期的交易战略并监督实行，他的指导思想自始至终影响着交易室的具体交易方法与方式。同时，首席交易员还是联系资金部经理与交易员的中间纽带和桥梁，起着对上负责对下管理的作用。因此，首席交易员在交易室中发挥举足轻重的作用，其水平从一定角度代表着整个银行的交易与管理水平。

高级交易员及交易员具体负责大宗交易。高级交易员在首席交易员的指挥下，具体贯彻交易战略，管理货币头寸并对其分管的交易员进行监督管理。另外，高级交易员直接向其他银行与客户报价，密切与外汇经纪人的联系。高级交易员还直接对每个交易员的头寸盈亏情况负责，具体安排交易的规模与期限，不断地随着市场情况调整头寸，最后向首席交易员汇报。

交易员和低级交易员直接负责掌握头寸或分管数量较少的货币，并在交易额度内给予高级交易员以支持。另外，实习生与头寸管理人员则具体负责提供头寸的即时动态，把交易单输入电脑、接电话或操作交易。

由于交易室内交易员分为不同级别，首席交易员要对交易员的水平、资历、经验等进行考核，分配给每一个交易员一个交易限额，此限额由敞口交易限额和亏损交易限额两部分构成，它是银行外汇部门为控制交易风险而制定的一套严格的数量限制。

总之，交易室是一个有明确分工的有机整体，任何一个交易室的成员都在其权限额度范围内有效而紧张地工作。

二、中国外汇市场

与国际外汇市场相比，中国外汇市场是在近 30 年内才逐步发展起来的。可以说是经历了从无到有，从小到大，从有形到无形，从简单到复杂的过程。目前已经初步发展成为人民币相关产品的定价中心，包括人民币拆借和债券市场。但是，这还只是形式上的，本质上仍是以结汇售制度为基础的银行间外汇买卖市场。

外汇市场存在的前提是外汇资源的市场化配置，即拥有外汇的卖者和买者能够按照自己的意愿自由交易。改革开放以前，我国实行统收统支的外汇管理体制，一切外汇收入必须出售给国家，一切外汇支出都要由国家计划安排，因而不存在外汇的买者和卖者，也就不存在外汇市场，统收统支的外汇管理体制虽是当时高度集中的计划经济体制和外贸的国家垄断体制相适应的产物，也是当时我国对外贸易规模较小，外汇收支数额不大的情况下保证外汇收支平衡和人民币汇率基本稳定的必然要求。而外汇市场从萌芽到逐步发展，是在改革开放背景下我国开放型市场经济逐步建立和完善的客观要求。大致经历了以下三个时期：

（一）外汇调剂市场的萌芽与起步（1980—1985 年）

1978 年 12 月 18 日，作为中国经济发展重大转折点的中国共产党十一届三中全会召开。

从此，推进对外开放，以市场为取向的改革进入探索实施阶段，客观上为外汇市场的萌芽创造了条件。从历史角度看，外汇调剂市场的发展满足了当时改革开放起步阶段的需要，对于整个外汇市场的进一步发展具有奠基性的意义。严格来说，外汇调剂市场并不是真正意义上的外汇市场，只是不同市场主体之间的外汇使用权的有偿转让，只能说是一种外汇市场的萌芽。

1985 年底在深圳设立了外汇调剂中心，其后在其他经济特区也相继设立了一些。尽管我国的外汇调剂市场并不属于严格意义上的外汇市场，但是，作为对计划经济体制下统收统支外汇体制的突破并在一定程度上引入了市场机制，其开创性意义是深远的。

（二）外汇调剂市场框架的形成阶段（1986—1993 年）

1986 年，我国外汇调剂市场的发展进入了一个新的阶段。这一时期我国外汇调剂市场的主要改革为：

(1) 外汇调剂业务由中国银行移交给外汇管理局办理。在国家外汇管理局的统一领导和管理下，各省、自治区、直辖市设立了外汇调剂中心，办理本地外汇额度和现汇的调剂业务，在北京设立了全国外汇调剂中心，办理中央部门之间和各省市之间的外汇额度和现汇调剂业务，形成了一个初步的伞形结构外汇市场。

(2) 1986 年 10 月，国务院颁布了《关于鼓励外商投资的规定》，允许外商投资企业在经济特区和沿海开放城市调剂外汇，扩大了调剂范围，允许国营、集体企事业单位同外资企业之间进行外汇调剂，沟通了两个市场。华侨、港澳台同胞的捐赠外汇进入外汇调剂市场，并从 1991 年 12 月 1 日起允许我国境内的中国公民以及定居在我国境内的外国人参加外汇调剂。

(3) 提高了外汇调剂价格，由买卖双方自由议定，放开了外汇调剂价格，调剂价格根据外汇供求自由浮动。

(4) 1992 年开通了 26 家地方调剂中心组成的联合报价网络，建立了调剂价格及成交情况的信息网络。这是我国外汇调剂市场向规范化目标迈进的重要一步。同以前的内部调剂相比，它运用了更多的市场机制，如公开报价、竞价成交，不仅体现了公开化、市场化的原则，大大提高了外汇调剂交易的透明度，同时也充分发挥了经济商的作用，完善了信息的传导机制，创造了公平、平等的竞争环境，与我国外汇调剂市场相对应的是我国外汇调剂成交额的逐年增加，1987 年全国外汇调剂成交额累计为 42 亿美元，1988 年增加到 62.6 亿美元，1992 年达 251.05 亿美元。

（三）市场化、规范化的银行间外汇市场阶段（1994 年至今）

1994 年，我国成功地进行了外汇体制改革，取消了外汇留成、上缴和额度管理，实行了结售汇制度。同年中国外汇交易中心在上海成立，标志着全国统一的外汇交易网络的形成，并实现了汇率由双轨制向单一汇率制度的并轨和新的结售汇制度及经常项目下有条件的可兑换。它改变了市场分割、汇率不统一的局面。到 1996 年底，中国外汇交易中心系统共在全国连通 37 个中心城市，接纳会员 396 家。根据中国人民银行的有关规定，中心承担提供外汇交易系统，组织全国银行间外汇交易，办理外汇交易的资金清算、交割及信息服务等多项职能。同年初，实现了人民币经常项目有条件可兑换。1996 年，取消了经常项下其他汇兑限制，并于 12 月 1 日起正式接受基金协定第八条款义务，实现了人民币经常项目的完全可兑换。

加入世贸组织以来，人民币可兑换进程明显加快，一方面是进一步完善经常项目可兑换的管理，另一方面是积极稳妥地推动资本项目可兑换。在实现人民币经常项目可兑换的基础上，建立了单一的、有管理的浮动汇率制度。在这一改革过程中，保持了人民币汇率的基本稳定，成功应对了亚洲金融危机和全球经济紧缩对中国经济的冲击和负面影响，这既符合中国的利益，也有利于周边国家和世界经济的稳定。

【典型业务分析】

2010 年 05 月 28 日，广州东凌粮油股份公司（证券代码：000893）根据《深圳证券交易所上市公司信息披露工作指引第 8 号：衍生品投资》的相关规定，对公司 2010 年外汇交易业务进行了预计，并提交公司第四届董事会第十七次会议审议通过了《关于公司 2010 年开展外汇交易业务的议案》。月底，该公司对此进行了公告，具体内容节选如下：

公司主要的原材料大豆目前几乎全部系从国外进口，为此需用人民币购买美元对外付汇，在人民币对美元汇率具有波动性且在特定时段内有升值预期的背景下，公司拟持续开展境内人民币质押存款＋境内美元贷款＋境外 NDF 组合外汇业务（注：NDF 为 Non-Deliverable Forward 的英文简写，即“无本金交割外汇远期”）。

2010 年度公司拟进行的外汇交易业务不超过 20 亿元人民币，且不超过公司采购业务所需外汇金额的 1/2。

根据公司原材料大豆开证采购安排，由本公司下属的广州植之元油脂实业有限公司及其子公司东凌粮油（香港）有限公司为交易主体办理相关外汇交易业务。

分析：

1. 交易必要性分析

该公司利用衍生金融工具进行外汇交易业务，一方面可以在汇率波动情况下锁定相关购汇成本，另一方面，在人民币对美元一段时间内有升值预期的情况下能降低购汇成本，这对于公司规避汇率风险，提高经营效益是有必要的。

2. 风险分析

（1）存款质押银行可能倒闭的风险。若倒闭，则在银行的质押存款可能很难全额收回；

（2）境外 NDF 交易对手银行可能倒闭的风险。若倒闭，可能得不到 NDF 交割时可能产生的收益。

3. 风险管理策略分析

（1）为规避上述风险，该公司可选择与中国工商银行等大型国有控股商业银行合作开展本外汇交易业务，可以有效避免上述风险。

（2）将外汇衍生金融交易与经营相匹配，最大限度规避汇率波动带来的风险。公司衍生金融交易业务只限于公司及其全资子公司为主体进行操作，且全部交易为双边锁定，保证收益，不进行无锁定的单边交易。

（3）严格控制衍生金融交易的资金规模，合理计划和安排使用保证金。2010 年该公司预计的外汇交易业务不超过 20 亿元人民币，且不超过采购业务所需外汇金额的 1/2。若 2010 年实际的合约基础超过上述规模，则超过部分须依据该公司《衍生品交易管理制度》，上报公司董事会审批同意后方可进行操作。

（4）设立专门的风险控制岗位，实行严格授权和岗位制衡制度。公司将严格按照规定安排和使用专业人员，建立严格的授权和岗位牵制制度，加强相关人员的业务培训及职业道德教育，提高相关人员的综合素质。同时建立异常情况及时报告制度，并形成高效的风险处理程序。

(5) 设立符合要求的交易、通信及信息服务设施系统。公司将保证交易系统的正常运行，确保外汇交易业务正常开展。

资料来源：http://stock.hexun.com。

技能训练

1. 资料背景：

股票和债券都是企业筹集资金的金融工具，它们可以帮助企业在尽可能短的时间内募集到大量资金，促进企业的高速发展。但两者在运用的过程中又各具特点。

[训练要求] 总结股票与债券的共同点与区别，试举例说明。

2. 资料背景：

货币市场是短期资金的融通市场。其融资工具流动性强，并往往作为货币的替代品用于支付和结算，具有货币性特点。

[训练要求] 请仔细观察并说明目前在我国的货币市场上有哪些主要的金融工具。

3. 资料背景：

由于美国次贷危机引起了全球金融海啸，各国货币管理当局都加强了对金融市场的调控，我国也不例外。其中，银行同业拆借市场的风吹草动更是引起来业界的密切关注。

[训练要求] 请上网浏览相关财经网站，分析我国目前的银行同业拆借市场的特点和利率的变化。

4. 资料背景：

现代金融品种不断创新，市场上的投资基金品种也越来越多，令人目不暇接。

[训练要求] 请仔细研究目前市面上正在运行的基金，分析开放型投资基金与封闭型投资基金的区别是什么?

5. 技能实训：

[实训目标] 通过对案例资料的分析与讨论，加强对金融市场功能的理解，以及对金融市场发展趋势的把握。

[实训要求] 全班分成几个小组，实行组长负责制，组织讨论；讨论结束后，由组长总结发言，教师做最后总结性评价，给出考核成绩。

[实训案例]

纽约金融市场

纽约是世界最重要的国际金融中心之一。1810年纽约就已取代费城，成为美国国内最大的金融和商业中心。但当时国际金融交易都集中在伦敦，第一次世界大战期间及战后，纽约迅速发展为国际金融中心。

第二次世界大战以后，纽约金融市场在国际金融领域中的地位进一步加强。美国凭借其在战争时期膨胀起来的强大经济和金融实力，建立了以美元为中心的资本主义货币体系，使美元成为世界最主要的储备货币和国际清算货币。西方资本主义国家和发展中国家的外汇储备中大部分是美元资产，存放在美国，由纽约联邦储备银行代为保管。一些外国官方机构持有的部分黄金也存放在纽约联邦储备银行。纽约联邦储备银行作为贯彻执行美国货币政策及外汇政策的主要机构，在金融市场的活动直接影响到市场利率和汇率的变化，对国际市场利率和汇率的变化有着重要影响。世界各地的美元买卖，包括欧洲美元、亚洲美元市场的交易，都必须在美国，特别是在纽约的商业银行账户上办理收付、清算和划拨，因此纽约成为世界美元交易的清算中心。此外，美国外汇管制较松，资金调动比较自由。在纽约，商业银行、储蓄银行、投资银行、证券交易所及保险公司等金融机构云集，许多外国银行也在纽约设有分支机构，1983 年世界最大的 100 家银行在纽约设有分支机构的就有 95 家。这些都为纽约金融市场的进一步发展创造了条件，加强了它在国际金融领域中的地位。

纽约金融市场按交易对象划分，主要包括外汇市场、货币市场和资本市场。

纽约外汇市场是美国、也是世界上最主要的外汇市场之一。纽约外汇市场并无固定的交易场所，所有的外汇交易都是通过电话、电报和电传等通信设备，在纽约的商业银行与外汇市场经纪人之间进行。这种联络就组成了纽约银行间的外汇市场。此外，各大商业银行都有自己的通信系统，与该行在世界各地的分行外汇部门保持联系，又构成了世界性的外汇市场。由于世界各地的时差关系，各外汇市场开市时间不同，纽约各大银行与世界各地的外汇市场可以昼夜 24 小时保持联系。因此它在国际的套汇活动几乎可以立即完成。参与外汇市场活动的主要是公司及财团、个人、商业银行、外汇经纪人和中央银行。商业银行在外汇交易中起着极为重要的作用，外汇交易主要通过商业银行办理。

纽约货币市场即纽约短期资金的借贷市场，是资本主义世界主要货币市场中交易量最大的一个。除纽约市金融机构、工商业和私人在这里进行交易外，每天还有大量短期资金从美国和世界各地涌入流出。和外汇市场一样，纽约货币市场也没有一个固定的场所，交易都是供求双方直接或通过经纪人进行的。在纽约货币市场，按交易对象可分为：联邦基金市场、政府库券市场、银行可转让定期存单市场、银行承兑汇票市场和商业票据市场等。

纽约资本市场是世界最大的经营中、长期借贷资金的资本市场。可分为债券市场和股票市场。纽约债券市场的主要交易对象是：政府债券、公司债券、外国债券。纽约股票市场是纽约资本市场的一个组成部分。在美国，有 10 多家证券交易所按证券交易法注册，被列为全国性的交易所。其中纽约证券交易所、纳斯达克和美国证券交易所最大，它们都设在纽约。

[实训讨论] 对比纽约，上海在建立国际金融中心的过程中还有哪些方面需要提高?

学习情境六

如何操作外汇业务

学习目标

通过本情境的学习，了解有关外汇和汇率的基本知识，理解汇率的标价方法和汇率的分类，知晓企业外汇存贷款业务的办理，树立风险防范意识，掌握外汇交易业务的基本原理，并能在实际工作中加以灵活运用，以提高经营管理水平与经济效益。

知识结构模块图

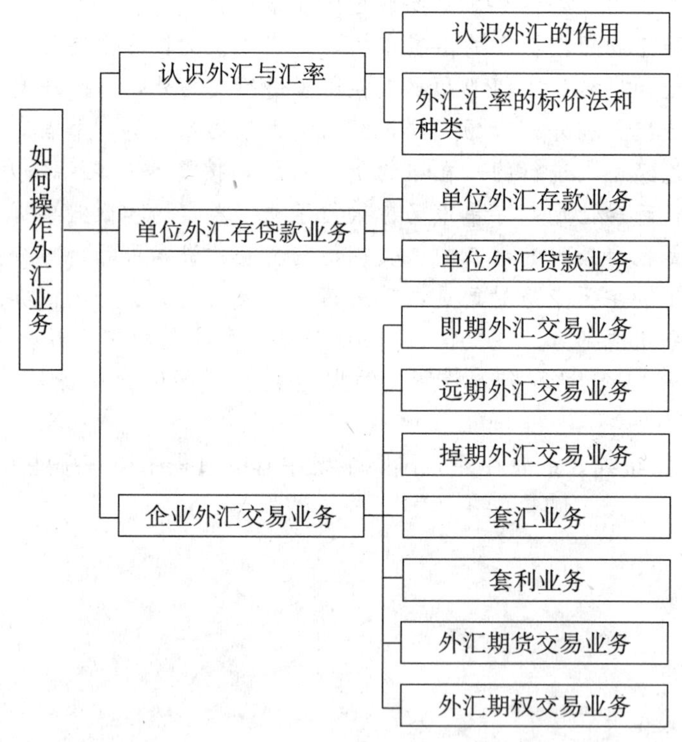

项目一　认识外汇与汇率

【情境导入】

有这样一个被传为“国际金融之谜”的故事：在美国和墨西哥边境住着一个村民。该村民拥有1美元现金。每天早晨他在美国境内的酒店里用10美分买一杯酒，喝完这杯酒他只剩下0.9美元。晚上他越过边界来到墨西哥，按1美元=3墨西哥比索的汇率把0.9美元换成0.9×3=2.7比索。然后他花0.3比索买一杯酒。第二天早晨他再到美国酒店按1美元=2.4墨西哥比索的汇率，用所剩下的2.4比索换成1美元，然后重复前一天的行动。这样，他在只拥有1美元财产的情况下可以经久不息地每天享用两杯酒，且能保持1美元财产不变。那么，是谁为他支付每天的酒钱呢？

酒钱来自汇率差。由于在两个酒店能按不同汇率兑换货币，这个差价恰好是他每天赚取的酒钱。外汇汇率的地点差产生了著名的“国际金融之谜”，这个谜也说明了外汇投资的利润来源。

【必备知识】

一、认识外汇的作用

在一个开放的社会中，外汇几乎无所不在。无论是企业还是个人，都免不了与外汇打交道。出国旅游探亲、进口商品和劳务需要付出外汇，向外国人出售商品、提供劳务则将收入外汇。外汇的收付必然伴随着外汇的结算、买卖与转移，因而也就衍生出银行的外汇结算和汇兑业务、外汇市场的外汇交易以及国际金融市场的外汇借贷业务。

（一）外汇的含义

在日常生活中，人们往往把外币等同于外汇，这样的理解并不完全贴切。诚然，外币现钞如美元、日元、欧元等确实是非常直观的外汇形式，但外汇的内涵和外延要广泛得多。我国2008年修订的《外汇管理条例》第三条规定，外汇是指下列以外币表示的可以用作国际清偿的支付手段和资产：（1）外币现钞，包括纸币、铸币；（2）外币支付凭证或者支付工具，包括票据、银行存款凭证、银行卡等；（3）外币有价证券，包括债券、股票等；（4）特别提款权；（5）其他外汇资产。外汇（foreign exchange）通常以“FX”或“FOREX”来表示。

外汇可分为两类：一类是自由外汇，即那些可以自由兑换的外国货币，此类货币可以在国际金融市场上不受任何限制地兑换成其他国家的货币，或用于对第三国进行支付。目前，美元、欧元、英镑、瑞士法郎、日元等都是可自由兑换的货币。另一类叫记账外汇（也叫协定外汇或双边外汇），它是指在两国政府间签订的支付协定或清算协定中规定使用的货币。未经货币发行国家货币管理当局批准，记账外汇不能兑换成其他国家的货币或对第三国支付，协议国双方在指定的银行开立专门账户对交易产生的债权债务进行记录，而不产生实际的货币收付，年终的收支差额通常转入下一年度。

目前，世界上能作为自由外汇的货币有 30 多种，但真正在外汇市场上有广泛交易的只有 10 多种。

（二）外汇的作用

一般来说，外汇在国际经济交往中的作用主要体现在以下几个方面：

1. 促进国际经济合作

随着外汇业务的发展，在国际上采用外汇，就可使有着不同货币制度、使用不同货币的国家之间的购买力得以实现，扩大商品流通的范围与速度，对促进国际间的交往和扩大经济合作起着重要作用。

2. 促进国际贸易的发展

用外汇清偿国际间的债权债务，不仅节省了运送现金的费用，避免了风险，缩短了支付时间，而且也是国际贸易中进出口商能普遍接受的一种信用工具，扩大了资金融通的范围，因此促进了国际贸易发展。

3. 调剂国际资金供需不平衡

由于世界经济发展不平衡，资金供需矛盾也非常尖锐，一些发达国家存在一定数量的剩余资本，而广大发展中国家因资金不足，影响了经济发展。外汇作为一种国际支付手段，可以通过国际借贷活动来调剂这种国际资金供需不平衡的矛盾，促进国际资本流动。

4. 促进货币信用的国际化

各国经营外汇业务的金融机构，通过办理国际结算活动，使国际间的债权债务集中于各国外汇银行存款中，从而使银行由国内信用扩大为国际信用。另外，一些发达资本主义国家的货币成为自由兑换货币后，逐渐形成了以这些自由兑换货币为主体的国际货币体系，这样，促进了货币信用的国际化。

5. 衡量一国国际地位的重要标志

外汇与国际收支关系密切。当一国国际收支逆差时，需用外汇偿还债务，出现本国外汇储备减少，外汇需大于供，本国货币对外国货币的价值就会下跌；反之，当顺差时，外汇出现供过于求，本国外汇储备增加，则本国货币对外国货币的比值也将提高。因此，外汇收入的增加，对增加外汇储备，调节国际收支，提高本国货币的币值，增强一国的国际经济地位有着极为重要的作用。

二、外汇汇率的标价法和种类

外汇可以看作是一种特殊的商品，但它与其他任何商品一样也有价格。只不过，其他商品的价格是通过作为一般等价物的货币来衡量的，而外汇的价格却是通过与另一国货币的比较来衡量的。所以汇率（Exchange Rate），指的是两种不同货币之间的折算比率，也就是用一种货币表示的另一种货币的价格。因此，汇率实际上就是外汇的价格，即汇价。

当一种商品或劳务参与国际交换时，就有一个把该商品或劳务以本国货币表示的价格折算成以外币表示的国际价格问题，这种折算是按汇率来进行的。汇率的高低直接左右该商品在国际市场上的成本和价格，影响商品的国际竞争力。例如，一件价值 100 元人民币的商品，如果 1 美元对人民币汇率为 6.82，则这件商品在国际市场上的价格就是 14.66 美元。

如果美元汇率涨到 7.22，也就是说美元升值，人民币贬值，则该商品在国际市场上的价格就是 13.85 美元，商品的价格降低，竞争力增强，从而刺激该商品的出口。反之，如果美元汇率跌到 6.22，也就是说美元贬值，人民币升值，则该商品在国际市场上的价格就是 16.07 美元。高价必将打击该商品的出口。同样，美元升值而人民币贬值就会制约商品对中国的进口，反过来美元贬值而人民币升值却会大大刺激进口。

（一）汇率的标价方法

我们在表示普通商品价格的时候，通常用单位商品的价格即单价来表示，如每斤大米 2 元人民币，这是直接表示商品价格的方法；当然也可以用 2 元人民币可以购买一斤大米来反映大米的价格，这是间接表示商品价格的方法。在表示汇价的时候，同样存在类似的标价方法，既可以用外国货币表示本币的价格，也可以用本币表示外币的价格。确定两国货币的比率，必须确定以哪个国家的货币作为标准。确定的标准不同，计算出的汇率就不同。在外汇市场上，有三种不同的外汇标价法。

1. 直接标价法

直接标价法（Direct Quotation）是以一定单位的外国货币为基准，折合成若干数量的本国货币的标价方法，即以本国货币表示外国货币价格的方法。一般是 1 个单位、100 个单位或 10 000 个单位的外币能够折合多少本国货币。采用直接标价法，人们可以直接看出外币的价格。

在直接标价法下，外币单位的数额固定不变，外汇汇率涨跌以本币数额的变化来表示。如果单位外币折算的本币数额增加，则表明外币汇率上升，本币汇率下跌，即外币升值，本币贬值；反之，如果单位外币折算的本币数额减少，则表明外币汇率下跌，本币汇率上升，即外币贬值，本币升值。

日前，除了英、美等少数国家外，大多数国家都采用直接标价法来表示汇率。我国人民币与外汇的汇率也采用直接标价法来表示。例如，2010 年 4 月 30 日中国银行公布的收盘价是：100 美元＝681.15～683.89 元人民币。在这个外汇牌价中，有一大一小两个汇率，前者（681.15）为银行买入价，后者（683.89）为银行卖出价，因为银行总是低买高卖以赚取汇差收益的。

2. 间接标价法

间接标价法（Indirect Quotation）是指用一定单位的本国货币为标准，折算成若干数额的外国货币的标价方法。一般是用 1 个单位、100 个单位或 10 000 个单位的本币能够折合多少外国货币来表示。采用间接标价法，人们无法直接看出外币的价格，只有通过计算才能得出外币价格。目前，实行间接标价法的国家主要有英国、美国、澳大利亚和新西兰等少数国家。以伦敦市场为例：某日美元汇率为 1 英镑＝1.533 4 美元，日元的汇率为 1 英镑＝144.10 日元。这里，美元和日元的实际汇率从表面是看不出来的，需进行计算才能得出具体数字。

在间接标价法下，本国货币是不变的基础货币，而外国货币是随行就市变化的标价货币。如果标价货币数额变大，则表示外汇汇率下跌，即外币贬值而本币升值；反之标价货币数额变小，则表示外汇汇率上涨，即外币升值而本币贬值。因此，在间接标价法下，外汇汇率的涨跌与外汇牌价数额的大小成反方向变化。

3. 美元标价法

第二次世界大战后，美元在世界经济中占据支配地位，为便于在国际间进行外汇交易，西方各国银行间的报价都以美元与其他各国货币来表示。其特点是标价中的两种货币都是非本国货币，且始终以美元为两种货币中的一种。

美元标价法又分为单位元标价法和单位镑标价法两种。单位元标价法是以美元为标准来标示其他非美元货币的价格，美元的量始终不变，美元和其他各国货币币值的变化都通过其他国家货币的量的变化表现出来。

例如：某日香港外汇银行挂出的外汇牌价为：USD1＝JPY93.974。对香港来说，上述标价既不是直接标价也不是间接标价，而是美元标价。

单位镑标价法则是以其他非美元货币为标准来标示美元的价格，其他货币的量始终不变，美元和其他各国货币币值的变化都通过美元的量的变化表现出来。目前主要有五种货币：欧元、英镑、爱尔兰镑、澳大利亚元、新西兰元采用此标价法。

例如：某日瑞士外汇市场的牌价为：GBP1＝USD1.533 4。对瑞士来说，上述标价既不是直接标价也不是间接标价，而是美元标价。

西方各大银行、主要外汇市场的外汇标价多采用美元标价法，以便于日常外汇交易中对各种货币的汇率进行比较，尤其便于和美国外汇市场的汇率进行比较，从而迅速、准确地进行交易。

在外汇交易中，人们把各种标价方法下数量固定不变的货币叫做基准货币或单位货币，数量不断变化的货币叫做报价货币或计价货币。无论采用哪种标价方法，都是以报价货币表示基准货币的价格。

（二）外汇汇率的种类

依据不同的标准，外汇汇率有不同的分类：

1. 从银行买卖外汇的角度划分，可分为买入汇率、卖出汇率、中间汇率和现钞汇率

（1）买入汇率（Buying Rate）。又称外汇“买入价”或“买价”，是指银行向客户买进外汇时所使用的汇率。在直接标价法下，买入汇率是本币数额较少的那个汇率，即前一个数字为买入价，它表示银行买入一定数额外币时所付出的本币数。如在我国，企业出口货物收回的外汇，卖给银行时（贸易实务中通常称之为“结汇”）所使用的汇率，就是买入汇率。在间接标价法下，买入汇率是本币折合较多外币的那个汇率，即后一个数字为买入价，它表示银行买入多少外汇需要支付一定数额的本币。

（2）卖出汇率（Selling Rate）。又称外汇“卖出价”或“卖价”，是指银行向客户卖出外汇时所使用的汇率。在直接标价法下，卖出汇率是本币数额较多的那个汇率，即后一个数字为卖出价，它表示银行卖出一定数额外汇时所收进的本币数额。如在我国，企业进口货物需要外汇向银行购买时（贸易实务中通常称之为“售汇”）所使用的汇率，就是卖出汇率。在间接标价法下，卖出汇率是本币折合较少外币的那个汇率，即前一个数字为卖出价，它表示银行卖出多少外汇应收回一定数额的本币。

银行报价采取双价原则，且卖价高于买价，买入汇率与卖出汇率的差额是银行买卖外汇的收益，这个差额一般为1‰～5‰。不过，这个差额通常会根据银行的具体客户以及外汇买卖量的多少而有所改变。在不同标价法下，买入汇率与卖出汇率的排列次序不同：在直接标价法下，买入汇率在前，卖出汇率在后；在间接标价法下，卖出汇率在前，买入汇率在后。

（3）中间汇率（Middle Rate）。又称“中间价”，是指买入汇率与卖出汇率的算术平均值，即中间汇率＝（买入汇率＋卖出汇率）/2。电视、报纸等媒体所公布的汇率常为中间汇

率，企业年终决算，进行财务报表的并表时，也常用中间汇率。

(4) 现钞汇率 (Bank Notes Rate)。又称“现钞价”，是指银行买入外币现钞时使用的价格。各国一般都规定，禁止外币在本国流通。因此，外币持有者须将外币在银行兑换成本国货币，即将外币钞票卖给银行，银行买进外国钞票，此时银行采用现钞买入价来结算。银行买入外币现钞后，由于外币不能在本国流通，需将购入的外币现钞运送到该外币的发行国或能够流通外币的国外地区或外币市场，变为该银行在国外的银行存款。这就会使银行花费包装费、运费和保险费，以及受到利息损失。所有这些费用和损失，都要由银行的客户承担。所以，外币现钞买入价低于外汇的买入价，而外币现钞卖出价则同于外汇卖出价。

2. 从外汇交割期限划分，可分为即期汇率和远期汇率

(1) 即期汇率 (Spot Rate)。也叫现汇汇率，它是指买卖外汇双方成交后，在成交当天或成交后的两个营业日内办理交割时使用的汇率。外汇银行报价时，一般都直接报出即期汇率。

(2) 远期汇率 (Forward Rate)。又称期汇汇率、预约汇率，是指外汇买卖双方成交后，在约定的到期日进行外汇交割时所使用的汇率。一般期汇的买卖差价要大于现汇的买卖差价。

3. 从汇率制定的方法划分，可分为基本汇率和套算汇率

(1) 基本汇率 (Basic Rate)。又称“基准汇率”，指一国货币与关键货币的汇率。关键货币是国际上普遍使用的，在本国国际收支中使用最多的，在国际储备中比重最大的货币。目前，各国基本上都把美元作为关键货币，把本国货币对美元的汇率作为基本汇率。

(2) 套算汇率 (Cross Rate)。又称“交叉汇率”，是指在制定出基本汇率后，再根据其他货币对关键货币的汇率，套算出本币与其他货币的汇率。

套算汇率的计算，可分为以下三种情况：

第一种情况：如果两个已知汇率的基准货币相同，则套算汇率交叉相除，以被除数所代表的货币作为交叉汇率中的计价货币，以除数所代表的货币作为交叉汇率中的基准货币。

例 1：已知某日即期汇率为：USD1＝JPY93.974～94.624

USD1＝CNY6.811 5～6.838 9

求：(1) JPY/CNY；(2) CNY/JPY

分析：

(1) JPY1＝CNY (6.811 5÷94.624) ～ (6.838 9÷93.974) ＝CNY0.072 0～0.072 8

(2) CNY1＝JPY (93.974÷6.838 9) ～ (94.624÷6.811 5) ＝JPY13.741～13.892

第二种情况：如果两个已知即期汇率的计价货币相同，则套算汇率交叉相除，以被除数所代表的货币作为交叉汇率中的基准货币，以除数所代表的货币作为交叉汇率中的计价货币。

例 2：已知：GBP1＝USD1.577 0/80

AUD1＝USD0.926 5/75

求：(1) GBP/AUD；(2) AUD/GBP

分析：

(1) GBP1＝AUD (1.577 0÷0.927 5) ～ (1.578 0÷0.926 5) ＝AUD1.678 7～1.703 2

(2) AUD1＝GBP (0.926 5÷1.578 0) ～ (0.927 5÷1.577 0) ＝AUD0.587 1～0.595 7

第三种情况：如果两个即期汇率中，一个是以 A 货币为基准货币，另一个是以 A 为计

价货币，则交叉汇率为同边相乘。

例 3：已知某日即期汇率：USD1＝CHF1.074 0/65

EUR1＝USD1.334 2/70

求：(1) EUR/CHF；(2) CHF/EUR

分析：

(1) EUR1＝CHF (1.074 0×1.334 2) ～ (1.076 5×1.337 0) ＝CHF1.432 9～1.439 3

(2) CHF/EUR，怎么求？可以按照以上的规则吗？

4. 从银行的汇兑方式划分，可分为电汇汇率、信汇汇率和票汇汇率

(1) 电汇汇率（Telegraphic Transfer Rate，T/T Rate）。它是指银行在卖出外汇的当天，以电传方式通知国外分行或代理行，委托其向收款人付款的汇兑方式下所使用的汇率。由于电汇付款较快，银行一般不能占用客户资金，同时国际电传费用较高，因而电汇汇率比一般汇率要高。在国际贸易中，进出口商为避免外汇汇率波动所带来的风险，在买卖合同中常规定使用交款时间最快的电汇方式。西方国家每天在报纸上报道的外汇行情中的现汇汇率都是指电汇汇率。因此，电汇汇率是其他汇率的基础。

(2) 信汇汇率（Mail Transfer Rate，M/T Rate）。它是指银行卖出外汇后，以信函方式（邮寄支付委托书）通知国外分行或代理行，委托其向收款人付款的汇兑方式下所使用的汇率。由于信汇邮程长于电汇，银行能占用客户资金并赚取利息收益，因而信汇汇率低于电汇汇率。

(3) 票汇汇率（Demand Draft Rate，D/D Rate）。它是指银行卖出外汇后，开立以其国外银行或代理行为付款人的银行汇票，交给汇款人，由汇款人自行寄给国外收款人，或由汇款人亲自携带交给收款人，收款人凭该银行汇票向汇入行提取款项，这种汇兑方式下所使用的汇率就是票汇汇率。采用票汇方式，银行从开出汇票到兑付款项，往往间隔一段时间，在这一段时间里，银行可以占用客户的资金，因此，票汇汇率较电汇汇率低。

5. 按外汇管理的宽严程度不同，可分为官方汇率和市场汇率

(1) 官方汇率（Official Rate）。也称法定汇率，是指由一国货币当局（如中央银行或经指定的外汇专业银行）所规定的汇率，要求一切外汇交易都要按此汇率进行。

(2) 市场汇率（Market Rate）。是指自由外汇市场上买卖外汇的现实汇率。它由市场上外汇供求关系所决定，随外汇供求关系的变化而自由波动，并围绕某一均衡汇率上下波动。市场汇率存在的前提是货币自由兑换或外汇管制较松。

6. 从汇率制度的历史来划分，可分为固定汇率和浮动汇率

(1) 固定汇率（Fixed Rate）。固定汇率是指两种货币的比价基本固定，其波动幅度固定在一定的范围内。若市场因素使得汇率波动超出规定的幅度，货币国政府有义务采取有效的措施干预市场，以维持官定的汇率波动界限。历史上比较典型的固定汇率有国际金本位时期和布雷顿森林货币体系时的固定汇率。

(2) 浮动汇率（Floating Rate）。浮动汇率意味着政府对本国货币与其他货币的比价不加以固定，也不规定上下波动的界限，汇率随着市场供求关系变化自由浮动。外国货币供大于求时，汇率就下跌；外国货币供小于求时，汇率就上涨。

7. 按银行营业时间不同，可分为开盘汇率和收盘汇率

(1) 开盘汇率（Opening Rate）。是指外汇银行在每个营业日开始营业时进行首批外汇买卖的汇率，亦称开盘价。

(2) 收盘汇率（Closing Rate）。是指外汇银行在每日将结束营业时的外汇买卖的汇率，亦称收盘价。

8. 按外汇买卖的对象不同，可分为同业汇率和商业汇率

(1) 同业汇率。是指银行与银行之间买卖外汇的汇率。一般报刊上刊登的汇率是银行同业间电汇汇率的中间价。

(2) 商业汇率。是外汇银行对个人和企业等一般客户进行外汇买卖时所采用的汇率。商业汇率的买卖差价大于同业汇率。

除了以上介绍的汇率分类外，还有名义汇率、实际汇率与有效汇率、单一汇率与复汇率之分。

【典型业务分析】

我国江苏A外贸公司向美国出口一批床单，于2010年4月30日收到电汇货款100万美元，为避免人民币升值给公司带来损失，公司决定当天就向银行结汇。该公司财务人员从中国银行得到如下实时外汇牌价表（见表6—1），请问：该公司的100万美元货款可兑换成多少本币？

表6—1　　2010年4月30日中国银行外汇牌价表

货币名称	现汇买入价	现钞买入价	卖出价	基准价	中行折算价
英镑	1 044.02	1 011.79	1 052.41	1 046.74	1 046.74
港币	87.73	87.03	88.07	87.91	87.91
美元	681.15	675.69	683.89	682.63	682.63
瑞士法郎	631.22	611.73	636.29		630.22
新加坡元	497.21	481.86	501.21		498.94
瑞典克朗	94.12	91.21	94.87		94.21
丹麦克朗	121.61	117.86	122.59		121.45
挪威克朗	115.31	111.75	116.24		115.43
日元	7.198 5	6.976 3	7.256 3	7.264	7.264
加拿大元	675.74	654.87	681.16		679.33
澳大利亚元	633.12	613.58	638.21		635.05
欧元	905.17	877.23	912.44	903.8	903.8
澳门元	85.36	84.64	85.69		85.53
菲律宾比索	15.28	14.8	15.4		15.34
泰国铢	21.01	20.36	21.18		21.1
新西兰元	495.06		499.03		494.5
韩国元		0.577 9	0.628 1		0.603 2

分析：

从中国银行的外汇牌价表可以看出，美元和人民币的汇率是：USD100＝CNY681.15～683.89

前面的数字（681.15）是指银行从客户手中买入100美元时所使用的价格，后面的数字（683.89）是指银行将100美元卖给客户进所使用的价格。根据业务要求，已知该外贸公司是想将手中持有的美元卖给银行换回本币，故可兑换：100万×6.811 5＝681.15万元人民币。

资料来源：http：//www.boc.cn。

项目二　单位外汇存贷款业务

【情境导入】

细心的企业资金管理者们可能已经发现了这样的现象。同一种外国货币，数额相等，但存入不同的银行获得的收益却不同，银行与银行之间的利率有的甚至相差甚远。这是因为每家银行对于外汇存款利率有着自己的定价权。企业在选择外汇存款时应当货比三家。

目前，由于人民币的持续升值，人民币的利率居高不下。企业的资金管理者们不得不谨慎权衡：为避免外汇风险，手中持有的外汇是存入银行呢？还是先结汇持有人民币存款呢？

【必备知识】

一、单位外汇存款业务

单位外汇存款是指在我国境内的机关、团体、企业（包括外国驻华机构及外商投资企业）及在境外的中外企业、团体等单位存放在外汇指定银行里的各项外汇存款。

（一）企业外汇存款的种类

1. 根据存款的期限不同，可分为定期外汇存款和活期外汇存款

（1）活期外汇存款，是指在符合外汇管理规定的情况下，可以随时存取，按结息期计算利息的外汇存款。根据存取方式不同又分为支票户存款和存折户存款，支票户凭送款单或其他收款凭证存入，凭支票或其他付款凭证支取，如外贸企业由于代理进口的需要而在银行开立的进口保证金账户以及企业借入外债而在银行开立的外债专户的存款等，就属于这类支票户存款；存折户存款则凭存折和存取款凭条存取。

（2）定期外汇存款，是指存款银行与单位约定至某一固定时间方可提用的外汇存款。客户若临时需要资金可办理提前支取或部分提前支取。定期存款一律记名，并预留支取印鉴，凭印鉴支取。目前，定期外汇存款主要是采取整存整取的方式，外汇存入银行时，由银行根据存款数额开发记名式存单交给单位，单位必须根据存入时约定的不同存期档次（目前主要有 3 个月、半年、1 年或 2 年四档，存款到期可以续存；中国银行对外商投资企业及国内金融机构的定期存款分为 7 天通知、1 个月、3 个月、6 个月、1 年和 2 年六档）到期凭存单支取。七天通知存款的起存金额通常不低于 50 万美元。

2. 根据存入的资金数量不同，可分为小额外汇存款和大额外汇存款

（1）小额外币存款：通常是指不足 300 万美元的外汇存款，存款利率按银行同业协会的规定执行，期限包括活期、1 个月、3 个月、6 个月、1 年或 2 年。

（2）大额外币存款，通常起存金额为 300 万美元（或其他等值外币），期限包括 1 个月、3 个月、6 个月、1 年、2 年或双方协商一致的其他期限。大额外币存款的利率由银行和客户协商指定。

3. 根据存入的资金形态不同，可分为外钞户存款和外汇户存款

（1）外钞户存款，即是外币现钞的存款，这类存款，顾客一般可随时支取外币现钞，但要在存满3个月后，方可委托存款行根据需要并通过审批和钞买汇卖手续予以汇出。在我国一般不允许境内机构、驻华机构开立外汇现钞账户。

（2）外汇户存款，可随时委托存款银行根据有关规定直接予以汇出，单位外汇存款一般都属于外汇户存款。

4. 根据账户性质不同，可分为经常项目外汇存款和资本项目外汇存款

（1）经常项目外汇账户，是用于经常项目外汇收支或经国家外汇管理局批准的资本项目外汇支出的账户，包括经常项目外汇账户、开证保证金账户等。

（2）资本项目外汇账户是用于资本项目外汇收支的账户，包括贷款（外债及转贷款）专户、还贷专户、发行外币股票专户、B股交易专户、外汇资本金账户、投资款临时专户、资产变现专户等。

（二）单位外汇存款的币种和期限

单位外汇存款的币种主要包括美元、欧元、英镑、港币、日元、澳大利亚元、加拿大元、瑞士法郎及其他可自由兑换的货币。不同商业银行可根据自身业务的情况选择不同的币种。

外汇存款的期限包括活期和定期两种，定期存款又分为七天通知、一个月、三个月、六个月、一年和两年六个档次。

（三）单位外汇存款的利率与计息方式

单位小额外汇存款利率按中国银行同业公会公布的外币活期存款利率执行，可向商业银行咨询（见表6—2）；单位大额外汇存款利率通常由银行和客户协议确定，每家银行对于外汇存款利率有着自己的定价权。

表6—2　　中国银行外汇存款利率表（2010-03-23）

货币	活期	7天通知	一个月	三个月	六个月	一年	二年
美元	0.100 0	0.100 0	0.250 0	0.400 0	0.750 0	1.000 0	1.200 0
英镑	0.125 0	0.175 0	0.250 0	0.350 0	0.600 0	0.750 0	0.750 0
欧元	0.100 0	0.375 0	0.450 0	0.650 0	0.950 0	1.100 0	1.150 0
日元	0.000 1	0.000 5	0.010 0	0.010 0	0.010 0	0.010 0	0.010 0
港币	0.020 0	0.020 0	0.100 0	0.250 0	0.500 0	0.700 0	0.750 0
加拿大元	0.010 0	0.050 0	0.050 0	0.050 0	0.300 0	0.400 0	0.400 0
瑞士法郎	0.000 1	0.000 5	0.010 0	0.010 0	0.010 0	0.010 0	0.010 0
澳大利亚元	0.237 5	0.262 5	1.240 0	1.387 5	1.507 5	1.575 0	1.575 0
新加坡元	0.000 1	0.000 5	0.010 0	0.010 0	0.010 0	0.010 0	0.010 0

外币活期存款结息时按中国银行同业公会公布的外币活期存款利率和实存天数计息，有的银行按季计息，结息日为每季月末的20日，有的银行按年计息，结息日为每年12月20日。计息期间如遇利率调整，不分段计息。小额外币定期存款到期支取时，按存入日中国银行同业公会公布的定期存款相应档次的利率计息，利随本清，存期内如遇利率调整，不分段计息。如存款到期日未支取，当期存款利息自动转入本金，并按转存日中国银行同业公会公布的同档次挂牌利率和原约定存期自动转存。大额外币定期存款可享受优惠利率，但不可以自动转存。定期存款不论存期内利率是否调整，均按存入日人民银行或商业银行规定的利率

计息；到期续存的，按续存日相应档次的利率计息。存款人提前支取，按支取日挂牌公告的活期存款利率计息。

（四）单位外汇存款的办理

1. 活期单位外汇存款账户的开立

存款单位开立外汇账户时应到拟开户行领取空白“开户申请书”和“印鉴卡”一式三份，如实填写各项内容，并加盖与账户名称一致的单位公章和法人章或根据法人授权书的内容加盖其授权人章；在“印鉴卡”上加盖单位财务专用章和法人章。

同时，开户申请人还应提交：

（1）开户申请书；

（2）工商行政机关核发的营业执照；

（3）国家技术监督局颁发的企业标准代码证书；

（4）其他银行要求提供的资料；

2. 定期单位外汇存款账户的开立

存款单位在银行开有外汇活期存款账户或未在银行开有外汇活期账户，但符合外汇管理规定保留外汇（或书面批准）的，均可办理。

二、单位外汇贷款业务

外汇贷款是银行以外币为计算单位向企业发放的贷款。外汇贷款有广义和狭义之分，狭义的外汇贷款，仅指我国银行运用从境内企业、个人吸收的外汇资金，贷放于境内企业的贷款；广义的外汇贷款，还包括国际融资转贷款，即包括我国从国外借入，通过国内外汇指定银行转贷于境内企业的贷款。

外汇贷款主要用于满足客户外汇资金融资需求，用途广泛，既可以满足企业流动资金方面的需求，也可以满足企业固定资产投资的需求。同时，外汇贷款对于利用外资和引进先进技术设备，促进我国对外贸易和国际交往的发展，适应国际商品市场和国际金融市场的变化，都具有十分重要的意义。

（一）外汇贷款的特点

外汇贷款除了具有银行其他信贷业务的一般特点外，还具有以下特点。

（1）借外汇还外汇；

（2）实行浮动利率；

（3）收取承担费；

（4）借款单位必须有外汇收入或其他外汇来源；

（5）政策性强，涉及面广，工作要求高。

（二）外汇贷款的币种

商业银行可根据自身业务的特点选择，一般主要有美元、欧元、英镑、日元、港币等外国货币。

（三）外汇贷款的种类

1. 按外汇贷款的投向不同，可分为流动资金贷款和固定资金贷款

外汇流动资金贷款是为企业在生产过程中进口国外原材料等而发放的流动资金性质的外

汇贷款。贷款对象主要是生产出口产品的企业或经营进出口商品的企业，用于企业为维持生产而进口国内短缺的原材料和国内市场紧缺的商品，或支持企业发展进料加工复出口的业务。外汇固定资金贷款是指银行向借款人发放的用于固定资产项目投资的外币贷款，又可分为技术改造贷款和基本建设贷款。

2. 按融资的目的不同，可分为对外贸易贷款和出口信贷

对外贸易贷款是进出口融资的方式之一。归结起来，主要包括：打包放款、出口押汇、进口押汇、银行承兑汇票、代理融通、福费廷业务等。出口信贷是为扩大本国大型成套设备、运输工具的出口，由国家给予利息补贴和承担信贷风险，由本国银行对本国出口商或外国进口商（或银行）提供的优惠贷款。

3. 按外汇资金来源不同，可分为现汇贷款、转贷款、项目贷款、金融信贷和其他

现汇贷款是指银行以自主筹措的外汇向企业发放的贷款。现汇贷款币种包括美元、欧元、英镑、日元、港币五种货币。转贷款是指商业银行既作为债务人，对外签订贷款协议，借入资金；又作为债权人，将此资金转贷给国内企业。转贷款多属国际融资贷款。项目贷款是若干贷款人（银团、多国银行、政府、国际金融机构）共同向另一项目公司提供的中长期贷款，专用于大型工程建设或生产性项目的信贷。

4. 按贷款组织方式不同，可分为银团贷款、联合贷款和单一银行贷款

银团贷款又称辛迪加贷款，是由一家或几家银行牵头，多家银行参加，按一定的分工和出资比例组成银行集团，向某一特定借款者发放的贷款。联合贷款是指两家或两家以上银行共同对某一客户或某一项目进行贷款，但各家银行分签贷款合同，分别谈判贷款条件。单一银行贷款是指由一家银行发放的外汇贷款。

5. 按外汇贷款期限长短不同，可分为短期贷款和中长期贷款

短期贷款是指 1 年以内（含 1 年）的贷款。中长期贷款是指 1 年以上的外汇贷款。

（四）外汇贷款的对象和条件

1. 外汇贷款发放的对象

外汇贷款的对象主要是有外汇支付需求的企（事）业法人或经济实体，包括中资国有、集体企（事）业；股份制企业；中外合资、合作企业；外商独资企业；港澳台商投资企业等。

2. 外汇贷款发放的条件

（1）借款用途必须正当合理，具有较好的经济效益，产品适销对路，有偿还外汇贷款本息的能力。

（2）外汇贷款借款必须具有独立法人资格，实行独立核算，持有贷款证，在银行开立账户；有健全的财务会计制度，资产负债率一般不超过 75%；注册资本金已按期到位，并经合法核资。

（3）借款人应有相应的外汇资金来源，如借款人没有外汇收入，则应有外汇管理部门同意购汇还贷的证明文件。

（4）固定资产贷款项目必须符合国家产业政策，并经有权机关批准，项目配套人民币资金、设备、物资、技术条件落实。

（5）建设项目投资总额中自筹资金不低于 30%，新建项目企业法人所有者权益与项目总投资比例一般不低于 30%。

（6）借款人申请外汇贷款须提供贷款人认可的其他相关资料。

（五）外汇贷款利率和期限

1. 外汇贷款利率

外汇贷款利率的定价方式主要有两种：一是固定利率，是指贷款期间利率固定不变。其利率风险高，但有时风险收益也高。二是浮动利率，是指在贷款期间以市场某一档利率为基准，按约定的期限和加点水平确定贷款利率。通常采用LIBOR/HIBOR（伦敦同业市场拆出利率/香港同业市场拆出利率）加点的利率定价方式。其利率风险低，但风险收益也会低一些。

2. 外汇贷款期限

外汇贷款期限从贷款合同签订日起至合同规定的全部债务清偿日止。

（1）流动资金贷款，一般不超过1年（可含1年）。

（2）临时贷款期限一般不超过6个月。

（3）打包放款期限，从放款日到信用证到期日后1个月（或出口押汇日）。

（4）国家重点项目贷款期限，一般不超过5年，个别特殊项目最长不超过7年。对外商投资企业的贷款，不得超过其营业执照限定的经营期结束前1年。

（六）办理外汇贷款提交的材料

需提交的材料主要有：借款申请书；借款人开户资料；企业法人代表证明书或授权委托书，董事会决议及公司章程；经年审合格的企业（法人）营业执照（复印件）；借款人近三年经审计的财务报表及近期财务报表；贷款卡；银行要求提供的其他文件、证明等。

【典型业务分析】

中信海洋直升机股份有限公司（证券代码：000099）成立于1999年2月11日，是一家在深圳主板上市的股份有限公司。2009年，中信海直在经营的过程中需要从国外采购10架直升机，但公司一时无法拿出如此庞大的资金。怎么办呢？公司财务人员向主管高层建议采用银行贷款的方式来筹集资金。那么，公司是应该向银行申请人民币贷款还是外汇贷款呢？应该找哪家银行来办理贷款呢？具体如何操作才能节约财务费用呢？

分析：

公司财务人员经过向多家银行咨询贷款事宜，发现不同银行的贷款利率执行不一样的标准，有的甚至相差较大；且同期本外币贷款利差明显，如：一年期的人民币基准贷款利率为5.58%，而美元贷款利率通常为一年期LIBOR（伦敦同业拆借利率）上浮若干个基点，即不到4%的水平。考虑到进口支付的外汇风险，中信海直公司决定向国家开发银行申请外汇贷款。并于2009年11月28日向社会发布了关于与国家开发银行股份有限公司签订《外汇借款合同》的公告。在公告中披露了公司外汇贷款的详情：

（1）贷款种类：自营外汇贷款。

（2）贷款项目：用于公司向欧洲直升机公司购买10架EC—155B1型直升机项目。

（3）贷款规模：合同项下贷款承诺金额为等值港币60 000万元（或7 740万美元或人民币53 000万元），分别占最近一期（截至2008年12月31日）经审计的公司总资产、净资产的22.95%和37.68%。公司在提款时有美元、港币及人民币的提款币种选择权。2009年11月27日，公司已提取港币贷款13 624.5万元，占该合同贷款规模的22.71%，用于支付近期交付的 2 架 EC—155B1 直升机尾款。

（4）贷款期限：合同项下的贷款期限为 12 年，自首次提款日起至首次提款日第 12 个周年日的前一日止，即 2009 年 11 月 27 日起到 2021 年 11 月 26 日止，其中宽限期为 2 年，自首次提款日起至首次提款日第 2 个周年日的前一日止。

（5）贷款利率：如提取的贷款为美元贷款，则美元贷款所适用的贷款利率为 6 个月 LIBOR＋150BP；如提取的贷款为港币贷款，则港币贷款所适用的贷款利率为 6 个月 HIBOR＋150BP；如提取的贷款为人民币贷款，则合同项下人民币贷款首次执行的所适用的贷款利率为中国人民银行公布的同期同档次人民币贷款基准利率下浮 10%。

（6）利息支付：当贷款币种为美元或港元时，付息日为每年的 6 月 21 日和 12 月 21 日。当贷款币种为人民币时，付息日为每年的 3 月 21 日、6 月 21 日、9 月 21 日和 12 月 21 日。若付息日非营业日，则顺延到下一个营业日，但下一个营业日进入到下一个月时，则付息日提前到上一个营业日。在还款期内付息日与还本日相同。合同项下最后一期付息日为最后一笔借款的还本日，利随本清。

（7）本金的偿还方式：如公司全额提款，本金还款计划见表 6—3：

表 6—3　　　　单位：万港元

还款日	还款额	还款比例	还款日	还款额	还款比例
首次还本日	1 500	2.5%			
2012 年 6 月 21 日	1 500	2.5%	2012 年 12 月 21 日	1 500	2.5%
2013 年 6 月 2 日	2 100	3.5%	2013 年 12 月 21 日	2 100	3.5%
2014 年 6 月 21 日	2 100	3.5%	2014 年 12 月 21 日	2 100	3.5%
2015 年 6 月 21 日	2 700	4.5%	2015 年 12 月 21 日	2 700	4.5%
2016 年 6 月 21 日	2 700	4.5%	2016 年 12 月 21 日	2 700	4.5%
2017 年 6 月 21 日	3 300	5.5%	2017 年 12 月 21 日	3 300	5.5%
2018 年 6 月 21 日	3 300	5.5%	2018 年 12 月 21 日	3 300	5.5%
2019 年 6 月 21 日	3 900	6.5%	2019 年 12 月 21 日	3 900	6.5%
2020 年 6 月 21 日	3 900	6.5%	2020 年 12 月 21 日	3 900	6.5%
2021 年 6 月 21 日	3 900	6.5%	最后还本日	3 600	6.0%

（8）公司承诺：

1）公司承诺以本次贷款购买 10 架—155B1 型直升飞机为国家开发银行股份有限公司贷款提供抵押担保，签订飞机抵押合同，并及时办理抵押登记手续。

2）公司承诺其向欧洲直升机公司购置的编号为第 ECOSAP1534/12/07 号商务合同项下的 10 架 EC—155B1 型直升机在交付后，在贷款人要求的期限内就前述直升机办理保险，投保金额不少于直升机灭失终止值，并指定将国家开发银行股份有限公司设为保险第一受益人。

（9）合同的生效和终止：

合同自借款人、贷款人签字盖章之日起生效，至合同项下全部债务清偿之日终止。

资料来源：http://stock.hexun.com。

项目三　企业外汇交易业务

【情境导入】

美的电器（000527）2010 年 4 月 1 日宣布将开展外汇资金衍生品业务及套期保值业务，其中外汇资金衍生品业务余额不超过 16 亿美元，套期保值业务的持仓合约金额不超过人民币 15 亿元。根据深交所关于衍生品投资的有关规定，结合美的电器资金管理模式的要求和控股子公司日常业务的需要，2010 年公司拟开展的外汇资金衍生品业务的产品范围为远期结/售汇及相关业务的组合，期限基本在 1 年以内。美的电器表示，拟开展的外汇资金业务主要使用银行额度担保，额度比例及交易的杠杆倍数一般在 10 以内，到期采用本金交割或差额交割的方式。所有外汇业务均对应正常合理的进出口业务背景，与收付款时间相匹配，不会对公司的流动性造成影响。

美的电器表示，2010 年外汇市场风险明显增大，美元汇率波动较大，而全球经济形势的不确定性和多个欧盟国家债务风险的显现，促使欧元等非美货币的波动也在不断增大，同时人民币面临新一轮的升值压力。该公司称，公司开展外汇资金衍生品业务的目标仅为降低进出口业务所面临的汇率风险，整体外汇资金衍生品业务规模与实际进出口业务量规模相适应，不存在任何投机性操作。2009 年，美的电器出口业务收入折合美元约 20 亿美元，占 2009 年度总收入的约 30%，外币收入占比较大，而成本构成大部分为本币，收入与支出币种的不匹配致使汇率的波动对利润有较大的影响，为保证公司持续稳健发展和目标利润的实现，有必要通过外汇资金的衍生品业务来规避汇率风险。

我们该如何理解美的电器的这一避险行为呢？外汇资金的套期保值业务又有哪些呢？

资料来源：http://finance.sina.com.cn。

【必备知识】

一、即期外汇交易业务

即期外汇交易（Spot Transaction）是国际外汇市场上最常见的外汇交易方式。一般而言，在国际外汇市场上进行外汇交易时，除非特别指定日期，否则一概视之为即期交易。

（一）即期外汇交易的概念及作用

即期外汇交易，又称现汇交易，是指买卖双方成交后，在两个营业日内办理交割的外汇买卖业务。所谓“交割”，是指交易双方进行货币的清算。在银行同业交易中，通常是要求双方将所出售的货币转划进对方指定的银行账户，故交割日又称为起息日（Value Date）。即期外汇交易主要被用于进出口贸易和资本输入输出所引起的国际结算，可满足临时性的付款需要，实现货币购买力转移，调整各种货币头寸，进行外汇投机等。

即期外汇交易可以根据交易数量的不同分为外汇零售交易和外汇批发交易。外汇零售交易是外汇银行与顾客之间的外汇交易，外汇批发交易是银行与银行之间的外汇交易，主要参与者是银行、外汇经纪公司及各国中央银行，在这个市场上交易的金额一般比较大。在国际外汇交易中所指的即期外汇交易一般是指后者，即银行间的外汇批发交易。

（二）交易货币

在外汇交易中，无论使用何种交易方式，其交易数额都是用某一国的货币来表示的。每一个国家都有自己的货币及其特有的货币名称和符号。各国货币表示方法上的不一致给日益发展的国际贸易和国际金融活动带来了不便。为了准确而简明地表示各国的货币，国际相关机构和组织进行了通力合作，在各国货币习惯表示法的基础上，产生了国际标准 ISO 4217 三字符货币代码。在 ISO4217 货币代码的三个字符中，前两个字符代表该种货币所属的国家或地区，第三个字符代表货币单位。如美元为 USD，中国人民币为 CNY。表 6—4 列举了世界上的一些主要货币及其代码。

表 6—4　　世界主要货币名称及代码

货币名称	缩写或沿用的符号	国际标准 IS04217 三字符货币代码	辅币及进位
美元（U. S. Dollar）	US $	USD	1 美元=100 分
欧元（Euro）	€	EUR	1 欧元=100 分
英镑（British Pound）	£	GBP	1 英镑=100 便士
日元（Japancsc Ycn）	¥	JPY	1 日元=100 钱
瑞士法郎（Swiss France）	SF	CHF	1 瑞郎=100 分
加拿大元（Canadian dollar）	C $	CAD	1 加元=100 分
澳大利亚元（Australian dollar）	A $	AUD	1 澳元=100 分
中国人民币（Renminbi Yuan）	RMB ¥（Yuan）	CNY	1 元=100 分
港元（HK Dollar）	HK $	HKD	1 港元=100 分
俄罗斯卢布（Rouble）	Rub	SUR	1 卢布=100 戈比
新加坡元（Singapore Dollar）	S $	SGD	1 新加坡元=100 分
韩国圆（ROK Won）	Won	KRW	1 韩圆=100 钱
新西兰元/纽币（New Zealand Dollar）	NZ $	NZD	1 纽币=100 分

（三）即期外汇交易的交割日期

交割日又称为结算日或起息日，是进行资金交割的日期。通常也就是售汇人交付外汇，收取本币；购汇人交付本币收取外币的时间。一般大多数外汇市场都规定在第二个营业日进行交割。

1. 两个营业日的确定

两个营业日不等于日历上的两天，而是指两个结算国同时营业的两个工作日。一般而言，一笔于周三成交的美元兑瑞士法郎的即期交易，理应在周五之前进行交割。具体的确定方法主要有：

（1）在交割日内如果遇上任何一方银行休假，外汇交割时间顺延。如：中国、美国时差 13 小时，同一时间的美国星期三是中国的星期四，若在这期间有一国是节假日，就需要顺延。

（2）周末进行的交易交割需要顺延。国际外汇市场业务买卖实行五天工作制，周五为周末，这一天交易的外汇须顺延到下周进行交割。

（3）交割不跨月。外汇买卖业绩按月统计，按月报表，交割期顺延不跨月；如顺延跨月，则交割往前倒推到当月最后一个工作日。如：在中国 2010 年 4 月 29 日星期四成交的外汇交易，交割日本应为 4 月 30 日至 5 月 4 日（五一劳动节放假休息三天），但由于交割不跨月的规定，所以该笔业务只能在 4 月 30 日进行交割。

2. 交割日的类型

进行即期外汇交易并不意味着立即进行交割，而是只要在成交的两个营业日内完成外汇的交割就属于即期交易。这实际上就意味着外汇交易的交割日有三种情况：

（1）标准交割日（T+2）。标准交割日（Value Spot）是指在成交后第二个营业日进行交割。这是因为，国际货币的收付除了要考虑时差因素的影响外，还需要对交易的细节进行逐一核对，并发出转账凭证等，同时也是因为全球外汇市场需要 24 小时才能运行一周，各市场因时差问题给交割带来的障碍才可得以消除。目前，在世界上一些主要的外汇市场基本采用“T+2”交割。

（2）次日交割（T+1）。次日交割（Value Tomorrow）是指在成交后第一个营业日进行交割。如港元对日元、新加坡元、澳大利亚元就是在次日交割。

（3）当日交割（T+0）。当日交割是（Value Today）指在买卖成交当日进行交割。如港元对美元的即期交易就是在当日交割的。

（四）即期外汇交易的报价

在外汇市场上，汇率通常采用双向报价方式（Two Way Quotation），即报价者（Quoting Party）会同时报出买入价格（Bid Rate）和卖出价格（Offer Rate）。

下面给出 ISO 国际标准银行报价的实例：

USD/CHF　　1.078 1/98

GBP/USD　　1.533 4/60

在上述银行报价中，汇率中的第一个数字（1.078 1 和 1.533 4）表示报价者愿意买入被报价货币的价格，即所谓的买入汇率或买价；第二个数字（1.079 8 和 1.536 0）表示的是报价者愿意卖出被报价货币的价格，即所谓的卖出汇率或卖价。按国际惯例，外汇交易在报价时通常只会报出小数（81/98 和 34/60），其中的大数（1.07 和 1.53）可以省略不报，在交易成交后再确定全部的汇率，如 1.078 1 或 1.533 4。

在双向报价中，报价银行与询价者的相对关系可以用图 6—1 来表示：

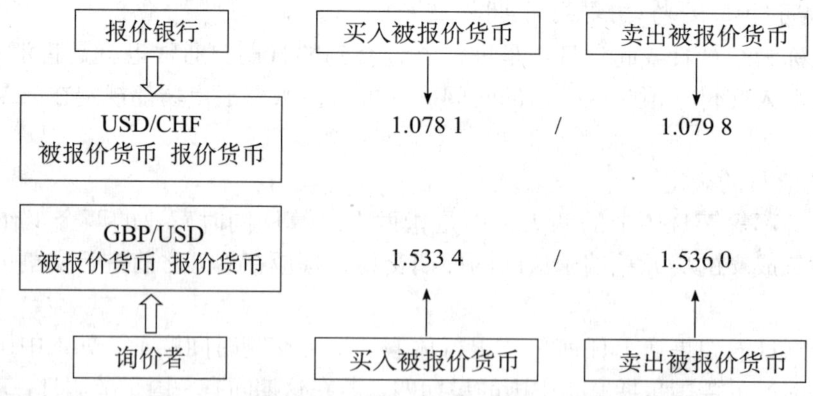

图 6—1　报价银行与询价者在汇率报价上的相对关系

我们也可以看出，不管在什么标价法下，相对于被报价货币而言，总是买价在前卖价在后。例如，上例中在纽约市场上英镑兑美元采用的是直接标价法，1.533 4 是买价，1.536 0

是卖价，买价在前卖价在后，其被报价货币就是英镑；而美元兑瑞士法郎的汇价则采用的是间接标价法，其被报价货币是美元，所以 1.078 1 是买价，1.079 8 是卖价，这是因为买卖价是针对银行而言的，而在外汇交易中银行总是要盈利的，总是希望低价买进、高价卖出。

（五）即期外汇交易的基本程序

在即期外汇交易中，交易各方一般要按照一定的程序来进行外汇买卖。外汇交易的基本程序包括：

1. 询价

当一家银行的外汇交易部门接到顾客的委托，要求代为买卖外汇，或银行自身要调整外汇头寸而买卖外汇时，交易员首先要通过电话或电传向其他银行进行询价，询价时通常要自报家门，以便对方作出交易对策。此外，询价时不要透露出自己是想买还是想卖，否则对方会抬价或压价。

2. 报价

当一家银行的外汇交易部门接到询价时，一般要求作出回答，即报价。报价是外汇交易的关键环节，因为报价合理与否关系到外汇买卖是否能成交。报价时银行要同时报出买价和卖价，并且通常只报出交易汇率的最后两位数，例如，美元兑瑞士法郎汇率为 1.256 5/1.257 5，银行只需报“65/75”。报价时必须遵守“一言为定”原则，只要询价方愿意按报价进行交易，报价行就要承担按此报价成交的责任，不得反悔或变更。

3. 成交

当报价行报出买卖价后，询价方要立即作出答复，是买进还是卖出，以及买或卖的货币金额。若不满意报价，询价方可回答“Thanks Nothing”，表示谢绝交易，此时报价便对双方无效。

4. 证实

在报价行作出交易承诺之后，通常是回答“Ok，Done”，交易双方还应将买卖的货币、汇率、金额、起息日期以及结算方法等交易细节再相互证实或确认一遍。

5. 交割

这是即期外汇交易的最后一个环节，即在双方交易员将交易的文字记录交给交易后台后，由后者根据交易要求指示其代理行将卖出的货币划入对方指定的银行账户。

下面以 A 银行在 2010 年 5 月 17 日与 B 银行通过路透交易系统办理一笔即期英镑/美元的交易为例，说明外汇即期交易的成交过程。

交易过程：	意义说明：
A：GBP 5 Mio	A（银行）询价：英镑兑美元，金额 500 万英镑
B：1.533 4/60	B（银行）报价：价格 GBP1＝ USD 1.533 4/60
A：My Risk	A 不满意 B 的报价，在此价格下不作交易，即此价格不再有效，A 可以在数秒之内再次向 B 询价
A：NOW PLS	A：请再次报价
B：1.534 5 Choice	B：以 1.534 5 的价格任选买或卖（一般而言，当报价银行报出 Choice 时，一定要做交易，不可以用价格不好作借口而不做）
A：Sell PLS	A：卖出英镑
My USD To A NY	我的美元请汇入 A（银行）的纽约账户

B：OK Done	B：好的，成交
At 1.534 5 We Buy GBP 5 Mio AGUSD	我方以 1.534 5 的价格买入 500 万英镑
Val May 20 2010 GBP to MY	请于 2010 年 5 月 20 日将英镑汇入 B（银行）伦敦的英镑账户
London TKS for Deal	谢谢惠顾
BIBI	再见

交易结束后，双方各自将上述交易对话的内容记录打印下来，作为交易的凭证。交易员可撕下打印内容并据此填写交易单，标明交易对手、买卖货币的金额、汇价、起息日、买卖货币的结算指示及签名。连同打印纸一齐交交易室主管检查无误后送交结算部门进行买卖交割。从上例可以看出，通过路透交易系统办理交易，询价、报价、成交和证实四个步骤都是在计算机网络上完成的，而第五步是在后台由清算部门完成的。

（六）即期外汇交易的应用

例 1：假定某日中国银行收到出口商 B 公司外汇收入 100 万美元，当天的外汇汇率：USD/CNY＝6.795 0/80，那么中国银行买入这笔美元，应付给出口商 B 公司多少人民币？

分析：

中国银行以 6.795 0 的汇率买入出口商的外汇，需支付人民币：

6.795 0×100 万＝679.50 万元

例 2：有一家公司手中有外汇需要进行交易，向 6 家外汇银行询问了报价，请你帮助决定应到哪一家银行卖出英镑？

A 银行：GBP/USD＝1.5 330～1.535 0

B 银行：GBP/USD＝1.5 338～1.535 8

C 银行：GBP/USD＝1.5 332～1.535 5

D 银行：GBP/USD＝1.5 331～1.535 1

E 银行：GBP/USD＝1.5 333～1.535 6

F 银行：GBP/USD＝1.5 330～1.535 2

分析：

公司希望高价将手中的英镑卖给银行，对银行来说这是一种买入英镑的行为，所以银行采用英镑的买入价（即前面一个汇率）来进行结算。比较六家银行的买入价，可以发现 B 银行的买入价（1.533 8）最高，故公司会找 B 银行卖出英镑。

二、远期外汇交易业务

（一）远期外汇交易的概念及目的

远期外汇交易（Forward Transaction），又称期汇交易，是指买卖双方成交后，并不立即办理交割，而是按照所签订的远期合同规定，在未来的约定日期办理交割的外汇交易。远期外汇交易的币种、价格、金额以及交割日都是事先在合约中确定下来的。

人们进行远期外汇交易的具体目的是多方面的，主要是为了套期保值和投机。套期保值（Hedging），是指卖出或买入金额相等于一笔外币资产或负债的外汇，使这笔外币资产或负债以本币表示的价值避免遭受汇率变动的影响；而投机（Speculation）则是指根据对汇率变动的预期，有意持有外汇的多头或空头，希望利用汇率变动来从中赚取利润。

（二）远期外汇交易的交割期限

远期外汇交易与即期外汇交易的主要区别是交割期限不同。凡在两个营业日以后交割的外汇交易均属于远期外汇交易。远期外汇交易的交割期限通常为 30 天、60 天和 90 天或 1 个月、2 个月、3 个月、6 个月等，大多不超过一年，这些都是标准远期，一般外汇市场的远期报价都是指标准远期。实际交易中也有非标准的远期，如某月某日或多少天后。1 年期以上的交易叫做超远期外汇交易，一般比较少。

远期外汇交易的有效交割日在大部分国家是按月计算的，很少按天计算。如果整月后的起息日不是有效营业日，则按惯例顺延到下一个营业日。不过，若这种顺延到月底仍不是营业日，则往回推算到最后一个营业日为有效日，即交割日。总之，本月到期的交割日顺延不能跨月到下个月。

（三）远期外汇汇率的报价

1. 完整汇率报价方式

它是指外汇银行直接报出远期汇率的一种方式，既可以采用直接标价法，也可以采用间接标价法。如某日东京外汇市场上美元兑日元的 1 个月远期汇率为 USD/JPY＝93.900～93.978；某日美国外汇市场上美元兑瑞士法郎的 3 个月远期汇率为 USD/CHF＝1.074 5～1.076 2。它的优点是可以使人们对远期汇率一目了然，缺点是不能显示远期汇率与即期汇率之间的关系。

2. 掉期率报价方式

它标出远期汇率与即期汇率之间的差额（即远期汇水），而不直接标出远期汇率的实际数额。这个差额用升水（Premium）、贴水（Discount）和平价（At Par）来表示。升水表示远期汇率高于即期汇率，或者说远期外汇比即期贵。贴水表示远期汇率低于即期汇率，或者说远期外汇比即期外汇便宜。平价表示远期汇率等于即期汇率。由于汇率的标价方法不同，计算远期汇率的规则也不同，具体公式如下：

在直接标价法下：远期外汇汇率＝即期汇率＋升水

远期外汇汇率＝即期汇率－贴水

在间接标价法下：远期外汇汇率＝即期汇率－升水

远期外汇汇率＝即期汇率＋贴水

例如：已知某日纽约外汇市场即期汇率 1 美元＝1.074 8 瑞士法郎，3 个月远期外汇贴水 0.012 0 瑞士法郎，则 3 个月远期汇率为 1 美元＝1.074 8＋0.012 0＝1.086 8 瑞士法郎。

但在实际的远期外汇业务中，远期汇水往往以汇价点表示，外汇银行会同时报出两个数字。汇价点又称为点数（Points），即汇率数字中小数点后的第四位数，每一个汇价点即万分之一。以汇价点表示远期汇水的规则如下：在直接标价法下，点数排列前大后小，表示外汇远期升水，相反前小后大则表示外汇远期贴水；在间接标价法下，点数前大后小，表示外汇远期贴水，相反前小后大则表示外汇远期升水。

例 3：某日法兰克福外汇市场：

	即期汇率	1 个月远期掉期率
EUR/CHF	1.450 2/43	28/56

某日巴黎外汇市场：

	即期汇率	1 个月远期掉期率
EUR/USD	1.169 0/22	68/49

分析：

利用点数表示时，在计算远期汇率的过程中，不论是在直接标价法下，还是在间接标价法下，如果点数排列为前大后小，则远期汇率等于即期汇率与汇水同边相减；如果点数排列为前小后大，则远期汇率等于即期汇率与汇水同边相加。因此，我们可以利用前面介绍点数法时提供的数据计算出 1 个月的远期汇率如下：

EUR/CHF＝(1.450 2＋0.002 8)～(1.454 3＋0.005 6)＝1.453 0/1.459 9

EUR/USD＝(1.169 0－0.006 8)～(1.162 2－0.004 9)＝1.162 2/1.157 3

（四）远期外汇交易的分类

根据交割日的确定方法，远期外汇交易可区分为固定交割日交易和选择交割日交易。

1. 固定交割日的远期外汇交易。

交易双方商定某一个确定的日期作为外汇买卖履行的交割日。这类交易的外汇交割日期既不能提前，也不能推迟。如 2010 年 1 月 1 日，甲银行与乙银行签订一份 3 个月期固定外汇交割日的远期外汇买卖合同。甲银行愿意以 1 美元兑换 0.749 5 欧元的汇率，卖出欧元，买进美元；乙银行也愿意以相同的汇率卖出美元，买进欧元，则交割日期为 2010 年 4 月 1 日。届时甲银行与乙银行必须按对方的要求在 2010 年 4 月 1 日将卖出的货币划入对方指定的账户，如果有一方延迟交割，则另一方可向其收取滞付息费。

2. 选择交割日的远期外汇交易

这种交易也称为择期交易，指外汇买卖双方在签订远期合同时，事先确定交易的货币、金额、汇价和期限，但交割可在这一期限内选择进行的一种远期外汇交易方式。在现实生活中，进出口商往往很难确定付款或收款的具体日期，在这种情况下进行固定日期的远期交易就会遇到困难，为了解决这一问题，就产生了择期交易。比如，一个将在贸易合同签订后第二个月收到出口货款，但不能确定具体日期的出口商，可与银行签订一个择期合同，择期在第二个月，则根据该合约该出口商必须在第二个月内将外汇卖给该银行，对于究竟在这一个月的哪一天交割，完全由他自己选择。

择期交易在交割日上对顾客较为有利但对银行不利，为此，银行在择期交易中使用的汇率是对顾客相对不利的汇率，总的说来，银行将选择从择期开始到结束期间最不利于顾客的汇率作为择期交易的汇率。

例 4：假定即期汇价：USD1＝EUR0.746 8/95

汇水：2 个月期：142/147

3 个月期：172/176

请替银行报出 2 个月至 3 个月的任选交割日的远期汇率。

分析：

计算第一个工作日交割的远期汇率，即 2 个月交割的远期汇率：

0.746 8＋0.014 2＝0.761 0

0.749 5＋0.014 7＝0.764 2

计算最后一个工作日交割的远期汇率，即 3 个月交割的远期汇率：

0.746 8＋0.017 2＝0.764 0

0.749 5＋0.017 6＝0.767 1

如果客户要求买入美元，卖出欧元，选择 3 个月交割；如果客户要求卖出美元，买入欧元，选择 2 个月交割。通常情况下当远期外汇升水时，银行卖出择期远期外汇使用的汇率最接近择期结束的汇率；若远期外汇贴水，则使用的汇率是最接近择期开始的汇率。但远期外汇升水时，银行买入择期远期外汇使用的汇率是最接近择期开始的汇率，若远期外汇贴水，则使用的汇率是最接近择期结束的汇率。

（五）远期外汇交易的基本程序

交易过程：	**意义说明：**
A：GBP 0.5 Mio	A：请问 GBP/USD 的即期价位，金额为 50 万英镑
B：GBP 1.892 0/25	B：GBP 的价位 1.892 0/25
A：Mine，Pls adjust to 1 Month	A：买入英镑，并请调整为 1 个月后的交割日
B：OK Done	B：好的，成交
Spot/1 Month 93/89	即期至 1 个月期的掉期率为 93/89
At 1.883 6 We sell	1 月期汇率为 1.883 6
GBP 0.5 Mio Val	我们出售 50 万英镑
June/22/2006 USD to	6 月 22 日为交割日
My NY	请将美元汇入我行纽约账户
A：OK All agreed，My	A：请将英镑汇入我的伦敦账户
GBP to My London	
Tks，BI	谢谢，再见
B：OK，BI and Tks	B：好的。再见，谢谢

（六）远期外汇交易的应用

1. 保值性远期外汇交易

保值性远期外汇交易主要是为避免汇率变动造成预期的外汇资产或负债的损失而进行的远期外汇交易。其做法是：卖出（或买入）金额等于所拥有（或所承担）的暴露性外汇资产（或外汇负债）的远期外汇，而且交割期限要与资产变现（或负债偿付）的日期相匹配。这类远期外汇交易的使用者主要是进出口商、国际投资者及外币借款者。

（1）进出口商和资金借贷者为避免商业或金融交易遭受汇率变动的风险而进行期汇买卖。在国际贸易中，为避免买卖合同签订到货款清算之间汇率出现变动可能带来的损失，进出口商在签订买卖合同时，就可向银行买入或卖出远期外汇。到支付或收进货款时，进出口商就可以按原先约定的汇率来办理交割。

例 5：一家美国进口商从英国进口一笔价值 5 万英镑、三个月后交货付款的商品。签约时的汇率为 GBP1＝USD1.500 0，英镑三个月远期汇率升水 10 个点，假设三个月后的即期汇率为 GBP1＝USD1.600 0。问：进口商应采取什么措施来尽量减小企业的外汇风险（不考虑交易费用）？

分析：

按签约时的汇率 GBP1＝USD1.500 0 计算，美国进口商需支付 7.5 万美元的货款。但三个月后，英镑价格为 GBP1＝USD1.600 0。若按此汇率计算，进口商就得支付 8 万美元，即因汇率变动而多支付 5 000 美元。为此，美国进口商应在签约时于外汇市场上购进三个月期的英镑期汇，三个月后履行购入英镑期汇的义务，将所获英镑用于支付货款，从而避免了英镑价格上升所带来的损失。而美国进口商为此所付出的代价仅是因英镑期汇升水而多支付的美元额（如果英镑期汇贴水，该进口商反而还少支付美元）。由于英镑三个月期汇升水 10 点（即远期汇率为 GBP1＝USD1.501 0），那么进口商花费 50 美元就达到避免 5 000 美元损失的目的。在此例中，由于美国进口商三个月后将拥有一笔外币负债，为此，他通过购买三个月远期期汇款来进行套期抵补，从而达到使这笔负债保值的目的。

(2) 外汇银行为平衡期汇头寸而进行期汇买卖。进出口商等顾客利用期汇交易，实际上是将汇率变动的风险转嫁给外汇银行。外汇银行的顾客在进行期汇交易时，同一种货币，同一种交割期限的买卖金额很难一致，出现有的货币多头，有的空头。这样汇率变动以后可能遭受损失的就是银行。银行为避免这种损失，就需要轧平各种货币、各种交割期限的期汇头寸，即将多头抛出，将空头补进。

例 6：某日在三个月期美元期汇的交易中，一家伦敦银行从顾客手中共买进 16 万美元，卖出 9 万美元，则这家银行应如何规避外汇风险？

分析：

伦敦银行从顾客手中共买进 16 万美元，卖出 9 万美元，则这家银行就拥有 7 万美元的三个月期美元期汇的多头。为避免三个月后美元跌价，导致该银行手中持有的美元贬值，则银行就应向其他外汇银行卖出 7 万美元的三个月期美元期汇，扎平头寸，以规避外汇风险。

2. 投机性远期外汇交易

投机性远期外汇交易是指根据汇率变动的预期，有意保持某种外汇的多头或空头，希望从汇率变动中赚取利润的行为。利用远期交易进行投机，投机者并不需要很多资金，因为签订远期合约时只需缴纳一定比例的保证金，故投机者可以“以小搏大”，可以炒作数倍于投机本金的外汇资金。

例 7：中国 A 公司预期欧元将由目前的USD1＝EUR0.755 2 上升到 30 天后的 USD1＝EUR0.748 0，当日外汇市场上 1 个月远期汇率为 USD1＝EUR0.752 2，于是便做了一笔 1 个月期 100 万欧元的买空业务。

分析：

如果 30 天后果真如 A 公司所料，欧元的汇率上升到 USD1＝EUR0.748 0，那么 A 公司执行远期外汇交易买入 100 万欧元时需支付：

100 万÷0.752 2＝132.94 万美元

然后将这笔欧元按 1 个月后的即期汇率（0.7480）卖出，可得：

100 万÷0.748 0＝133.69 万美元

由此可见，A 公司通过远期外汇交易净赚 0.75 万美元。

由上例可以看出，若远期合约交割日市场即期汇率果然上升，而且高于远期合约协定的汇率，投机者便可将交割的远期外汇转到现汇市场上出售，从而获取差价收益。该收益扣除用于交易的费用后，便是投机利润。当然，若市场汇率的变动与投机者的预期相反，投机者则会遭受损失。

三、掉期外汇交易业务

（一）掉期交易的概念及特点

1. 掉期交易的概念

掉期交易（Swap Transaction）是指人们同时进行不同交割期限同一笔外汇的两笔反向交易。也就是同时把一种货币的即期买进与远期卖出相结合，或者同时把一种货币的即期卖出与远期买进相结合，买入卖出是有意识地同时进行的。在掉期交易中，一种货币在被买入的同时，即被卖出，并且所买入的货币与卖出的货币在数量上总是相等的，不同的只是买和卖的货币交割期限不同，即交易者将手中的货币期限做了个掉换。

2. 掉期交易的特点

第一，掉期交易改变的不是交易者手中持有的外汇数额，只是交易者所持货币的期限；

第二，掉期交易中强调买入与卖出的同时性；

第三，掉期交易绝大部分是针对同一对手进行的。

（二）掉期交易的操作

目前掉期交易大致可分为三种形式的做法：

1. 即期对远期的掉期交易

即期对远期的掉期交易是指买进或卖出一笔现汇的同时，卖出或买进一笔期汇的掉期交易，是最常见的掉期交易，也是应用范围较广的一种掉期交易形式。远期外汇的交割期限可以是一周、一个月、两个月、三个月、六个月等。国际投资者的投资保值、进出口商远期交易的展期、外汇银行筹措外汇资金及调整外汇头寸等，都可以利用掉期交易。如瑞士某银行，因业务经营的需要，以瑞士法郎购买1亿欧元存放于巴黎6个月。为防止6个月后欧元汇率下跌，存放于巴黎的欧元不能换回原来数额的瑞士法郎，瑞士某银行利用掉期业务，在买进1亿欧元现汇的同时，卖出6个月欧元的期汇，从而转移在此期间欧元汇率下跌而承担的风险。

例8：已知伦敦外汇市场行情为：即期汇率 GBP/USD＝1.677 0/80，2个月掉期率20/10。一家美国投资公司需要10万英镑现汇进行投资，预期2个月后收回投资。该公司应如何运用掉期交易防范汇率风险？

分析：

该公司在买进10万即期英镑的同时，卖出一笔10万英镑的2个月期汇。2个月掉期率20/10，则2个月远期汇率为 GBP/USD＝1.675 0/70。买进10万即期英镑需付出167 800美元，而卖出10万英镑2个月期汇可收回167 500美元。进行此笔掉期交易，交易者只需承担与交易金额相比极其有限的掉期率差额共300美元（未考虑两种货币的利息因素），这样，以确定的较小代价保证预计的投资收益不因汇率风险而受损失。

2. 远期对远期的掉期交易

远期对远期的掉期交易是指对不同交割期限的远期外汇双方做货币、金额相同而方向相反的两个交易。这种掉期的原理与即期对远期相同，只是偶尔使用。如一家美国银行一个月后将有100 000EUR的支出，而三个月后又将有100 000EUR的收入。为此，银行做一笔一个月对三个月的掉期，即买入一个月的远期100 000EUR，同时卖出三个月的远期100 000 EUR。掉期除可为银行轧平外汇头寸提供方便外，还可作为外汇合约展期的方法，即当原来的购买外汇合约定得期限较短时，可将这笔外汇卖出，同时买入新的期限的外汇。同样，若原来出售外汇的合约定得期限较短，也可通过买入近期卖出远期的方法掉期延展外汇合约的期限。

例9：已知英国某银行在6个月后应向外支付500万美元，同时在1年后又将收到另一笔500万美元的收入。假设目前伦敦外汇市场行情为：即期汇率 GBP/USD＝1.677 0/80，1个月的掉期率为20/10，2个月的掉期率为30/20，3个月的掉期率为40/30，6个月的掉期率为40/30，12个月的掉期率为30/20。可见，英镑兑美元是贴水，其原因在于英国的利率高于美国。但是若预测英美两国的利率在6个月后将发生变化，届时英国的利率可能反过来低于美国，因此英镑兑美元会升水。那么，如何进行掉期交易以获利呢?

分析：

该银行可以做“6个月对12个月”的远期对远期掉期交易。

(1) 按“1英镑=1.673 0美元”的远期汇率水平购买6个月远期美元500万，需要2 988 643.1英镑。

(2) 按“1英镑=1.676 0美元”的远期汇率水平卖出12个月远期美元500万，可得到2 983 293.5英镑。

整个交易使该银行损失2 988 643.1−2 983 293.5=5 349.6英镑

当第6个月到期时，假定市场汇率果然因利率变化发生变动，此时外汇市场行情变为：即期汇率GBP/USD=1.670 0/10，6个月掉期率为100/200。

(3) 按“1英镑=1.671 0美元”的即期汇率将第一次交易（购买6个月远期美元500万）时付出的2 988 643.1英镑在即期市场上买回，为此需要4 994 022.6美元。

(4) 按“1英镑=1.680 0美元”的远期汇率卖出12个月远期美元500万得到的2 983 293.5英镑按6个月远期售出，可得到5 011 933.0美元。

这样一买一卖获利5 011 933.0−4 994 022.6=17 910.4美元，按当时的即期汇率1英镑=1.671 0美元折合为10 718.372英镑，如果除去第一次掉期交易时损失的5 349.6英镑，可以获利10 718.372−5 349.6=5 368.772英镑。

3. 即期对即期的掉期交易

亦称为“一日掉期”，即同时做两笔币种相同、金额相等、交割日相差1天、交易方向相反的即期外汇交易。这种形式的掉期交易的常见安排有：

(1) 今日对明日的掉期。即将第一笔即期交易的交割日安排在成交日的当天，将第二笔反向即期交易的交割日安排在成交后的第一个营业日。

(2) 明日对后日的交割。即将第一笔即期交易的交割日安排在成交后的第一个营业日，将第二笔反向即期交易的交割日安排在成交后的第二个营业日。

（三）外汇掉期交易的掉期率

掉期交易中，即期汇率的水平不是最重要的，最重要的是掉期率（Swap Rate or Swap Point）。掉期率就是掉期交易的价格，通常报价者对于掉期率的报价采用双向报价的方式。银行在报掉期率时用基本点（Point）来表示买入价和卖出价。买入价表示报价方愿意卖出即期基准货币及买入远期基准货币的报价，也表示询价者买入即期基准货币及卖出远期基准货币的报价；卖出价表示报价方愿意买入即期基准货币及卖出远期基准货币的报价，也表示询价者卖出即期基准货币及买入远期基准货币的报价。

一般，报价者只报掉期率，并不会指明是升水（Premium）或贴水（Discount），那么，如何判断升水还是贴水呢?

首先，若掉期率是按左小右大的顺序排列，则代表升水，即掉期率为正。从即期汇率中加上掉期率即为远期汇率。

其次，若掉期率是按左大右小的顺序排列，则代表贴水，即掉期率为负。从即期汇率中减去掉期率即为远期汇率。

如，即期汇率USD/EUR=0.961 0/20，3个月掉期率为55/44。掉期率是按左大右小的顺序排列，代表贴水。故3个月远期汇率为0.955 5/66。

四、套汇业务

（一）套汇的概念与特点

1. 套汇的概念

套汇（Arbitrage Transaction）是指套汇者利用同一货币在不同的外汇市场、不同的交割时间上的汇率差异而进行的外汇买卖。在各个不同的外汇市场上，因外汇供求或其他关系的变动，会使不同的货币汇率在信息交流不够充分的情况下出现短暂的差异。套汇者就利用这个短暂的外汇差异，在汇率较低的市场上买进一种货币，然后在汇率较高的市场上卖出该种货币，从中获取差价利益，套汇就由此产生了。在西方国家，套汇交易是外汇投机的方式之一，具有强烈的投机性。

2. 套汇交易的特点

在西方国家，大商业银行是最大的套汇投机者，他们在海外广设分支机构和代理行，消息灵通，资金雄厚，套汇便捷。20 世纪 80 年代以来，攫取了惊人的利润。套汇交易的主要特点有：第一，数量大；第二，由于时间短暂，必须用电汇进行。

（二）套汇交易的条件

一般来说，要进行套汇必须具备以下三个条件：1）不同外汇市场存在汇率差价；2）必须拥有一定数量的资金，且主要外汇市场拥有分支机构或代理行；3）套汇者必须具备一定的技术和经验，能够判断各外汇的汇率变动及其趋势，并根据预测采取行动。

（三）套汇交易的操作

套汇交易一般可分为时间套汇和地点套汇两种。时间套汇（Time Arbitrage）是指套汇者利用不同交割期限所造成的汇率差异，在买入或卖出即期外汇的同时，卖出或买入远期外汇；或者在买入或卖出远期外汇的同时，卖出或买入期限不同的远期外汇借此获取时间收益，以获得盈利的套汇方式。它常被称为防止汇率风险的保值手段。可见，时间套汇实质上与掉期交易相同，不同的只是时间套汇侧重于交易的动机，而掉期交易侧重于交易的方法。地点套汇（Space Arbitrage）是指套汇者利用不同外汇市场之间的汇率差异，同时在不同的地点进行外汇买卖，以赚取汇率差额的一种套汇方式。地点套汇的形式可分为直接套汇和间接套汇两种。

1. 直接套汇

直接套汇（Direct Arbitrage）也称为两地套汇或两角套汇，是利用两个不同地点的外汇市场上某些货币间的汇率差异，同时在这两个市场上买卖同一种货币，以赚取汇率差额的一种套汇交易。其交易准则是：在汇率较低的市场买进，同时在汇率较高的市场卖出，亦称“贱买贵卖”。

例 10：某日，纽约外汇市场，USD1＝EUR0.753 2～0.754 8；同时伦敦外汇市场 USD1＝EUR0.756 6～0.760 0。若套汇者手中持有 100 万美元，应如何套汇获利？

分析：

（1）套汇者从伦敦市场卖出 100 万美元，买入 100 万×0.756 6＝75.66 万欧元

（2）在纽约市场出售 75.66 万欧元，买入 75.66 万÷0.754 8＝100.24 万美元

（3）套汇者可获利 0.24 万美元。

直到两市场汇差消失，套汇活动才会停止。但是，套汇能否进行，还要考虑套汇成本，

包括电传、佣金等套汇费用。如果套汇成本太高或接近套汇利润，则收利微小或无利可图，也就没有必要进行套汇交易。

2. 间接套汇

间接套汇（Indirect Arbitrage）也称为三地套汇、三角套汇或多角套汇，是指在三地及三地以上转移资金，即利用三个或三个以上不同地点的外汇市场中三种或多种货币之间交叉汇率的差价，同时在这三个或多个外汇市场上进行套汇买卖，以赚取汇率差价额的一种套汇交易。常见的是三地套汇，这得一种较为复杂的套汇形式。

例 11：某一时刻在香港外汇市场上 USD1＝HKD7.822 3～7.851 4，在纽约外汇市场上 GBP1＝USD1.732 0～1.738 7，在伦敦外汇市场上 GBP1＝HKD13.814 6～13.921 1。利用这三个外汇市场的行市，能否进行套汇?

分析：

这首先要看这三个外汇市场上是否存在汇率差异，如果存在汇率差异，就存在套汇的机会。而三个市场是否存在汇率差异，难以直接看出来，这就需要进行判断。判断三角（多角）套汇是否有利可套，可先把几个市场汇率折算成同一标价法（直接或间接），再把基础货币单位折成 1，最后三个或多个汇率值相乘，如不等于 1（大于 1 或小于 1）则存在汇率差异，如等于 1 则不存在汇率差异。

$$1\times(1\div7.851\ 4)\times(1\div1.738\ 7)\times13.814\ 6=1.011\ 967\ 481$$

连乘算式的结果大于 1，说明可以套汇获利，而且表明买卖顺序是有利可图的。如果用 10 000 000 港元来套汇，应先以 USD1＝HKD7.851 4 在香港市场卖出港元收进美元，再以 GBP1＝USD1.738 7 在纽约市场卖出美元收进英镑，最后以 GBP1＝HKD13.814 6 在伦敦外汇市场上卖出英镑收进港元，可以收进 10 119 674.81（10 000 000×1.011 967 481）港元，获利 119 674.81 港元（未考虑套汇费用）。

如果上例中连乘算式的结果小于 1，表明先从香港市场卖港元有误，而应该转为先从伦敦市场开始卖港元换英镑，再在纽约市场卖英镑换美元，最后在香港市场卖美元换港元，这样仍可获利。

（四）对套汇的认识

(1) 套汇交易涉及一些成本，包括获得信息的费用以及电报费、电传费、付给经纪人的佣金、某种货币买入或卖出的差价等交易费用。因此，套汇的净利取决于汇率差异和套汇成本两个因素。

(2) 套汇活动是市场不均衡的产物，它使得套汇者能赚到毫无风险的利润；但与此同时，套汇交易的进行又能将市场重新推回均衡，因为在低价市场的大量买进会使该市场的价格上升，而在高价市场的大量抛出又会形成使市场价格下跌的压力，从而使同一种货币汇率在全世界范围内趋向一致。然而，套汇活动并非一直进行到各外汇市场报出的汇率完全一致为止。实际上，当各市场之间的汇差等于套汇成本时，就不会再有套汇交易发生。

(3) 成功的套汇要求套汇者能及时发现货币汇率的差异并能迅速采取行动。由于大的商业银行在海外都设有分支机构或代理行，它们信息灵通，交易方便，因此一直是外汇市场上的主要套汇者。另外，银行的资金实力雄厚，从事套汇交易能获得规模经济效益。

(4) 随着科学技术的发展，银行的通信手段也日益现代化，各外汇市场之间的联系更加紧密，因此，在不同市场之间出现货币汇率差异的机会日趋减少；另外，由于各家银行的交易员都密切注视着工作台上的电脑屏幕，一旦出现汇率差异，就会有许多家银行同时进行大规模的套汇交易以赚取无风险的利润。因此，套汇的机会即使偶然出现，其存在的时间也是非常短暂的。

(5) 不同的国际金融中心处于不同的时区，因此，只有比较营业时间重叠的外汇市场的报价才是有意义的。

五、套利业务

(一) 套利交易的概念

套利 (Interest Arbitrage)，又称利息套汇或时间套汇，是指在两国短期利率出现差异的情况下，将资金从低利率的国家调到高利率的国家，赚取利息差额的行为。由于在套利活动中往往涉及货币的交易，因此将其视为因转移资金而派生出来的一种外汇交易。与套汇相比，套利较为复杂，有即期交易、远期交易，还涉及两地的利息率。

(二) 套利交易的操作

套利交易可以分为非抵补套利和抵补套利两种。

1. 非抵补套利

非抵补套利 (Uncovered Interest Arbitrage) 是指单纯把资金从利率低的货币市场转向利率高的货币市场，从中谋取利率差额收入，而对所面临的汇率风险不加以抵补。

例 12：假设美国的短期利率为 9%，英国为 7%，即期汇率为 GBP1＝USD1.980 0。则套利者应如何操作?

分析：

若英国一套利者将 1 000 万英镑存入伦敦银行，6 个月可获本利 1 035 万英镑，如果在汇率为 GBP1＝USD1.980 0 的情况下，他把英镑换成美元投资于美国货币市场，则 6 个月后本利共计 2 069.1 (198＋198×9%×6/12) 万美元，合 1 045 (2 069.1/1.98) 万英镑，如果 6 个月后英镑对美元汇率没有变动，则套利者可以比在伦敦多赚 10 (1 045－1 035) 万英镑，即多赚了 2%的利率收益。但若 6 个月后英镑升值 2.5%，即 GBP1＝USD2.029 5，则存于美国的 2 069.1 万美元，仅能换回 1 019.5 (2 069.1/2.029 5) 英镑，比在英国存款还亏损 15.5 (1 035－1 019.5) 万英镑。可见，高利率货币的贬值对非抵补套利影响极大。

非抵补套利建立在对汇率预期的基础之上，其成败取决于交易者对汇率预测的准确程度。其做法依预测结果而定：如果预测即期汇率不变，那么就应该将资金从利率低的国家调往利率高的国家；如果两国利率相等，则应将资金从预期汇率下降的国家调往汇率将上升的国家；如果两国间利率差大于高利率货币的预期贬值幅度，那么应该将资金从利率低的国家调往利率高的国家；如果利率差小于高利率货币预期贬值幅度，则应将资金从利率高的国家调往利率低的国家；如果利率差与高利率货币预期的贬值幅度相等，则说明不可进行套利交易，因为此时利率差所得将会被汇率差抵消。由于汇率的预测结果不一定与实际吻合，因此非抵补套利实际上是一种投机行为。

2. 抵补套利

抵补套利 (Covered Interest Arbitrage) 是指套利者把资金从低利率国调往高利率国的同时，在外汇市场上卖出高利率货币的远期，以避免汇率风险。这实际上是将远期和套利交易结合起来。从外汇买卖的形式看，抵补套利交易是一种掉期交易。比如，纽约金融市场利率为年率 11%，伦敦金融市场利率为年率 13%，两地利差为 2%，单纯从利息收入考虑，如果将美元换成英镑存入伦敦银行，就可赚取2%的净利息收入。但实际上，在将美元换成英镑做短期投放生息期间，英镑汇率很可能下跌，当投资到期后把资金调回美国时，将英镑兑换成美元的数额就会减少，套利者会遭受损失。所以，套利者在将美元兑成英镑的同时，再卖出远期英镑，以策安全。套利者买进即期英镑，卖出远期英镑，会促使即期英镑上涨，远期英镑贴水，如果远期英镑贴水接近两地之间2%的利差，则套利将无利可图。因此，套利的先决条件是两地利差大于年贴水率或小于年升水率。

例13：在某一时期，美国金融市场上的三个月定期存款利率为年率12%，英国金融市场上的三个月定期存款利率为年率8%。已知即期汇率GBP1＝USD2.000 0。套利者应如何操作？

分析：

在这种情况下，资金就会从英国流向美国，谋取高利。英国的投资者可以年率8%的利率借入资金，购买美元现汇，存入美国银行，作三个月的短期投资。这样，他就可以获得年率4%的利差收益。如果资金总额为10万英镑，该投资者就可以通过套利净获利润100 000×4%×3/12＝1 000英镑。但是，这是在假定美元与英镑之间的汇率在这三个月内保持不变的前提下的结果。

三个月以后，如果美元汇率下降，不仅可能使英国投资者无利可图，甚至还可能收不到原投资数额的英镑而遭受亏损。即期汇率为GBP1＝USD2.000 0，假定三个月后美元汇率下降到GBP1＝USD2.100 0，那么，三个月后投资者可收进投资本息100 000×2.000 0（1＋12%×3/12）＝206 000美元，按GBP1＝USD2.100 0折算约为98 095英镑。扣除成本额100 000×(1＋8%×3/12）＝102 000英镑，投资者反而亏损3 905英镑。

当然，三个月后，美元汇率也有可能上升，由此，英国投资者在获得利差收益的同时，还获得一笔汇率差价收益。若三个月后美元汇率上升为GBP1＝USD1.950 0，英国投资者收进的美元投资本息206 000美元就可以兑换成105 641英镑。扣除成本102 000英镑后，净得收益额3 641英镑，其中的2 641英镑为汇率差价收益。因此，纯粹的套利行为具有外汇投机的性质，为现汇投机的主要形式。

假设在上例中，三个月的美元期汇贴水10点，也就是期汇汇率为GBP1＝USD2.001 0，那么，英国投资者在买入美元现汇存入美国银行的同时，卖出三个月期的美元期汇，不论以后美元汇率如何变动，他都可以确保赚取一定的利差收益。三个月后，他将投资收进的本息额206 000美元，按GBP1＝USD2.001 0换回102 949英镑，扣除成本102 000英镑，仍可净赚949英镑。

（三）对套利交易的认识

（1）套利活动的进行须以有关国家对货币的兑换和资金的转移不加任何限制为前提，也就是说在实施外汇管制和金融管制的国家之间不会发生套利交易。

（2）两国货币市场存在利率的差异（两国货币市场上利率的差异，是就同一性质或同一种类金融工具的名义利率而言，否则不具有可比性）。

（3）套利活动涉及的投资是短期性质的，期限一般都不超过一年。

（4）抵补套利能使投资者获取毫无风险的利润，它是市场不均衡的产物，然而随着抛补套利活动的不断进行，货币市场与外汇市场之间的均衡关系又会重新得到恢复。

（5）抵补套利也涉及一些交易成本，如佣金、手续费、管理费、杂费等，因此，不必等到利差与远期升贴水率完全一致，抵补套利也就会停止。

(6) 国内外的金融资产不可能完全替代。去国外投资可能存在政治风险、国家风险。在这种情况下，即使外国的利率水平高，人们也不一定将资金转移到国外。

六、外汇期货交易业务

（一）外汇期货交易的含义

外汇期货交易（Foreign Exchange Futures）是指买卖双方在期货交易所以公开喊价方式成交后，承诺在未来某一特定日期，以当前所约定的汇率交付某种特定数量的外汇。其交易的原理是：买进现货的亏损由卖出期货合约的盈利来弥补；买进现货的盈利由卖出期货合约的亏损来冲销，反之亦然，以此达到外汇保值和防范风险。如果没有现货交易基础，单纯的期货交易则有可能亏损也有可能盈利，为一种投机行为。

例 14：一美国商人向英国某公司出口汽车，双方约定 3 个月后支付 100 万英镑。为了防止英镑贬值带来的不利影响，他进行了卖出套期保值业务。过程如表 6—5 所示：

表 6—5　　套期保值操作

日　期	现汇市场	期货市场
3 月 1 日	即期汇率 1 英镑＝1.425 0 美元，出售 100 万英镑理论上可获得 142.50 万美元	卖出 16 份英镑合约（62 500 英镑/份），期货成交价为 1 英镑＝1.421 0 美元，收入 142.10 万美元
6 月 1 日	即期汇率 1 英镑＝1.412 0 美元，实际卖出 100 万英镑理论上可获得 141.20 万美元	买入 16 份英镑合约（62 500 英镑/份），期货成交价为 1 英镑＝1.414 0 美元，支出 141.40 万美元

在现货市场上该商人理论上亏损 1.30 万美元，在期货市场上盈利 0.70 万美元，虽然期货市场上的盈利不能完全弥补现汇市场上的理论亏损，但仍起到了减少损失的保值作用。

（二）外汇期货交易的特点

1. 期货合同金额标准化

外汇期货交易所买卖的对象并不是外汇本身，而是期货合同。对于能够进行期货交易的每种货币而言，其合同金额都是标准化的。如芝加哥国际货币市场（International Monetary Market，IMM）规定英镑期货合约的面额是 62 500 英镑，那么在 IMM 做英镑期货交易的金额必须是 62 500 的整数倍，即要买进或卖出若干份的英镑期货合约。

2. 交割日期固定化

外汇期货合同的交割日期都是固定的。例如，伦敦国际金融期货交易所规定的期货合同的交割月份为 3、6、9 和 12 月份。芝加哥国际货币市场除了上述外，也有少量的货币期货合同的交割月份为 1、4、10 月份。至于交割日期，伦敦国际金融期货交易所为合同交割月份中第二个星期的星期三；而芝加哥国际货币交易所为合同交割月份中第三个星期的星期三。

3. 公开喊价，竞价成交

交易方式采取在交易所内公开喊价（Out Cry），竞价成交，同时场上的价格又随时公开报道，进行交易的人可以根据场上价格的变化，随时调整他们的要价、出价。

4. 外汇期货市场实行会员制

外汇期货市场实行会员制，只有会员单位才可以在交易所内从事期货交易。而非会员只能通过会员单位代理买卖。由于期货交易只限于会员之间，而交易所会员同时又是清算所的成员，都交纳了一定的保证金，因而交易的风险很小。

5. 买卖双方都以清算所为成交对方

期货交易的买方和卖方都以交易所下属的清算所为成交对方。也就是说，清算所既充当期货合同购买方的卖方，又充当期货合同出售方的买方，因此，买卖双方无须知道对手是谁，也不必考虑对方的资信如何。

6. 期货交易实行保证金制度

保证金制度是期货交易的最大特色之一，它是交易者通过经纪人付给清算所一笔资金，以确保交易者有能力支付手续费和可能的亏损。保证金的多少因交易货币、市场不同而有所差异，即使同一市场、同一货币也会因市场变化情况而有所改变；具体由清算所和交易所共同决定，一般为合约总值的5%～15%。保证金一般要求以现金形式存入清算所账户。

（三）外汇期货交易与远期外汇交易的区别

1. 交易场所方面

外汇期货交易是在有形市场即期货交易所进行的，有特定的交易规则；而远期外汇交易没有固定的交易场所，在无形市场上，交易双方通过电话等通信工具交换意见从而达成交易。

2. 合同标准化程度方面

外汇期货合约是标准化合同，合同金额、币种、交割时间、地点等均已确定，特别是金额方面交易者只能购买整数倍的合约，不能出现零头；而远期外汇合约的金额则没有限制，由交易双方随意约定。

3. 交割方面

绝大部分外汇期货交易都是在合约到期前利用一笔相反的交易“对冲”掉，只有1%～2%的合约实现到期交割，而且，其交割日每年也只有几次；远期外汇交易则可以选定在交易双方约定的任何一个营业日交割，而且，除不履行合约外，一般都实行实际的交割。

4. 结算方面

外汇期货交易执行“每日清算”。外汇期货市场有专门的清算机构（清算所或清算公司），若出现倒债情况，清算公司成为其债务人，另一方不受影响，不必考虑对方信用问题；而远期外汇交易则直接与交易对方结算。

5. 保证金方面

外汇期货交易的参与者需交纳合约金额的10%左右的履行保证金，如果违约，则没收保证金；而远期外汇交易一般不需要交纳保证金，完全依靠双方的信誉履约。

（四）外汇期货交易的流程

从一般交易者的角度来看，外汇期货交易的流程大致可分为以下四步：

1. 选择经纪商，开立保证金账户

外汇期货交易是在指定的交易所内进行的，而一般客户不能进入交易所进行交易，所以要进行外汇期货交易，交易者必须通过外汇期货经纪商。由于不同期货经纪商的经营条件存在一定的差异，因此交易者需要根据自己的意愿选择好经纪商。

在选定经纪商后，交易者需要在经纪商处开立保证金账户，并根据交易规模向经纪商缴纳一笔保证金，通常称为“初始保证金”。

2. 下达定单，委托买卖

定单亦称委托单，即交易指令，是交易者客户下达给经纪商，代其进行外汇期货买卖的指令。客户填写委托单时，要注意说明以下内容：交易地点、交易方向（买或卖）、交易币种、交易数量、交割月份、价格种类、有效期限。

3. 经纪商执行交易指令

经纪商接到客户下达的交易指令后，立即通过电话或电传等现代化通信设施将交易指令的具体内容传达给本公司派驻在交易所内的“出市代表”，亦称为“候机人”。“候机人”接到交易指令后随即填写定单，并加盖时间戳记，然后将定单交给“跑手”送给交易圈内的场内交易员。

场内交易员接单后，按照“价格优先、时间优先”的原则进行竞价成交，成交后将成交价格及数量记录在定单上，然后将成交单交“跑手”，并将成交价报告“黄马甲”。若出现新的成交价，“黄马甲”需将最新价格输进交易所的行情报价系统，通过大屏幕显示出来，以随时报告场内的最新交易价格。

4. 交易登记和每日清算

“跑手”接成交单后，速将成交单交“候机人”。“候机人”一方面通知经纪商指令成交，经纪商登记后，根据交易情况对客户保证金账户进行每日清算；另一方面通知清算所，由清算所对其会员的每一笔交易进行登记，并作每日清算。

（五）外汇期货交易的应用

与远期外汇交易一样，外汇期货交易也主要是用于保值和投机。

1. 外汇期货的套期保值

所谓套期保值，是指利用期货交易来降低或减少现货市场价格波动风险的一种经济活动。利用外汇期货交易进行套期保值，主要是根据外汇期货价格与现汇价格变动方向一致的特点，通过在外汇期货市场和现汇市场的反向买卖，以达到对所持有的外汇债权或外汇债务进行保值的目的。

例 15：假设 5 月 5 日美国某公司出口了一批商品，2 个月后可收到 500 000 瑞士法郎。为防止 2 个月后瑞士法郎贬值，公司决定利用瑞士法郎期货（每份合约 125 000 瑞士法郎）进行套期保值。瑞士法郎的即期汇率和期货价格以及具体操作见表 6—6。

分析：

表 6—6　　套期保值操作

现汇市场	外汇期货市场
5 月 5 日 预收 500 000 瑞士法郎 汇率：1 美元＝1.254 0 瑞士法郎 折合美元：500 000÷1.254 0＝398 724 美元	5 月 5 日 卖出 4 份 7 月份的瑞士法郎期货 价格：1 瑞士法郎＝0.797 0 美元 价值：125 000×4×0.797 0＝398 500 美元
7 月 5 日 卖出 500 000 瑞士法郎现汇 汇率：1 美元＝1.290 0 瑞士法郎 折合美元：500 000÷1.290 0＝387 597 美元	7 月 5 日 买进 4 份 9 月份的瑞士法郎期货 价格：1 瑞士法郎＝0.776 0 美元 价值：125 000×4×0.776 0＝388 000 美元
损失：387 597－398 724＝－11 127 美元	盈利：398 500－388 000＝10 500 美元

从上例可以看出，由于 2 个月后瑞士法郎出现贬值，从而使美国公司 500 000 瑞士法郎现汇少收入 11 127 美元，但在期货市场上的空头套期保值却使该公司盈利了 10 500 美元，从而抵消了现汇市场上的大部分损失。当然，如果 2 个月后瑞士法郎汇率出现上升，该公司

在期货市场上会受损，但在现汇市场上却可以多收美元。

2. 外汇期货的投机

与套期保值者不同的是，投机者没有实际持有外币债权或债务，而是纯粹根据自己对外汇期货行情变动的预测，通过在期货市场上的低买或高卖来赚取差价利润。

例 16：假设 6 月初某投机者预测 3 个月后日元对美元的汇率将出现下跌，于是卖出 10 份 9 月份日元期货（每份合约金额为 12 500 000 日元），支付保证金 15 000 美元，合约价格为 1 日元＝0.009 416 美元。3 个月后日元出现下跌，该投机者以 1 日元＝0.009 158 美元的价格买进 10 份 9 月份日元期货。试分别计算该投机者的投机利润。

分析：

6 月初投机者卖出 10 份 9 月份日元期货，总价值：

12 500 000×10×0.941 6＝1 177 000 美元

8 月初投机者买进 10 份 9 月份日元期货，总价值：

12 500 000×10×0.009 158＝1 144 750 美元

投机利润：1 177 000－1 144 750＝32 250 美元

七、外汇期权交易业务

（一）外汇期权交易的含义及形式

1. 外汇期权交易的含义

外汇期权交易（Foreign Exchange Option Transaction），又叫外币期权交易，是指期权合约的购买者在合约期满日或此前按照事先约定的价格购买或出售约定数额某种外汇资产的活动。外汇期权交易是在外汇期货交易基础上发展起来的，期货交易和远期交易在合同到期时都必须履行合同，期权是期权合同持有人具有执行与不执行期权合同的选择权利，即在一特定时间按一定汇价买进或不买进，卖出或不卖出一定数量外汇的权利，而并非义务。这种交易更具有优越性，因而发展很迅速。在外汇期权交易中，合约的买方为了得到这个购买或卖出的权利而向合约的卖方支付的保险费用称为期权价格，或权利金、期权费。期权价格在外汇市场上公布。

2. 外汇期权合约

外汇期权交易可以在交易所内进行，也可以在交易所外进行。但在交易所内进行的外汇期权交易中，外汇期权合约必须是标准化的。外汇期权合约的标准化主要体现在：

（1）交易币种。交易币种由各交易所规定，不在规定之列的币种不能在交易所内进行期权交易，而只能做场外交易。

（2）交易数量。每个币种的期权合约都有规定的面额，交易量必须是合约面额的整数倍。多数交易所的外汇期权合约的面额与外汇期货合约的面额是一致的。

（3）协定价格。协定价格亦称履约价格，是期权合约中规定交易双方未来行使期权时买卖外汇的交割价格，一般用美元表示。各交易所要规定标准化的协定价格及价格档次。

（4）到期月份。多数交易所都按照 IMM 的外汇期货合约的交割月份来确定外汇期权合约的到期月份，通常为 3 月、6 月、9 月、12 月。

（5）到期日。即最后交易日，指期权买方有权履约的最后一天。各交易所对此都有明确的规定。如 IMM 规定为到期月份的第 3 个星期一、伦敦国际金融期货期权交易（LIFFE）

规定为到期月份的第 2 个星期五。

（二）外汇期权交易的类型

1. 按外汇交易的买卖权划分为看涨期权和看跌期权

看涨期权，又称为买方期权，即买权持有者获得在一定期限以约定的价格买入一种预期升值的货币而卖出另一种货币的权利。

看跌期权，又称为卖方期权，即卖权获得者获得在一定期限以约定的价格卖出某种预期下跌的货币而买入另一种货币的权利。

2. 按行使期权的有效时间划分为欧式期权和美式期权

欧式期权是指一般情况下，期权的买方（或卖方）只能在期权到期日当天的纽约时间上午 9 时 30 分以前，向对方宣布，决定执行或不执行购买（或出卖）的期权合约。

美式期权是期权的买方（或卖方）可在期权到期日前的任何一个工作日的纽约时间上午 9 时 30 分以前，向对方宣布，决定执行或不执行购买（或出卖）的期权合约。美式期权较欧式期权更为灵活，故其保险费高。

（三）外汇期权交易的代价

外汇期权交易的代价为权利金，即期权价格。通常期权费的表示有两种方法：

一是以协定价格的百分比表示。例如协定价格为 GBP1＝USD1.700 的英镑期权，期权费为协定价格的 2%，则 1 英镑的期权费为 0.034 美元。

二是直接以美元金额表示。例如协定价格为 CHF1＝USD0.780 0 的瑞士法郎期权，1 瑞士法郎的期权费为 0.05 美元。

（四）外汇期权交易的优点及不足

1. 外汇期权交易的优点

外汇期权交易的优点主要体现在：

第一，具有执行合约与不执行合约的选择权，灵活性强。

第二，保值和投机，损失不超过保险费，而盈利则可无限大。期权有美式期权与欧式期权，美式期权可在合同到期日前任何一个日期执行，灵活性大，价格较贵。在期权市场还有一种双向期权，能获得某种货币的买入权利又取得该种货币的卖出权利，无论价格如何波动，投机者均坐收渔利，当汇率不变时，投机者损失为最大，即期权费。

2. 外汇期权交易的不足

外汇期权交易虽然灵活性较大，但存在一定的不足之处。表现在：

第一，经营的机构少。发达国家除少数大银行、大财务公司经营外，一般中小银行尚未开展此项业务，普及面不够广泛。期权市场有待于进一步充实扩大。

第二，期权买卖的币种及金额有时存在一定的限制。有些国家的外汇市场，买卖期权的币种只限于美元、英镑、日元、瑞士法郎和加元等；每笔期权交易的总额限于 500 万美元。

第三，期限较短。一般期权合约的有效期以半年居多，期限较短。

（五）外汇期权的应用

例 17：美国 A 公司 6 月上旬向英国出口了一批商品，125 000 英镑的货款要等到 3 个月以后才能收到。因担心 3 个月后英镑对美元的汇率出现下跌而减少美元创汇收入，公司便在 IMM 买进 2 份 9 月份英镑看跌期权。已知：6 月上旬市场即期汇率为 1 英镑＝1.882 5美元，9 月份英镑看跌期权协定价格为 1 英镑＝1.883 0 美元，期权费为 1 英镑＝0.02 美元。问：

(1) 假设3个月后市场即期汇率为1英镑=1.864 0美元，公司可收入多少美元？(2) 假设3个月后市场即期汇率为1英镑=1.898 0美元，公司可收入多少美元？

分析：

(1) 在1英镑=1.864 0美元时，公司执行看跌期权，按1英镑=1.883 0美元的协定价格出售125 000英镑。

收入美元：125 000×1.883 0=235 375美元

支付期权费：125 000×0.02=2 500美元

美元净收入：235 375−2 500=232 875美元

(2) 在1英镑=1.898 0美元时，公司放弃看跌期权，将125 000英镑在市场上进行出售。

收入美元：125 000×1.898 0=237 250美元

损失期权费：125 000×0.02=2 500美元

美元净收入：237 250−2 500=234 750美元

【典型业务分析】

美国Tektronix有限公司（简称Tek）持有一张六个月后由德国西门子公司付款的远期汇票，金额为1 000 000欧元。为了规避汇率风险，Tek需要选择一种工具来套期保值。现有花旗银行的以下报价：

即期汇率：USD/EUR=0.755 3

六个月远期汇率：USD/EUR=0.761 0

欧元年利率：1.125 0%

美元年利率：2.000 0%

六个月的欧元期权价格：USD/EUR=0.759 0

期权费为USD0.007 0/EUR

分析：

1. 如果Tek公司不保值，则六个月后Tek就可以当时的即期汇率将欧元兑换成美元。由于汇率是不确定的，这样做公司承担的风险极大。

2. 如果Tek公司使用远期合约保值，则Tek将1 000 000欧元在远期市场上出售，则将汇率锁定为USD/EUR=0.761 0，即到期时的收入为：1 000 000÷0.761 0=1 314 060.45美元。

3. 如果Tek公司通过货币市场保值，将汇票拿到欧洲货币市场上贴现，则可得到：

1 000 000×（1−1.125 0%×180÷360)］=994 375欧元

再兑换成美元，即为：994 375÷0.755 3=1 316 529.86美元。

4. 如果Tek公司使用期权保值，则最大风险为：

1 000 000×0.007=7 000美元

盈亏平衡点：0.759 0+0.007 0=0.766 0

(1) 如果180天后的即期汇率低于USD/EUR<0.759 0，则Tek将放弃行使权利，因为它可以直接在现汇市场以高于期权价格的市价卖出欧元，其损失是已支付的期权费：每欧元0.007美元。

(2) 如果180天后的即期汇率低于USD/EUR=0.759 0，则Tek无论行使权力与否都净损失期权费 7 000 美元。

(3) 如果 180 天后 0.759 0<即期汇率<0.766 0，则 Tek 行使权力，但加上支付的期权费，总体仍有亏损。

(4) 如果 180 天后的即期汇率 USD/EUR=0.759 0，则 Tek 行使权力，此时不盈不亏。

(5) 如果 180 天后的即期汇率 USD/EUR>0.759 0，则 Tek 行使权力，且可获得盈利。

由此可得出如下结论：

(1) 如果 Tek 只考虑安全性，而不考虑收益，则应通过货币市场来为这 1 000 000 欧元保值，因为 Tek 可提前收汇，消除了汇率的波动风险。

(2) 如果 Tek 愿意接受合理的风险，且预期六个月后欧元将相对于美元贬值，则应通过远期合约锁定汇率来规避风险。

(3) 如果 Tek 无法明确判断 6 个月后汇率的走势，则应通过买入欧元期权来规避汇率风险。价格的选取取决于 Tek 可接受的最低收益。

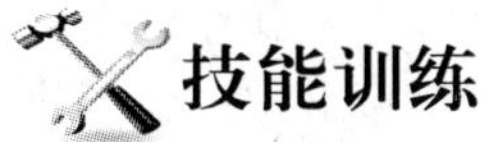

技能训练

1. 资料背景：

下列银行报出了 EUR/USD 和 USD/JPY 的汇率，假设你想卖出 EUR，买进 JPY。

银行	EUR/USD	USD/JPY
A	1.456 0/70	125.50/80
B	1.456 3/73	125.50/75
C	1.455 8/70	125.45/65
D	1.456 5/75	125.55/90
E	1.456 1/75	125.60/90

[训练要求]

(1) 你向哪家银行卖出 EUR，买进 USD?

(2) 你向哪家银行卖出 USD，买进 JPY?

2. 资料背景：

2010 年 1 月中旬外汇市场行情为：

即期汇率 USD/JPY=116.40/50

3 个月的远期汇率 USD/JPY=115.45/70

美国进口商签订从日本进口价值 1 000 万日元仪器的协议，3 个月后支付日元。该进口商预测 3 个月后 USD/JPY 即期汇率水平将贬值到 USD/JPY=115.00/10。

[训练要求]

(1) 若美进口商现在就支付 1 000 万日元需要多少美元?

(2) 若美进口商现在不付日元，也不采取避免汇率变动风险的保值措施，而是延后 3 个月用美元购买 1 000 万日元用于支付，届时需要多少美元?

(3) 美进口商延后 3 个月支付所需美元比现在支付所需美元预计多支出多少美元?（暂不考虑两种货币利率因素）

(4) 若美进口商现在采取保值措施，如何利用远期外汇市场进行?

3. 资料背景：

已知：纽约市场汇价：USD/HKD=7.720 2/355；香港市场汇价：USD/HKD=7.685 7/911。

[训练要求] 若以 HKD9 000 万进行套汇，将能获得多少利润？

4. 资料背景：

已知：某日即期汇率 USD/JPY=128.32/83；USD/CNY=8.055 1/95。

[训练要求]

(1) 求 JPY/CNY；

(2) 求 CNY/JPY。

5. 资料背景：

已知：某日即期汇率 USD/CHF=1.647 8/89；EUR/USD=0.879 4/812。

[训练要求]

(1) 求 EUR/CHF；

(2) 求 CHF/EUR。

6. 资料背景：

假设美国 3 个月期国库券利率为年率 5%，欧元 3 个月期贷款利率为年率 3%；市场即期汇率为 1 欧元=1.225 0/60 美元，3 个月的远期差价为 20/25。

[训练要求] 某投资者欲向银行借款 10 000 000 欧元进行抵补套利，问其可获多少利润？（不考虑其他费用）

学习情境七

如何解读国家的货币政策

学习目标

通过情境的学习，了解货币政策的内容，明确货币政策的最终目标及各目标之间的关系；了解西方货币政策的传导机制和货币政策的中介指标；深刻理解货币政策的主要工具，掌握不同经济时期货币政策的运用及其与财政政策的协调。在此基础上，对我国现行货币政策进行分析研究。

知识结构模块图

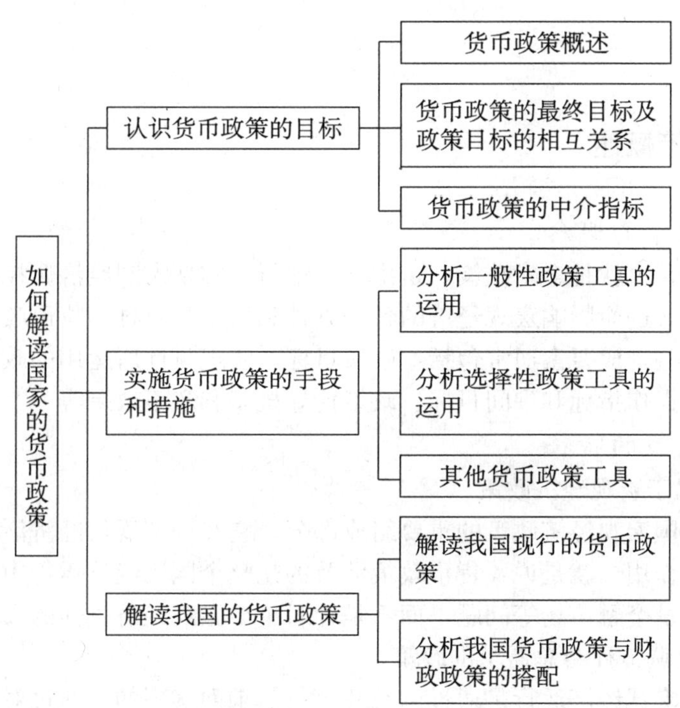

项目一　认识货币政策的目标

【情境导入】

中国人民银行行长周小川在“2009 中国金融论坛”上称，中国的货币政策始终围绕四个目标制定执行。周小川说，本世纪以来，国际上认为货币政策目标应当简单，流行的是通货膨胀目标论。但在金融危机冲击过程下，通胀论显得力不从心，其他经济目标尤其是经济复苏即 GDP 增长，成为了货币政策的主要目标。

周小川强调，货币政策作为我国宏观调控的一部分，围绕四个目标设定。第一低通货膨胀；第二经济增长；第三保持较高就业，较多解决新增就业；第四保持国际收支大体平衡。

周小川具体解释称，央行在制定货币政策时，都会考虑资源价格、能源价格、住房、公共交通等并给予支持，如果只是考虑通货膨胀，就会抵制这些改革。

资料来源：http://www.shxb.net/html/20091223/20091223_219653.shtml。

【必备知识】

一、货币政策概述

（一）货币政策的概念

所谓货币政策，也就是金融政策，是指中央银行为实现宏观经济调控目标而采用各种方式调节货币供应量，进而影响宏观经济的各种方针和措施的总称。货币政策是由多种要素有机构成的系统，这些构成要素通常包括：政策目标、实现目标所运用的政策工具、检测和控制目标实现的各种操作指标和中间目标、政策传导机制和政策效果等。

（二）货币政策的特征

1. 货币政策属于宏观经济政策

货币政策是一国宏观经济政策的重要组成部分，它在调节现代经济活动中有着极强的影响力和极其广泛的作用。就是说，货币政策涉及的是整个国民经济运行中的货币供应量、信用量、利率、汇率及金融市场等问题，而不是针对单个微观经济主体的政策。

2. 货币政策是调节社会总需求的政策

货币政策调节宏观经济运行是通过调整社会总需求而实现的，通过对社会总需求中的投资需求、消费需求、出口需求等的调整，间接地影响社会总供给的变动，从而促使整个社会总需求与总供给平衡。

3. 货币政策主要是间接调节经济的政策

货币政策对经济的调节，一般很少直接用行政手段来调节，而是运用经济手段，利用市场机制的作用，通过调节货币供应量及其他金融变量影响经济活动主体的行为，来达到间接调节经济变量，影响经济活动的目的。

4. 货币政策是长期连续的经济政策

虽然货币政策的各项具体措施具有短期性、时效性的特点，但是货币政策的目标是长期性的政策目标。这些措施需要长期连续的操作才能逼近或达到政策目标，在短期内是很难实现货币政策目标的。

（三）货币政策的类型

1. 扩张性货币政策

扩张性货币政策也称松的货币政策，是指政府通过增加货币供给，降低利率，进而促进私人投资和总需求来达到刺激经济增长，增加国民收入，实现充分就业而实行的扩张经济的政策。这种货币政策通常在GDP出现负缺口，失业增加的时候被采用。

2. 紧缩性货币政策

紧缩性货币政策也称紧的货币政策，是指政府通过减少货币供给，提高利率，进而减少私人投资，抑制总需求的方法来达到抑制经济的过快增长和通货膨胀，稳定价格水平而实行的紧缩经济的政策。这种货币政策通常是在GDP出现正缺口，通货膨胀严重的时候被采用。

3. 均衡型货币政策

均衡型货币政策是指货币供给量与货币实际需要量基本一致，以经济增长为货币供给量增长的制约标准来管理货币的一种政策。这种政策通常适用于以下情况：一是货币流通基本稳定，供需基本平衡；二是在物价基本稳定的前提下，经济保持适度的发展水平。

二、货币政策的最终目标及政策目标的相互关系

（一）货币政策的最终目标

货币政策的最终目标，是中央银行组织和调节货币流通的出发点和归宿，它反映了社会经济对货币政策的客观要求。货币政策的最终目标是在经济发展中逐步形成的，主要包括稳定物价、充分就业、促进经济增长和平衡国际收支等。

1. 稳定物价

所谓物价稳定是指一般物价水平在短期内没有显著的或急剧的波动。这里所指的物价是一般物价水平，而不是某种商品的价格。稳定物价目标是中央银行货币政策的首要目标，而物价稳定的实质是币值的稳定。所谓币值，原指单位货币的含金量，在现代信用货币流通条件下，衡量币值稳定与否，已经不再是根据单位货币的含金量，而是根据单位货币的购买力，即在一定条件下单位货币购买商品的能力。它通常以一揽子商品的物价指数，或综合物价指数来表示。目前各国政府和经济学家通常采用综合物价指数来衡量币值是否稳定。

衡量物价稳定与否，从各国的情况看，通常使用的指标有三个：一是GNP（国民生产总值）平均指数，它以构成国民生产总值的最终产品和劳务为对象，反映最终产品和劳务的价格变化情况。二是消费物价指数，它以消费者日常生活支出为对象，能较准确地反映消费物价水平的变化情况。三是批发物价指数，它以批发交易为对象，能较准确地反映大宗批发交易的物价变动情况。需要注意的是，除了通货膨胀以外，还有一些属于正常范围内的因素，如季节性因素、消费者嗜好的改变、经济与工业结构的改变等，也会引起物价的变化。总之，在动态的经济社会里，要将物价冻结在一个绝对的水平上是不可能的，问题在于能否把物价控制在经济增长所允许的限度内。这个限度的确定，各个国家不尽相同，主要取决于

各国经济的发展情况。另外，传统习惯也有很大的影响。有人认为，物价水平上涨率应不超过3%，也有的人认为物价水平每年上涨5%也是可取的。

2. 充分就业

所谓充分就业，通常是指有劳动能力并自愿参加工作的人，都能在较合理的条件下随时找到适当的工作。因此，充分就业实际上就是指失业率在合理的水平内，而不是没有失业。

要测定是否充分就业是困难的，实际中一般是以劳动力的就业程度为基准，即以失业率指标来衡量劳动力的就业程度。所谓失业率，是指社会的失业人数与愿意就业的劳动力之比，失业率的大小，也就代表了社会的充分就业程度。一般认为，只要失业率控制在3%，或者长期维持在3%～5%，就算达到了充分就业。造成失业的原因主要有：

(1) 有效需求不足。由于社会总供给大于总需求，导致有效需求不足，劳动力资源无法得到正常与充分的利用。主要表现为：一是周期性的失业。这是在经济周期中的经济危机与萧条阶段，由于需求不足所造成的失业。二是持续的普遍性的失业。这是真正的失业，它是由一个长期的经济周期或一系列的周期所导致的劳动力需求长期不足的失业。

(2) 摩擦性失业。当一个国家某个地区的某一类职业的工人找不到工作，而在另外一些地区却又缺乏这种类型的工人时，就产生了摩擦性失业。

(3) 季节性的失业。有些行业的工作季节性很强，而各种季节性工作所需要的技术工作又不能相互替代。季节性失业可以设法减少，但无法完全避免。

(4) 结构性失业。在动态的经济社会中，平时总有一些人要变换他们的工作，或者换一个职业，或者换一个雇主，有的可能调到其他地区工作等。这些情况中，未找到另一个工作之前，常常会有短暂的失业。

除需求不足造成的失业外，其他种种原因造成的失业是不可避免的现象。

3. 经济增长

所谓经济增长是指一国在一定时期内所生产的商品和劳务总量的增加。目前各国衡量经济增长的指标一般采用人均实际国民生产总值的年增长率，即用人均名义国民生产总值年增长率剔除物价上涨率后的年增长率来衡量。政府一般对计划期的实际GNP增长幅度定出指标，用百分比表示，中央银行即以此作为货币政策的目标。经济增长要保持一定的速度，过慢或过快都是不适当的，关键是一国经济在一个较长时期内始终处于稳定增长的状态中。但究竟多高的增长速度才是合适的，要视各国的具体情况而定。国外一些发达国家，经济增长率如达到年递增2%～3%就算很不错了，而一些新兴工业化发展国家，则其经济增长速度普遍较高。我国是发展中国家，经济增长是实现其他一切目标的基础，但也不能片面地追求高速度，关键是要看经济增长速度与不同时期的经济环境是否协调，与国力是否适应。

当然，经济的合理增长需要多种因素的配合，最重要的是要增加各种经济资源，如人力、财力、物力，并且要求各种经济资源实现最佳配置。中央银行作为国民经济中的货币主管部门，对资本的供给与配置产生巨大作用。因此，中央银行以经济增长为目标，指的是中央银行在接受既定目标的前提下，通过其所能操纵的工具对资源的运用加以组合和协调。

4. 国际收支平衡

所谓国际收支平衡，是指一国的国际收支相抵基本平衡。根据国际货币基金组织的定义，国际收支是指一定时期内（通常为一年）一国与其他国家之间全部经济交易的系统记录。在一个开放型经济活动中，保持国际收支平衡是保证国民经济持续稳定增长和经济安全甚至政治稳定的重要条件。如果一国国际收支出现失衡，无论是顺差或逆差，都会对本国经济造成不利影响，长时期的巨额逆差会使本国外汇储备急剧下降，并承受沉重的债务和利息负担，容易引发金融危机；而长时期的巨额顺差，又会造成本国资源使用上的浪费，使一部分外汇闲置或浪费，特别是如果因大量购进外汇而增发本国货币，则可能引起或加剧国内通货膨胀。当然，相比之下，逆差的危害尤甚，因此各国调节国际收支失衡一般着力于减少以致消除逆差。

（二）货币政策目标间的关系

货币政策的最终目标一般有四个，它们之间是既统一又矛盾的关系。长期来看，这些目标之间是统一的，相辅相成的，但从短期来看，更多地表现为目标间的冲突，如物价稳定与充分就业的矛盾，物价稳定与经济增长的矛盾，物价稳定与国际收支的矛盾，经济增长与国际收支平衡的矛盾等。所以要同时实现这些目标是非常困难的事，因为从这些目标在具体实施中，往往为了实现某一货币政策目标而采用的措施很可能与实现另一货币政策目标所应采取的措施相矛盾。

1. 物价稳定与充分就业

这一矛盾通常被认为是货币政策目标间相互矛盾的最集中的体现，理论和实践也都证明这两个目标之间经常发生冲突。因为失业率与物价稳定之间，存在着一种此消彼长的关系。当失业人数过多时，就需要采取扩张性货币政策，放松银根，引起利率下降，刺激投资需求，进而扩大生产规模，增加就业。但是，随着信用规模的扩张，货币供给量增加，引起社会总需求增加，进而导致物价上涨。反之，如果要稳定物价，则必须紧缩银根，压缩生产规模，这样又会提高失业率。

物价稳定与充分就业之间的矛盾关系可用菲利普斯曲线来说明。1958 年，英国经济学家菲利普斯（A. W. Phillips）根据英国 1861—1957 年失业率和货币工资变动的经验统计资料，勾画出一条用以表示失业率和货币工资增长率之间关系的曲线（见图 7—1）。

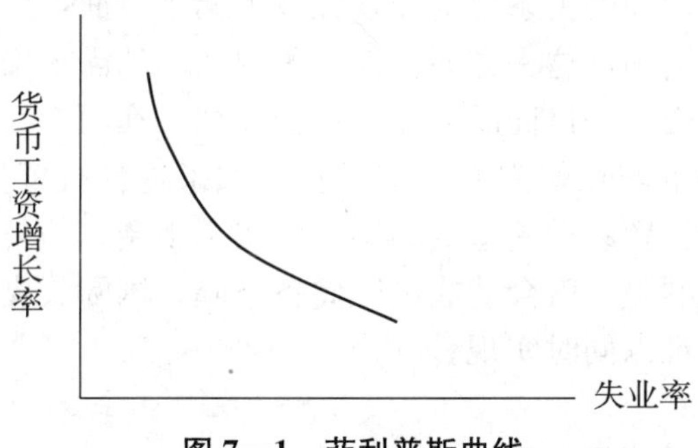

图 7—1　菲利普斯曲线

这条曲线表明，当失业率较低时，货币工资增长率较高；反之，当失业率较高时，货币工资增长率较低。货币工资增长与通货膨胀之间的联系，这条曲线又被西方经济学家用来表示失业率与通货膨胀率此消彼长、相互交替的关系。也就是说，多一点失业，物价上涨率就低；相反，少一点失业，物价上涨率就高。因此，失业率和物价上涨率之间只可能有以下几种选择：失业率较高的物价稳定；通货膨胀率较高的充分就业；在物价上涨率和失业率的两极之间实行组合，即所谓的相机抉择，也就是根据具体的社会经济条件作出通货膨胀率与失业率之间的某种适当组合。

2. 物价稳定与经济增长

从理论上讲，物价稳定与经济增长可以相辅相成。物价稳定，可以为经济发展提供一个良好的金融环境和稳定的价值尺度，从而使得经济能够稳定增长；经济增长了，又为物价稳定提供了雄厚的物质基础，因此物价稳定是经济增长的前提，经济增长则是物价稳定的基础，二者在一定范围内可以相互促进。但实际上，就现代社会而言，经济的增长总是伴随着物价的上涨，近100年的经济史也说明了这一点。有人曾做过这样的分析，即把世界上许多国家近100年中经济增长时期的物价资料进行了分析，发现除经济危机和衰退外，凡是经济正常增长时期，物价水平都呈上升趋势，特别是第二次世界大战以后，情况更是如此。没有哪一个国家在经济增长时期，物价水平不是呈上涨趋势的。

从西方货币政策的实践结果来看，要使稳定物价与经济增长齐头并进并不容易。主要原因在于，政府往往较多地考虑经济发展，刻意追求经济增长的高速度，其结果必然造成货币发行量增加和物价上涨，使物价稳定与经济增长之间出现矛盾。所以在实际操作中，中央银行在很多情况下，只能在两者之间做出协调，即可在可接受的物价上涨水平上发展经济，在不妨碍最低经济增长需要的前提下保持物价稳定。

3. 物价稳定与国际收支平衡

在一个开放型的经济中，一国的经济状况与其他国家的经济状况通常都有密切的联系，并在一定程度上受其他国家经济状况的影响。如果一国出现了通货膨胀，而其他国家物价相对稳定，则物价上涨国家的国内货币将会贬值，外国商品价格相对低廉，导致出口减少，进口增加，造成国际收支不平衡。如果本国物价稳定而外国发生了通货膨胀，则会导致本国出口增加，进口减少，也会导致国际收支不平衡。因此，只有全世界各国都维持大致相同的物价稳定，并保持贸易结构和数量都基本不变，才能同时实现物价稳定和国际收支平衡。但在现实生活中，世界经济发展不平衡，这两个条件是无法具备的，因此在实践中也就无法同时实现这两个目标。

4. 经济增长与国际收支平衡

经济增长与国际收支之间的关系主要体现在以下两个方面：一是伴随着经济的增长会带来国民收入及支付能力的增加，这一方面会使对国内商品的需求增加，导致这部分商品价格上升，出口减少，另一方面对进口商品的需求也会增加，在两方面的共同作用下，国际收支就会失衡。二是要促进经济增长就需要增加投资，如果这种投资增长以大量吸引外资为前提，则一定程度上可以弥补贸易逆差造成的国际收支不平衡，但外债是需要偿还的，如果没有足够的出口增长和贸易顺差，就会造成国际储备下降，国际收支状况受到损害。所以，经济增长与国际收支平衡也难以同时实现。

三、货币政策的中介指标

货币政策的中介指标又称中间指标，是指受货币政策工具作用，影响货币政策最终目标的传导性金融变量指标。货币政策的最终目标是中央银行经过一定的努力才能达到的，从货币政策启动到最终目标的实现需要一个相当长的时间，并且最终目标不在中央银行的直接控制下。为了实现最终目标，中央银行必须选择与最终目标关系密切，中央银行可以直接调控，并在短期内可以度量的金融变量作为中介指标，以实现对最终目标的调节和控制。货币政策的中介指标是一些较短期的、数量化的金融指标，作为政策工具与最终目标之间的中介或桥梁，是为了及时测定和控制货币政策的实施程度，在货币政策的传导中起着承上启下的作用，使中央银行对宏观经济的调控更具弹性。

（一）中介指标的选择标准

（1）可测性。是指中央银行能够迅速获得中介指标的变化状况和准确的数据资料，并能够对这些数据进行有效分析和作出相应判断。一方面中央银行能够迅速获取这些指标的准确数据；另一方面，这些指标的数据必须有明确的定义，以便于观察、分析和监测。显然，如果没有中介目标，中央银行直接去收集和判断最终目标数据如价格上涨率和经济增长率是十分困难的，短期内如一周或一旬是不可能有这些数据的。

（2）可控性。是指中央银行通过各种货币政策工具的运用，能够按其政策需要或意向，对中介目标变量进行有效的控制，能在较短时间内控制中介指标变量的变动状况及其变动趋势。

（3）相关性。是指中央银行所选择的中介指标，必须与货币政策最终目标有密切的相关性，中央银行运用货币政策工具对中介指标进行调控，能够促使货币政策最终目标的实现。

（二）常用的中介指标

1. 近期中介指标

近期中介指标也叫操作目标，是指直接受货币政策工具作用，间接影响货币政策最终目标的金融变量，主要包括存款准备金、基础货币和短期利率。

（1）存款准备金。

银行体系的存款准备金，是中央银行创造负债的一部分。它由商业银行的库存现金和在中央银行的准备金存款（包括法定存款准备金和超额准备金）两部分组成。中央银行以准备金作为货币政策的操作目标，其主要原因是，无论中央银行运用何种政策工具，都会先行改变商业银行的准备金，然后对中间目标和最终目标产生影响。因此可以说变动准备金是货币政策传导的必经之路，由于商业银行准备金越多，银行贷款与投资的能力就越大，从而派生的存款和货币供应量也就越多。因此，在一定条件下，银行体系的存款准备金增加，意味着信贷规模缩减，货币供应量减少，一般被认为是市场银根紧缩。这时，如果经济处于过度繁荣阶段，出现了通货膨胀，则有利于缩减社会总需求，稳定市场物价，促进经济发展；但是如果经济处于衰退期，则就会导致物价下降，经济继续衰退。准备金作为操作指标误导中央银行的缺点就会暴露无遗。反之，如果银行体系的存款准备金减少，则意味着信贷规模扩大，货币供应量增加，对经济的影响刚好与上述过程相反。

（2）基础货币。

基础货币是中央银行经常使用的一个操作指标，也常被称为“强力货币”或“高能货币”，它是指流通界公众持有的现金及金融机构持有的存款准备金的总和。从基础货币的计量范围来看，它是商业银行准备金和流通中通货的总和，包括商业银行在中央银行的存款、银行库存现金、向中央银行的借款、社会公众持有的现金等。通货与准备金之间的转换不改变基础货币总量，基础货币的变化来自那些提高或降低基础货币的因素。

以基础货币作为近期中介指标，能较好地满足可测性、可控性和相关性的要求，因而基础货币被多数学者公认为是较理想的操作目标。因为基础货币是中央银行的负债，中央银行对已发行的现金和它持有的存款准备金都掌握着相当及时的信息，因此中央银行对基础货币的数据不仅可以及时、准确获得，而且货币的发行权集中统一在中央银行，中央银行可以按其政策意愿对基础货币进行有效的控制。

（3）短期利率。

短期利率通常指货币市场利率，即能够反映资金供求状况、变动灵活的利率。它是影响社会货币需求与货币供给、银行信贷总量的一个重要指标，也是中央银行用以控制货币供应量、调节市场货币供求、实现货币政策目标的一个重要的政策性指标，其代表是银行同业拆借利率。银行同业拆借利率的变动情况可以被中央银行较为方便地获得，具有较强地可测性。同时，中央银行可以通过调整现货款和再贴现利率及进行公开市场业务影响货币市场利率的变化方向，具有很强的可控性。短期利率对商业银行的贷款利率和资本市场利率都有直接的影响作用。近几年，美国联邦储备委员会最常用的手段就是通过短期利率的变动向市场发出抑制或刺激经济增长的信号，从而起到调节经济运行的作用。日本也经常采用调整银行同业拆借利率来调节经济运行。

2. 远期中介指标

远期中介指标也叫中间目标，它是指间接受货币政策工具作用，直接影响货币政策最终目标的金融变量。中央银行对这类指标的控制力较弱，但离货币政策最终目标较近，主要包括货币供应量、长期利率、货款量等。

（1）货币供应量。

所谓货币供应量，就是指一定时点上的货币存量。根据传统的定义，货币供应量包括现金和商业银行的活期存款。从现代意义上讲，货币供应量就是一个国家在某一时点上中央银行和金融机构所持有的货币和执行货币职能的金融资产的总和。以货币供应量作为货币政策中介指标的理由基于三个方面。首先根据货币流动性和货币功能强弱划分的各层次货币供应量，都可以从中央银行和商业银行及其他金融机构资产负债表中整理、测算出来，具有可测性。其次就三个层次货币供应量的可控性而言，M0 是直接由中央银行发行并注入流通的，直接由中央银行控制，M1 和 M2 尽管不是由中央银行直接控制，但商业银行负债要靠中央银行负债支撑，只要中央银行控制住基础货币的投入量，就能够影响商业银行的信用派生能力，进而间接地控制 M1 和 M2 的货币供应量。因此，各层次货币供应量都能为中央银行所直接或间接控制，具有可控性。最后，就相关性来说，各层次货币供应量与政策工具、最终目标都有密切关系。一般来说，M0、M1 和 M2 代表了一定时期的社会总需求量，可以直接影响社会总需求和总供给的平衡状况，只要中央银行将各层次的货币供应量控制在适度水平，也就控制住了一定时期的社会总需求，可实现货币政策目标。

但以货币供应量为指标也有几个问题需要考虑，一是中央银行对货币供应量的控制能力。货币供应量的变动主要取决于基础货币的改变，但还要受其他种种非政策性因素的影响，如现金漏损率、商业银行超额准备比率、定期存款比率等，非中央银行所能完全控制。二是货币供应量传导的时滞问题。中央银行通过变动准备金以期达到一定的货币量变动率，但此间却存在着较长的时滞。三是货币供应量与最终目标的关系。对此有些学者尚持怀疑态度。但从衡量的结果来看，货币供应量仍不失为一个性能较为良好的指标。

（2）长期利率。

长期利率是与短期利率相对应的，其代表是中长期债券利率。长期利率能够作为中央银行货币政策的中间目标，是因为：首先它属于中央银行影响可及的范围，中央银行能够运用政策工具设法提高或降低利率，具有可控性；其次中央银行在任何时候都能观察到市场利率的水平及结构，易于获得利率资料并能够经常汇集，具有可测性；最后长期利率变动对投资和储蓄有显著影响，利率变动可以把中央银行的政策意图及时地传递给金融机构，并通过金融机构迅速地传达到企业和消费者，进而影响消费支出和投资支出，从而调节供给与需求的相对变化，与货币政策最终目标的相关性强。所以一些国家或货币经济理论都将长期利率作为货币政策的远期中介目标。

但是选择长期利率作为中介指标也有几个问题需要考虑，一是如何从大量的利率数据中选择具有代表性的数据并不容易；二是长期利率需要有短期利率变动传递，传导过程较长；三是利率容易受非政策因素的影响，有可能混淆政策效果和非政策效果的作用，从而误导货币政策的操作。

（3）贷款量。

贷款量指标，各国采用的计量口径并不一致，有的用贷款余额，有的则用贷款增量。所以贷款量可以表述为一定时期内的贷款总量或某一时点上的贷款余额。以贷款量作为中间目标，是因为：首先，流通中现金与存款货币均由贷款引起，中央银行控制了贷款规模，也就控制了货币供应量，所以具有较强的可控性；其次，贷款量数据容易获得，具有可测性；最后贷款量与需求呈正相关关系，贷款量会直接影响到人们的消费和投资支出，作用力大，影响面广，与货币政策的最终目标相关性强。

以贷款量作为中间目标在具体实施中各国情况也有差异。如政府对贷款控制较严的国家，通过颁布一系列关于商业银行贷款的政策及种种限制，自然便于中央银行控制贷款规模。

【典型业务分析】

中央银行副行长胡晓炼在中国人民银行网站撰文总结了“十一五”时期中国货币政策调控的成就。文中指出，“十一五”期间，我国金融宏观调控面临着极其复杂多变的内外部环境，经受了罕见的国际金融危机的严峻挑战。中国人民银行在党中央、国务院的统一部署下，根据国内外经济金融形势的变化，及时调整货币政策取向，综合运用货币政策工具，灵活把握金融宏观调控的重点、力度和节奏，货币政策的预见性、科学性和有效性进一步增强，对保持经济平稳较快增长和物价水平基本稳定发挥了重要作用。

分析：

“十一五”前半期，针对国际收支双顺差持续扩大及流动性偏多、物价出现持续上涨压力的情况，为防止经济增长由偏快转为过热、价格由结构性上涨演变为明显通货膨胀，货币政策由稳健转向适度从紧，并于 2007 年第四季度起开始实施从紧的货币政策。2006 年至 2008 年上半年，通过灵活开展公开市场操作，先后 18 次上调存款准备金率，对冲了外汇流入投放的大部分流动性，并先后 7 次上调存款基准利率、8 次上调贷款基准利率，对抑制通货膨胀，保持经济平稳增长发挥了重要作用。

2007 年美国次贷危机开始显现，至 2008 年年中，危机程度加深，而我国通胀压力依然较大。中国人民银行及时调整了货币政策的重点和力度。按照既要保持经济平稳较快发展、又要控制物价上涨的要求，调减公开市场操作力度，并将全年新增贷款预期目标适度提高，指导金融机构扩大信贷总量，并与结构优化相结合，向“三农”、中小企业和灾后重建等倾斜。

2008 年 9 月雷曼兄弟破产后，全球性金融危机爆发，主要经济体陷入衰退，金融市场功能几近丧失，全球经济遭受严重冲击。对我国经济尤其是外贸行业的冲击明显加大。面对前所未有的复杂局面，中国人民银行在党中央国务院的统一部署下开始执行适度宽松的货币政策，收缩公开市场操作力度，创新使用短期招标工具（TAF）等流动性支持工具，先后 4 次下调存款准备金率，5 次下调存贷款基准利率。适度宽松的货币政策得到了有效传导，金融支持经济发展的力度明显加大，有力地支持了一揽子刺激计划的实施，对抵御金融危机冲击发挥了重要作用。我国经济迅速企稳向好，在全球率先实现经济复苏。从GDP季节调整后的环比数据看，2008年四季度我国GDP环比年增长率只有1.8%，2009年一季度则升至8%，二季度达到15%。GDP同比增速逐季提高，2009年一至四季度分别为6.5%、8.1%、9.6%和11.3%，全年GDP增长达到9.1%。适当宽松货币政策的有效实施明显缓解了通缩预期，很快遏制了通缩与衰退相互强化的潜在风险，市场信心显著增强，对促进经济尽快复苏起到了重要作用，也对推动全球经济复苏起到了积极作用。

2010年以来，在国际金融危机缓解、全球流动性充裕的大环境下，随着国内经济较快回升、劳动力成本上升、大宗商品价格上涨等，也出现了通胀预期上升、经济金融运行存在风险隐患等问题。货币政策在保持政策连续性和稳定性的同时，根据新形势新情况着力提高了政策的针对性和灵活性。注重运用市场化手段进行动态微调，妥善处理经济平稳较快发展、调整经济结构和管理通胀预期的关系。2010年以来，人民银行综合运用数量型工具和价格型工具，灵活开展公开市场操作，先后6次上调存款准备金率，2次上调存贷款基准利率，实行差别准备金率、差别化的房贷利率等措施，逐步引导货币条件从应对危机状态向常态回归。

资料来源：http：//www.pbc.gov.cn。

项目二　实施货币政策的手段和措施

【情境导入】

中国人民银行副行长胡晓炼2010年12月27日在央行网站上刊文指出，当前国际金融危机已缓和，中国经济进一步向好，为适应当前经济金融形势发展变化，货币政策取向由适度宽松回归为稳健，实施稳健的货币政策能够继续满足保持经济平稳较快增长对资金的合理需求。

下一阶段，要把稳定价格总水平放在更加突出的位置，积极稳妥地处理好保持经济平稳较快发展、调整经济结构、管理通胀预期的关系，增强金融调控的针对性、灵活性、有效性。继续综合运用利率、存款准备金率、公开市场操作等常规价格和数量工具，加强工具使用的有效组合。探索丰富创新调控手段，加快构建宏观审慎政策框架，把流动性管理的总量调节与构建宏观审慎政策框架结合起来，把好流动性这个总闸门。

资料来源：http：//www.xinhua net.com。

【必备知识】

中央银行的货币政策目标确定后，需要一套行之有效的货币政策工具来保证目标的实现。所谓货币政策工具，就是中央银行为实现货币政策目标，对金融进行调节和控制所运用的各种策略手段。目前，可供中央银行运用的货币政策工具主要有三类：一般性货币政策工具、选择性货币政策工具和其他政策工具。

一、分析一般性政策工具的运用

一般性货币政策工具，又称经常性、常规性货币政策工具，即传统的三大货币政策工具，俗称三大法宝，包括存款准备金政策、再贴现政策和公开市场业务。一般性政策工具产生的时间比较早，对金融的调控比较有效，而且一直被各国的中央银行所采用，具有普遍性和经常性。

（一）存款准备金政策

1. 存款准备金政策的含义及内容

所谓存款准备金政策是指中央银行对商业银行等存款货币机构的存款规定存款准备金率，强制性地要求商业银行等货币存款机构按规定比例上缴存款准备金；中央银行通过调整法定存款准备金以增加或减少商业银行的信用创造能力，从而间接地控制货币供应量的一种政策措施。目前，实行中央银行制度的国家，一般都实行存款准备金制度。

一般来说，存款准备金制度的内容包括：规定法定存款准备金率是多少，规定可以充当法定存款准备金的资产内容有哪些，规定存款准备金的计提基础以及存款准备金的类别等。凡商业银行吸收的存款，必须按法定存款准备金率保留一定的准备金，其余部分才能用于放款或投资。作为存款准备金的资产只能是存在中央银行的存款，商业银行持有的其他资产不能充当存款准备金。至于中央银行怎样确定应提存款余额和以什么时候有存款余额作为计提的基础，各国也不尽相同。

2. 存款准备金政策的作用过程

调整存款准备金率是强有力的货币政策，法定存款准备金率的变动，会对商业银行的信用创造货币的能力产生显著的影响，因为它的变动能改变商业银行的超额准备金和货币乘数。当中央银行提高法定存款准备金率时，一方面意味着商业银行吸收的存款上缴中央银行的准备金量增加了，从而减少了商业银行的超额准备金量，降低了商业银行放款及创造信用的能力。另一方面，法定存款准备金率的提高，也会使得货币乘数变小，从而也就缩减了整个银行体系创造信用的能力，其结果是整个社会的货币供应量减少，利率提高，社会的投资及其他支出相应缩减。反之，当中央银行降低法定存款准备金率时，存款准备金政策的作用过程刚好相反。

3. 存款准备金政策的效果及局限性

借助货币乘数的机制，存款准备金政策成为中央银行控制信贷规模的一个快捷而有力的工具，其政策效果主要表现在以下几个方面：第一，对货币供应量的剧烈影响。存款准备金率的调整，影响货币乘数和准备金结构，通过乘数作用引起货币供应量更大幅度的变化，即使是准备金有很小幅度的调整，也会引起货币供应量的巨大波动，力度大、速度快、效果明显，是中央银行收缩和放松银根的有效工具。第二，宣示效果。中央银行提高法定存款准备金率，意味着信用规模将收缩，利率会随之上升，公众会自动紧缩对信用的需求；反之则反。

存款准备金政策通常被认为是货币政策中作用最为猛烈的工具之一，但这一政策的局限性也比较突出，主要表现在：第一，存款准备金政策的作用力猛烈，对经济震荡大。存款准备金的很小调整都会引起货币供应量的巨大波动，往往使很多银行难以适应，不宜作为中央银行经常性的货币政策工具。第二，法定存款准备金率的频繁调整会扰乱银行正常的财务计划和管理，容易造成小银行的流动性危机和金融不稳定。因为银行的规模大小有差别，地区发展程度不同，如果要求所有银行持有相同比例的存款准备金，则极易造成小银行的流动性危机，甚至陷入严重周转不灵的困境。因此，存款准备金政策不宜经常使用，也不宜大幅度调整。

（二）再贴现政策

1. 再贴现政策的含义及内容

所谓再贴现政策是指中央银行通过提高或降低再贴现率来影响商业银行的信贷规模和市场利率，从而调节市场货币供应量，以实现货币政策目标的一种政策措施。再贴现是指商业银行或其他金融机构将自己手中持有的未到期票据向中央银行抵押以融通短期资金的行为。

一般来说，再贴现政策的内容主要包括两个方面：规定再贴现率的高低和规定再贴现票据的种类。通过制定和调整再贴现率主要是影响商业银行的准备金及社会的资金需求，各国的再贴现率一般由中央银行的决策机构统一确定和调整。规定何种票据具有向中央银行再贴现的资格，便于中央银行借助再贴现去影响和调节商业银行的资金运作方向。通过这两个方面的控制，中央银行分别从短期和长期来调节货币供应量。

2. 再贴现政策的作用过程

再贴现政策是现代许多国家中央银行控制信用的一项主要调控政策，中央银行主要是通过提高或降低再贴现率来运用该项政策措施。当中央银行提高再贴现率并高于市场利率时，使商业银行会因借款成本的提高而减少向中央银行的再贴现，或者用其他资产偿还中央银行的借款，从而导致中央银行基础货币的投放减少。同时，出于成本上升的考虑，商业银行的经营利润会减少，甚至无利可图，迫使商业银行提高贷款利率，以此来减少社会对货币的需求。在上述两个方面的作用下，中央银行达到了收缩信用的目的。与此相反，如果中央银行降低再贴现率，则会增加市场货币供应量和社会对货币的需求，达到放松信用的目的。当然，中央银行也可以通过规定再贴现票据的种类来调整商业银行及全社会的资金投向。由于各国的经济发展水平不同，传统习惯和金融环境各异，对再贴现票据种类的规定也各有不同。

3. 再贴现政策的效果及局限性

再贴现政策作为中央银行最早拥有的调控政策，其政策效果主要表现在以下几个方面：第一，影响货币供应量。如上所述，中央银行通过提高或降低再贴现率影响商业银行的资金成本，从而影响基础货币的投放量，进而影响货币供应量。第二，调节经济结构。中央银行通过规定再贴现票据的种类，对不同用途的信贷加以支持或限制，促进经济“短线”部门发展，抑制经济“长线”部门扩张，促使中央银行的货币供给结构与国家的产业政策相吻合。第三，宣示效果。中央银行调整再贴现率向全社会明确告示其政策意图。再贴现率的提高意味着信用规模将收缩，进而通过人们的预期成本和利益变化来缩减对信用的需求；反之则反。

尽管再贴现政策对信用的调控具有重要作用，但也存在局限性，主要表现在：第一，中央银行缺乏足够的主动权。在再贴现政策实施过程中，中央银行始终处于被动地位，因为商业银行是否愿意到中央银行申请再贴现、贴现多少、什么时候申请再贴现等，并不是由中央银行决定的，而是由商业银行来定的，这就使得中央银行难以进行有效的货币供给的控制。第二，再贴现政策缺乏弹性。再贴现政策的随时调整通常会引起市场利率的经常性波动，这会使企业或商业银行无所适从，在正常情况下，再贴现政策不宜随时变动，弹性很小。因此许多国家一方面对这项政策进行某些改革，另一方面，则是与其他政策相配合，以利扬长避短。

（三）公开市场业务

1. 公开市场业务的含义

“公开市场业务”，也称“公开市场操作”，是指中央银行在金融市场上公开买卖有价证券，以改变商业银行等存款货币机构的准备金，进而影响货币供应量和利率，实现货币政策目标的一种货币政策措施。

2. 公开市场业务的作用过程

当金融市场上资金缺乏时，中央银行通过公开市场业务在金融市场上买进有价证券，使商业银行和公众持有的有价证券转化为货币资金，这些货币资金或被成倍的放大或直接进入流通领域，增加了货币供应量，商品和服务的需求随之增加，从而刺激经济增长。反之，当金融市场上资金过剩时，中央银行就在金融市场上出售有价证券，使银行系统和公众持有的货币资金转化为有价证券，回笼货币，引起货币供应量减少，从而减少社会对商品和服务的需求，延缓经济增长。与此同时，中央银行通过对有价证券的买卖还会影响有价证券的价格，进而影响利率水平，实现多重货币政策目标。

3. 公开市场业务的优越性和不足

目前，在西方发达国家中，公开市场业务被认为是中央银行所掌握的最重要、最常用的政策工具。同其他货币政策工具相比，公开市场业务具有明显的优越性，主要表现在：第一，公开市场业务是按照中央银行的主观意愿进行的，主动权完全在中央银行，操作规模的大小完全受中央银行控制，不像再贴现政策那样处于被动地位。第二，公开市场业务的规模和方向可以灵活安排，中央银行可以运用它对货币供应量进行微调或大规模的市场干预，不像调整存款准备金率那样会带来震动性影响，所以可以更为准确地达到政策目标。第三，公开市场业务可以经常性、连续性的操作，具有极强的逆转性。公开市场业务具有极强的灵活性，中央银行可以根据市场情况适时地调整业务规模，改变操作方向。一旦经济形势发生变化，可以迅速地反方向操作进行矫正，而且见效较快。

公开市场业务虽然具有许多优点，但并不是所有国家的中央银行都可以采用的，因为该政策的有效实施需要具备以下两个重要条件：一是中央银行必须具有强大的、足以干预和控制整个金融市场的金融实力；二是要有一个发达的、完善的全国性金融市场，证券种类齐全且达到一定规模。所以公开市场业务也有其缺点，就是对证券市场的发育程度和操作技术要求都比较高。

二、分析选择性政策工具的运用

选择性货币政策工具是指中央银行针对个别部门、个别企业或某些特定用途的信贷而采用的信用调节工具。属于这类货币政策的工具主要有：证券市场信用控制、不动产信用控制、消费者信用控制及优惠利率等。

（1）证券市场信用控制。证券市场信用控制是指中央银行对有价证券的交易，规定应支付的保证金比率，其目的在于限制利用借款购买有价证券的比重，抑制过度投机。中央银行可根据金融市场及经济形势，随时改变证券保证金比率，以控制对证券市场的信贷规模。如规定的保证金比率越高，则现金支付的比重越大，信用方式购买有价证券的比率则越小。

(2) 不动产信用控制。不动产信用控制是指中央银行通过规定和调整商业银行等金融机构向客户提供不动产抵押贷款的限制条件，控制不动产贷款的信用量，目的在于控制房地产投机。不动产信用控制的内容主要有：控制不动产贷款的最高限额、贷款的最长期限、第一次付款最低金额以及分期还款的最低金额。

(3) 消费者信用控制。消费者信用控制是指中央银行对消费者购买房地产以外的耐用消费品所规定的信用规模和期限等的限制性措施。其主要内容包括：规定第一次付款的最低金额，规定消费信贷的最长期限，规定可用消费信贷的消费品种类等。

(4) 优惠利率。优惠利率是指中央银行根据产业政策对国家重点发展的经济部门或产业规定较低的贷款利率的一种管理措施，其目的在于刺激这些部门和行业的生产，调动它们的积极性，以实现产业结构和产品结构的调整和优化。

三、其他货币政策工具

除了以上所述的一般性货币政策工具和选择性货币政策工具以外，中央银行还可根据本国的具体情况和不同时期的具体需要，运用一些其他的货币政策工具。这些货币政策工具又可分为直接信用控制工具和间接信用控制工具。

(一) 直接信用控制

直接信用控制是指中央银行从质和量两个方面以行政命令或其他方式对金融机构尤其是商业银行的信用活动进行直接控制。其手段包括利率最高限额、贷款限额等。

(二) 间接信用控制

间接信用控制是指中央银行采用各种间接控制措施对商业银行的信用创造施加影响，主要有道义劝告和窗口指导等。

1. 道义劝告

道义劝告是指中央银行利用自己在金融体系中的特殊地位和声望，通过对银行及其他金融机构发出通告、指示或与其负责人面谈等，劝告其遵守政府政策并自动采取贯彻政策的相应措施。道义劝告不具有强制性，而是依靠各金融机构领会政策意图自愿合作，它不仅能影响信用总量，而且有助于调整信用的构成。

2. 窗口指导

窗口指导是指中央银行根据产业政策、物价趋势和金融市场动向，对商业银行的贷款重点和贷款规模进行指导。如果商业银行不按规定发放贷款，中央银行可削减向该银行贷款的额度，甚至采取一些经济制裁措施。

【典型业务分析】

央行决定从2010年12月10日起上调存款准备金率0.5个百分点，这已是2010年第六次调整了（2010年我国存款准备金率的历次调整见表7—1)。如此频繁地调整实为罕见，那么此次上调存款准备金率意味着什么呢?

表 7—1　　存款准备金率历次调整一览表

次数	时间	调整前	调整后	调整幅度（单位：百分点）
6	2010 年 12 月 10 日	（大型金融机构）18.00%	18.50%	0.5
		（中小金融机构）14.50%	15.00%	0.5
5	2010 年 11 月 19 日	（大型金融机构）17.50%	18.00%	0.5
		（中小金融机构）14.00%	14.50%	0.5
4	2010 年 11 月 10 日	（大型金融机构）17.00%	17.50%	0.5
		（中小金融机构）13.50%	14.00%	0.5
3	2010 年 5 月 10 日	（大型金融机构）16.50%	17.00%	0.5
		（中小金融机构）13.50%	不调整	—
2	2010 年 2 月 25 日	（大型金融机构）16.00%	16.50%	0.5
		（中小金融机构）13.50%	不调整	—
1	2010 年 1 月 12 日	（大型金融机构）15.50%	16.00%	0.5
		（中小金融机构）13.50%	不调整	—

分析：

当中央银行提高法定准备金率时，商业银行可提供的放款及创造信用的能力就下降。因为准备金率提高，货币乘数就变小，从而降低了整个商业银行体系创造信用、扩大信用规模的能力，其结果是社会的银根偏紧，货币供应量减少，利息率提高，投资及社会支出都相应缩减。反之，亦然。

打比方说，如果存款准备金率为 7%，就意味着金融机构每吸收 100 万元存款，要向央行缴存 7 万元的存款准备金，用于发放贷款的资金为 93 万元。倘若将存款准备金率提高到 7.5%，那么金融机构的可贷资金将减少到 92.5 万元。

中央银行通过调整存款准备金率，可以影响金融机构的信贷扩张能力，从而间接调控货币供应量。超额存款准备金率是指商业银行超过法定存款准备金而保留的准备金占全部活期存款的比率。从形态上看，超额准备金可以是现金，也可以是具有高流动性的金融资产，如在中央银行账户上的准备存款等。

一般，存款准备金率上升，会使得利率被迫上升，这是实行紧缩的货币政策的信号。存款准备金率是针对银行等金融机构的，对最终客户的影响是间接的；利率是针对最终客户的，比如存款的利息，影响是直接的。

资料来源：http://www.cbrc.gov.cn。

项目三　解读我国的货币政策

【情境导入】

中国人民银行货币政策委员会 2010 年第四季度例会在北京召开。会议认为，明年世界经济有望继续恢复增长，但不稳定不确定因素仍然较多；我国经济向好势头进一步巩固，金融体系继续平稳运行，但货币信贷和流动性管理及防范金融风险的任务仍然艰巨。

会议强调，2011 年要认真实施稳健的货币政策，增强金融调控的针对性、灵活性、有效性，把稳定价格总水平放在更加突出的位置。要按照总体稳健、调节有度、结构优化的要求，综合运用多种货币政策工具，把好流动性这个总闸门，引导货币信贷向常态回归，实现合理适度增长。要把信贷资金更多投向实体经济特别是“三农”和中小企业，促进经济结构战略性调整。要健全多层次资本市场体系，提高直接融资比重，保持社会融资总量的合理规模。要进一步完善人民币汇率形成机制，保持人民币汇率在合理均衡的水平上基本稳定。

资料来源：http：//www.ce.cn。

【必备知识】

一、解读我国现行的货币政策

（一）我国现行货币政策的目标

国际上许多理论研究及一些国家的实践皆证明，货币政策以物价稳定为单一目标能更好地发挥货币政策的作用，而货币政策在兼顾多目标的情况下往往不能取得较好的实际效果，滥用货币政策还会损害宏观经济的稳定。在高度集中的计划经济时代，我国是没有严格意义上的货币政策最终目标的。我国现行的货币政策目标在1995年颁布的《中国人民银行法》中进行了明确规定：“货币政策目标是保持货币币值的稳定，并以此促进经济增长。”实践证明，保持货币币值的稳定，是促进经济增长的基本条件，这无疑是我国货币政策目标选择实践的一大进步。

（二）我国货币政策的中介指标

我国货币政策的中介指标的选择，不能简单套用市场经济成熟国家的具体选择，而应切合我国目前的实际情况。在过去相当长的时期内，信贷规模一直是我国采用的一个主要中介目标。这不仅是因为它具有可测性、可控性等优点，还由于我国中央银行对宏观经济的间接调控机制还很不成熟，完全放弃信贷规模容易失控；同时，银行信贷是我国信用的主要形式，又容易为中央银行所控制，因此信贷规模能较准确地反映中央银行的政策效果，不容易误导货币政策。但是，随着经济、金融体制的改革，信贷规模的可控性已越来越低，不宜再作为我国货币政策的中介目标。

将现金发行量作为货币政策的中介指标是我国所特有的，是与我国社会金融化程度不高相适应的。这是因为我国的货币供应量中，现金发行所占比重较高，消费需求主要由现金体现，具有很强的可控性；同时，现金供应量指标在中央银行信贷计划中有专门统计，具有可测性；再者，现金发行与货币政策的最终目标——物价稳定高度相关，具有相关性。

我国从1994年第三季度开始按季向社会公布货币供应量，并于1996年将其确立为中介指标。将货币供应量作为中介指标，同样是因为它具有很强的可测性和可控性。影响货币供应量的主要因素是基础货币和货币乘数，而货币乘数主要取决于法定存款准备金率、超额准备金率和现金漏损率，这几个指标在我国都比较稳定。同时由于我国金融市场发育程度不高，货币供应量的形式不如西方国家复杂，再加上现金支付、银行储备都实行监控，因此，从长期发展趋势看，货币供应量应是我国货币政策的主要中介指标。

（三）我国货币政策工具的使用和选择

我国选择什么样的货币政策工具，并无固定的模式，只能根据不同时期的经济、金融等客观条件而定。1995 年通过的《中国人民银行法》确定的货币政策工具主要是：存款准备金、中央银行基准利率、再贴现、中央银行贷款、公开市场业务 5 种。

1. 存款准备金

从 1984 年起，存款准备金制度开始成为中国人民银行调节货币供应量和信贷规模的政策工具之一。该制度的初始设计思路是为了使中国人民银行能集中控制相当部分信贷资金，进而通过再贷款形式控制信用规模及调整信用结构。为此，确定了较高的法定存款准备金率，并且提高了总准备金率，结果使得商业银行的可支配资金不足。1998 年 3 月，中国人民银行对上述制度进行了改革，将原来的准备金存款账户与备付金存款账户合并为一个账户，统称为准备金存款，并将法定比率下调。

2. 中央银行基准利率

中央银行基准利率是中国人民银行公布的商业银行存款、贷款、贴现等业务的指导性利率，是金融市场上具有普遍参照作用的利率，其他利率水平或金融资产价格均可根据这一基准利率水平来确定。中央银行基准利率必须具备以下几个基本特征：（1）市场化。这是指基准利率必须是由市场供求关系决定，而且不仅反映实际市场供求状况，还要反映市场对未来的预期；（2）基础性。基准利率在利率体系、金融产品价格体系中处于基础性地位，它与其他金融市场的利率或金融资产的价格具有较强的关联性；（3）传递性。基准利率所反映的市场信号，或者中央银行通过基准利率所发出的调控信号，能有效地传递到其他金融市场和金融产品价格上。

3. 再贴现

我国再贴现业务起步较晚，从 1981 年开始试办，1986 年起正式开办再贴现业务，经历了从试点、推广到规范发展等几个阶段，已成为中央银行的一项重要货币政策工具。近年来，随着票据和证券发行数量的迅速增长，中国人民银行重新调整了再贴现业务的政策规定，再贴现政策的宏观调控作用明显增强，再贴现正逐渐成为中央银行融出资金的重要渠道之一，其业务规模不断扩大，调控机制也逐步完善。

4. 中央银行贷款（再贷款）

中央银行贷款（习惯上称作再贷款），是指中央银行对金融机构发放的贷款，是中央银行调控基础货币的重要渠道和进行金融调控的传统政策工具。一般来讲，中央银行贷款增加，是银根将有所放松的信号之一；反之，是银根将可能紧缩的信号之一。多年来，中央银行贷款一直是中国人民银行执行货币政策的最主要工具之一。根据 2003 年 12 月 27 日修正后的《中国人民银行法》第二十八条规定：中国人民银行根据执行货币政策的需要，可以决定对商业银行贷款的数额、期限、利率和方式，但贷款的期限不得超过一年。

5. 公开市场业务

公开市场业务是指中央银行通过买进或卖出有价证券，吞吐基础货币，调节货币供应量的活动。中国人民银行公开市场业务起步于 1994 年的外汇市场操作，当时为了保持人民币汇率的基本稳定，中国人民银行每天都要在外汇市场上买卖外汇。1996 年 4 月，中国人民银行又开办买卖国债的公开市场业务。1999 年以来，公开市场操作已成为中国人民银行货币政策日常操作的重要工具，对于调控货币供应量、调节商业银行流动性水平、引导货币市场利率走势发挥了积极的作用。目前，公开市场业务在交易对象、交易品种、交易工具、交易方式等方面都得到了极大的发展。

二、分析我国货币政策与财政政策的搭配

（一）货币政策和财政政策配合的必要性

在社会主义市场经济中，货币政策和财政政策是国家履行宏观经济管理职能的两个最重要的调节手段，在社会主义公有制基础上的市场经济中，由于根本利益一致和统一的总体经济目标，货币政策和财政政策的实施具有坚实的基础，同时这两大政策具有内在的统一性，为它们之间的协调配合奠定了牢固的基础。虽然这两项政策在宏观经济运行中都有较强的调节能力，但财政政策和货币政策各有其自身的特点和作用，存在着功能上的差异，仅靠一项政策很难全面实现宏观经济的调控目标，这就要求将两者密切配合起来，互相补充，相辅相成，以实现宏观调控的总目标。

（二）货币政策和财政政策的配合手段和配合方式

财政政策与货币政策有四种不同的搭配组合，政府究竟采用哪种取决于客观的经济环境，实际上主要取决于政府对客观经济情况的判断。通常情况下，货币政策更适合于总量调节，财政政策更适合于结构调节。就配合手段而言，财政政策手段主要是以强制为基础，而货币政策既可以通过行政的、计划的直接强制手段发挥作用，也可以通过经济的、间接的利益调节手段发挥作用。在货币政策和财政政策配合时，应该尽量做到一方直接的、行政的手段与另一方间接的、经济的手段交错运用，这样才能收到既缩短单一政策时滞，又能减少同向同性手段调节可能对经济造成的震荡性影响。

所谓配合方式就是指货币政策和财政政策松紧的相互搭配问题。这种松紧搭配共有四种组合方式：

（1）紧缩的货币政策和紧缩的财政政策的配合，即“双紧”政策；

（2）宽松的货币政策和宽松的财政政策的配合，即“双松”政策；

（3）宽松的货币政策和紧缩的财政政策的配合，即“松货币、紧财政”政策；

（4）紧缩的货币政策和宽松的财政政策的配合，即“紧货币、松财政”政策。

改革开放30多年来，根据经济形势发展的需要，我国财政政策与货币政策采取了不同的配合方式，既有“双松”、“双紧”配合，也有“松紧”搭配方式。一般来说，“一松一紧”主要是解决结构问题；单独使用“双松”或“双紧”主要为解决总量问题，但在两种政策的实际配合中，无论是财政政策还是货币政策都没有发挥调节结构的作用。当然，财政政策与货币政策的配合效果除决定两种政策的合理搭配外，还受财政体制、金融体制、国有企业制度的制约。

【典型业务分析】

2010年是我国经济社会发展环境极为复杂、各类自然灾害和重大挑战极为严峻的一年。这一年，央行根据新形势、新情况着力提高政策的针对性和灵活性，综合运用数量型工具和价格型工具，加强金融宏观调控，引导货币条件从应对危机状态稳步向常态回归。这一年，央行先后6次上调存款准备金率，2次上调存贷款基准利率，灵活开展公开市场操作，引导金融机构合理把握信贷投放总量和节奏，支持经济发展方式转变和结构调整。

但最引人注目的还是12月3日，中共中央政治局会议提出要实施稳健的货币政策，此

举意味着国际金融危机后实施的适度宽松货币政策正式转向“稳健”，而这正契合了我国经济形势发展的需要。与此同时，稳健货币政策也有了更为丰富的内涵。

分析：

事实上，2010年引导货币条件从应对危机状态稳步向常态回归，并最终转向稳健并非一件易事，其中对政策尺度和力度的把握充满了智慧和艺术。

2009年的天量信贷在成功帮助我国经济迅速回暖之后，收紧流动性、抑制通货膨胀的紧迫性也日益凸显。数据显示，我国信贷投放从2007年的3.63万亿元、2008年的4.91万亿元，跃升至2009年的9.59万亿元；M2增速从2009年3月至2010年2月连续保持在25%以上，货币投放数量已超出实体经济需要。

而今年一季度，我国实现国内生产总值（GDP）8.06万亿元，同比增长11.9%，居民消费价格指数（CPI）同比上涨2.2%。经济数据显示我国经济开局良好，回升向好势头更加巩固。内需保持较快增长，对外贸易加快恢复，工业生产快速回升，消费增长较快，固定资产投资增幅有所回落，价格总水平基本稳定。

在这种情况下，虽然仍继续实施适度宽松的货币政策，但央行具有前瞻性地、灵活地调整政策重点、力度和节奏，加强对银行体系流动性的管理，引导金融机构合理把握信贷投放总量、节奏和结构，正确处理好保持经济平稳较快发展、调整经济结构和管理通胀预期的关系，灵活开展了公开市场操作，1月18日和2月25日，央行分别上调存款类金融机构人民币存款准备金率各0.5个百分点，农村信用社等小型金融机构存款准备金率暂不上调，以加大对“三农”和县域经济的支持力度。央行此举体现了货币政策的针对性、灵活性。这两次上调存款准备金率对冲了银行体系的部分过剩流动性。此外，发挥再贴现和支农再贷款引导信贷资金投向的功能，促进信贷结构调整。

央行一系列政策措施的效果，从今年3月末的金融数据中已有所体现，M2虽然同比增长22.5%，但增速比上年同期低3.0个百分点。3月末，人民币贷款余额同比增长21.8%，增速也比上年同期低8.0个百分点，比年初增加2.6万亿元，同比少增2.0万亿元。

为加强流动性管理，引导货币信贷适度增长，管理好通货膨胀预期，5月10日，央行上调存款类金融机构人民币存款准备金率各0.5个百分点，农村信用社等小型金融机构存款准备金率暂不上调，以加大对“三农”和县域经济的支持力度。上半年三次上调存款准备金率，适时适度对冲了银行体系的部分过剩流动性，政策实施后，市场流动性仍可满足货币信贷总量适度增长和经济发展的需要。

前三季度，我国经济持续回升向好，GDP增长10.6%，比2009年同期加快2.5个百分点。但期间新的困难也不断出现，经济金融领域出现了一些应予以重视的问题。比如，流动性管理面临挑战。主要发达国家持续实施量化宽松政策，全球流动性过剩状况加剧，我国经济增长较快，对外贸易和利用外资都恢复增长，在人民币升值预期持续增强的情况下，国际流动性持续流入国内，在加大物价和资产价格上涨压力的同时，也增加了流动性管理的难度。

比如，通胀压力上升。今年以来CPI涨幅不断攀升，11月份同比上涨5.1%，环比上涨1.1%，居民通胀预期不断增强。在目前国内经济趋稳回升、内外部流动性充裕的大背景下，资金寻求保值增值的冲动、劳动力成本和资源性产品价格趋升等结构性因素助推通胀预期。

根据新形势、新情况，央行着力提高政策的针对性和灵活性，综合运用数量型工具和价格型工具，加强金融宏观调控，引导货币条件从应对危机状态稳步向常态回归。在继续灵活开展公开市场操作，加强窗口指导和信贷政策引导的同时，央行又 3 次上调存款准备金率，1 次上调存贷款基准利率。

其中值得关注的是，央行对于存款准备金率和利率工具的使用集中在 10 月以后。10 月 20 日，央行在近 3 年来首次动用加息工具，上调金融机构人民币存贷款基准利率，其中，一年期存款基准利率上调 0.25 个百分点，由 2.25%提高到 2.50%；一年期贷款基准利率上调 0.25 个百分点，由 5.31%提高到 5.56%。不久后，11 月 16 日第 4 次上调金融机构人民币存款准备金率 0.5 个百分点；11 月 29 日第 5 次上调金融机构人民币存款准备金率 0.5 个百分点；12 月 20 日第 6 次上调存款类金融机构人民币存款准备金率 0.5 个百分点，前后仅仅一个月的时间跨度。如果不考虑此前针对部分银行的差别上调，第 6 次上调之后，金融机构存款准备金率已达 18.5%的历史高位。如此频繁的动用货币政策工具表明其收紧流动性、抑制通胀的坚定决心。

与此同时，我们看到，就在央行适时适度调整货币政策取向的同时，一直高度重视从防范系统性风险的角度增强宏观调控弹性，运用信贷政策、差别存款准备金率、住房抵押贷款按揭成数等手段加强审慎管理，引导货币信贷平稳增长，取得了较好效果。应对国际金融危机以来，我国经济率先复苏，但国内复杂的通胀形势和流动性现状提出了加强宏观审慎管理的要求。在当前情况下，货币政策适时转向“稳健”，既是加强宏观审慎管理的重要内容，又能够为宏观审慎管理的逆周期调节创造良好条件。

2011 年渐行渐近，按照今年经济工作会议提出的要求，明年宏观经济政策的基本取向要积极稳健、审慎灵活，重点是更加积极稳妥地处理好保持经济平稳较快发展、调整经济结构、管理通胀预期的关系，加快推进经济结构战略性调整，把稳定价格总水平放在更加突出的位置，切实增强经济发展的协调性、可持续性和内生动力。那么，货币政策将如何践行“稳健”，按照总体稳健、调节有度、结构优化的要求，把好流动性这个总闸门，把信贷资金更多地向实体经济特别是“三农”和中小企业，更好地服务于保持经济平稳较快发展，值得期待。

资料来源：《金融时报》，2010－12－24。

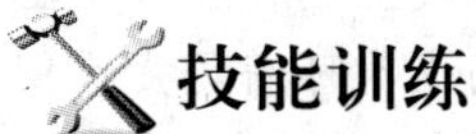

技能训练

1. 资料背景：

当前，我国经济正处于全球金融危机日渐回缓的背景下运行，中央政府根据我国的实际状况推出了很多金融政策进行宏观调控。有的政策取得了很好的调控效果，有的政策尚不明显。

[训练要求] 请结合我国经济发展的现状，分析我国目前执行的货币政策。

2. 资料背景：

一般性的货币政策工具是各国中央银行经常运用的货币政策工具，包括存款准备金政策、再贴现政策和公开市场业务，也被称为央行进行货币调控的三大法宝。

[训练要求] 请根据各政策工具的相关原理，分析在通货膨胀和经济萧条的两种情况下，央行应如何运用这三大法宝进行宏观调控。

3. 技能实训：

[实训目标] 通过本项目的实训，使学生把握我国经济发展的现状，理解中央银行对货币政策的制定与实施。

[实训要求] 全班分成几个小组，实行组长负责制，组织讨论；讨论结束后，由组长总结发言，教师做最后总结性评价，给出考核成绩。

[实训讨论] 中央银行是制定一国金融政策的银行，但对于一般百姓来说，出台方针政策并不被一般百姓所熟悉。请结合我国2010年经济发展的现状，谈谈中国人民银行屡次提高存款准备金率和存贷款基准利率对百姓生活的影响。

学习情境八

认识开放经济下的金融运行

学习目标

通过本情境的学习，了解国际收支和国际收支平衡表的基本知识，理解国际收支失衡的含义及其对经济的影响，知晓国际收支失衡的调节方式，掌握国际货币体系的内容及作用，了解国际货币体系的演变历程，了解重要的国际金融机构，理解金融与经济发展的关系，掌握金融压抑及对经济的负效应、金融深化论提出的背景及其政策含义。

知识结构模块图

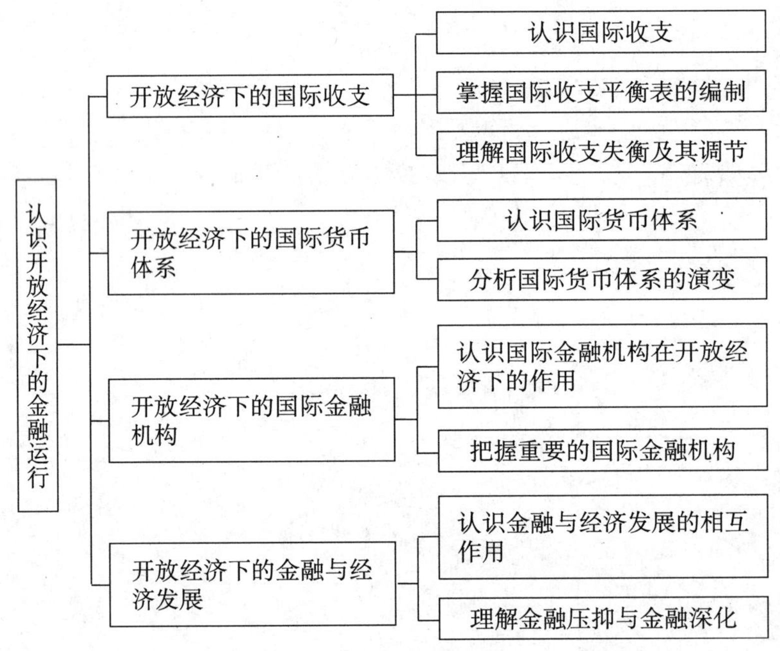

项目一　开放经济下的国际收支

【情境导入】

改革开放之前，人民币汇率水平由官方确定，实行固定汇率。改革开放之初，形成官定汇率和调剂市场汇率并存的双重汇率制度。1994年初，官方汇率与市场汇率并轨，实行以市场供求为基础的、单一的、有管理的浮动汇率制，汇率转向由市场决定。

2005年7月，我国进一步改进汇率形成机制，人民币汇率不再单一盯住美元，实行以市场供求为基础、参考一篮子货币进行调节、管理的浮动汇率制度，市场在汇率形成中的基础作用进一步加强，汇率弹性进一步扩大，对国际收支的调节作用得到进一步发挥。

那么，什么是国际收支呢？国际收支失衡有什么表现呢？应该如何去平衡呢？

【必备知识】

一、认识国际收支

（一）国际收支的含义

国际收支（International Balance of Payment）指的是一个国家或地区所有国际经济活动的收入和支出。一国的国际收支用于记录该国与他国之间的经济来往，是国民收入账户在开放经济条件下的延伸，也是衡量一国开放程度的主要工具。收支相等称为国际收支平衡，否则为不平衡。具体而言，由于国际收支反映的对象——国际经济活动在内容和形式上随世界经济发展而不断发展，国际收支概念的内涵也在不断发展。

16世纪末、17世纪初，由于地理大发现、工业革命的胜利，开始了以国际贸易为主的国际经济活动的迅速发展，对于一国来说，为了能准确了解本国的国际经济活动的情况就提出了国际贸易收支的统计要求，从而产生了“贸易差额”的概念，它表示一国在一定时期内对外商品贸易的综合情况。这个时期是国际收支概念的萌芽时期。

随着世界经济的发展，资本主义国家国际经济交易的内容和范围不断扩大，尤其是20世纪20年代之后，国际资本流动在国际经济中扮演着越来越重要的角色，显然，在这种情况下，“贸易差额”这个概念已不能全面反映各国国际经济交易的全部内容，于是就出现了“外汇收支”的概念。即此时的国际收支概念指的是一定时期内外汇收支的综合。各国经济交易只要涉及外汇收支，无论它是贸易、非贸易，还是资本借贷或单方面资金转移，就都属于国际收支范畴。这是狭义的国际收支的含义。

第二次世界大战结束之后，国际经济活动的内涵、外延又有了新的发展，狭义国际收支的概念也已经不能反映实际情况了，因为它已不能反映一系列不涉及外汇收支的国际经济活动，如易货贸易，补偿贸易，无偿援助和战争赔款中实物部分、清算支付协定下的记账等，而这些在世界经济中的影响越来越大，于是国际收支概念又有了新的发展，形成了广义的国际收支概念。它指一个国家或地区在一定时期内（通常为一年）在同外国政治、经济、文化往来的国际经济交易中的货币价值的全部系统记录。目前，世界各国普遍采用广义的国际收支含义。收入总额大于支出总额称为国际收支顺差，或称国际收支盈余；支出总额大于收入总额称为国际收支逆差，或称国际收支赤字。逆差表示对外负债，一般要用外汇或黄金偿付。

（二）国际收支的内容

第二次世界大战后，国际货币基金组织（IMF）成立，该组织成立的宗旨之一就是通过贷款调整会员国国际收支的不平衡。因此，国际货币基金组织要求各会员国定期报送本国的国际收支资料。为使各会员国在报送国际收支资料时有个明确而统一的标准，便于横向比较，国际货币基金组织对国际收支进行了深入而详细地探讨，并且对各国所呈递的国际收支资料所应包含的内容一再进行了修改，最后在 1977 年出版的《国际收支手册》中作出了统一规定，即："国际收支是一定时期内的一种统计报表，它反映：(1) 一国与他国之间商品、劳务和收益等的交易行为；(2) 该国所持有的货币黄金、特别提款权的变化以及与他国债权债务关系的变化；(3) 不需要偿还的单方面转移的项目和相对应的项目，由于会计上必须用来平衡的尚未抵消的交易，以及不易互相抵消的交易。"

这个规定概括了国际收支的全部内容，它使各会员国在报送国际收支时有了明确的依据。这里"一国"一词，其英文是"An Economy"，而不是"A Country"，也是指具有独立货币制度的经济体，比主权国家的概念要广泛。另外，就实质来说，"一国"或"经济体"就是指一个国家或经济体的居民。居民是指在某个国家（或地区）居住年限达 1 年以上者，否则即为非居民。一个企业的国外子公司是其所在国的居民，而不是其母公司所在国的居民。例如，美国通用电器公司在新加坡的子公司是新加坡的居民，美国的非居民，子公司与母公司的业务往来是新加坡和美国的国际收支内容。不过一个国家的外交使节、驻外军事人员，即使在另一国家居住一年以上，仍是派出国的居民，而非居住国的居民。国际性机构，如国际货币基金组织、世界银行等都不是某一国家的居民，而是任何国家的非居民。居民与非居民包括政府、个人、非盈利团体和企业四类。国际收支的内容是各种国际经济贸易，只有居民与非居民之间的各种经济贸易才是国际经济贸易。居民之间的各种经济贸易则是国内贸易，不属于国际收支范畴。

二、掌握国际收支平衡表的编制

（一）国际收支平衡表的含义

国际收支平衡表又称国际收支账户，是一定时期（一年、一季、一月）内一国同外国的全部经济往来的收支流量表。它是对一个国家与其他国家进行经济技术交流过程中所发生的贸易、非贸易、资本往来以及储备资产的实际动态所作的系统记录，是国际收支核算的重要工具。通过国际收支平衡表，可以综合反映一国的国际收支平衡状况、收支结构及储备资产的增减变动情况，为制定对外经济政策，分析影响国际收支平衡的基本经济因素，采取相应的调控措施提供依据。

（二）国际收支平衡表的编制方法

国际收支平衡表的编制采取复式记账法，即有借必有贷，借贷必相等。根据复式记账法，贷方记录资产减少、负债增加，借方记录资产增加、负债减少。因此，记入国际收支平衡表的贷方的项目包括货物和服务的出口、收益收入、接受的货物和资金的无偿援助、金融负债的增加和金融资产的减少；记入借方项目的是货物和服务的进口、收益支出、对外提供的货物和资金无偿援助、金融资产的增加和金融负债的减少。

但是，在国际收支平衡表中，每一具体项目的借方和贷方经常是不平衡的，借贷相抵往往出现一定的差额，如贸易差额、劳务差额、资本差额等。我们把每一具体项目的差额称为局部差额。如果贷方大于借方，出现贷方余额时，称为顺差；如果借方大于贷方，出现借方余额时，称为逆差。这种局部差额是可以相互抵消的，如劳务顺差可以抵消贸易逆差、资本项目顺差可以抵消经常项目逆差等。所有局部差额之和，就是国际收支总差额。国际收支总差额（顺差或逆差）可用平衡项目中的官方储备资产变动来加以平衡。表 8—1 是参照 IMF 的标准格式编制的表格。

表 8—1　　国际收支平衡表

	贷方	借方
1. 经常项目		
A. 货物和服务		
a. 货物		
b. 服务		
1. 运输		
1.1 海运		
1.2 空运		
1.3 其他运输		
2. 旅游		
2.1 因公		
2.2 因私		
3. 通信服务		
4. 建筑服务		
5. 保险服务		
6. 金融服务		
7. 计算机和信息服务		
8. 专有权力使用费和特许费		
9. 其他商业服务		
10. 个人、文化和娱乐服务		
11. 别处未提及的政府服务		
B. 收入		
1. 职工报酬		
2. 投资收入		
2.1 直接投资		
2.2 证券投资		
2.3 其他投资		
C. 经常转移		
1. 各级政府		
2. 其他部门		
2.1 工人的汇款		
2.2 其他转移		
2. 资本和金融项目		
A. 资本账户		
1. 资本转移		
2. 非生产、非金融资产的收买/放弃		

续前表

	贷方	借方
B. 金融账户		
1. 直接投资		
2. 证券投资		
3. 其他投资		
3. 储备资产		
4. 净误差与遗漏		

注：表中 3. 储备资产与 4. 净误差与遗漏合称为平衡项目。

（三）国际收支平衡表的内容

国际收支平衡表包括很多项目，加上各国又都是根据自己的具体情况来编制，因此国际收支平衡表的内容也有很大的差异，但主要的项目还是基本一致的。国际收支平衡表的主要内容包括三个部分：经常项目、资本和金融项目、平衡项目（见表 8—1）。

1. 经常项目

经常项目（Current Account）也被称为经常账户，反映一国与他国之间的实际资产的转移，是国际收支中最重要的账户，包括货物、服务、收入和经常转移四个科目。经常账户和它的各个科目通常都列出了贷方额和借方额，以便计算差额。经常账户差额有时也被称为经常账户收支，经常账户盈余表示其贷方总额大于借方总额，说明经常账户交易的总收入大于总支出；经常账户赤字则相反。

（1）货物（Goods）是经常账户和整个国际收支平衡表中最重要的科目，记录一国的商品出口和进口，又称有形贸易。其中贷方记录出口值，借方记录进口值，商品出口值和进口值的差额称为贸易差额或贸易收支。

在一般的国际贸易统计中，大多数国家对出口商品价格以离岸价格（FOB）计算，对进口商品价格则按到岸价格（CIF）计算，到岸价格等于离岸价格加上运输费用和保险费用。但国际货币基金组织规定，进出口商品价格均按离岸价格计算。这样，在统计进口商品时，要把原价中的运费和保险费扣除，并将这些扣除数分别列入劳务收支项目。

（2）服务（Services）科目记录服务的输入和输出，又称无形贸易。贷方记录服务输出值，借方记录服务输入值。这一科目记录的交易内容比较广泛，又分为运输服务、旅行服务、通信服务、建筑服务、保险服务、金融服务（保险除外）、计算机和信息服务、专利费和手续费、其他商业服务、其他私人服务、政府服务等细目。主要包括运费、保险费及保险赔偿金、旅游费、各国使领馆以及代表团发生的费用，还有其他一些费用如邮电费、手续费、专利费等。

（3）收入（Income）科目记录因生产要素在国际间流动而引起的要素报酬收支。它主要下设“职工报酬”和“投资收益”两个细目。这里职工报酬和投资收益是指一国居民个人在另一国（或地区）工作而得到的现金或实物形式的工资、薪水和福利；投资收益是指一国资本在另一国投资而获得的利润、股息、利息等。根据需要，投资收益还可以分为直接投资收益、证券投资收益和其他投资收益等。职工报酬收入和投资收益收入记录在贷方，职工报酬支出和投资收益支出记录在借方。所有要素报酬收入减去所有要素报酬支出，称为要素报酬收支净额。

（4）经常转移（Current Transfers）又称为单方面无偿转移，记录不发生对等偿付的单方面支付。贷方记录本国从外国取得的单方转移收入，借方记录本国向外国的单方转移支出。单方面无偿转移的含义是资金在国际间移动后，并不产生归还或偿还的问题，是属于单方面的、无对等的收支。根据单方面转移的不同授受对象，可分为政府转移与私人转移。政府间的无偿转移包括战争赔款、无偿的经济援助与军事援助、捐款、向国际组织定期缴纳的会费等。私人的无偿转移包括侨汇、捐赠、继承、赡养费、资助性汇款、退休金等。

2. 资本和金融项目

资本和金融项目（Capital Account and Financial Account）又称资本与金融账户，是指对资产所有权在国际间流动进行记录的账户，它包括资本项目（Capital Account）和金融项目（Financial Account）两个部分。资本与金融账户的贷方记录是资本流入，借方记录是资本流出。然而，与经常账户不同的是，资本与金融账户的各个科目通常并不按借方发生总额和贷方发生总额来记录，而是按借方净额或贷方净额来记录的。一是因为资产交易的发生总额常常缺乏数据，而从期末报表中得出的只是净额；二是因为交易总额对国际收支分析并不很重要。

（1）资本项目。

资本项目，又称为资本账户，包括资本转移和非生产、非金融资产的收买或出售两类。

资本转移（Capital Transfers）既可以用现金形式，也可以用实物形式。若采用实物形式，资本转移包括固定资产所有权发生了变更，但没有得到任何回报，或根据债权人和债务人双方的协定全部或部分减免债务人的财务负债，但债权人不从债务减免中得到任何回报。若采取现金形式，则大多表现为投资捐赠，即交易一方向非居民提供购置某项固定资产的全部或部分资金。因此，交易是与一方或双方进行的某项固定资产的收买或放弃相联系，或以此为存在条件的。在这种形式的资本转移中，受援者的总固定资产得到了增加。包括：1）政府部门的资本转移：如债务减免、投资捐赠、资本转移的税款，向非居民支付的大规模资本损失或严重事故的保险赔偿；2）其他部门的资本转移：如移民转移（移民所造成的货物流量及金融项目的变化）、债务减免、其他转移（投资增款、补偿支付、税款、巨额捐赠）。

非生产资产的交易是指货物和服务的生产所需要的，但不是生产创造出来的有形资产（如土地和自然资源）的交易。

非金融资产的交易是指无形资产的交易，如专利、版权、商标、经销权等的购买或出售。需要指出的是，无形资产而引起的费用开支记录在经常项目下的服务项目中，而无形资产所有权的买卖则记录在资本项目下。

资本项目包括资本流出和资本流入。资本流出是指本国对外资产的增加，即本国居民对非居民持有的所有权的增加，或指本国对外负债的减少，即非居民对本国居民所持有的求偿权的减少；资本流入是指本国对外资产的减少或本国对外负债的增加。

（2）金融项目。

金融项目也称为金融账户，是指经济体对外资产和负债所有权变更的所有权交易，它主要包括直接投资、证券投资、其他投资三类。

直接投资是为了获取本国以外的企业的经营权的投资。它可以采取直接在国外投资建立企业的形式，也可以采取购买非居民企业一定比例股票的形式，或采取将投资利润进行再投资的形式。

证券投资是指购买非居民政府的长期债券、非居民公司的股票和债券等。这里应指出的是，IMF 规定拥有非居民企业的股权达到 10%时作为直接投资。

其他投资是指直接投资和证券投资未包括的金融交易，包括贷款、预付款、金融租赁项下的货物、货币和存款等。

3. 平衡项目

平衡项目（Balancing Account）是为了平衡经常项目和资本与金融项目借贷双方的差额而设立的项目。经常项目和资本与金融项目收支相抵，产生差额时，无论是顺差还是逆差，都要在本项目中有所反映，从而使国际收支平衡表保持平衡。平衡项目包括以下两个项目：储备资产（Reserve Assets）和净误差与遗漏（Net Errors and Omissions）。

（1）储备资产。

储备资产是一国货币当局（如中国人民银行）持有的用于稳定汇率、弥补国际收支逆差和偿付对外债务的各种储备资产，也叫做国际储备。包括货币性黄金储备、外汇储备、在国际货币基金组织的储备头寸和特别提款权。该账户记录的是各种储备资产的增减变化，官方储备的增加额计入借方，官方储备的减少额计入贷方。

（2）净误差与遗漏项目。

净误差与遗漏项目又称净误差与遗漏账户，它不是由交易产生的，而是由于会计上的需要，为了解决借贷方不平衡而人为设置的一个账户。根据复式记账原则，所有账户的借方总额和贷方总额应该是相等的。而实际上，由于各种国际经济交易的统计资料来源不一，有的数据还来自估算（如旅游外汇收入），再加上诸如走私、资金外逃等地下经济的存在，国际收支平衡表几乎不可避免地会出现净的借方差额或贷方差额。基于会计上的需要，就人为设置了这个项目，以抵消上述偏差。如果国际收支平衡表的其他项目的借方总额大于贷方总额，就在错误与遗漏的贷方列出这一差额。如果表中其他项目的贷方总额大于借方总额，则将差额列在错误与遗漏的借方。在实务当中，净错误与遗漏的数字是根据下面的公式倒推出来的。

经常项目差额＋资本和金融项目差额＋净误差与遗漏＝官方储备资产变动的相反数

三、理解国际收支失衡及其调节

（一）国际收支失衡的判别

国际收支账户是一种事后的会计记录，复式记账法使它的借贷双方在总体上总是平衡的，也就是差额总是为零，这种平衡是会计意义上的概念。我们所讲的国际收支的均衡与失衡并非会计意义上的，而是指实际经济意义上的。判断国际收支是否平衡，通常的做法是将国际收支平衡表记录的国际经济交易，按照交易主体和交易目的的不同划分为分为自主性交易（Autonomous Transaction）和补偿性交易（Compensatory Transaction）。所谓自主性交易，是指个人或企业为某种自主性目的（比如追逐利润、追求市场、旅游、汇款等）而从事的交易。国际收支的差额或不平衡即指自主性交易的不平衡。而补偿性交易是指为弥补国际收支不平衡而发生的交易，比如为弥补国际收支逆差而向外国政府或国际金融机构借款，动用官方储备等。这种识别国际收支不平衡的方法，从理论上看是很有道理的，但在统计上却很难加以区别，在概念上也很难精确区别自主性交易与补偿性交易。按交易动机识别国际收支差额仅仅提供了一种思维方式，迄今为止，还无法将这一思想付诸于实践。按照人们的传统习惯和国际货币基金组织的做法，国际收支不平衡可以按下述口径来加以观察。

1. 贸易收支差额

贸易收支即包括货物与服务在内的进出口收支差额，这是传统上用得比较多的一种方法。在许多新的国际收支调节理论中，有的也将贸易收支作为国际收支的代表。贸易账户实际上仅仅是国际收支的一个组成部分，在国际经济往来日益频繁的今天，贸易收支绝对不能代表国际收支的整体。但是，对某些国家来说，贸易收支在全部国际收支中所占的比重相当大，因此出于简便，可将贸易收支作为国际收支的近似代表。另外，贸易收支在国际收支中还有它的特殊重要性。商品的进出口情况综合反映了一国的产业结构、产品质量和劳动生产率状况。因此，即使像美国，资本与金融账户交易比重相当大，仍十分重视贸易收支的差额。

2. 经常账户差额

经常项目包括贸易收支、收入收支和经常转移收支。前两项构成经常项目收支的主体。国际货币基金组织特别重视各国经常项目的收支状况。虽然经常项目的收支也不能代表全部国际收支，但它综合反映了一个国家的进出口状况（包括无形进出口，如劳务、保险、运输等），因而被各国广为使用，并被当作是制定国际收支政策和产业政策的重要依据。

3. 基本账户差额

基本账户差额（Basic Balance）包括经常账户和长期资本账户所形成的差额。长期资本流动相对于短期资本流动来讲是一种比较稳定的资本流动，它不是投机性的，而是以市场、利润为目的，反映了一国在国际经济往来中的地位和实力。把经常收支和长期资本收支合在一起，能反映出一国国际收支的基本状况。因此，基本项目账户便成为许多国家、尤其是那些长期资本进出规模较大的国家观察和判断其国际收支状况的重要指标。但是这一差额也存在一些问题，因为长期资本流动是根据金融资产发行时规定的偿还期限来定义的，在金融市场日益发达和金融创新层出不穷的今天，被列为长期资本流动的部分交易也具有短期性质，如购买的长期债券即将到期，或者将购买的长期债券和股票转手卖出；另一方面，一些短期资本流动也可能比较稳定。所以这一分析意义已经逐步弱化。

4. 综合账户差额

综合账户差额（Overall Balance）又称总差额，是指经常账户和资本与金融账户中的资本转移、直接投资、证券投资、其他投资所构成的差额，也就是将国际收支账户中的官方储备账户剔除后的差额。综合差额的意义在于可以衡量国际收支对一国国际储备所构成的压力，因为综合差额必然导致官方储备的相反方向的变动。综合差额的状况直接影响到该国的汇率是否稳定；而动用官方储备弥补国际收支的不平衡、维持汇率稳定的措施又会影响到一国的货币发行量。因此综合差额是非常重要的。IMF倡导使用综合差额这一概念。在没有特别说明的情况下，人们所说的国际收支盈余或赤字，通常指的是综合差额的盈余或赤字。

从上述介绍可以看到，国际收支不平衡的概念有许多种。不同国家往往根据自己的不同情况选用其中一种或若干种，来判断自己在国际交往中的地位和状况，并采取相应的对策。比如，某个国家的基本账户长年来基本保持平衡，但仔细分析一下，它的贸易账户连年发生巨额赤字，而长期资本账户则连年盈余。这样的国家虽然其基本账户处于平衡，但从长期看，国际收支状况不容乐观。因为长年的贸易赤字反映了该国产业的国际竞争力低下，国际收支的平衡没有坚实的基础，目前的平衡是依靠引进外资来维持的。这样的国家，极可能存在严重的外汇短缺和结构性国际收支不平衡，需要采取措施来加以纠正。

（二）国际收支失衡的原因及对经济的影响

1. 国际收支失衡的主要原因

国际收支失衡的主要原因有：周期性失衡、结构性失衡、收入性失衡、货币性失衡及偶发性失衡。

(1) 周期性失衡。这是由于国际间各国所处的阶段不同而造成的不平衡。经济周期一般包括四个阶段，危机、萧条、复苏、繁荣。本国经济处于繁荣阶段，贸易伙伴国的经济处于衰退阶段，这样本国对外国产品的需求就较外国对本国产品的需求旺盛，因此造成本国贸易收支赤字。战后西方主要国家的经济周期具有同步性，这一类型的失衡在工业国家有所减轻。工业国家的经济周期的影响主要发生在发展中国家的国际收支上。当它们处于衰退阶段，对发展中国家的出口产品的需求就会减弱，造成发展中国家出口的下降。

(2) 结构性失衡。这是由于国际市场对本国的出口和进口的需求条件发生变化，本国贸易结构无法进行调整所导致的国际收支不平衡。经济结构失衡可分为产品供求结构失衡和要素价格结构失衡。如果本国产品的供求结构无法跟上国际市场产品供求结构的变化，本国的国际收支将发生这种长期性失衡，如国际市场对本国具有比较优势的出口品的需求减少，或者国际市场上本国进口品的供给减少，价格上升，而本国无法改变出口结构，则本国的国际收支将出现赤字。同样，如果本国要素的价格变动使本国出口品在国际市场上所具有的比较优势逐渐削弱直至消失，也会导致本国贸易赤字的长期存在。如本国原是劳动力资源丰富的国家，劳动密集型产品具有比较优势，但如果本国工资上涨的程度大于劳动生产率提高的程度，则本国劳动力不再是较便宜的生产要素，本国出口品的生产成本就会提高，逐渐丧失国际竞争的能力。

(3) 收入性失衡。这是由于一国国民收入相对快速增长，导致进口增长超过出口增长而引起的国际收支失衡。在其他条件不变的前提下，一国收入平均增长速度越高，该国进口也会增长得越快。因为收入增加会使企业增加对进口生产设备和原材料的需求，使居民增加对进口消费品的需求。因此，收入增长较快的国家容易出现国际收支逆差，而收入增长较慢的国家容易出现国际收支顺差。但是，如果考虑到收入增长过程中其他因素的变化，结果可能就不同了。例如，如果一国在收入增长过程中实现了规模经济效益和技术进步，进而引起生产成本下降，那么收入增长不仅使进口增加，还可能会使出口增长。

(4) 货币性失衡。由于一国的价格水平、成本、汇率、利率等货币性因素而造成的国际收支不平衡。如果一国货币数量发行过多，该国的成本与物价普遍上升，由此必然导致出口减少，进口增加，另外，本国利息率也会下降，造成资本流出增加，流入减少，使国际收支出现赤字。货币性失衡不仅与经常账户收支有关，也与资本账户收支有关。

(5) 偶发性失衡。一次性的国内外突发事件常常使一国的出口收入下降或进口支出增加。譬如，由气候骤然变化、骚乱等因素所引起的国内产量下降（如谷物歉收），会造成出口供给减少，进口需求增加。同样，国外贸易伙伴国的这类突发性事故也可能带来进口供给和出口需求下降。这些因素都会带来贸易条件的恶化，或者出口数量的减少、进口数量的增加，从而导致本国的国际收支赤字。但这种类型的冲击是暂时性的，一旦这些因素消失，国际收支便会恢复到正常状态。

另外，不稳定的投机和资本外逃也会造成国际收支的失衡。这是由于实行浮动汇率制后汇率变动的风险所带来的失衡。国际金融市场上存在巨额的游资，一有风吹草动，这些资金就会在各国之间频繁地移动，以追求投机利润。这种变化莫测的短期资本流动常常造成一国国际收支的不稳定。

2. 国际收支失衡对经济的影响

国际收支不平衡要么表现为对外支付大于收入，也就是人们常说的国际收支逆差或者赤字，要么表现为收入大于对外支付，也就是人们常说的国际收支顺差。长期的国际收支逆差和顺差都会引起国内某些经济变量的变动，给一国经济带来不利的影响。

(1) 国际收支逆差对一国经济发展的消极影响。

逆差意味着该国外汇支出超过外汇收入，这会通过外汇市场的供求关系形成使该国货币汇率下跌的压力，从而使该国贸易条件恶化。贸易条件恶化对一国经济发展的影响不能一概而论。例如，面临严重失业问题的发达国家政府有时人为实行货币对外贬值政策，通过改变贸易条件来刺激出口和抑制进口。但是，多数发展中国家由于存在经济结构问题，贸易条件恶化并不能有效地刺激出口和抑制进口，有可能进一步加剧债务负担。

如果一国政府不愿接受本币汇率下降和贸易条件恶化的后果，就需要在国际收支出现逆差时动用黄金外汇储备干预外汇市场，从而使得该国黄金外汇储备减少。任何国家都需要维持一定数量的黄金外汇储备，以保证该国在对外交往中具有足够的国际信誉并维持足够的对外支付能力。黄金外汇储备减少会导致国内银根紧缩和利率上升，这对收入和就业有消极影响。

如果国际收支逆差是由贸易逆差所引起的，则它会通过外贸乘数造成本国收入下降和失业增加。如果国际收支逆差是由资本和金融项目逆差所引起的，则它会通过加剧国内资金紧张造成本国收入下降和失业增加。收入增长与积累率之间存在正向联系。资本外流使积累率下降，从而导致收入增长速度下降或负增长。

(2) 国际收支顺差对一国经济的不利影响。

持续顺差会使一国所持有的外国货币资金增加，在自由汇兑的条件下会导致本币升值，不利于本国商品的出口，对本国经济的增长产生不良影响。

持续顺差会导致一国通货膨胀压力加大。国际贸易出现顺差往往意味着国内大量商品被用于出口，可能导致国内市场商品价格上涨，出口公司出售大量外汇兑换本币收购出口产品将增加国内市场货币的投放量。这都会带来通货膨胀压力。如果资本项目出现顺差，政府就必须投放本国货币来购买这些外汇，从而也会增加该国的货币流通量，同样会产生通货膨胀压力。

国际收支持续顺差容易引起国际摩擦，不利于国际经济关系的发展。一国国际收支出现顺差也就意味着世界其他一些国家因其顺差而出现国际收支逆差，从而影响这些国家的经济发展，他们要求顺差国调整国内政策，以调节过高的顺差，这就必然导致国际摩擦。比如21世纪初中美贸易摩擦就有这类因素起作用。

可见，一国国际收支持续不平衡时，无论是顺差还是逆差，都可能给该国经济带来不利影响。政府必须采取适当的调节措施，以使该国的国内经济和国际经济得到健康的发展。

(三) 国际收支失衡的调节方式

国际收支失衡的调节主要有两种方式：一是自动调节，二是人为调节。

1. 国际收支失衡的自动调节

(1) 汇率调节机制。

当一国出现国际收支失衡时，必然会对外汇市场产生压力，促使外汇汇率变动。在浮动汇率制度下，国际收支失衡会被汇率的变动所消除，从而使该国国际收支恢复平衡。

(2) 收入调节机制。

如果一国出现国际收支失衡，经济体系内部会自发产生出使收入水平发生变动的作用力，而收入的变动至少会部分地减少国际收支的失衡程度。

(3) 货币调节机制。

国际收支失衡会影响该国流通中的货币量，进而影响该国的价格水平、利率和现金余额变量，并由此起到减轻一国国际收支失衡的作用。

2. 国际收支失衡的人为调节

国际收支的自动调整机制虽然有其优点，但它们只能在某些条件或经济环境下才会发生作用，而且作用的程度和效果无法保证，所需要的过程也比较长。因此，当国际收支出现失衡时，一国政府当局往往不能完全依靠经济体系的自动调节机制来使国际收支恢复均衡，而需要人为采取适当的政策措施。所采取的政策主要包括如下几种：

(1) 外汇缓冲政策。

外汇缓冲政策是指运用官方储备的变动或向外借款，来对付国际收支的临时性失衡。运用外汇缓冲政策调节临时性失衡是一种非常好的选择，它可以使外部失衡的影响止于外汇储备阶段。它能够使本币汇率免受暂时性失衡所造成的无谓波动，有利于本国对外贸易和投资的顺利进行。然而，一国官方储备规模毕竟是有限的，因此不能完全依靠这种资金融通的办法来弥补那些巨额的、长期的国际收支赤字。否则将导致外汇储备的枯竭或外债的大量累积，对于赤字问题的解决还是无济于事。当那些长期性国际收支赤字出现时，调整政策的实施是不可避免的。但在调整期间，适当地运用这一政策来作为辅助手段，放慢调整速度，就可以为调整创造宽松的环境，使国内经济避免因调整过猛带来的难以承受的震动。

(2) 汇率调整政策。

汇率调整政策就是指发生逆差时实行本币贬值，发生顺差时实行升值。一国通过汇率的贬值改善国际收支的效果，主要取决于以下几个方面：1) 进出口需求弹性之和是否大于1。2) 本国现有生产能力是否获得充分的利用，这是因为贬值后的需求转换还需要依靠本国贸易品（出口品和进口替代品）部门供给的增加来满足。3) 贬值所带来的本国贸易品与非贸易品（包括劳动）的较高相对价格之差是否能维持较长的一段时期。在充分就业的条件下，贸易品供给的增加主要依靠生产资源从非贸易品部门释放出来；汇率贬值所引起的国内物价上涨，是否能为社会承受，也是汇率贬值政策实施时所要考虑的重要因素。一般来说，在经济处于满负荷运行状态时，汇率贬值政策必须结合紧缩性政策来实施，否则将导致严重的通货膨胀，且不易收效。但通过汇率调整实现调节目标，需要本国进出口商品具有充分弹性，而且汇率调整，尤其是竞争性贬值容易引起贸易伙伴的报复。

(3) 需求管理政策。

需求管理政策是运用扩张或紧缩性财政政策和货币政策来控制需求总量，进而消除国际收支的失衡。对于由国内需求失衡引起的国际收支失衡，需求管理政策是一种有效的调节方式。在财政政策方面，可供采用的措施主要是减少财政支出和提高税率，在货币政策方面，当局可以调高再贴现率，提高法定存款准备金率，或在公开市场卖出政府债券，等等。紧缩性财政货币政策可以通过三个渠道来影响国际收支：第一，它通过乘数效应减少国民收入，由此造成本国居民商品和劳务支出的下降。只要它能够降低本国的进口支出，就可以达到改善国际收支的目的。这一收入效应的作用大小显然取决于一国边际进口倾向的大小。第二，它通过诱发国内生产的出口品和进口替代品的价格下降，提高本国贸易品部门在国际和国内市场上的竞争能力，刺激国外居民将需求转向本国出口品，也刺激国内居民需求从进口品转向进口替代品，从而获得增加出口，减少进口的效果。这一相对价格效应的大小取决于进出口供求弹性。第三，紧缩性货币政策还会通过本国利息率的上升，吸引国外资金的流入，减少本国资金的流出改善资本账户收支。这一利率效应的大小取决于货币需求的利率弹性与国内外资产的替代性高低。

然而，这类政策的局限性在于，国际收支的改善是以牺牲国内经济为代价的，往往与国内经济目标发生冲突。紧缩性政策在减少进口支出的同时也抑制了本国居民对国内产品的需求，由此会导致失业和生产能力过剩。如果所造成的负担主要落在投资上，还会影响长期的经济增长。因此，特别在本国经济业已不振，失业已经严重的情况下，国际收支赤字的出现，常常使当局的宏观经济政策陷入左右为难的境地。只有在国际收支赤字是在总需求大于充分就业条件下的总供给的情况下发生时，采取紧缩性经济政策才不至于牺牲国内经济目标。因此，这类政策适宜于用来纠正国际收支的周期性赤字。

（4）直接管制政策。

实行贬值政策和紧缩性财政货币政策来纠正国际收支的长期性失衡，必须通过市场机制才能发挥作用，而且还需要经过一段较长的时间。对于结构性变动所引起的国际收支失衡，以上政策实施也都难以收到良好的效果。因此，在出现国际收支赤字的情况下，许多发展中国家都对国际经济交易采取直接干预办法，即实行直接管制。直接管制政策是指对国际经济贸易采取直接行政干预的政策。它包括外汇管制和贸易管制。

从实施的性质来看，直接管制的措施有数量性管制措施和价格性管制措施之分。前者主要针对进口来实施，包括进口配额、进口许可证制、外汇管制等各种进口非关税壁垒。后者既可用于减少进口支出，主要指进口关税，也可用来增加出口收入，如出口补贴、出口退税、外汇留成、出口信贷优惠等。从实施的效果来看，数量性管制措施能够在短期内迅速削减进口支出，立竿见影，而价格性管制措施的作用渠道则基本上同于汇率政策。直接管制措施的特点是比较灵活，各国可以对维持生产和生活水平所必需的中间产品和消费品、扩大生产能力所需的资本品（机器设备等）的进口不实行限制，或者限制程度轻一些，而对奢侈品进口则严加控制，同时在出口方面可以重点奖励重要的或非传统的产品的生产和出口。因此，适当地运用直接管制措施，可以在纠正国际收支赤字的同时不影响整个经济局势。但是，采用这种调整政策来维持国际收支平衡，仅仅是变显性赤字为隐性赤字。一旦予以取消，除非经济结构相应得到改善，否则国际收支赤字仍然会重新出现，因此许多国家采用直接管制措施，主要是用以配合产业政策的实施。再者，直接管制还十分容易引起贸易伙伴国的报复。一旦对方国家也实行相应的报复性措施，往往导致国与国之间的“贸易战”，使原先实行直接管制措施的国家前功尽弃。另外，实行直接管制，也容易造成本国产品生产效率低下，对外竞争能力不振，引起官僚作风和贿赂风气的兴起。

【典型业务分析】

请根据2009年中国国际收支平衡表（见表8—2）简要分析2009年我国的国际收支的主要状况。

表8—2　　2009年中国国际收支平衡表　　单位：亿美元

项　目	行次	差额	贷方	借方
一、经常项目	1	2 971	14 846	11 874
A. 货物和服务	2	2 201	13 333	11 132

续前表

项　　目	行次	差额	贷 方	借 方
a. 货物	3	2 495	12 038	9 543
b. 服务	4	−294	1 295	1 589
1. 运输	5	−230	236	466
2. 旅游	6	−40	397	437
3. 通信服务	7	0	12	12
4. 建筑服务	8	36	95	59
5. 保险服务	9	−97	16	113
6. 金融服务	10	−3	4	7
7. 计算机和信息服务	11	33	65	32
8. 专有权利使用费和特许费	12	−106	4	111
9. 咨询	13	52	186	134
10. 广告、宣传	14	4	23	20
11. 电影、音像	15	−2	1	3
12. 其他商业服务	16	59	247	188
13. 别处未提及的政府服务	17	1	9	8
B. 收益	18	433	1 086	653
1. 职工报酬	19	72	92	21
2. 投资收益	20	361	994	632
C. 经常转移	21	337	426	89
1. 各级政府	22	−2	0	3
2. 其他部门	23	340	426	86
二、资本和金融项目	24	1 448	7 464	6 016
A. 资本项目	25	40	42	2
B. 金融项目	26	1 409	7 422	6 014
1. 直接投资	27	343	1 142	799
1.1　我国在外直接投资	28	−439	42	481
1.2　外国在华直接投资	29	782	1 100	318
2. 证券投资	30	387	981	594
2.1　资产	31	99	669	570
2.1.1　股本证券	32	−338	122	461
2.1.2　债务证券	33	437	547	110
2.1.2.1　（中）长期债券	34	370	479	110
2.1.2.2　货币市场工具	35	67	68	0
2.2　负债	36	288	312	24
2.2.1　股本证券	37	282	288	7
2.2.2　债务证券	38	6	23	17
2.2.2.1　（中）长期债券	39	6	23	17
2.2.2.2　货币市场工具	40	0	0	0
3. 其他投资	41	679	5 299	4 620
3.1　资产	42	94	1 174	1 080
3.1.1　贸易信贷	43	−544	0	544
长期	44	−38	0	38
短期	45	−506	0	506
3.1.2　贷款	46	130	450	320
长期	47	−315	0	315
短期	48	445	450	5
3.1.3　货币和存款	49	52	267	216

续前表

项　目	行次	差额	贷方	借方
3.1.4　其他资产	50	456	457	1
长期	51	0	0	0
短期	52	456	457	1
3.2　负债	53	585	4 125	3 540
3.2.1　贸易信贷	54	321	321	0
长期	55	22	22	0
短期	56	298	298	0
3.2.2　贷款	57	37	3 222	3 185
长期	58	−97	135	232
短期	59	134	3 087	2 953
3.2.3　货币和存款	60	116	456	340
3.2.4　其他负债	61	111	126	15
长期	62	110	110	0
短期	63	1	16	15
三、储备资产	64	−3 984	0	3 984
3.1　货币黄金	65	−49	0	49
3.2　特别提款权	66	−111	0	111
3.3　在基金组织的储备头寸	67	−4	0	4
3.4　外汇	68	−3，821	0	3 821
3.5　其他债权	69	0	0	0
四、净误差与遗漏	70	−435	0	435

分析：

2009 年我国国际收支继续呈现“双顺差”格局。其中，经常项目顺差 2 971 亿美元，较上年下降 32%，2008 年为增长 17%；资本和金融项目顺差 1 448 亿美元，较上年增长 6.6 倍，2008 年为下降 74%。各主要项目情况如下：

1. 货物贸易进出口多年来首次回落

2009 年，由于外部需求依然较低，国内经济增速相对前些年有所回落，我国货物贸易进出口继续呈现下滑趋势。按国际收支统计口径，2009 年货物贸易出口 12 038 亿美元，进口 9 543 亿美元，分别较上年下降 16%和 11%，是近 20 年来的首次下降；货物贸易顺差 2 495亿美元，下降 31%。

2. 服务贸易逆差持续增长

2009 年，服务贸易收入 1 295 亿美元，较上年下降 12%；支出 1 589 亿美元，与上年基本持平；逆差 294 亿美元，增长 149%。服务贸易逆差扩大的主要原因是，运输项目逆差较上年扩大 93%，旅游项目由上年的顺差 47 亿美元转为逆差 40 亿美元。

3. 收益项目净流入小幅上升

2009 年收益项目顺差 433 亿美元，较上年增长 4%。随着我国对外资产规模的进一步扩大，2009 年投资收益流入 994 亿美元，增长 7%，其中大部分是国家外汇储备取得的收益。在全球经济不景气的情况下，我国海外务工人员的劳务收入增幅放缓，2009 年职工报酬净流入 72 亿美元，较上年增长 12%，增幅回落 35 个百分点。

4. 直接投资顺差减少

2009 年，直接投资顺差 343 亿美元，较上年下降 64%。由于国际资本流动规模收缩，外国来华直接投资净流入 782 亿美元，较上年下降 47%。我国对外直接投资保持一定规模，2009 年净流出 439 亿美元，较上年下降 18%。

5. 证券投资净流入略有下降

2009 年，证券投资项下净流入 387 亿美元，较上年下降 9%。其中，我国对外证券投资净回流 99 亿美元，较上年下降 70%；境外对我国证券投资净流入 288 亿美元，增长 191%。

6. 其他投资由净流出转为净流入

2009 年，贷款、贸易信贷、货币和存款等形式的其他投资项下的净流入 679 亿美元，2008 年为净流出 1 211 亿美元。其中，我国境外其他投资资产净回流 94 亿美元，2008 年为净流出 1 061亿美元。境外对我国其他投资净流入 585 亿美元，2008 年为净流出 150 亿美元。

7. 储备资产增幅放缓

2009 年，剔除汇率、价格等非交易价值变动（即估值效应）的影响，我国新增国际储备资产 3 984 亿美元，按可比口径较上年减少 1 710%。其中，外汇储备交易变动 3 821 亿美元，特别提款权和货币黄金合计增加 160 亿美元。

资料来源：http://www.pbc.gov.cn。

项目二　开放经济下的国际货币体系

【情境导入】

1944 年在美国召开的布雷顿森林会议制订了《国际货币基金协定》，确立了美元同黄金挂钩、其他国家货币同美元挂钩的平价（固定汇率）制度，以美元作为国际储备和国际清偿力的主要来源和支撑，作为国际货币体系的中心。这一架构对于恢复战后经济、缓解国际黄金储备和清偿能力的不足起到了积极作用，但也存在固有的缺陷。

20 世纪 50 年代，美国经济学家罗伯特·特里芬（Robert Triffin）在对布雷顿森林体系进行研究后指出，如果没有别的储备货币来补充/取代美元，以美元为中心的平价体系必将崩溃，因为在这一体系中，美元同时承担了相互矛盾的双重职能，即（1）为世界经济增长和国际贸易发展提供清偿能力；（2）维持美元的币信，保持美元同黄金的汇兑比例。为了满足各国对美元储备的需要，美国只能通过对外负债形式提供美元，即国际收支持续逆差，而长期的国际收支逆差将导致国际清偿力过剩、美元贬值（“美元灾”），无法维系对黄金的官价；如果要保证美元币值的稳定，美国就必须保持国际收支顺差，这又将导致美元供应不足、国际清偿手段匮乏（“美元荒”）。美元在布雷顿森林体系下的这种两难处境，就是著名的“特里芬困境”（Triffin Dilemma）。其后的历史发展证明了特里芬教授的先见之明。

【必备知识】

一、认识国际货币体系

（一）国际货币体系的含义及内容

1. 国际货币体系的含义

国际货币体系，又称国际货币制度，是指各国政府为适应国际贸易与国际支付的需要，对货币在国际范围内发挥世界货币职能所确定的原则、采取的措施及相应组织机构的总称。

国际货币体系对国际金融活动的正常运行，乃至国际经济贸易的发展有着十分重要的作用。一国货币的汇率水平、国际收支等均不是一国所能单独决定的，而是各国经济相互作用的结果。随着经济全球化的深化，如果没有国际货币体系的存在，各国的经济政策就难以协调，各国货币政策的调整、国际收支的平衡就很困难，会严重影响各国正常的对外经济交往及国内经济的稳定与发展，同时也会加剧国际金融领域的动荡，不利于世界经济的发展。

2. 国际货币体系的内容

国际货币体系的具体内容主要包括：确定世界及各国货币的汇率制度；确定有关国际货币金融事务的协调机制或建立有关协调和监督机构；确定资金融通机制；确定主导货币或国际储备货币；确定国际货币发行国的国际收支及约束机制。

（二）国际货币体系的目标和作用

1. 国际货币体系的目标

国际货币体系的目标是：保障国家贸易、世界经济稳定、有序地发展，使各国的资源得到有效的开发利用。

2. 国际货币体系的作用

国际货币体系的作用主要包括：建立汇率机制，防止循环的恶性贬值；为国际收支不平衡的调节提供有利的手段和解决途径；促进各国的经济政策相协调。

二、分析国际货币体系的演变

按本位机制划分，国际货币体系大致经历了国际金本位制的自发国际货币体系、国际“黄金—美元”本位制的布雷顿森林体系、国际美元本位制的牙买加体系等几个主要发展阶段。

（一）自发国际货币体系

真正意义上的国际货币体系是从国际金本位制的自发国际货币体系开始的，大约形成于19世纪70年代，到1914年第一次世界大战时结束，它并不是国际协议的结果，而是交易制度、交易习惯和国内法缓慢发展起来的结果，反映的是英国在世界经济和国际贸易中的支配地位。

1. 自发国际货币体系形成的背景

一是英国世界第一强国地位的形成。17世纪发生的欧洲大陆战争引发了对军需物资的大量需求，同时引发大量难民逃往海峡对面的英国。英国人抓住机会利用这些劳动力和他们带来的技术，打下了扎实的工业基础，发展了军事力量，赢得了其后100多年的征战欧亚美的国际战争，最终于18世纪后期成为国际政治格局上无可比拟的世界强国，并且通过工业革命，于19世纪中叶成为全球第一个经济霸权国家。二是由于认识到黄金比白银更适于远距离、大规模的国际贸易，英国率先通过法令规定英镑的黄金含量，采用金本位制度。以伦敦和英镑为中心的国际贸易和支付网络覆盖全球，英镑凭借英国在国际贸易和金融方面的霸权地位成为国际间最主要的结算手段，甚至成为某些国家的储备货币。三是当时的各主要资本主义强国先后实行了金本位制。由于当时银价暴跌引发大量的套利行为，造成银本位、金银复本位货币制度的混乱，影响了发达国家国际贸易和国际信贷的发展，德国、美国、法国、荷兰、俄国、日本等国或是出于自愿或是迫于形势先后确立金本位机制，以法令规定本国货币的含金量。在这种背景下，各国的金本位制在各国经济、政治力量对比的基础上逐步国际化，通过各国货币的法定含金量确定了货币关系，自发形成了国际货币体系。

2. 自发国际货币体系的运行机制

第一，本位机制。基本规则是：黄金是国际货币，各国货币规定含金量并作为兑换基础；国内货币供应量受黄金储备制约；黄金自由铸造、自由兑换、自由进出口。第二，汇率安排机制。金本位制下的汇率安排机制是典型的固定汇率制，自发安排，市场自动调节，汇率波动以法定平价为基础，按照供求关系上下波动，但是波动限度受黄金输送点限制。第三，储备机制。黄金是主要国际储备货币，在运行中英镑事实上发挥了同等作用，成为使用最广泛的贸易结算工具，进而成为各国中央银行国际货币储备的一部分或者全部。第四，国际收支调节机制。国际收支按照物价铸币流动机制自动调节，逆差国货币供应下降，物价水平下降，提高了本国商品国际竞争力，进口减少而出口增加，直至国际收支达到均衡；反之亦然。

3. 金本位制的内在矛盾及其瓦解

金本位制的内在矛盾主要有三点：一是黄金作为一种自然资源，生产和供应具有不稳定性，一方面其价格动荡动摇了其作为稳健货币制度的基础，另一方不能适应世界经济和贸易快速增长的需要。二是对外平衡与国内经济稳定的矛盾，一国国际收支不平衡时必须付出通货膨胀或经济紧缩的代价，影响国内的经济福利。三是金本位制的运行缺乏国际监督和保障机制，仅仅依靠各国自发承认国内经济服从对外平衡的运行规则。这些局限性注定了在主要资本主义国家发展的不平衡性加剧、根本矛盾爆发后金本位制的解体。第一次世界大战是这种矛盾的总爆发，从而进一步严重破坏了金本位制的根基。1931和1933年英国、美国先后被迫废除金本位制，最终宣告这一货币体系的结束。

（二）布雷顿森林体系

1944年7月，在美英的推动下，同盟国在美国布雷顿森林召开国际货币金融会议，通过了《国际货币基金组织协定》，建立起布雷顿森林国际货币体系，直至1971年美国总统尼克松宣布美元停止兑换黄金而解体。布雷顿森林国际货币体系是一种国际协定安排，反映的是美国的政治经济霸权。

1. 布雷顿森林国际货币体系形成的背景

一是当时的国际经济环境需要一个稳定的国际货币秩序。两次世界大战和1929—1933年的世界经济危机，使得国际货币金融关系极度混乱和动荡，国际间的贸易、货币、金融以及国际经济合作发生了困难。战后各国为了恢复和发展经济，迫切需要一种统一的、稳定的、有效运行的国际货币秩序，为国际贸易和经济发展提供基本条件。二是美国凭借综合政治经济实力取得国际金融领域的主导权。两次世界大战使得远离战争中心的美国获得发展契机，成为战争军需和战后恢复的唯一的商品、资金供应国，得以迅速崛起；与之相反，英国经济在战争中遭到极大破坏而迅速衰落。实力对比的悬殊使得英国虽不情愿但不得不把新的国际货币制度的创立权交给美国。这才有了“怀特方案”战胜“凯恩斯计划”并成为《国际或基金协定》的基础。

2. 布雷顿森林体系的运行机制

第一，本位机制。规定美元黄金官价（1美元等于0.888 671克黄金），参加国政府和中央银行可按照官价将持有美元向美国政府兑换黄金；参加国货币与美元挂钩，以美元的含金量为平价确定兑换率或者直接规定比价。第二，汇率安排机制。实行“可调节的钉住汇率安排机制”，各参加国货币按比价直接盯住美元，平价汇率一经确定不能随意更改，汇率波动上下限各为1%，各国货币当局有义务维持波动界限；参加国汇率变动接受国际货币基金组织的统一安排和监督，国际收支出现根本性不平衡时，可要求变更汇率，幅度在10%内的自行调整，幅度超过10%的需经国际货币基金组织批准。第三，货币储备机制。以黄金为基础的美元成为主要国际储备货币，美国保证提供用于国际储备和国际支付的美元，保证各国按官价向美国兑换黄金；国际货币基金组织创设特别提款权补充黄金、美元作为国际货币储备。第四，国际支付调节机制。参加国发生暂时性支付危机时可按在国际货币基金组织的份额以贷款方式向国际货币基金组织借款，以平衡其国际收支；每年借款不得超过其份额的25%，累计借款不得超过125%。

3. 布雷顿森林体系的缺陷及其解体

布雷顿森林国际货币体系的缺陷主要有：一是美元对外负债增长快于美国黄金储备增长，造成美元兑换黄金的金本位规则无法执行。随着世界经济的增长，美国要满足参加国不断增加的对美元储备的需求，但是又面临黄金因为生产因素供应不足的困境，使得美国陷入两难境地。二是固定汇率刚性和参加国国际收支调节的不对称性。为了维持汇率波动幅度，参加国无论顺差还是逆差都必须积累一定量的美元储备，特别是逆差国要牺牲其国内的经济目标，然而美国却例外，它还可以通过输出美元弥补逆差，这种不对称性造成了各国的利益矛盾。这些缺陷伴随着美国经济的相对衰落暴露出来，美元危机频频爆发，货币体系运行的前提和规则遭到破坏，在采取各种挽救措施无效后，最终于1971年停止了运行。

（三）牙买加体系

布雷顿森林体系解体后，主要西方国家的货币开始自由浮动。1973年，第一次石油危机爆发，西方经济陷入混乱，浮动汇率却在衰退和混乱中表现良好。1975年西方六国在首次首脑会议上纷纷表示接受现实，放弃重建固定汇率的尝试，形成决议要求国际货币基金组织修改章程，承认浮动汇率。1976年，国际货币基金组织理事会通过《牙买加协定》，承认了既成事实，正式开始了牙买加体系时代。

1. 牙买加体系形成的背景

当时虽然日本、德国、法国等主要工业化国家经济实力快速增长，美国经济相对衰落，但是美国仍然是经济实力最强的国家。特别是美国在工业生产等领域远远领先于其他国家。同时美国仍然是世界上最有实力的政治大国、最先进的军事大国，综合实力居世界首位。以雄厚实力为基础的美元仍然享有很高的声誉，仍然是国际储备货币的主体、国际信贷和计价结算标准、国际清算支付手段，没有任何一种货币能取代它的地位。

2. 牙买加体系的运行机制

第一，本位机制。牙买加体系的本位机制是国际美元制，美元与黄金脱钩，黄金不再是平价基础；美元是国际货币体系的中心货币，同时国际货币多样化；各主要工业化国家直接将货币钉住美元；各国不再就黄金问题对国际货币基金组织履行义务。第二，汇率安排机制。各国根据情况自由作出汇率安排，汇率体系容纳单独浮动、联合浮动、钉住某一货币等混合安排。第三，国际储备机制。美元是最重要的国际储备货币，日元、马克（后来的欧元）、黄金、国际货币基金组织特别提款权作为补充，越来越呈现多样化。第三，国际收支调节机制。参加国可以通过基金组织贷款、汇率机制、利率机制、国际间政策协调、国际金融市场融资等多种方式调解国际收支平衡。

3. 牙买加体系的内在矛盾

（1）汇率自由波动与汇率波幅失控的矛盾。浮动汇率在成为国际收支失衡的自动调节器的同时，也为国际投机资本合法套取汇率差价获利提供了机会。随着国际游资规模的增大，巨额投机资本进出外汇市场导致汇率变动剧烈，汇率波幅增大，这反而使浮动汇率自动调节国际收支失衡的功能走向了反面，加剧了国际收支不平衡。理论上讲，浮动汇率制可使各国通过汇率波动机制实现该国国际收支自动平衡，而不必动用或过多动用外汇储备。但事实上，由于投机资金的大量参与及各种复杂因素对汇率的影响，汇率的变动不仅频繁、剧烈，而且常与实体经济严重背离。为维护本国经济健康平稳发展，政府往往不得不动用巨额外汇储备干预市场，其干预的规模和频率甚至超出国际固定汇率制度时代。更为严重的是，当政府干预外汇市场的能量不足，以至于外汇耗尽仍干预无效而不得不放弃干预时，就会形成汇率波幅失控的危机。而这种失控带来的常常是一国货币危机、经济崩溃，进而导致周边国家和地区甚至是全球经济的连锁反应。这种情况也使国际浮动汇率制处于两难选择的境地：限定汇率波动会陷入汇率僵化的危机，允许汇率自由浮动又难以控制因投机导致的汇率剧烈波动以及由此形成的危机。可见，随着经济一体化的发展、国际热钱规模的增大、浮动汇率波幅失控以及钉住汇率制的破产，现行的国际货币制度越来越缺少有效的内部稳定机制，缺少维护汇率稳定的物质力量。

（2）资本自由流动与国际游资监管失控的矛盾。20 世纪 80 年代以来，随着发达国家及后起的新兴工业化国家金融自由化的推进，各国资本获得了在全球经济舞台上追逐利润、实现增殖的广阔发展空间，巨额国际资金能够在瞬间集聚和消散。这一方面极大地推进了世界经济的增长及一体化的进程，但同时，国际间资本自由流动特别是国际游资追逐投机利润的活动，也给各国乃至世界经济带来了巨大风险。一项政府宏观经济决策的失误甚至是一笔金融交易的失败，都会迅速传遍全球，引起资金的巨额流动，成为震撼世界经济的震源。现行国际货币制度处于对国际游资监管失控的危机中。这种状况表现在三方面：其一，资金实力不对等。各国政府能够用于干预外汇市场的外汇储备多则不过数万亿美元（日本、中国等），少则数百亿、几十亿美元，甚至外汇告罄，而国际游资是数万亿美元的规模，从而形成了强大的国际游资与微弱的政府干预的失衡状况。其二，资金来源不对等。各国政府用于干预外汇市场的外汇储备主要来自一国对外贸易的顺差和引进的外资，这种来源极其不易和有限。而用于投机交易的国际游资来源于自有资本和借贷资本，这种来源极其便利且规模巨大。这使得政府干预处于不利地位。其三，监管机构空缺。国际游资多以境外货币（境外美元、境外日元、境外欧元等）形态存在，这是一种脱离各发行国货币运行体系的货币，是不受监管的货币。无论是发行该货币的国家，还是世界银行、国际货币基金组织（IMF），都无力对在全球股市、汇市上横冲直撞的国际游资实施有效监管，有时甚至连各国政府的联合干预亦不能奏效。

（3）世界货币承担双重角色的矛盾。在现行国际货币体系中，作为世界货币的主要是美、欧、日等发达国家货币，其中美元占国际经贸往来及各国外汇储备的60%～70%。美元作为美国货币和世界货币担负着既维持本国经济运转又维持世界经济运转的双重角色，这一结构潜在着不可克服的内在矛盾：一是货币发行量的标准问题，其发行量是以本国经济发展规模为标准，还是以世界经济发展规模为标准？二是货币币值稳定的物质基础问题。世界货币把世界货币币值的稳定同发行国的经济实力连接在一起，当该国经济实力衰退时，必然造成世界货币贬值，使世界货币的币值稳定失去物质保障，其价格动荡又会引起全球经济动荡。三是国际收支逆差与顺差协调问题。在世界货币的双重角色的体系下，国与国之间的顺差和逆差是相对应的，一国对外收支的逆差，恰好构成与之相对应的另一国对外收支的顺差。从结构上看，如果执行世界货币职能的国家的对外贸易处于顺差地位，其他国家就不会有充足的外汇储备。反之，如果其他国家的对外贸易收支处于顺差地位，且有充足外汇储备，则执行世界货币职能的国家的国际收支的巨额赤字便不可逆转。也就是说，作为国际经贸往来的前提条件——世界各国持有充足的国际储备资产，是以执行世界货币角色的国家的国际收支巨额逆差为代价的，而持有巨额贸易赤字的世界货币是不稳定的货币。四是货币内外价格的协调问题。世界货币具有内外双重价格，即由国内通货膨胀率表示的国内价格和由汇率表示的国际价格。当货币的对内价格稳定与对外价格稳定发生矛盾时，世界货币发行国往往以本国的经济利益为重而牺牲他国和世界的经济利益。

（4）维持汇率稳定的国与国之间的收益与损害失衡的矛盾。在浮动汇率制度下，汇率是两种货币相交换时双方共同使用的变量。除了一种货币钉住另一种货币浮动以外，一国货币的贬值意味着同它相对应的另一种货币同时发生升值，反之亦然。因此，即使本币对内价格稳定，但由于外币自身的升值或贬值，本币的对外价格也会被动地相应升值和贬值，从而给一国经济带来因货币对外价格变动而引发的收益或损害。日前各国政府和央行的宏观调控大都基于本国经济利益，只有当汇率的过度波动同时影响双方经济或各国利益时，才会出现有力的国际协调，这给国际外汇市场汇率波动的国际协调增加了难度，而现行的国际货币制度缺少国与国之间维持汇率稳定的责任与损益的调节机制。

（四）国际货币体系的未来改革

2008年席卷全球的金融危机使我们再次面对一个古老而悬而未决的问题，那就是什么样的国际储备货币才能保持全球金融稳定、促进世界经济发展。历史上的银本位、金本位、金汇兑本位、布雷顿森林体系都是解决该问题的不同制度安排，这也是国际货币基金组织（IMF）成立的宗旨之一。但此次金融危机表明，这一问题不仅远未解决，而且由于现行国际货币体系的内在缺陷反而愈演愈烈。

理论上讲，国际储备货币的币值首先应有一个稳定的基准和明确的发行规则以保证供给的有序；其次，其供给总量还可及时、灵活地根据需求的变化进行增减调节；第三，这种调节必须超脱于任何一国的经济状况和利益。当前以主权信用货币作为主要国际储备货币是历史上少有的特例。此次危机再次警示我们，必须创造性地改革和完善现行国际货币体系，推动国际储备货币向着币值稳定、供应有序、总量可调的方向完善，才能从根本上维护全球经济金融稳定。

1. 充分认识当前国际货币体系的内在缺陷和系统性风险

对于储备货币发行国而言，国内的货币政策目标与各国对储备货币的要求经常产生矛盾。货币当局既不能忽视本国货币的国际职能而单纯考虑国内目标，又无法同时兼顾国内外的不同目标。既可能因抑制本国通胀的需要而无法充分满足全球经济不断增长的需求，也可能因过分刺激国内需求而导致全球流动性泛滥。理论上特里芬难题仍然存在，即储备货币发行国无法在为世界提供流动性的同时确保币值的稳定。

当一国货币成为全世界初级产品定价货币、贸易结算货币和储备货币后，该国对经济失衡的汇率调整是无效的，因为多数国家的货币都以该国货币为参照。经济全球化既受益于一种被普遍接受的储备货币，又为发行这种货币的制度缺陷所害。从布雷顿森林体系解体后金融危机屡屡发生且愈演愈烈来看，全世界为现行货币体系付出的代价可能会超出从中获取的收益。不仅储备货币的使用国要付出沉重的代价，发行国也在付出日益增大的代价。危机未必是储备货币发行当局的故意，但却是制度性缺陷的必然。

2. 创造一种与主权国家脱钩、并能保持币值长期稳定的国际储备货币

创造超主权的国际储备货币，以避免以主权信用货币作为储备货币的内在缺陷，是国际货币体系改革的理想目标。超主权储备货币的主张虽然由来已久，但至今没有实质性进展。20 世纪 40 年代凯恩斯就曾提出采用 30 种有代表性的商品作为定值基础建立国际货币单位“Bancor”的设想，但遗憾的是未能实施，而其后以怀特方案为基础的布雷顿森林体系的崩溃显示凯恩斯的方案可能更有远见。早在布雷顿森林体系的缺陷暴露之初，基金组织就于 1969 年创设了特别提款权（下称 SDR），以缓解主权货币作为储备货币的内在风险。遗憾的是由于分配机制和使用范围上的限制，SDR 的作用至今没有能够得到充分发挥。但 SDR 的存在为国际货币体系改革提供了一线希望。

超主权储备货币不仅克服了主权信用货币的内在风险，也为调节全球流动性提供了可能。由一个全球性机构管理的国际储备货币将使全球流动性的创造和调控成为可能，当一国主权货币不再做为全球贸易的尺度和参照基准时，该国汇率政策对失衡的调节效果会大大增强。这些能极大地降低未来危机发生的风险、增强危机处理的能力。

【典型业务分析】

国家货币制度、国际货币制度和区域性货币制度之间有何区别？欧元是人类历史上首创的国际区域货币，简要分析它对现行国际货币体系（牙买加体系）的影响。

分析：

1. 国家货币制度、国际货币制度和区域性货币制度之间的区别

（1）适用范围不同。国家货币制度是指一国政府以法令形式对本国货币的有关要素、货币流通的组织与调节等加以规定所形成的体系。国家货币制度是一国货币主权的一种体现，由本国政府或司法机构独立制定实施，其有效范围一般仅限于国内。

国际货币制度亦称国际货币体系，是支配各国货币关系的规则以及国际间进行各种交易支付所依据的一套安排和惯例。国际货币制度通常是由参与的各国政府磋商而定，一旦商定，各参与国都应自觉遵守。

区域性货币制度是指由某个区域内的有关国家（地区）通过协调形成一个货币区，由联合组建的一家中央银行来发行与管理区域内的统一货币的制度。

（2）内容不同。国家货币制度的内容主要包括：规定货币材料、规定货币单位、规定流通中的货币种类、规定货币法定支付偿还能力、规定货币铸造发行的流通程序以及规定货币发行准备制度。

国际货币制度一般包括三个方面的内容：1）确定国际储备资产，即使用何种货币作为国际间的支付货币；哪些资产可用作国际间清算国际收支逆差和维持汇率、可被国际间普遍接受的国际储备资产；一国政府应持有何种国际储备资产用以维持和调节国际收支的需要。2）确定汇率制度的类型，即采用何种汇率制度，是固定汇率制还是浮动汇率制，是否确定汇率波动的目标区，哪些货币为自由兑换货币。3）确定国际收支的调节方式，即出现国际收支不平衡时，各国政府应采取什么方法进行弥补，各国之间的政策措施如何协调。

区域性货币制度分为两种情况：一种是在各成员国仍保持独立的本国货币的条件下规定成员国之间货币的兑换关系，另一种是在实行统一货币的条件下，对统一货币的货币单位、流通中的货币种类、货币法定支付偿还能力、货币铸造发行的流通程序以及货币发行准备制度进行规定。

(3) 作用不同。国家货币制度主要是为了保证一国货币和货币流通的稳定，国际货币制度通过建立稳定的国际货币秩序，提供足够的国际清偿能力并保持国际储备资产的信心，保证国际收支的失衡得到有效而稳定的调节来促进国际贸易和国际经济活动的发展。区域性货币制度通过货币区内协调的货币、财政和汇率政策使货币区内各个国家实现充分就业、物价稳定和国际收支平衡。

从上述分析可以看出，国家货币制度与国际货币制度是两种并行的、作用层面不同的货币制度。每个国家对内实现国家货币制度，对外则要遵循国际货币制度；国家货币制度与区域性货币制度是相互替代的。一个国家如果实施区域性货币制度就必须放弃原有的国家货币制度，发行共同使用的货币和制定统一的货币金融政策，各成员国之间不再保持独立的国际收支，实行资本市场的统一和货币政策的统一。

2. 欧元是人类历史上首创的国际区域货币，它在相当大的程度上化解了牙买加体系固有的内在矛盾

(1) 在欧元经济区范围内化解了成员国之间的汇率波动与汇率波幅失控的矛盾。这种化解是通过消除区域内各国的主权货币、实施统一货币实现的。欧元的推出废除了各成员国的主权货币，成员国间的货币兑换不复存在，由货币兑换带给成员国的汇率波动风险、汇率调节的博弈以及汇率波幅失控的风险等矛盾都随之消失。从这个意义上说，欧元在流通区域内消除了牙买加体系下的汇率波动与汇率波幅失控的矛盾。

(2) 在一定程度上缓解了资本自由流动与国际游资监管失控的矛盾。这是通过将国际区域的经济总体实力做大做强实现的。“欧元经济区”、“欧洲统一大市场”使欧元区成为可同美国经济规模相媲美的世界最大的经济联合体，这使得欧元区整体抵抗国际游资冲击的能力大大增强，令国际游资的恶性投机望而却步。在允许投机资本套汇、套利的国际浮动汇率制度下，在国际游资监管机制空缺的现状下，要对付天文数字的国际游资的冲击，或者说化解资本自由流动与国际游资监管失控的矛盾，现阶段的有效方法是，建立一个足够大和足够强的国际经济区域，并在其中流通一种统一的货币。

(3) 在欧元区内外化解和缓解了世界货币双重角色的矛盾。从区域内看，如果把欧元区扩大为一个世界，假定不存在美洲、亚洲、非洲等外部世界，那么欧元就是统一的既不依赖于黄金又不依赖于单一国家的世界货币，只承担世界货币的单一角色，因为它是区域内的共同货币。因此在欧元流通版图内，由货币双重角色带来的矛盾迎刃而解。从区域外看，当欧元成为国际货币时，便具有了既是国际区域货币又是世界货币的双重角色，这一双重角色产生的矛盾仍会存在，但欧元的出现促成了全球若干个货币共领风骚的鼎足之势，这会缓解由

单一国家的货币执行世界货币职能的双重角色的矛盾。

(4) 在欧元区范围内消除了成员国为维持汇率稳定而发生的收益或损害的非对称性矛盾。由于在国际区域内流通统一的货币不存在维持成员国内部汇率稳定的问题，因此为维持汇率稳定而形成的国与国之间的受损或获利的矛盾也将随之化解。

但一些经济学家认为在这样一个大而不同的区域内使用单一货币是有害的。他们认为，由于欧元区的货币政策和利率水平由欧洲央行决定，因此各国将不能根据自身的情况调整其经济，公共投资和财政政策将成为各个国家或地区的政府干预经济的唯一手段。

资料来源：http://www.safe.gov.cn。

项目三　开放经济下的国际金融机构

【情境导入】

世界银行集团于（2010年）4月20日宣布开放其统计数据库，要求国际社会运用数据创建帮助发展中国家贫困人口的新应用和新方案。在同日发表的《2010年世界发展指标》（WDI）中，世行指出，千年发展目标已经取得了可喜的进展。世界银行集团罗伯特·B·佐利克说："我认为重要的是让人人都能获得世界银行的数据和知识。统计数据反映了发展中国家和新兴国家人民的状况，在帮助战胜贫困方面可以发挥重要作用。这些数据现在都放在网上便于所有用户查阅，并可以用来创建有利发展的新应用。"

世界银行集团认识到透明度和问责制对于发展至关重要，因此开始以免费、公开和易于查询的方式对外提供关于世界各国民生的广泛数据。这些数据除英文外，还以阿拉伯文、法文和西班牙文提供。世界银行首席经济学家、主管发展经济学的高级副行长林毅夫说："世界发展指标提供了宝贵的世界发展状况统计全景，把这些全面的数据对所有人免费开放是梦想成真。"

世界银行（2010年）4月20日发布的《2010年世界发展指标》（WDI）就是其免费开放的数据内容之一。该报告用统计数据展现了千年发展目标所取得的进展。数据库包括900多项记录世界各国经济状况的指标，内容涵盖教育、卫生、贫困、环境、经济、贸易等领域。佐利克行长在宣布开放数据时说："我们的经验显示，考量对象可以改变。扩大世界银行数据库开放，有利于政策制定者和倡导机构在更好地掌握信息的基础上创建应对发展挑战的解决方案，更准确地衡量改善的程度。"

资料来源：http://finance.sina.com.cn。

【必备知识】

一、认识国际金融机构在开放经济下的作用

（一）国际金融机构的含义

国际金融机构（International Financial Institution，IFI），又称国际金融组织，是指世

界多数国家的政府之间通过签署国际条约或协定而建立的、从事国际金融业务、协调国际金融关系、维系国际货币和信用体系正常运作的超国家金融机构。

第一次世界大战以前并没有国际金融机构。因为在当时实行金本位制，有自动调节机制，汇率稳定，加上主要资本主义国家的国际收支多呈顺差，货币信用和国际结算制度也未建立起来。因此，在当时的情况下，国际金融机构没有产生的需要。第一次世界大战之后，战胜国集团为处理战后德国赔款问题，在瑞士巴塞尔成立了“国际清算银行”，这是最早的国际金融机构。为了结束国际金融秩序混乱的局面，世界各国普遍希望建立新的稳定的国际金融秩序，由此涌现出了一系列的国际金融组织。

（二）国际金融机构的类型

目前的国际金融机构大致可以分为三种类型：一是全球性的国际金融机构，如国际货币基金组织、世界银行、国际开发协会、国际金融公司，其成员来自世界的大多数国家。二是半区域性的国际金融机构，如国际清算银行、亚洲开发银行、泛美开发银行、非洲开发银行等，它们的成员主要来自区域内，但也吸收区域外的国家参加。三是区域性的国际金融机构，如欧洲投资银行、阿拉伯货币基金组织、伊斯兰发展银行、西非发展银行、阿拉伯非洲经济开发银行以及欧洲中央银行，其成员由一定区域内的国家组成。

（三）国际金融机构的作用

国际金融机构在世界经济与金融、区域经济与金融方面作用重大。主要表现在以下四个方面：第一，组织商讨国际经济、金融领域中的重大事情，协调各国间的相互关系。第二，提供短期资金，在一定程度上缓和了一些国家的国际收支危机。第三，提供长期发展资金，促进一些国家尤其是发展中国家的经济发展。第四，稳定汇率，保证国际货币体系的运转，促进国际贸易。

二、把握重要的国际金融机构

（一）国际货币基金组织（International Monetary Funds，IMF）

1. 成立的背景及宗旨

（1）成立的背景。

1944年7月1日参加联合国会议的44个国家的代表在美国新罕布什尔州的布雷顿森林召开了联合国货币与金融会议，讨论通过了国际货币基金协定（International Monetary Funds Agreement），决定建立一个国际性常设金融机构，商讨和促进国际货币合作和国际货币稳定，进一步推动国际贸易发展。1945年12月27日29个国家的代表在协定上签字，由于签字国超过了基金成员的65%，协定当日生效，这也宣告国际货币基金组织的正式成立，它于1947年开始营业，总部在华盛顿。

（2）宗旨。

IMF的宗旨可以归纳为：第一，作为一个永久性的国际金融机构，为国际货币问题的磋商和协作提供便利，从而推动国际货币领域的合作；第二，促进国际贸易的扩大与平衡发展，从而提高和维持高水平就业和实际收入，开发会员国的生产性资源，并以此作为经济政策的首要目标；第三，促进汇率稳定，维持会员国间有序的汇兑安排，避免竞争性贬值；第四，协助在会员国间建立经常性交易的多边支付体系，消除阻碍国际贸易发展的外汇限制；第五，在有充分保障的条件下，对会员国提供暂时性资金融通，使其增强信心纠正国际收支失衡，而不至于采取有损于本国或国际繁荣的措施；第六，按照上述目标，缩短会员国国际收支失衡持续的时间，并减轻失衡的程度。

2. 组织结构与资金来源

国际货币基金组织包括理事会、执行董事会、临时会员会和发展委员会。

(1) 组织结构。

按照协定的规定，参加了联合国货币和金融会议并在 1945 年 12 月 31 日前接受成员国席位的国家为创始会员国，共有 39 个，其他加入基金组织的国家称为其他会员。截至目前，IMF 共有 187 个会员国。

1) 理事会 (Board of Governors)。国际货币基金组织的最高权力机构是理事会。理事会由每个成员国按其自行决定的方法派理事和副理事各一名组成，副理事只有在理事缺席的情况下才有投票权。理事与副理事几乎毫无例外地是各国中央银行的行长或财政部长。理事会应推选理事 1 人为理事会主席。

理事会的主要职权是：批准接纳新会员国，修改份额，调整成员国的货币平价，决定会员国退出 IMF 以及讨论其他有关国际货币体系的重点问题。理事会每年举行一次会议，必要时可召开特别会议。当出席会议的理事投票权合计数占总投票权的 2/3 时，即达到法定人数。

2) 执行董事会 (Board of Executive Director)。理事会下设执行董事会作为常设决策机构，处理 IMF 的日常业务，行使理事会所赋予的一切权力。执行董事会由执行董事组成，由总裁任主席。执行董事会共有 24 名执行董事，其中持有最大份额的 5 个成员国为美国、日本、德国、法国、英国，中国、俄罗斯和沙特阿拉伯各有 1 名，其余 16 个名额每两年从其他会员国中按国家集团或地区分组选举产生。执行董事按所代表的国家的投票权进行投票，由会员国联合推选的执行董事，则按照这些国家加在一起的投票权进行投票。

3) "临时委员会"和"发展委员会"。在理事会和执行董事会之间还有两个机构：一个是"国际货币基金组织关于国际货币制度的临时委员会"，简称"临时委员会" (Interim Committee)，另一个是"世界银行和国际货币基金组织理事会关于实际资源向发展中国家转移的联合部长级委员会"，简称"发展委员会" (Development Committee)。这两个委员会都是部长级委员会，每两年开会 2～4 次，讨论国际货币体系和发展援助等重大问题。此外，基金组织设有 16 个业务部门，负责经营日常业务活动。

(2) 资金来源。

IMF 的资金来源有成员国缴纳的份额、持有的黄金、信托基金和借款安排，其中，成员国的份额是 IMF 资金的最主要来源。

1) 成员国的份额。每一个成员国必须向 IMF 缴纳一定的基金份额，这是 IMF 最主要的资金来源，以基金组织 1969 年创设的记账单位特别提款权 (Special Drawings Right, SDR) 表示。份额的多少反映了一个国家在世界经济中的地位。IMF 理事会每隔 5 年就对基金份额调整一次。

会员国缴纳份额的最初办法是：原规定份额的 25%以黄金缴纳，其余 75%以本币缴纳。1978 年 4 月生效的《协定》第二次修改条文规定，取消份额的 25%以黄金缴纳的规定，以 IMF 指定的外汇或 SDR 缴纳，而其余 75%仍以本国货币缴纳。

会员国缴纳的份额对会员国来说有如下重要作用：决定会员国 IMF 借款的额度；决定会员国投票权的多少；决定从 IMF 分得的 SDR 的多少。

在基金组织内，每个会员国都有250票基本投票权，除此之外，每缴纳10万美元增加一票投票权。按照基金组织协定，重大问题须经全体会员国总投票权的85%通过才能生效，因此，份额足够大，在IMF中就拥有决定权。至于SDR，份额越大，所分得的SDR就越多。目前，美国在IMF中所占的份额最大。

2）持有的黄金。IMF是世界上最大的黄金官方持有者之一。按照市场价格，它所拥有的黄金数量相当于21.5亿SDR，大约27亿美元。但IMF对黄金的使用有着严格的限制。

3）向会员国的借款。IMF资金来源的另一个途径是向会员国借款。IMF有两个固定的借款安排。一是借款总安排（The General Arrangements to Borrow，GAB），1962年设立，有11个国家参加；二是借款新安排（The New Arrangements to Borrow，NAB），1997年设立，有25个参加国和机构。NAB规定，当IMF没有足够的基金向成员国提供金融援助时，或者为了排除危害国际金融体系稳定的潜在危险而急需大量资金时，25个成员国同意向IMF提供贷款。

4）信托基金。根据“牙买加协定”制定的“黄金非货币化”条款，1976年1月基金组织决定将其所持黄金的六分之一，即2 500万盎司分四年市价出售，所得利润的一部分作为建立“信托基金”的资金来源，向低收入的成员国提供贷款。

3. 贷款的条件和种类

IMF的业务活动主要包括汇率监督与政策协调、储备资产创造与管理，以及对国际收支逆差国提供短期资金融通等三个方面。其中，主要业务就是向会员国提供贷款帮助其解决国际收支的困难。

（1）贷款的条件。

1）贷款的对象。贷款的对象只限于会员国政府。IMF的贷款提供给会员国的财政部、中央银行、外汇平准基金组织以及类似的政府机构。

2）贷款的用途。贷款最初是用于会员国进行国际收支的调整，但近些年来，IMF也增设了一些用于经济结构调整和经济改革的贷款。

3）贷款的规模。贷款的规模与会员国向IMF缴纳的份额成正比。

4）贷款的方式。贷款的提供采用“购买”的方式，即由借款国用相当于借款额的本国货币向IMF购买外汇。还款时采用“购回”的方式，即借款国用自己原来所借外汇购回本国货币。但贷款无论以何种货币提供，均以SDR计值，利息也用SDR缴付。

（2）贷款的种类。

IMF成立以来，曾向会员国提供了多种类型的贷款。IMF最初只发放一种普通贷款。随着形势的发展，以后又陆续增加了其他类别的贷款，如出口波动补偿贷款、缓冲库存贷款、中期贷款、信托基金贷款、石油贷款、补充贷款等。其中普通贷款是最基本的贷款形式，以下对此具体介绍。

普通贷款又称基本信用贷款，是IMF为解决会员国暂时性国际收支困难而设立的一种贷款，它也是IMF最基本的一种贷款。借取普通贷款的最高额度为会员国所缴份额的125%，贷款期限一般为3～5年。IMF对普通贷款实行分档政策，即把会员国可借取的贷款分为不同的档次，并且对每种档次规定了宽严不同的贷款条件。

储备部分贷款即会员国申请不高于本国份额25%的贷款。IMF协定最初规定会员国份额的25%是用黄金缴纳，会员国提取这部分贷款实际上是提用缴纳的黄金部分份额，因此这部分贷款又称为黄金贷款。1978年IMF《协定》第二次修订生效后，会员国以黄金缴纳的 25%份额改用 SDR 或指定的外汇缴纳，会员国提取这部分贷款仍是有充足保证的。因此称为储备部分贷款。会员国提用这部分贷款是无条件的，无需特别批准，也不需支付利息。

信用部分贷款即会员国申请贷款的额度在其所缴纳份额的 25%～125%之间。信用部分贷款分为四档，每档均占份额的 25%。会员国使用完储备部分贷款后，可依次使用第一、二、三、四档信用部分贷款。信用部分贷款是有条件的，信用档次越高，条件也越苛刻。

IMF 对第一档信用部分贷款的审批条件较宽松，但申请这部分贷款时，只有提交克服国际收支困难的具体计划，才能获得批准。高档信用部分贷款是指第二档信用部分贷款以上的贷款。在使用高档信用部分贷款时，随着档次的升高，审批手续也越来越严。IMF 在向会员国提供高档信用部分贷款时，除要求会员国提供令其满意的改善国际收支的方案外，还要求其制定全面的财政稳定计划和采取适当的财政、货币、汇率政策等，并且在贷款使用构成中，IMF 还要进行一定的监督，如借款国未能履行计划，IMF 还要采取进一步的措施以保证目标的实现。

（二）世界银行集团

世界银行集团（World Bank Group）包括复兴与开发银行（International Bank for Reconstruction and Development，IBRD）、国际开发协会（International Development Association，IDA）、国际金融公司（International Finance Corporation，IFC）、多边投资担保机构（Multilateral Investment Guarantee Agency，MIGA）和国际投资争端解决中心（International Centre for the Settlement of Investment Disputes，ICSID），其总部均设在华盛顿。通常所说世界银行集团提指国际复兴与开发银行和国际开发协会。

1. 世界银行

（1）世界银行的成立及宗旨

世界银行即国际复兴与开发银行，是根据布雷顿森林会议通过的《国际复兴与开发银行协定》于 1945 年 12 月成立的，从 1947 年起成为联合国的专门机构。它是与国际货币基金组织联系密切、相互配合的国际金融机构，是世界银行集团的核心机构。按照规定，只有国际货币基金组织的成员国才能申请加入 IBRD，在其成立时，只有 33 个会员国，到目前为止已增加到 184 个。我国是 IBRD 的创始国，1980 年 5 月我国的合法席位得到了恢复。

《国际复兴与开发银行协定》第一条规定，IBRD 的宗旨是：对用于生产目的的投资提供便利，协助会员国的复兴与开发，并鼓励不发达国家的生产与资源开发；通过参与私人贷款、私人投资或提供私人担保的方式，促进私人的对外投资；通过鼓励国际投资以开发会员国资源的方法，促进国际贸易的长期、平衡发展，维持国际收支的平衡；在提供贷款保证时，应与其他方面的国际贷款配合。

（2）世界银行的组织结构。

世界银行的组织机构与 IMF 的组织机构十分相似，设有理事会和执行董事会。理事会是 IBRD 的最高权力机构和决策机构，由每一会员国委派的理事和副理事各 1 人组成。理事和副理事的任期都为 5 年，可以连任。副理事只有在理事缺席时才有投票权。理事会的主要职责是：批准接纳新会员国及其加入的条件、增加或削减资本、取消会员国资格、决定与其他国际组织的合作、决定净收入的分配以及其他重大事项。理事会每年与 IMF 一起举行一次年会，必要时可召开特别会议。

执行董事会是负责处理日常业务的机构，行使由理事会赋予的职责。IBRD 现有执行董事 24 人，其中 5 人来自持有股份最多的 5 个国家即：美国、英国、德国、日本和法国。中国、俄罗斯和沙特阿拉伯各单独选派 1 人，其余 16 人由其他会员国按地区分组，每 2 年选举一次。执行董事会主席由行长担任。行长无投票权，只有在执行董事会表决中出现双方票数相等时可以投决定作用的一票。

行长是 IBRD 的最高行政长官，他由执行董事会选举产生，负责领导银行的日常工作。行长下设副行长若干人，协助行长工作。

IBRD 会员国投票权的大小取决于其认缴股份的多少，每一会员国均有基本投票权 250 票，每认缴 1 股（1 股为 10 万美元）另外增加投票权 1 票。IBRD 决策的一般原则是除非有特殊规定，一切事项均由多数票决定。

（3）世界银行的资金来源。

IBRD 的资金来源主要有会员国缴纳的股金、向国际金融市场借款、债权转让和业务收益。

1）会员国缴纳的股金。任何一个国家加入 IBRD 均需认购该行的股金。认购股金数量根据该国经济实力并参照该国在 IMF 的份额来确定。IBRD 成立之初，法定资本为 100 亿美元，分为 10 万股，每股 10 万美元（1978 年 4 月以后改为每股以 10 万 SDR 计算）。会员国认缴的股金分为两部分：一部分是实缴股金，一般要求以美元（或黄金）和本国货币缴纳，实缴股金占总股金的 20%；另一部分是待缴股金，剩下的 80%通常是在 IBRD 向会员国催缴时才缴。

2）向国际金融市场借款。向国际金融市场借款是 IBRD 的主要资金来源渠道。因为会员国实际缴纳的股金只占其应认缴股金的一小部分，而且 IBRD 从事的是中长期贷款业务，贷款对象又是经济急需发展的发展中国家，会员国缴纳的股金难以满足业务的需要，所以，IBRD 所需资金的大部分是通过在国际金融市场上发行 3A 债券或其他债券筹得的。银行提供贷款的资金的大部分来自债券的发行，而且随着贷款业务的迅速发展，通过发行债券筹集的资金的数量也在不断增加。

3）债券转让。IBRD 将一部分贷款债权转让给商业银行或私人投资者，提前收回一部分资金，以扩大贷款资金的周转能力。

4）业务收益。由于 IBRD 信誉卓著，经营有方，每年均获得大量收益，包括投资收益、贷款收益等，这也构成了其发放贷款的一个资金来源。

（4）世界银行的贷款。

IBRD 的业务活动有：提供贷款、政策咨询和技术援助。其中贷款是其主要的业务活动。

1）贷款的条件。①贷款对象。只向会员国政府以及政府担保的公私机构提供贷款。②贷款的目的。贷款必须用于申请借款国的生产性项目。这些项目必须经 IBRD 审定为在技术上和经济上是可行的，并与借款国商定确属于经济发展应最优先考虑的项目。IBRD 只有在特殊情况下，才发放非项目贷款。③只有在申请贷款的国家确实不能从其他方面获得融资时，IBRD 才考虑发放贷款、参加贷款或提供担保。④贷款必须专款专用，并接受 IBRD 的监督和检查。⑤贷款期限长，一般为 5～20 年，通常有 3～5 年的宽限期。

2）贷款的种类。IBRD 的贷款项目分为项目贷款、部门贷款、结构调整贷款、联合贷款和第三窗口贷款等几种类型。其中，项目贷款是 IBRD 贷款业务的主要组成部分。

2. 国际开发协会

(1) 国际开发协会成立的背景。

国际开发协会是附属于世界银行、专门为欠发达国家提供资金帮助的一个相对独立的全球性的国际金融机构。由于 IMF 和 IBRD 的贷款条件严格，且资金数量有限，不能帮助发展中国家摆脱贫困，这使得一些较贫穷发展中国家的不满情绪日益明显。因此，在美国的倡议下，经世界银行理事会批准，于 1960 年 9 月正式成立了国际开发协会，同年 11 月开始营业运作，会址设在华盛顿。按照规定，国际开发协会的成员国首先必须是 IBRD 的成员国。国际开发协会刚成立时只有 68 个国家，截止 2005 年，共有成员国 165 个。1980 年 5 月我国恢复了在 IDA 的合法席位。

(2) 国际开发协会成立的宗旨。

国际开发协会在其协定中规定，其宗旨是：帮助世界上欠发达地区的协会会员国促进经济发展，提高生产力，从而提高生活水平，特别是以比通常贷款更为灵活、在国际收支方面负担较轻的条件提供资金，以解决它们在重要的发展方面的需要，从而进一步补充 IBRD 的活动，有利于 IBRD 目标的实现。

(3) 国际开发协会的组织结构。

IDA 的管理办法和组织机构与 IBRD 相同，理事会是协会的最高权力机构，下设执行董事会负责日常业务经营活动，从总裁到内部机构的工作人员均由 IBRD 相应机构的人员兼任，但这两个机构在法律和财务上是相互独立的。

会员国投票权的大小同其认缴的股本成正比。成立初期，每个会员国均有 500 个投票权，每认缴 5 000 美元增加一票；以后在第四次补充资金时，每个会员国有 3 850 票，每认缴 25 美元再增加一票。

(4) 国际开发协会的资金来源。

一是会员国认缴的股本。IDA 的会员国分为两组：第一组是工业发达国家和南非、科威特，这些国家认缴的股本需以可兑换货币缴纳；第二组是亚洲、非洲、拉丁美洲的发展中国家，这些国家认缴股本的 10%需以可兑换货币进行缴付，其余 90%用本国货币缴纳。

二是会员国提供的补充资金。经济发达的会员国提供的资金援助构成了 IDA 资金的主要来源。由于 IDA 的章程规定，IDA 不能通过在国际金融市场上发行债券来筹集资金，因此 IDA 要求会员国政府定期提供补充资金，以满足业务活动的需要。提供补充资金的会员国中，既有工业发达国家，也包括一些发展中国家。

三是 IBRD 的拨款。从 1964 年起，IBRD 每年从其业务净收益中向 IDA 提供一部分资金，作为其资金来源。

(5) 国际开发协会的贷款。

IDA 的贷款提供给低收入的发展中国家且必须是 IDA 的会员国。低收入的标准是一个动态的标准，1972 年是指人均国民生产总值不到 375 美元，1993 年为 696 美元，2000 年为 885 美元，2004 年为 965 美元。在 2005 年财政年度，IDA 为 64 个低收入国家的 160 个项目提供了 87 亿美元的资金援助。

IDA 的贷款主要用于满足人民生活基本需要的发展项目，如初级教育、基本的健康服务、基本的卫生设施建设等，同时它也向保护环境、必要的基础设施建设等项目提供支持。近年来，我国 IDA 的业务往来增加了，我国的第二期红壤开发项目、京津塘高速公路项目、第四个基础教育项目、环境技术援助项目、农村卫生和预防医学等项目都利用了或正在利用

IDA 的贷款。

IDA 的贷款期限较长，通常为 35～40 年，有 10 年的宽限期，不需支付利息，只收取 0.75%的手续费。由于 IDA 的贷款比 IBRD 提供的贷款更优惠，通常将 IDA 的贷款称为信贷（Credit），以区别于 IBRD 所提供的贷款（Loan）。

3. 国际金融公司

（1）国际金融公司的成立及宗旨。

国际金融公司（IFC）成立于 1956 年 7 月，总部设在华盛顿。根据规定，只有 IBRD 的会员国才有资格参加国际金融公司，截止到 2005 年，IFC 共有会员国 178 个。我国于 1980 年 5 月恢复了在 IFC 的合法席位。从 1985 年批准第一个项目起，至 2005 年 6 月 30 日止，IFC 在我国共投资了 92 个项目，并为这些项目提供了 22 亿美元的资金。在 2005 财政年度，IFC 共向 17 个项目承诺投资 4 亿美元。

IFC 的宗旨：为发展中国家的私人企业提供没有政府担保的各种投资，以促进成员国的经济发展；促进外国私人资本在发展中国家的投资；促进发展中国家资本市场的发展。

（2）国际金融公司的组织结构。

IFC 的组织形式与 IDA 一样，最高决策机构是理事会，各会员国委派一名理事，通常为财政部长或职位相当的官员。理事会将其权力的大部分交由下设的董事会。董事会由 IBRD 的执行董事组成，共有 24 名董事。IBRD 行长同时也是 IFC 的总裁，一名执行副总裁负责管理日常业务，另有几名副总裁协助执行副总裁工作。虽然 IFC 在许多领域与世界银行集团内部的其他机构协同开展工作，但其在整体上是独立运营的，具有法律和财务上的独立性，并有它自己的章程、股本金等。

（3）国际金融公司的资金来源。

一是会员国认缴的股金。会员国认缴的股金是 IFC 的重要资金来源，认缴额根据会员国在世界银行的认缴股金而定。会员国投票权的大小也取决于其在 IFC 所持有的股份。

二是借款。为满足业务发展的需要，IFC 需要从世界银行和其他金融机构借款，这是 IFC 重要的资金来源渠道。主要手段是通过在国际金融市场上发行 3A 债券筹集大部分资金，此外，还向世界银行借款。就其贷款业务所需资金而言，大约有 80%是通过发行债券和私人投资取得的，其余的 20%来自于向世界银行的贷款。

（4）国际金融公司的贷款与投资。

IFC 作为世界银行集团的一员，主要通过为发展中国家的私营部分提供贷款和投资、帮助发展中国家的私营部分在国际金融市场上筹集资金和向政府、企业提供咨询以及技术援助等渠道，促进发展中国家的经济发展。根据规定，IFC 资助的企业必须为私营部门拥有或控股的企业。虽然 IFC 不接受任何政府对其融资提供担保，但其工作经常需要与发展中国家的政府机构密切合作。此外，IFC 提供的各项业务是建立在商业运营基础之上的，注重项目的盈利性，而且依据所提供的产品和服务按市场标准收取相应的费用。

贷款和投资是 IFC 的传统业务，其向发展中国家提供多种贷款和投资，具体包括：国际金融公司自由贷款、股本贷款、准股本贷款（C 类贷款）、银团贷款（B 类贷款）、风险管理和中介融资等。IFC 的自由资金贷款又成为 A 类贷款，既有固定利率贷款，也有浮动利率贷款，既可以以主要货币提供，也可以以当地货币提供。这类贷款的期限一般为 7～12 年，在特殊情况下，可放宽贷款的期限，宽限期也可延长，有些贷款期限最长可到 20 年。为了确保其他私人投资者的参与，IFC 在进行股本投资时，通常购买一个项目的 5%～15%

的股本，投资的比例一般不超过35%，期限通常为8～15年。

IFC的贷款和投资业务具有以下几个特点：1）只对会员国私人企业提供资金支持，而且不需政府提供担保；2）为了促进私人投资者的参与，IFC只提供项目所需的部分资金；3）经常多种业务结合使用，如采用贷款和资本投资相结合的方式，但不参与项目的管理工作；4）在对项目投资前需对项目进行严格的审查，要求符合一定的标准，这些标准主要有：项目必须位于发展中国家，该发展中国家同时是IFC的会员国；项目必须是私营部门的项目；必须是技术上稳健的项目；必须具有良好的盈利水平；必须使当地经济受益；该项目必须达到IFC环境和社会标准以及东道国的相关标准等。

除了贷款和投资外，IFC还帮助发展中国家的私营公司在国际金融市场上筹集资金，以及向发展中国家政府和私营企业提供一系列咨询服务。

（三）其他国际金融机构

除了上述国际货币基金组织和世界银行集团两个全球性国际金融机构外，还有一些重要的区域性国际金融组织。下文主要介绍国际清算银行、亚洲开发银行、欧洲复兴与开发银行。

1. 国际清算银行

（1）国际清算银行成立的背景及宗旨。

国际清算银行（Bank for International Settlement，BIS）是根据1930年1月30日签订的海牙国际协定，由英国、法国、意大利、德国、比利时、日本等六国中央银行以及代表美国银行利益的摩根银行、纽约花旗银行和芝加哥花旗银行等三家商业银行与1930年5月在瑞士的巴塞尔成立的，它是世界上成立的最早的国际性金融组织。

最初BIS成立的目的是为了处理第一次世界大战后德国的战争赔款和债务问题以及推动中央银行间的合作。随着战后债务问题的解决，其职能也在不断发生变化。1945年国际货币基金组织和世界银行成立后，BIS逐渐变成了与各国中央银行进行业务往来的国际性金融机构，在国际清算中越来越多地充当受托人和代理人的角色，起着“银行的银行”的作用。

1995年修改后的《国际清算银行章程》第3条对其宗旨作了明确的说明，即“促进各国中央银行之间的合作并为国际金融业务提供新的便利；根据当时有关各方签订的协定，在金融清算方面充当受托人或代理人”。

（2）国际清算银行的组织结构。

BIS的组织机构由股东大会、董事会和管理当局三部分组成。股东大会是最高权力机构，每年举行一次会议，由认购该行股票的各国中央银行派代表参加。股东大会的权力主要是审查并批准年度报告、经审计后的资产负债表、损益表及改变董事会成员的报酬；决定准备金和特别基金的拨款；宣布股息及其股息金额等。股东投票权按其持有股份的多少来决定。

董事会是国际清算银行的实际领导机构，现有席位21个。根据该行的章程，董事会由以下人员构成：英国、法国、比利时、意大利、德国中央银行行长和美国联邦储备委员会主席为当然董事，当然董事可以任命一名副董事，如果行长本人不能出席董事会会议，副董事有权参加会议并行使董事的权利；其他董事由董事会2/3多数同意从认购股票但未委派当然董事的国家的中央银行的行长中选出，但人数不能超过9人，加拿大、日本、荷兰、瑞典和瑞士的中央银行行长现已当选为董事会的成员。

国际清算银行现有成员49个，主要是工业化国家和一些东欧国家。1996年9月9日，中国人民银行正式成为国际清算银行成员，并于1996年11月认缴了3 000股的股本，实缴金额为3 879万美元。香港金融管理局与中国人民银行同时加入国际清算银行。

(3) 国际清算银行的资金来源。

国际清算银行的资金来源：股本金、央行存款及借款。法定股本为15亿金法郎，共分为面值相等的60万股，每股面值2 500金法郎。14%的私人持股，无权参加股东大会，也没有投票权，章程规定，股票权和代表权始终属于中央银行。国际清算银行最高权力机构为股东大会；董事会为实际权力机构，秘书处处理日常事宜。

(4) 国际清算银行的主要业务活动。

第一，银行业务。国际清算银行为各国中央银行提供广泛的金融服务，帮助它们管理外汇储备和黄金储备，代理它们进行外汇和黄金交易，办理各国政府国库券和其他债券的贴现。此外，由于国际清算银行的存款中很大部分是来自各国中央银行的储备资产，需要较强的流动性，因此，国际清算银行把这部分资金大多投放到流动性强的商业银行的债券和短期政府债券上。此外，BIS还向各国中央银行提供有担保的信用贷款，通常以存放在该行的黄金和存款为抵押。

第二，国际清算业务。二战后，BIS先后成为欧洲经济合作组织（即经济合作与发展组织的前身）、欧洲支付同盟、欧洲煤铁联营、黄金总库的收付代理人，办理欧洲货币体系的账户清算工作，充当万国邮政联盟、国际红十字会等国际机构的金融代理机构。

第三，进行货币和经济研究。BIS对于协调各国货币和金融政策、更好地理解国家金融市场起到了重要的作用。货币和经济部门专门从事货币和金融问题的研究，组织专家研究黄金市场、外汇市场、欧洲货币市场等，收集和公布有关国际银行业和金融市场的数据，其研究成果通过各种出版物对外发表。

第四，为成员国商讨国际货币和金融合作提供场所。国际清算银行的成员国中央银行定期在巴塞尔或不定期在香港举行各类会议，包括董事会会议、十国中央银行行长会议、国际清算银行年会，讨论世界经济和金融形势，探讨如何协调宏观政策和维持国际金融市场的稳定，旨在促进成员国在汇率监管、金融市场发展分析和监管、国际收支监管等方面的合作。

2. 亚洲开发银行

(1) 亚洲开发银行成立的背景和宗旨。

亚洲开发银行，简称“亚行”（Asian Development Bank，ADB）是亚洲、太平洋地区的区域性金融机构。它不是联合国下属机构，但它是联合国亚洲及太平洋经济社会委员会（联合国亚太经社会）赞助建立的机构，同联合国及其区域和专门机构有密切的联系。根据1963年12月在马尼拉由联合国亚太经社会主持召开的第一届亚洲经济合作部长级会议的决议，1965年11月至12月在马尼拉召开的第二届会议通过了亚洲开发银行章程。章程于1966年8月22日生效，11月在东京召开首届理事会，宣告该行正式成立。同年12月19日正式营业，总部设在马尼拉。亚行有来自亚洲和太平洋地区的区域成员，和来自欧洲和北美洲的非区域成员。至2006年4月，亚行共有65个成员。根据亚行规定，凡属于联合国亚太经济与社会委员会的会员或准会员以及参加联合国或联合国专门机构的非本地区经济发达国家，均可申请加入。

建立亚行的宗旨是通过向会员国（或地区）发放贷款、进行投资、提供技术援助等，加快本地区发展中会员国的经济增长与合作以及亚太地区的经济增长与合作，并协助本地区的发展中国家加速经济发展的进程。

(2) 亚洲开发银行的组织机构。

亚行的组织机构主要由理事会、董事会和总部组成。理事会是亚行的最高权力机构，由各会员国（或地区）各派一名理事和副理事组成，主要职能是负责接纳新成员、变动股本、取消会员资格、选举董事和行长、修改章程以及其他重大事项的决策等。理事会对重大事项以投票表决方式做出决定，并需 2/3 以上多数票才能通过。理事会通常每年举行一次会议。

理事会下设董事会负责亚行的日常经营管理，它的 12 名董事由理事会选举产生，其中 8 人来自亚太地区会员国，另外 4 名从其他地区的会员国中选举产生。亚行成员分 12 个选区，其中日本、美国、中国和印度单独构成选区，其他 8 个选区由各成员国自愿结合而成。

行长是亚行的最高行政长官，是该行的合法代表，由理事会选举产生，主要职责是在董事会的指导下负责处理日常业务及亚行官员和工作人员的任命和辞退，任期 5 年，可连任。

亚行总部是亚洲开发银行的执行机构，负责亚洲开发银行的经营，总部下设 24 个局和局级办公室。另外，亚行在世界范围内设置了 26 个办事处。

(3) 亚洲开发银行的资金来源。

1) 普通资金。这是亚行开展业务的主要资金来源，亚行提供的 75%的贷款来自于这部分资金，它由会员国认缴的股本、储备资金、国际金融市场融资、累积的保留收益等几部分组成，其中股本和国际金融市场融资是最主要的两个组成部分。

2) 特殊资金。①亚洲开发基金。该基金建于 1973 年，是亚行历史最久、规模最大的特殊基金。资金的主要来源是发达会员国的定期捐赠，最大捐赠国是日本，其次是美国。该基金专门用于向亚太地区最贫困会员国提供低息贷款，目的是消除这些国家的贫困和改善人民生活质量。②技术援助特别基金。设立于 1967 年，资金主要来自会员国的捐赠，它是亚行提供技术援助的重要资金来源。③日本特别基金。该基金于 1988 年设立，由日本政府出资，亚行负责管理，目的就是帮助发展中会员国调整经济结构，扩大投资范围，在工业化、自然资源的开发和技术转移等方面提供支持。该基金的使用方式是赠款和股本投资。

(4) 亚洲开发银行的主要业务活动。

1) 提供贷款。亚行的贷款分成两类：一类是普通基金发放的贷款；另一类是特殊基金发放的贷款。前者属于硬贷款，贷款对象是较高收入的发展中国家，这类贷款既可以以外汇提供，在特殊情况下也可以以当地货币提供。普通贷款期限最长为 30 年，通常有2～8 年的宽限期，贷款利率低于市场利率并随国际金融市场调整。特别贷款是软贷款，如亚洲开发基金提供的贷款主要贷给较贫困的发展中会员国，期限一般为 35～40 年，有 10 年的宽限期，不收利息，宽限期内每年仅收 1%的手续费，偿还期每年收取 1.5%的手续费，具有经济援助的性质。

2) 联合融资。联合融资是指亚行与一个或以上的区外金融机构或国际机构，共同为成员国某一特定的项目或规划提供融资。该项业务始于 1970 年，目前主要有联合出资、平行融资、共同融资、后备融资、窗口融资、参与性融资等类型。

3) 股本投资。股本投资是通过购买私人企业股票或私人开发金融机构股票等形式，向发展中国家的私人企业提供融资便利。亚行于 1983 年开发了该项业务。

4) 技术援助。技术援助是指亚行在项目的不同阶段，向成员国提供的资助，目的是提高成员国开发和完成项目的能力。亚行提供给发展中会员国的技术援助分为多种，包括项目准备阶段的技术援助如项目的可行性研究、项目实施阶段的技术援助如项目有关人员的培训、咨询性技术援助和区域性技术援助。通过这些技术援助，帮助发展中会员国正确地制定国家总体和部门发展规划及政策、提高有关机构的技术水平和组织管理能力。

3. 欧洲复兴与开发银行

(1) 欧洲复兴与开发银行的成立及宗旨。

欧洲复兴与开发银行（The European Bank for Reconstruction and Development，EBRD）于1991年4月在法国巴黎成立，14日正式开业，总部设在伦敦。建立欧洲复兴开发银行的设想是由法国总统密特朗于1989年10月首先提出来的。他的设想得到欧洲共同体各国和其他一些国家的积极响应。它是冷战结束后成立的第一家国际金融机构，第一家泛欧的、把欧洲大陆东西两部分融合在一起的区域性国际金融机构，同时也是第一家统一的欧洲金融机构。

欧洲复兴开发银行的宗旨是在考虑加强民主、尊重人权、保护环境等因素下，帮助和支持东欧、中欧国家向市场经济转化，以调动上述国家中个人及企业的积极性，促使它们向民主政体和市场经济过渡。

(2) 欧洲复兴与开发银行的组织结构。

理事会是欧行的最高权力机构，由每个成员国委派正副理事各一名，每年举行一次年会。董事会代理事会行使权力，由23名成员组成，董事任期3年。董事会负责指导银行的日常业务工作，并负责选举行长。董事会主席任银行行长，行长任期4年，是欧行的法定代表，在董事会的指导下管理银行的工作。截至2000年5月，该银行共拥有61个成员（包括59个成员国和2个国际机构：欧洲联盟和欧洲投资银行）。

(3) 欧洲复兴与开发银行的资金来源。

1991年，该银行拥有100亿欧洲货币单位（约合120亿美元）的资本。欧盟委员会（前欧洲共同体委员会）、欧洲投资银行和39个国家在银行中拥有股权。最大股份拥有者是美国，占10%，法国、德国、意大利、日本和英国各占8.5%，东欧国家总共拥有股份11.9%。

(4) 欧洲复兴与开发银行的主要业务活动。

该行的主要业务有：提供必要的技术援助和人员培训；帮助受援国政府制定政策及措施，推动其经济改革，帮助其实施非垄断化、非中央集权化及非国有化；为基本建设项目筹集资金；参加筹建金融机构及金融体系，其中包括银行体系及资本市场体系；帮助支持筹建工业体系，尤其注意扶持中小型企业的发展。

【典型业务分析】

世界银行贷款项目在国际工程项目中占相当大的比重，请分析它的项目周期和做法是什么？

分析：

世界银行贷款项目在国际工程项目中占相当大的比重，而且基本上都要求采取国际竞标方式选择承包商、供货商和咨询机构。世界银行贷款的“项目周期”的内容和具体作法如下：

项目周期是指贷款项目的实施过程，由6个阶段组成，即：项目的选定、准备、评估、谈判和批准、实施和监督、总结和评价。

(1) 项目选定。就是在广泛收集原始资料和数据的基础上，进行技术、经济的综合分析，选择有助于某国家或地区的发展，并符合世界银行贷款原则的项目。

(2) 项目准备。这主要是业主的工作，要提出一个考虑技术、经济、服务、社会和组织机构等各方面问题而形成发展构想的详细建议书，目的是根据相对成本和效益进行方案比较，找出实现项目目标的最佳方法。这阶段的关键是做好可行性研究。

(3) 项目评估。业主完成项目准备后，世界银行对所提出的建议书进行审查和全面的项目评估，即对建议书的技术、经济、财务、组织机构等方面综合审查，由银行职员承担，有时也聘请外部咨询专家帮助。

(4) 项目谈判和批准。评估报告完成并审查后，世界银行与借款方就贷款协议举行谈判，内容除贷款额、期限及偿还方式外，还有为保证项目顺利执行所应采取的措施。谈判达成一致后，双方共同签署协议，提交世界银行执行董事会批准。

(5) 项目实施与监督。项目实施是借款人的责任，内容包括建立管理机构，制定技术措施，招标和签订合同，聘请专家，人员培训等。但世界银行对实施和采购（包括货物和服务）过程进行监督，例如借款人应在满足世行要求的基础上选定中标商。

(6) 项目总结和评价。一旦项目完成，世界银行要进行一次独立的评价。项目运营中（如5～10年）可能还要再评价，也就是就项目对人员、政策、组织机构和自然环境等的影响作出评价。

项目四　开放经济下的金融与经济发展

【情境导入】

继（2010年）3月签署医改法案后，美国总统奥巴马施政以来的另一项“革新成果”即将出炉——在历经一年多的唇枪舌剑后，美国参议院最终于在5月20日以59票对39票的结果，通过了金融监管改革方案。随后，这一法案将与去年众议院通过的法案进行融合，并提交奥巴马签署生效，成为彻底治理华尔街投机和越轨行为的一部法律。此前舆论便认为，奥巴马在金融领域掀起的改革是1930年代以来最全面也最深刻的，并将这场改革比作是“华盛顿与华尔街之间的一场战争”。美国此番推动金融改革和加强金融监管，既有因金融危机促发的内部动力，也有来自外部特别是欧洲国家的压力。一方面，由于美国的银行体系与国际金融市场紧密相关，欧洲经济的脆弱将导致美国银行体系的不稳定。另一方面，欧洲债务危机已呈蔓延之势，而且短期内无法有效缓解，这可能对整个美欧金融市场形成压力，使得美国经济的复苏变得更为艰难。

专家指出，此次金融改革涉及虽广，整改力度也超过以往，但法案中仍存在不少漏洞，可能会削弱专责监管金融市场的机构的执行力和监管力。然而，作为“大萧条”以来最大胆也是最彻底的金融改革最终能否奏效，尚需时间的检验。分析认为，对金融制度的改革实际上是利益群体在博弈之后进行的“利益再分配”，这场充满硝烟的战争也就注定只会“点到为止”。可喜的是，奥巴马政府毕竟在金融改革上迈出了关键一步，虽然这可能只是漫漫征程中的一步。而对华尔街来说，加强自我约束、避免重蹈覆辙或许是明智的选择。

资料来源：http://finance.sina.com.cn。

【必备知识】

一、认识金融与经济发展的相互作用

（一）经济发展对金融的决定性作用

在金融与经济发展的基本关系上，经济发展对金融起决定性作用。主要表现为：金融是依附于商品经济的一种产业，是在商品经济发展过程中产生并随着商品经济的发展而发展的；商品经济的不同发展阶段对金融的需求不同，由此决定了金融发展的结构、阶段和层次。这种决定性作用说明了金融绝不能脱离经济发展。只有为经济发展服务并与之紧密结合，金融的发展才有坚实的基础和持久的动力。

（二）金融对现代经济发展的推动作用

在现代市场经济中，金融对经济发展有巨大的推动作用。主要途径为：一是通过金融运作为经济发展提供各种便利条件；二是通过金融的基本功能促进储蓄并将其顺利转化为投资，为经济发展提供资金投入；三是通过金融机构的经营运作节约交易成本，促进资金融通，便利经济活动，合理配置资源，提高经济发展的效率；四是通过金融业自身的产值增长直接为经济发展作贡献。

（三）金融对现代经济发展的阻滞作用

在现代经济发展中，金融出现不良影响和负作用的可能性越来越大，主要表现为：因金融总量失控出现通货膨胀、信用膨胀，导致社会总供求失衡，危害经济发展；因金融业运作不善使金融风险加大，一旦风险失控将导致金融危机，引发经济危机；因信用过度膨胀产生金融泡沫，膨胀虚拟资本，刺激过度投机，剥离金融与实质经济的血肉联系，破坏经济发展。

二、理解金融压抑与金融深化

（一）金融压抑及其对经济的负效应

1. 金融压抑的含义

金融压抑是指市场机制的作用没有得到充分发挥的发展中国家中存在的利率限制、信贷配额、外汇管制、金融资产单调等现象。政府对金融业实行过分干预和管制政策，人为压低利率和汇率并强行配给信贷，造成金融业的落后和缺乏效率从而制约经济的发展，而经济的呆滞反过来又制约了金融业的发展时，金融和经济发展之间就会陷入一种相互掣肘和双双落后的恶性循环状态。造成这种恶性循环的根本原因，在于发展中国家的政府当局错误地选择了金融政策和金融制度，这主要表现在：

（1）金融当局硬性规定存款和放款利率的上限，使利率不能准确地反映资金的供求关系和资金短缺现象，歪曲了金融资产的价格。由于多数发展中国家存在较高的通货膨胀率，因而硬性规定名义利率上限，就会使实际利率成为负数。负利率对储蓄者极为不利，因而不愿意将剩余的货币存入金融体系之中，这就导致社会储蓄的下降；对借款者来说，负利率意味着向银行告贷反而有利，因而刺激起高亢的借款需求。这就从供求两个方面扩大了资金缺

口，这使金融体系面临严重的资金短缺或来源枯竭，金融体系也就无法正常运行。

（2）金融机构在国家控制下以配给方式供应信贷。在这种情况下，能够取得信贷的大多是享有特权的国有企业以及与官方金融机构有特殊关系的私营企业。大量的民营企业只得向传统的非组织市场和高利贷者求贷，广大农民和小工商业者在资金获取上则更为困难。信贷配额导致资金投机现象严重，资金使用效率下降。

（3）政府对外汇市场实行管制，使汇率无法真正反映外汇的实际供求状况。在发展中国家，由于生产力水平低下，产品在国际市场上缺乏竞争力，因而急需进口大量的先进技术和设备，以提高生产力。在这种状况下，实行"进口替代"的发展中国家通常采用高估本国币值和低估外国币值的汇率政策，以降低进口成本。但这又损害本国出口和刺激进口，导致外汇供求关系的严重失衡。外汇供不应求助长了黑市交易，而外汇过于便宜又助长外汇的滥用。正因为在发展中国家利率和汇率不能正确地反映资金和外汇的真正成本和机会成本，结果导致资源的不合理配置以及严重的浪费，致使经济发展水平得不到提高。

（4）由于金融市场不发达，金融工具种类极少，例如只有存款和国债券等，导致金融资产品种极为单调，居民缺乏金融资产的选择机会。

2. 金融压抑对经济的负效应

发展中国家实施金融压抑战略对经济发展和经济增长产生了许多负效应，表现为：

（1）负收入效应。

发展中国家所选择的金融压抑战略阻碍经济的发展，导致国民收入增长缓慢，而这又制约着储蓄和投资的增加，进而影响经济的发展，结果又使收入得不到快速发展，如此循环往返。发展中国家在经济发展过程中，经常受到这种"恶性循环"的严重困扰。

（2）负储蓄效应。

在许多发展中国家存在着严重的通货膨胀，而人为压低的利率又不能考虑用变动名义利率的方式来抵补价格上涨给储蓄者造成的损失，因此，人们就用购买物质财富、增加消费支出和向国外转移资金的方式来回避风险。这自然就会导致国内储蓄不足。

（3）负投资效应。

在奉行金融压抑的许多发展中国家中，传统部门的投资受到了限制，这首先阻碍了农业部门的发展，增加了对粮食和原材料进口的需求。本国币值的高估限制了出口的增长，使经济对外援的依赖进一步增强。同时，由于储蓄不足和投资总额有限，投资效率也得不到提高。

（4）负就业效应。

由于金融压抑战略限制了传统部门的发展，这就迫使劳动力向城市迁移。但是，城市的现代部门吸纳劳动力的能力有限，从而使相当一部分劳动者处于失业或半失业状态。

（二）金融深化论及其政策含义

1. 金融深化论的提出

根据发展中国家的实际情况，麦金农（Ronald l. Mckinnon）在修改西方主流货币金融理论基本假设的基础上，一反利率高低与投资大小成反比关系的流行观点，提出了利率高低与投资大小成正比关系的新观点。麦金农指出，主流货币金融理论之所以认为利率与投资成反比关系，原因在于其理论的几个前提假定上：

第一，生产要素（尤其是资本）可以分割。即由于经济基础设施完善、市场发达及资本证券化制度，使得小额分散的生产要素（尤其是资本）也能自由流动，并得到有效利用和获得收益。

第二，货币与实物资本（投资）是相互竞争的替代品，两者都是资本或财富的组成部分。

第三，金融市场发达，因而货币与实物资本（投资）能顺利相互替代转换，这就促使各种资产的收益率（用利率表示）趋于一致。

根据以上假定，就可以得出这样的结论：利率（存款利率）提高，即货币的收益率提高，人们就会把实物资本（投资）转化为货币（存款）；利率降低，人们就会把货币转化为投资。这种提高利率压抑投资，降低利率刺激投资的现象，就称为“替代效应”。

麦金农认为，主流货币金融理论的这几个前提假定完全不符合发展中国家的实际情况。在大多数发展中国家，金融体系不完善，金融市场缺乏或不发达，因而企业投资较难依靠外部融资，即依靠银行放款或在金融市场上发行证券来筹集资金。而且，由于经济基础设施薄弱，外部经济条件不佳，特别是金融工具种类极少，因而在大多数发展中国家，生产要素（尤其是资本）是不可分割的，投资必须将资金积累到一定的规模以后才能实际进行。所以，投资者在投资前必须积累很大一部分货币。这就表示，如果投资需求较大，则积累货币的需求也较大。由此，麦金农提出，发展中国家的货币需求函数应为：

$$(M/P)^D = L(Y, I/Y, d-P^*)$$

式中，$(M/P)^D$ 为实际货币需求，L 为需求函数，I 为实际投资，Y 为收入，I/Y 为投资占收入的比例，d 为名义存款利率，P^* 为预期通货膨胀率，$d-P^*$ 为实际利率。

这一货币需求函数表明，由于货币需求与实际投资同时增加，因此，货币与资本（投资）非但不是相互竞争的替代品，反而是相互补充的互补品。实际货币余额越多，投资则越大，货币成了投资的先决条件。如果货币的实际收益率（实际存款利率）提高，则货币需求增加，货币需求增加则导致货币积累量增加，这就扩大了内部融资的资本形成机会，即投资机会增加。因此，在发展中国家，提高利率反而刺激投资，降低利率却压抑投资，利率与投资成正比关系。但在发展中国家，由于金融压抑，实际货币余额的增长相当有限，因而阻碍了投资的增加。据此，发展中国家应放弃金融压抑战略，而实行金融深化战略。

2. 金融深化论的政策含义

麦金农在研究了发展中国家的金融压抑现象后，提出了“金融深化论”。所谓“金融深化”，就是指在发展中国家，政府应当放弃对金融体系的过度干预，放松对利率和汇率的严格管制，使利率和汇率能真正反映资金供求和外汇供求状况，从而有利于增加储蓄和投资，促进经济发展。

金融深化论认为，发展中国家的经济发展，依靠外国资本的投资固然重要，但动用国内储蓄是一个更应引起重视的因素。西方主流经济发展理论通常是把储蓄倾向假定为一个常数。金融深化论则认为，如果考虑到收入增长率和实际利率水准等金融因素的影响，则应将储蓄倾向看成是变量。一旦放松金融压抑，人们持有货币资产的意愿就会增强，自愿持有的实际货币余额就会增加。这不仅直接刺激了储蓄，而且在收入开始增加后，还会通过金融活动过程导致更多的储蓄。

金融深化论的真正意义在于其政策含义上。根据金融深化论，发展中国家应从本国实际出发，促进金融改革，解除金融压抑，消除资本形成的桎梏，并实行促进经济发展的货币金融政策。主要包括：

(1) 放松利率管制。

发展中国家的利率管制人为造成名义利率与实际利率之间的巨大差距，负利率阻碍了储蓄的增加，成为经济发展的重大阻滞因素。只有放松利率管制，使实际利率成为正数，才有助于吸收社会储蓄资金和促进资本形成。由于发展中国家资金缺乏，投资机会极多，投资的边际效益较高，因而即使提高名义利率，也不会压抑投资。较高的名义利率有利于资金从资本密集型投资转向劳动密集型投资，从而具有扩大劳动就业的效应。

(2) 缩减信贷配额。

许多发展中国家都以政府配给的方式供应信贷，这种对金融活动的人为干预，效果大多都比较差。所以，发展中国家应缩减信贷配额，主要由市场调节借贷关系，提高资金的使用效率。

(3) 减少金融机构审批限制，促进金融同业竞争。

在发展中国家，一方面是金融机构数量不足，另一方面又存在着本国和外国银行登记注册中的各种障碍。不允许自由进入金融行业，势必造成金融垄断，而金融垄断又造成金融运行的低效率。因此，发展中国家应当减少进入金融行业的障碍，尽量鼓励民间金融事业的发展，促进金融同业竞争，提高金融运行质量。

(4) 发展直接融资，活跃证券市场。

发展中国家在改革金融体制和放松金融管制的过程中，还应发展直接融资，增加金融工具的数量，培育证券一、二级市场，完善证券管理法规，适时对外开放证券市场。

(5) 放松外汇管制。

发展中国家还应放松外汇管制，在适度范围内使汇率浮动，使汇率能正确反映外汇的实际供求状况。汇率和外汇市场管制放松后，一方面能鼓励出口和吸引外资，另一方面也能压缩不必要的进口，从而有利于国际收支的改善。

3. 实施金融深化的经验教训

金融深化的本质实际上就是推行金融自由化。从许多发展中国家的金融改革实践看，其改革大都以金融自由化为核心内容。如拉丁美洲的阿根廷、智利、乌拉圭等国，亚洲的马来西亚、韩国、泰国、菲律宾、印度尼西亚等国，在金融改革过程中，主要采用的就放松利率限制、取消信贷配额、实行国有银行的私有化、放松汇率的管制等一系列金融自由化措施。经过长期的改革和探索，虽然发展中国家还没有最终建立起比较理想的金融体系和资源配置机制，但它们已经积累了相当丰富的经验和教训。

第一，在金融自由化改革过程中，必须保持宏观经济的稳定。金融改革以取消利率和汇率限制为核心内容，如果在改革过程中，宏观经济处于失衡状态，特别是在高通货膨胀率背景下实施改革，必然会冲击现存的金融体系，从而给宏观经济造成更大的不稳定。20 世纪 70 年代以后，南美一些发展中国家在通货膨胀比较严重而又极不稳定的条件下实施了以取消利率限制和资金流动限制为标志的金融自由化改革，结果导致宏观经济的极大波动，并危及金融改革过程，迫使这些国家不得不重新对金融进行直接控制。所以，金融改革要以宏观经济稳定为前提。

第二，金融自由化改革必须与价格改革或自由定价机制相配合。如果一国的价格仍然是保护价或管制价格，在这种价格信号扭曲的条件下实行金融自由化，资金流动就会被错误的价格信号所误导，金融市场有效配置资源的功能就无法实现，而且还会出现新的资源配置结构失调。

第三，金融自由化改革并不是完全取消政府的直接干预，而是要改变直接干预的方式。就是要用法律和规章制度的约束取代人为的行政干预。所以，在金融改革过程中，必须建立一套适宜而谨慎的管理制度，使适当的法律和规章制度发挥对金融业和金融市场的监督管理作用。菲律宾和土耳其等国在金融自由化改革，由于在放弃政府直接干预后，没有提供相应的法律监管制度，结果使金融机构丧失了清偿能力。而智利在实行银行私有化的同时，由于没有相应的法律限制，使一些产业集团获得了银行控股权，并利用银行向集团企业过度融资。

第四，在取消外汇管制的过程中，应首先实现本国货币在经常项目下的自由兑换，然后再创造条件实现资本项目下的自由兑换。许多发展中国家的改革经验表明，同时开放经常项目和资本项目的货币自由兑换有很大的危害。因为资本对汇率的变化反应较之贸易资金更为敏感，当外汇管制取消后，国际资本的自由流入，会严重影响贸易收支，从而损害国际收支。所以，必须先实现经常项目的货币自由兑换，然后再逐步取消资本项目的限制。

第五，政府在推行金融自由化改革时，应采取必要的经济补偿手段。利率和汇率的变化，将引起金融资产相对价格的变动，在短期内会产生财富和收入的再分配。政府应当正确评估这种财富和收入的再分配对不同行业、不同利益集团或不同社会阶层的影响，并出于公平原则和政治均衡要求，对改革的受害者在一定时期内给予经济补偿。同时，政府在金融改革中，也要保持政治廉洁，防止腐败现象。

【典型业务分析】

美国引发的次贷危机是指由次级抵押贷款过度发放以及过度衍生化，在外部环境发生急剧变化时所引发的危机，并且通过信贷市场与资本市场向全球传导，最终演化为对国际金融稳定、世界经济增长造成极大冲击的全球性金融危机。此次危机爆发于 2007 年，在 2008 年加剧并向全球蔓延，截至目前仍然在继续发展中。从影响的广度来看，此次危机已波及全球，并且对美国、欧盟、日本三大经济体影响极其严重，是 20 世纪 70 年代以来对世界影响最为广泛的一次危机；从影响的深度来看，已造成三大经济体相继陷入衰退，并且预计衰退将持续，目前对世界经济的破坏程度已经远超 20 世纪 70 年代以来的各次经济危机，仅次于 20 世纪 30 年代的“大萧条”。请根据美国次贷危机所引发的全球金融危机的运行轨迹，简要分析其产生的原因。

分析：

随着经济全球化趋势增强，现代的金融危机基本上表现为在国际经济失衡的条件下，国际资本在利益驱动下利用扭曲的国家货币体系导致区域性金融危机爆发。从某种意义上来说，国际经济失衡和国际货币体系缺陷是金融危机爆发的前提条件，而国际游资的攻击则是金融危机爆发的实现条件。

1. 国际经济失衡

国际收支失衡导致国际货币体系失衡，虚拟经济导致流动性过剩，进而导致全球经济失衡和金融危机。从根本上说全球经济失衡的根源应该是实体经济的失衡，国际收支失衡只是实体经济失衡的表象，实体经济失衡导致货币资本的国际流动，国际资本流动导致虚拟经济膨胀和萧条，由此形成流动性短缺，最终能够导致金融危机。因而全球实体经济的失衡是导致金融危机的必要条件，而虚拟经济导致的流动性短缺是金融危机的充分条件。

区域或全球经济失衡将导致国际资本在一定范围内的重新配置。在区域经济一体化和经济全球化的背景下，一个国家宏观政策的影响力可能是区域的或全球性的。从短期来看，在某个时点国际经济是相对平衡的，全球资本总量和需求总量是一定的，而一国经济发生变化，会引起国际资本和国际需求在不同国家发生相应的变化，如果是小国经济，它的影响只是区域性的，如果是大国则它的影响是全球的。当一个大国经济趋强，则会吸引国际资本向该国流入，产生的结果是另外一些国家的资本流出，当资本流出到一定程度时，会发生流动性短缺，金融危机就从可能性向必然性转变。这种转变的信号是大国高利率政策，或大国强势货币政策。而对小国经济而言，经济趋强后，则会吸引国际资本的流入，当国际资本流入数量较多时，该国的实体经济吸收国际资本饱和后，国际资本会与该国的虚拟经济融合，推动经济的泡沫化，当虚拟经济和实体经济严重背离时，国际资本很快撤退，导致小国由流动性过剩转入流动性紧缩，结果导致金融危机爆发。

2. 国际货币体系扭曲

布雷顿森林体系瓦解后，现有的国际货币体系是一个松散的国际货币体系，尽管欧元和日元在国际货币体系中的作用逐渐增强，但是，储备货币的多元化并不能有效解决“特里芬难题”，只是将矛盾分散化，也就是说储备货币既是国家货币也是国际货币的身份不变。充当储备货币的国家依据国内宏观经济状况制定宏观经济政策，势必会与世界经济或区域经济要求相矛盾，因而会导致外汇市场不稳定和金融市场的动荡。实行与某种储备货币挂钩或盯住某种货币的国家，既要受储备货币国家货币政策的影响，同时还要受多个国家之间货币政策交叉的影响。储备货币之间汇率和利率的变动对发展中国家的影响大为增强，使得外汇市场更加不稳和动荡，这种影响可以分为区域性的和全球性的。鉴于美元的特殊地位，美国经济政策的变动影响既可能是区域的，也可能是全球的。

以美元为例，美元的价值调整是通过美元利率的调整实现的。美联储在制定美元利率时，不可能顾及盯住美元或以美元作为储备的国家（地区）的宏观经济状况，因而当美元利率调整时，往往会对其他经济体，特别是和美国经济联系比较密切或者货币与美元挂钩的国家和地区造成冲击。以美元为支柱的不完善国际货币体系，不论采取浮动汇率政策还是固定汇率政策，美国的经济影响着所有与其经济密切相关的国家及这些国家的货币价值变化。如果浮动汇率政策能够遵守货币体系下的货币政策制定的纪律约束，那么世界金融市场上就不会出现不稳定的投机性攻击，也不会出现由此造成的货币市场动荡乃至金融危机。由于制定货币政策的自主性和经济全球化相关性存在矛盾，因而目前的货币体系不能够保证美元在浮动汇率的前提下的纪律性，因而一个国家的宏观政策将会导致经济相关国家的货币市场动荡，在投机资本催化下爆发金融危机。就目前现状来看，虽然布雷顿森林体系已经崩溃，但是相对于新兴市场国家和发展中国家，美元不论是升值还是贬值，依然会造成这些国家经济的强烈波动。美国经济繁荣时，美元升值会导致资本的流出；当美国经济萧条时，美元贬值会导致这些国家的通货膨胀。

从上面的分析可以看出，现在的国际货币体系保留了原来国际货币体系的理念和原则，但却失去了原来的秩序和纪律，强势经济体可以利用这样的体系转嫁金融危机和获取更多利润，而不需要承担过多的责任。

3. 国际游资的攻击

国际经济失衡是金融危机的前提条件，不完善的国际货币体系会加剧国际经济失衡，然而金融危机的始作俑者是国际游资。布雷顿森林体系崩溃后，金融危机离不开国际游资的攻击。1992 年欧洲金融危机，索罗斯通过保证金方式获取 1∶20 的借贷，在短短的一个月时间内，通过卖空相当于 70 亿美元的英镑，买进相当于 60 亿美元的马克，迫使英镑大幅贬值，在偿还借贷后净赚 15 亿美元。在 1994 年墨西哥发生金融危机前，国际游资持续大量地进入墨西哥证券市场，在墨西哥所吸收的外资中，证券投资占 70%～80%，但在墨西哥总统候选人遭暗杀事件后的 40 多天内，外资撤走 100 亿美元，直接导致墨西哥金融危机爆发。1997 年的东南亚金融危机也是国际游资首先攻击泰铢，低买高卖，并巧妙运用金融衍生工具获取高额回报。

国际游资为什么能够摧毁一个国家的金融体系？众所周知，国际游资规模较大，它完全有能力影响和缩短被攻击国家的金融周期。金融周期是指一个国家金融市场由繁荣到萧条的自然过程。当国际游资进入被攻击国家，它会影响一个国家的利率和汇率变化，从而加快金融市场由理性发展向非理性繁荣转变。按照金融市场的心理预期自我实现原理分析，当大量国际游资进入一个国家时，即使这个国家的经济发展表现一般，但是在大量资本进入的情况下，也会带动金融经济的快速发展，与此同时，在国际金融家掌握话语权的情况下，他们通过有意识地夸大被攻击国家发展中的成绩或存在的问题，以产生正面或负面的心理预期。从拉美国家和东南亚国家的实际情况来看，一般先用“经济奇迹”、“新的发展模式”来吹捧经济成就，然后用“不可持续”、“面临崩溃”来夸大经济中出现的问题。在整个过程中，国际游资有预谋地进入和撤退，就会导致金融市场的崩溃。国际游资娴熟地利用金融衍生工具在金融繁荣时期赚取高额利润，也可以利用金融危机赚取高额利润或者收购危机国家的优质资本，进而控制被攻击国家的经济命脉。这就是在新兴市场国家爆发金融危机后，国际直接投资（FDI）为什么会低价收购危机国的优质资产，形成新的经济殖民主义的根本原因。

资料来源：http://www.hexun.com。

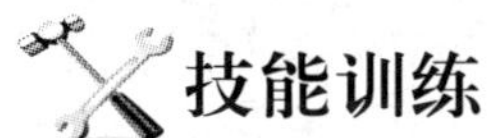

技能训练

1. 资料背景：

20 世纪 90 年代，中国就启动了人民币国际化的进程。但是，由于中国政治、经济等方面的实力与货币国际化的要求还相距甚远，再加上中国没有全面开放资本项目，外国投资者不得直接投资中国资本市场，以及中国政府在人民币国际化方面奉行“韬光养晦”策略，使得人民币国际化的进程比较缓慢。近年来，人民币在周边地区的流通范围越来越广，被用于边境贸易的支付结算。2008 年底以来，人民币国际化明显提速：一是中国已经与韩国、中国香港、马来西亚、白俄罗斯、印度尼西亚、阿根廷等六个国家或地区签署了总额 6 500 亿人民币的双边本币互换；二是 2008 年 12 月，国务院常务会议明确表示，将对广东和长江三角洲地区与港澳地区、广西和云南与东盟的货物贸易进行人民币结算试点；三是中国政府明确提出，2020 年将上海基本建成与我国经济实力和人民币国际地位相适当的国际金融中心；四是国务院已经确认人民币跨境结算将在香港展开试点。2009 年 3 月底已经出台了珠三角与香港地区之间的人民币贸易结算制度，4 月 8 日推出了第一批跨境贸易人民币试点结算城市，包括上海市和广东省广州、深圳、珠海、东莞四个城市。当然，也必须承认，由于目前由国际贸易引起的人民币流通量占境内货币供应量和中国内地进出口贸易总额的比例仍然较低，加上非周边的其他亚洲经济体及欧美等地基本没有利用人民币结算（旅游人民币兑换、支付除外），使得人民币仅处于国际化的初始阶段，还不能算作真正意义上的国际化。

[训练要求] 请根据上述资料并观察我国人民币的实际运行，简要分析我国人民币国际化的现状，以及加强推进人民币国际化的策略。

2. 资料背景：

1997 年的东南亚金融危机，使泰国的经济受到严重破坏。IMF 对泰国提供了 170 亿美元的贷款。但贷款是有附加条件的：

（1）实施紧缩的财政政策，提高税收，增值税从 7%提至 10%；

（2）全面改革金融体制，关闭 56 家金融机构，加强资本充足率管理；

（3）同意全额偿债；

（4）进行自由化改革，发展外向型经济，包括降低关税、私有化、去除外国投资障碍。

[训练要求] 请结合 IMF 的上述贷款条件，分析发展中国家取得 IMF 贷款是否可以真正解决经济面临的困境？

3. 技能实训：

[实训目标] 通过本项目的实训，使学生掌握国际收支平衡表的构成，理解该表反映的一国经济发展状况。

[实训要求] 全班分成几个小组，实行组长负责制，组织讨论；讨论结束后，由组长总结发言，教师做最后总结性评价，给出考核成绩。

[实训资料] 表 8—3 是我国 2008 年的国际收支平衡表。

表 8—3　　　　2008 年中国国际收支平衡表　　　　单位：千美元

项　目	行次	差额	贷方	借方
一、经常项目	1	426 107 395	1 725 893 261	1 299 785 866
A. 货物和服务	2	348 870 456	1 581 713 188	1 232 842 732
a. 货物	3	360 682 094	1 434 601 241	1 073 919 146
b. 服务	4	−11 811 638	147 111 948	158 923 586
1. 运输	5	−11 911 179	38 417 556	50 328 735
2. 旅游	6	4 686 000	40 843 000	36 157 000
3. 通信服务	7	59 585	1 569 663	1 510 079
4. 建筑服务	8	5 965 493	10 328 506	4 363 013
5. 保险服务	9	−11 360 128	1 382 716	12 742 844
6. 金融服务	10	−250 884	314 731	565 615
7. 计算机和信息服务	11	3 086 931	6 252 062	3 165 131
8. 专有权利使用费和特许费	12	−9 748 930	570 536	10 319 466
9. 咨询	13	4 605 315	18 140 866	13 535 551
10. 广告、宣传	14	261 668	2 202 324	1 940 656
11. 电影、音像	15	163 322	417 943	254 622
12. 其他商业服务	16	2 885 059	26 005 857	23 120 798
13. 别处未提及的政府服务	17	−253 890	666 187	920 076
B. 收益	18	31 437 960	91 614 872	60 176 912
1. 职工报酬	19	6 400 156	9 136 547	2 736 391
2. 投资收益	20	25 037 804	82 478 325	57 440 521
C. 经常转移	21	45 798 979	52 565 201	6 766 222

续前表

项　　目	行次	差额	贷 方	借 方
1. 各级政府	22	−181 611	49 205	230 816
2. 其他部门	23	45 980 590	52 515 996	6 535 406
二、资本和金融项目	24	18 964 877	769 876 094	750 911 218
A. 资本项目	25	3 051 448	3 319 886	268 439
B. 金融项目	26	15 913 429	766 556 208	750 642 779
1. 直接投资	27	94 320 092	163 053 964	68 733 872
1.1　我国在外直接投资	28	−53 470 972	2 175 785	55 646 757
1.2　外国在华直接投资	29	147 791 064	160 878 179	13 087 115
2. 证券投资	30	42 660 063	67 708 045	25 047 982
2.1　资产	31	32 749 936	57 672 404	24 922 468
2.1.1　股本证券	32	−1 117 368	3 844 800	4 962 168
2.1.2　债务证券	33	33 867 304	53 827 604	19 960 300
2.1.2.1　（中）长期债券	34	37 563 103	53 827 604	16 264 501
2.1.2.2　货币市场工具	35	−3 695 799	0	3 695 799
2.2　负债	36	9 910 127	10 035 641	125 514
2.2.1　股本证券	37	8 721 011	8 721 011	0
2.2.2　债务证券	38	1 189 116	1 314 630	125 514
2.2.2.1　（中）长期债券	39	1 189 116	1 314 630	125 514
2.2.2.2　货币市场工具	40	0	0	0
3. 其他投资	41	−121 066 726	535 794 199	656 860 925
3.1 资产	42	−106 074 263	32 563 248	138 637 510
3.1.1　贸易信贷	43	5 866 953	5 866 953	0
长期	44	410 687	410 687	0
短期	45	5 456 266	5 456 266	0
3.1.2　贷款	46	−18 501 123	478 305	18 979 428
长期	47	−6 569 000	0	6 569 000
短期	48	−11 932 123	478 305	12 410 428
3.1.3　货币和存款	49	−33 528 165	17 715 954	51 244 120
3.1.4　其他资产	50	−59 911 928	8 502 035	68 413 963
长期	51	0	0	0
短期	52	−59 911 928	8 502 035	68 413 963
3.2　负债	53	−14 992 463	503 230 952	518 223 415
3.2.1　贸易信贷	54	−19 049 071	0	19 049 071
长期	55	−1 333 435	0	1 333 435
短期	56	−17 715 636	0	17 715 636
3.2.2　贷款	57	3 620 979	442 835 925	439 214 946
长期	58	6 724 078	20 129 387	13 405 309
短期	59	−3 103 099	422 706 538	425 809 637
3.2.3　货币和存款	60	2 702 297	59 226 206	56 523 909
3.2.4　其他负债	61	−2 266 668	1 168 821	3 435 489
长期	62	−2 236 180	34 976	2 271 156
短期	63	−30 488	1 133 845	1 164 333
三、储备资产	64	−418 978 429	0	418 978 429
3.1　货币黄金	65	0	0	0

续前表

项　目	行次	差额	贷 方	借 方
3.2　特别提款权	66	−7 114	0	7 114
3.3　在基金组织的储备头寸	67	−1 190 315	0	1 190 315
3.4　外汇	68	−417 781 000	0	417 781 000
3.5　其他债权	69	0	0	0
四、净误差与遗漏	70	−26 093 843	0	26 093 843

［实训讨论］请结合上表的数据分析我国 2008 年国际收支的主要状况。

参考文献

1. 李健．金融学．北京：中国广播电视大学出版社，2008
2. 翟建华等．金融学概论．大连：东北财经大学出版社，2008
3. 中国证券业协会．证券市场基础知识．北京：中国财政经济出版社，2008
4. 李俊芸．金融实务．长沙：湖南人民出版社，2009
5. 郑晓玲等．商业银行理论与实务．大连：大连理工大学出版社，2009
6. 王汝梅．银行柜员实训．北京：中国劳动社会保障出版社，2005
7. 熊惠平等．金融概论．武汉：武汉理工大学出版社，2005
8. 苏平贵．金融学．北京：清华大学出版社，2010
9. 倪信琦等．国际结算．厦门：厦门大学出版社，2009
10. 吕江林．国际金融．北京：科学出版社，2006
11. （美）法博齐等．金融市场与金融机构基础．北京：机械工业出版社，2010
12. 于敏等．金融实务模拟与实验．武汉：武汉理工大学出版社，2009
13. 黄达．金融学．北京：中国人民大学出版社，2009
14. 曹龙骐．金融学．北京：高等教育出版社，2009
15. 刘玉平．金融学．上海：复旦大学出版社，2007
16. 戴志强．国际金融实务．北京：高等教育出版社，2004

教师信息反馈表

为了更好地为您服务，提高教学质量，中国人民大学出版社愿意为您提供全面的教学支持，期望与您建立更广泛的合作关系。请您填好下表后以电子邮件或信件的形式反馈给我们。

<table>
<tr><td>您使用过或正在使用的我社教材名称</td><td></td><td>版次</td><td></td></tr>
<tr><td>您希望获得哪些相关教学资料</td><td colspan="3"></td></tr>
<tr><td>您对本书的建议（可附页）</td><td colspan="3"></td></tr>
<tr><td>您的姓名</td><td colspan="3"></td></tr>
<tr><td>您所在的学校、院系</td><td colspan="3"></td></tr>
<tr><td>您所讲授课程名称</td><td colspan="3"></td></tr>
<tr><td>学生人数</td><td colspan="3"></td></tr>
<tr><td>您的联系地址</td><td colspan="3"></td></tr>
<tr><td>邮政编码</td><td></td><td>联系电话</td><td></td></tr>
<tr><td>电子邮件（必填）</td><td colspan="3"></td></tr>
<tr><td>您是否为人大社教研网会员</td><td colspan="3">□ 是，会员卡号：____________
□ 不是，现在申请</td></tr>
<tr><td>您在相关专业是否有主编或参编教材意向</td><td colspan="3">□ 是　　　　□ 否
□ 不一定</td></tr>
<tr><td>您所希望参编或主编的教材的基本情况（包括内容、框架结构、特色等，可附页）</td><td colspan="3"></td></tr>
</table>

我们的联系方式：北京市海淀区中关村大街 31 号
中国人民大学出版社教育分社
邮政编码：100080
电话：010-62515923
网址：http：//www.crup.com.cn/jiaoyu/
E-mail：jyfs _ 2007@126.com